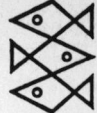

Über dieses Buch Der bekannte amerikanische Historiker George L. Mosse stellt in diesem Buch – einem Standardwerk, das seit 1978 immer wieder aufgelegt wird – die These auf, daß der Rassismus keine Seitenerscheinung, sondern ein grundlegendes Element der europäischen Kulturentwicklung gewesen ist: Der moderne Rassismus entspringt denselben Quellen, die auch die Grundströmungen moderner europäischer Kultur gespeist haben – Aufklärung und Pietismus, Rationalismus und Romantik.

Mosse versucht, die Geschichte des Rassismus in den Zusammenhang mit der europäischen Geschichte zu stellen. Er beschreibt die einzelnen Entwicklungsphasen, beschreibt, wie und warum rassistisches Denken in alle gesellschaftlichen Bereiche, v. a. in die Wissenschaften, eindrang.

Der Autor untersucht außerdem die wechselseitigen Beziehungen zwischen Nationalismus und Christentum sowie den Verfall der humanistischen Tradition in Europa. Schließlich setzt er sich mit der Herausbildung von Stereotypen wie der »überlegenen« und »minderwertigen« Rasse auseinander, die am Ende zur »Endlösung der Judenfrage« durch die Nationalsozialisten geführt hat.

Der Autor Dr. George L. Mosse, geboren 1908 in Berlin, mußte mit der elterlichen Familie vor den Nationalsozialisten im Jahre 1933 fliehen. Er studierte an den Universitäten Cambridge und Harvard und ist Professor für Neuere Geschichte an der Universität von Madison/Wisconsin.

Veröffentlichungen u. a.: Der nationalsozialistische Alltag. So lebte man unter Hitler (1978); Ein Volk – Ein Reich – Ein Führer. Die völkischen Ursprünge des Nationalsozialismus (1979); Nationalismus und Sexualität. Bürgerliche Moral und sexuelle Normen (1985).

George L. Mosse

Die Geschichte des Rassismus in Europa

Aus dem Amerikanischen
von Elfriede Burau und
Hans Günter Holl

Fischer
Taschenbuch
Verlag

Vom Autor durchgesehene und erweiterte Ausgabe
Veröffentlicht im Fischer Taschenbuch Verlag,
Frankfurt am Main, Oktober 1990

Die amerikanische Originalausgabe erschien unter dem Titel
»Towards the Final Solution. A History of European Racism«
im Verlag Howard Fertig, Inc., New York, N.Y.
© 1978 Howard Fertig, Inc., New York, N.Y.
Die deutsche Erstausgabe erschien
im Athenäum Verlag, Königstein/Ts. 1978
Die Einführung wurde übernommen aus der 2. Auflage
der amerikanischen Ausgabe von 1985.
© 1985 Howard Fertig, Inc., New York, N.Y.
Für diese Ausgabe:
© 1990 Fischer Taschenbuch Verlag GmbH, Frankfurt am Main
Umschlaggestaltung: Buchholz/Hinsch/Hensinger
unter Verwendung einer Abbildungstafel aus Peter Camper,
Dissertation sur les Variétés Naturelles ..., Paris/The Hague 1791
Gesamtherstellung: Clausen & Bosse, Leck
Printed in Germany
ISBN 3-596-10237-5

Inhalt

Einführung
Der Rassismus – Wurzeln und Dimensionen

»– alle geordnete Gesellschaft schläfert die Leidenschaften ein –«
(Friedrich Nietzsche, *Die fröhliche Wissenschaft*)

Mit diesem Buch soll der Aufstieg des Rassismus von seinen modernen Ursprüngen bis zu Hitlers »Endlösung« der Judenfrage nachgezeichnet werden. Der Rassismus, wie er sich im Westen entwickelte, war weder bloß Ausdruck von Vorurteilen noch eine simple Metapher der Unterdrückung, sondern vielmehr ein umfassendes Denksystem, eine Ideologie – wie Konservatismus, Liberalismus oder Sozialismus – mit eigener Struktur und seinen eigenen, typischen Diskursformen.

Das Bemühen der Nazis, den Rassismus durchzusetzen, brach zusammen, als sie den Zweiten Weltkrieg verloren, und später ging der Einfluß des Rassismus in Europa erheblich zurück. In den Vereinigten Staaten und anderen Teilen der Welt, wohin er den europäischen Imperialismus begleitet hatte, war der Rassismus zwar etwas zählebiger, aber selbst hier befand er sich in den Jahrzehnten nach dem Krieg auf dem Rückzug. Wohl hielt er sich als eine politische Waffe am Leben, die man gegen Feinde einsetzen konnte, doch seine Tage als mächtiges Denksystem, das mit anderen Systemen konkurrieren – oder gar über sie triumphieren – konnte, waren gezählt.

Vielleicht wird in diesem Buch zu wenig über den imperialistischen Rassismus und über die Gründe dafür gesagt, daß sich der Rassismus in den Vereinigten Staaten ausbreiten und hier Wirkung entfalten konnte. Weil aber der Rassismus ein Denksystem ist, das in Europa entstand und von dort ausging – auch wenn Autoren und Denker in den USA und anderen Ländern erhebliche Beiträge zu seiner Theorie geleistet haben mögen und diese in den unterschiedlichsten Formen an die regionalen Bedingungen angepaßt wurde –, läßt sich das Verständnis des europäischen Rassismus, zu dem dieses Buch beitragen soll, auch auf andere Teile der Erde anwenden.

Zudem waren Imperialismus und Rassismus nie identisch, sondern zwischen ihnen bestand eine räumliche und zeitliche Wechselwirkung. Imperialistische Einstellungen und Strategien wurden durch das spezielle Bild geprägt, das man sich in Europa jeweils von Afrika oder Indien machte. Zum Beispiel schwelgten die Europäer während des 18. Jhs. in aufgeklärten, ja sogar utopischen Vorstellungen von vielen Nichteuropäern; das Bild vom »finsteren« Afrika war dagegen eine Erfindung des 19. Jhs., Ausdruck der geographischen Unkenntnis und der vermeintlichen kulturellen Überlegenheit.[1] Als die Existenz unterschiedlicher Rassen erstmals zu Bewußtsein kam, hatte dies noch keinen Rassismus zur Folge; eher dürfte die Reaktion mit Neugier auf andere Menschentypen oder ihrer Anerkennung als eine Naturgegebenheit zu tun gehabt haben – jedenfalls wurden die Fremden nicht sofort auf Klischees reduziert oder als minderwertig angesehen. Gleichwohl möchte ich zeigen, daß der schmale Grat zwischen Wahrnehmung ethnischer Unterschiede und Rassismus nur zu leicht überschritten wird – wie zum Beispiel geschehen, als der Rassismus die Beziehungen zwischen Imperialherren und Eingeborenen weithin bestimmte.

In diesem Buch verengt sich die Perspektive jedoch mit dem Übergang von der ersten zur zweiten Hälfte des 19. Jhs. und konzentriert sich auf die Juden, wobei die Schwarzen und Farbigen in den Hintergrund treten. Wir untersuchen die Geschichte des europäischen Rassismus, und obwohl darin auch der Imperialismus eine Rolle spielte, erreichte der Rassismus seine Ziele in Europa selbst und zeigte hier sein wahres Gesicht. Die Vernichtung eines ganzen Volkes – nicht rebellischer Menschen oder widerspenstiger Eliten – bildet den Höhepunkt des Rassismus, und diese Tatsache darf nicht durch den Hinweis auf Kolonialkriege oder auf koloniale Unterdrückung verschleiert werden.

Die Endlösung der Judenfrage war kein Nebenprodukt einer abwegigen Politik, sondern ein Programm, das bewußt geplant und akribisch ausgeführt wurde, was die Maschinerie des modernen Staates mit verheerenden Auswirkungen ermöglichte. Wenn die Geschichte des Antisemitismus zunächst getrennt von der des Rassismus verlief, der sich primär gegen Schwarze richtete, nährte sie später rassistische Einstellungen, bis sich in Europa Rassismus und Antisemitismus kaum noch unterscheiden ließen. Die Geschichte des europäischen Rassismus im 20. Jh. kann nicht geschrieben werden, ohne die Entwicklung des Antisemitismus umfassend mit einzubeziehen.

Daß die Wurzeln des Rassismus im 18. Jh. liegen, dürfte viele Leser erstaunen und konsternieren. Schließlich soll doch die Aufklärung den alten Aberglauben beseitigt haben, wonach die Menschen ihr Leben nicht selbst bestimmen. Alle Menschen – so die Argumentation – besitzen unabhängig von ihrem religiösen Glauben kritische Vernunft; das Universum, das menschliche Schicksal und die Regeln des menschlichen Lebens sind keine geheimnisvollen, verbotenen Themen mehr, sondern der Erforschung und Verbesserung zugänglich. Die Ausbildung des menschlichen Geistes durch den Gebrauch der Vernunft und das Studium der Klassiker soll eine wohlorganisierte, harmonische Gesellschaft hervorbringen. Dabei fördert die kontinuierliche Entwicklung der rationalen Fähigkeiten Pragmatismus und Toleranz, und die Lektüre der Klassiker verfeinert das ästhetische Vermögen.

Die Aufklärung markierte zwar eine entscheidende Phase in der Geschichte der Freiheit, aber zur Geschichte des Rassismus, mit der wir uns hier befassen, leistete sie einen anderen Beitrag. Ihrer Kritik lag der Glaube an Autoritäten zugrunde – nicht die Autorität des Christentums oder der Tradition, sondern die der Antike und der Naturgesetze, die sich dem rationalen Geist nach und nach enthüllen. Wohl ließen diese Autoritäten Raum für menschliche Autonomie, doch da die Naturgesetze unter dem Aspekt der Rationalität und Klarheit erforscht wurden, stand die Klassifikation natürlicher Phänomene im Vordergrund, und das galt auch im Bereich des Menschen.

Außerdem hatten die Klassiker einen gewissen Maßstab der menschlichen Schönheit gesetzt, der sich – wie wir noch sehen werden – für die Ausbildung von Klischees hergab. Die Aufklärung neigte dazu, alle Menschen nach demselben Muster zu betrachten – nicht nur, weil sie von Klassifikationen begeistert war und den klassischen Schönheitsbegriff idealisierte, sondern auch, weil sie annahm, daß ihre Ziele für alle Menschen galten und daß ihre moralische Ordnung ein Teil der natürlichen Ordnung war und deshalb immer und überall Bestand hatte.

Diese Schattenseite der Aufklärung schränkte die »freie Wissenschaft« ein.[2] Das 18. Jh. erlebte den Aufstieg neuer Wissenschaften wie Anthropologie und Physiognomie (als Erforschung des menschlichen Gesichts), klassifizierte die Menschen und begründete ein Klischee der menschlichen Schönheit, das sich nach klassischen Vorbildern als dem Maßstab aller menschlichen Werte richtete. Auch was die Lebensführung anging, herrschte Ordnung; die Menschen sollten ihre Sinnlichkeit mit dem Intellekt beherrschen. Die moralische Ordnung spiegelte sich in den ästhetischen Werten, welche den Menschen vermittelt worden waren: Harmonie und Mäßigung, Grazie und innere Stärke, exemplifiziert durch die griechischen Skulpturen der Venus und des Apollo. »Bei Anschauung des Schönen«, schrieb Schiller 1795, »befindet sich das Gemüt in einer glücklichen Mitte zwischen dem Gesetz und Bedürfnis.«[3] Aus dieser ästhetischen Definition der moralischen Ordnung folgte eine visuelle Botschaft – nicht eine Theorie, die sich in dicken, für viele unlesbaren Büchern verbarg, sondern leicht zugängliche Ideen und Ideale, auf die sich das heraufziehende Zeitalter der Massen stützen konnte. Die Menschen konnten die Klischees des Schönen und des Häßlichen ebenso *sehen* wie die Nationalflagge und die nationalen Denkmäler.

Der Rassismus war eine auf Klischees oder Stereotypen basierende visuelle Ideologie, und darin lag eine seiner größten Stärken. Da er alle Menschen klassifizierte, besaß der Rassismus die für den Erfolg wesentliche Klarheit und Einfachheit. Darüber hinaus war er jedoch eine gefühlsbetonte Ideologie und nutzte die später einsetzende Reaktion gegen die Aufklärung.

Beim Aufstieg des modernen Rassismus wirkten mehrere Faktoren zusammen: Entscheidend war nicht nur die Schattenseite der Aufklärung, sondern auch Bewegungen wie die Romantik und der moderne Nationalismus, die etwa zur Zeit der Französischen Revolution aufkamen. Natürlich lassen sich schon im 16. und 17. Jh. Elemente des Rassismus nachweisen, aber der christliche Glaube, daß die Ungetauften im Zustand der Sünde leben, schlug nicht in Rassismus um. Gewiß wurden zum Beispiel die Juden in Ghettos eingesperrt, um das Schicksal derer zu bezeugen, die nicht an Christus und die Kirche glaubten, doch durch Taufe – selbst erzwungene Taufe – sollte ihr Judentum und damit der Zustand enden, in dem sie Verfolgung und Diskriminierung ausgesetzt waren. So schrieb der Frankfurter Schulmeister Johann Jacob Schudt im Jahr 1714, durch Konversion zum Christentum verlören die Juden ihren besonderen Geruch, der ihnen als Strafe Gottes auferlegt sei.[4]

Der Rassismus brauchte eine säkulare Grundlage wie die Aufklärung oder den modernen Nationalismus, um die Konsequenzen der christlichen Tauf- und Bekehrungsrituale überwinden zu können, denn die »rassisch Minderwertigen« mußten ausweglos in ihrem Zustand festgehalten werden. Schließlich wurde sogar das Christentum vom Rassismus infiziert, aber da befand es sich bereits in der Defensive gegenüber dem heraufziehenden säkularen Zeitalter.

Obwohl man immer gewisse Verbindungen zwischen der fernen Vergangenheit und der Gegenwart finden kann, haben die Ideen jüngerer Zeiten meist stärkeren Einfluß auf das Denken der Menschen. Will man die Wirkung von Denksystemen beurteilen, spielen aktuelle Wahrnehmungen und Lebenseinstellungen eine zentrale Rolle. Eine ferne, weitgehend unbekannte Vergangenheit fällt weniger ins Gewicht als die unmittelbare Gegenwart oder der Einfluß mythischer Vorbilder, mit denen das menschliche Bewußtsein die Geschichte filtert. Die Ideologie des Rassismus greift fast nie auf tatsächlich verfügbare Vorbilder zurück (zum Beispiel die Verfolgung und Vertreibung der Juden im Spanien des Mittelalters), sondern verwandelt eine mythologische nationale Vergangenheit in eine hypothetische, um die von der Moderne entwurzelten und verängstigten Menschen mit einem Trost locken zu können.

Der Rassismus gab vor, daß der Nationalismus oder die geordnete bürgerliche Gesellschaft für den sozialen Zusammenhalt unumgänglich waren, und sortierte alle aus, die von der Gesellschaft als prinzipiell andersartig oder gefährlich zurückgewiesen wurden. Einerseits nutzte er den Nationalismus als Bollwerk in einer chaotischen Welt, andererseits förderte er aber auch die Ehrbarkeit – jene Manieren und moralischen Prinzipien, die den Zusammenhalt der bürgerlichen Gesellschaft symbolisieren und ihren Status definieren sollten.

Ehrbarkeit prägte nicht nur die bürgerliche Gesellschaft, sondern schützte auch den *status quo* eines Sozialsystems, das ständig vom beschleunigten Tempo des gesellschaftlichen, wirtschaftlichen und kulturellen Wandels bedroht war. Ehrbarkeit bedeutete Schutz durch feste gesellschaftliche Normen. Wie unterschiedlich die Mittelschicht auch zusammengesetzt sein mochte – von Kleinhändlern bis zu hohen Beamten –, sie benutzte die Ehrbarkeit als eine Waffe im Kampf gegen das sogenannte lockere Leben der Aristokratie und der niederen Schichten.[5] Spätestens gegen Ende des 19. Jhs. hatte sich die Ehrbarkeit jedoch überall in der Gesellschaft als Lebenshaltung durchgesetzt: ein Zustand, den fast alle anerkannten.

Im Hauptteil des Buchs wird die Konsequenz des Bündnisses von Rassismus und Ehrbarkeit umfassend analysiert, aber ein Aspekt dieser Allianz – die Verknüpfung von Rassismus und Sexualität – verdient eine spezielle Anmerkung, weil er ein wichtiges Merkmal des europäischen Rassismus wurde. Von den Anfängen des Rassismus im 18. Jh., als Anthropologen den »Schwarzen« vorwarfen, ihren Sexualtrieb nicht bändigen zu können, bis zu Adolf Hitler, der in *Mein Kampf* jüdische Knaben beschrieb, die an den Straßenecken herumlungern und blühende Geschäfte mit Prostituierten und »weißen Sklavinnen« treiben, besteht hier ein unmittelbarer, direkter Zusammenhang. Der Rassismus unterstützte die Verhaltensnormen der Gesellschaft, indem er versuchte, die Unterscheidung zwischen normal und anomal zu legitimieren. Das Klischee des triebhaften Außenseiters war fester Bestand des Rassismus und gehörte zu jener Umkehrung anerkannter Werte, die für Schwarze oder Juden typisch sein sollte, wobei diese allein aufgrund ihrer Existenz gleichzeitig die bestehende Gesellschaft bedrohten und ihre Normen bestätigten.

Zu den Juden und Schwarzen, als Hauptopfern des Rassismus, kamen später noch andere, die durch ihr anomales Verhalten jenseits der gesellschaftlich erzwungenen Grenzen standen. So teilten die Geisteskranken, Homosexuellen und Gewohnheitsverbrecher das Stigma, ihre Leidenschaften – von sexueller Begierde bis hin zu mörderischer Wut – nicht zügeln zu können. Alle, die dem anerkannten Muster der bürgerlichen Gesellschaft nicht entsprachen, wurden als jene »verfluchte Rasse« zusammengefaßt, der Marcel Proust Juden und Homosexuelle zuordnete.[6]

In den geistigen und physischen Merkmalen, die man diesen Außenseitern nachsagte, spiegelten sich gesellschaftliche Ängste: vor Ruchlosigkeit, Begierde und Faulheit, symbolisiert durch eine melancholisch »bewegte Physiognomie«.[7] In der Ikonographie dieser Stereotypen des 19. Jhs. – ob auf Juden, Geisteskranke oder andere Ausgestoßene bezogen – spielte die Erschöpfung eine bedeutende Rolle und stand im Kontrast zu jener jugendlichen Energie, die eine expandierende Gesellschaft brauchte und die sie entsprechend hoch pries. Juden und sogenannte sexuell Perverse wurden oft als gebrechlich, vom Tod gezeichnet und senil dargestellt. Die Juden auf den deutschen Bühnen des 19. Jhs. oder in den Romanen Balzacs waren fast durchweg alte Männer, und Schopenhauer behauptete, die Homosexualität komme mit dem Alter – sie sei eine Vorkehrung der Natur, um zu verhindern, daß die Alten noch Kinder zeugen.[8] Oscar Wilde traf ins Schwarze, als er die gesellschaftliche Wahrnehmung von Außenseitern parodierte: »Böse Menschen sind immer alt und häßlich.«[9]

Um die persönlichen Leidenschaften und die öffentliche Unruhe, die das soziale Gefüge bedrohten, unter Kontrolle zu halten, waren Selbstbeherrschung und strenge Sittengesetze erforderlich. So unterlag die Beziehung zwischen den Geschlechtern bestimmten Imperativen: Die Normalen mußten strikt von den sogenannten Anomalen getrennt werden, und jedes Mitglied der Gesellschaft, ob Mann, Frau, Kind oder Diener, hatte eine klar definierte Rolle zu übernehmen. Die Gesellschaft basierte ebenso auf einer sexuellen wie auf einer sozialen und wirtschaftlichen Arbeitsteilung. Diese anerkannte Ordnung der Dinge geriet durch die Existenz von Androgynen und Homosexuellen durcheinander. In einem der einflußreichsten rassistischen Bücher, Otto Weiningers *Geschlecht und Charakter* (1903), das unten genauer analysiert wird[10], bezichtigt der Autor die Juden, sie seien – unabhängig von ihren tatsächlichen Sexualpraktiken – eher durch weibliche als durch männliche Eigenschaften geprägt. Der Rassismus förderte diese sexuelle Arbeitsteilung im Rahmen seiner Kampagne für die Ehrbarkeit. Gegen Ende des 19. Jhs. bekannten sich die Rassisten zu dem Glaubenssatz: ». . . je weiblicher die Frauen, desto männlicher die Männer, und je vertrauter das Familienleben, desto gesünder die Gesellschaft und der Staat.«[11] Später faßte Hitler selbst die Arbeitsteilung zwischen den Geschlechtern als rassischen Imperativ auf: »Das ist ja das Wunderbare in der Natur und Vorsehung, daß kein Konflikt der beiden Geschlechter unter- und nebeneinander möglich ist, solange jeder Teil die ihm von der Natur vorgezeichnete Aufgabe erfüllt.«[12]

Männlichkeit stand für Normalität. Wer von der Norm abwich, war ein potentieller oder tatsächlicher Außenseiter und mußte als solcher entlarvt werden. Beim Umgang mit der menschlichen Sexualität leistete die Medizin des 19. Jhs. einen äußerst wichtigen Beitrag zu dem, was als normal galt, und damit auch zum Klischee des Außenseiters geriet. Masturbation erschien als Quelle der meisten Laster und führte zu gräßlichen körperlichen Verunstaltungen sowie zu einer Zerrüttung der Nerven. Überdies war sie ein »heimliches Laster« und damit asozial: eine potentielle Bedrohung für Staat und Gesellschaft. Nach Auffassung der herrschenden medizinischen Lehre hatte die Masturbation zwingend Homosexualität zur Folge, und daraus wiederum ergaben sich Geisteskrankheit und Tod. Die forensische Medizin entwikkelte ein Klischee der Homosexualität, das den mit Sodomie befaßten Gerichten als Leitfaden dienen sollte. So beschrieb Ambroise Tardieu Mitte des Jahrhunderts die kranken und erschöpften Leiber von Homosexuellen, die ihre Neigung verrieten. Diese medizinische Tradition hatte der Deutsche Johann Valentin Müller schon gegen Ende des 18. Jhs. eingeleitet, als er den Gerichten sogenannte »sprechende Merkmale« sexuell Perverser darstellte: gerötete Augen, Schwäche, depressive Anfälle und Vernachlässigung des Äußeren.[13] Albert Moll, ein anderer berühmter Arzt, fügte der guten Ordnung halber hinzu, daß Geisteskrankheit besonders in Familien mit Homosexuellen sehr verbreitet sei.[14]

Durch all diese medizinischen Theorien zieht sich die Furcht vor der Moderne. Zu Beginn des 20. Jhs. schrieb der Sexualkundler Iwan Bloch, die »Schwingungen der Moderne« führten zur Homosexualität, während Antisemiten und Rassisten wie Edouard Drumont behaupteten, die Juden exemplifizierten die Entwurzelung der Moderne und seien nervöse Menschen mit einer starken Neigung zur Geisteskrankheit.[15]

Bestätigt durch einen beachtlichen Fundus an medizinischer Literatur, glaubten viele, daß Homosexuelle »normale« Männer anstecken konnten. Johann Valentin Müller stand nicht allein mit der Auffassung, die »Krankhaftigkeit« unkonventioneller sexueller Neigungen sei gefährlich für das Wohl des Staates.[16] So sanktionierte die medizinische Theorie ein subjektives Klischee – und dieses Geschenk nahm der Rassismus dankbar an. Bald ging Gesundheit mit jener »überlegenen Rasse« einher, die ihre sexuellen Begierden zügeln konnte und das sogenannte männliche Verhalten pries, wohingegen die »minderwertigen Rassen« als krank und ansteckend galten. Allerdings schloß der Rassismus die Juden nur selten völlig in den Bann des Lasters ein, ihnen neben allen anderen unmoralischen Neigungen auch noch Homosexualität vorzuwerfen, weil das jüdische Familienleben weithin als Musterbeispiel der Ehrbarkeit bewundert wurde. Selbst Antisemiten und Rassisten mußten anerkennen, daß die Familie im Zentrum des jüdischen Lebens stand, auch wenn sie den Juden gleichzeitig vorhielten, die Moralität des »arischen Lebens« zu unterminieren.[17]

Die Juden wurden bezichtigt, durch böse, aber heterosexuelle Begierden eine Gefahr für die Gesellschaft darzustellen. Man warf ihnen nicht nur vor, blonde christliche Mädchen zu verführen, sondern fügte seit dem Ende des 19. Jhs. immer häufiger hinzu, daß sie diese auch auf den Strich schickten. Diese Anschuldigung, »weiße Sklavinnen« zu halten, paßte gut zu den Verschwörungstheorien über die Juden. Für Rassisten ergab sich daraus nicht nur eine sexuelle Version der alten Blutschmähung und des verleumderischen Vorwurfs ritueller Morde[18], sondern auch eine Möglichkeit, den Juden die Förderung sexueller Exzesse und ungezügelter Leidenschaften anzulasten. Schließlich löste die rassistische Unterscheidung zwischen der deutschen und der jüdischen Bourgeoisie alle Probleme: Die Juden, deren Familienleben intakt war, galten nun als »Feinde der arischen Familie«, und daher mußten sie aus der respektablen Gesellschaft vertrieben werden.

Die sexuelle Dimension des Rassismus war eng mit der forensischen Medizin und dem neuen Fach der Sexualkunde verknüpft, das sich um die Jahrhundertwende etablierte. Jetzt entwickelte die Medizin Verallgemeinerungen über Juden und Homosexuelle. Jean-Martin Charcot, der berühmte Pariser Psychiater und Spezialist für Hysterie, schrieb in den achtziger Jahren des 19. Jhs., daß Juden eine Neigung zu Geisteskrankheit, Neurasthenie und Nervosität zeigten. Für diese Krankheiten seien sie wegen der konstitutionellen Schwäche ihres Nervensystems anfällig. Richard von Krafft-Ebing, der bekannteste Sexualkundler jener Zeit, führte diese Nervenschwäche auf die Kindererziehung der Juden zurück. Diese »jüdischen Krankheiten«, so schreibt er, führen zu religiösem Wahn und übersteigerter Sinnlichkeit. Charcot und Krafft-Ebing meinten allerdings, diese Schwäche sei heilbar, während die Rassisten behaupteten, sie sei ein angeborener Wesenszug der »jüdischen Rasse«.[19]

Als sich solche medizinischen Vorstellungen, die nicht auf wissenschaftlichen Erkenntnissen, sondern auf Vorurteilen basierten, allmählich veränderten, versuchten die Rassisten immer noch, sie zu verewigen. Zum Beispiel meinte Sigmund Freud, die herrschende Sexualmoral stelle übermäßige Anforderungen an die Menschen, und er wollte die sexuellen Zwänge im Rahmen des Erträglichen lockern. Zwar glaubte Freud selbst nach wie vor an die schädlichen Folgen der Masturbation und faßte die Homosexualität als Unfähigkeit auf, kindliche Traumata zu überwinden; doch andere Mediziner rückten von derartigen Theorien ab, hielten abweichende sexuelle Neigungen für angeboren und damit natürlich. Allerdings stemmten sich viele Menschen gegen jede Lockerung der überkommenen Moralvorstellungen und brandmarkten sie als »jüdische Konspiration zur Zersetzung der arischen Sitten«.

Indem er alle Außenseiter als naturwidrig und krank darstellte, nutzte der Rassismus die Unterscheidung zwischen normal und anomal schonungslos aus. Unermüdlich proklamierten die Rassisten, nur gesunde, normale Menschen könnten auch schön sein und im Einklang mit der Natur leben. Ein kraftvoller, energischer Homosexueller war undenkbar, und ein »schöner Jude« galt als *contradictio in adiecto* (obwohl die »schöne Jüdin« nach wie vor viele Phantasien anregte).[20]

Der Ort des Außenseiters war die Großstadt, die gegen Ende des 19. Jhs. als das Unnatürliche *par excellence* galt. Hier frönten die Homosexuellen ihrem Laster, und den Juden wurde nachgesagt, Prostituierte und »weiße Sklavinnen« zu halten. Balzac hatte bereits gegen Mitte des 19. Jhs. den physischen und moralischen Verfall im Dickicht der Städte beschrieben, wo nichts Bestand hat, alles nur vorläufig ist. Die Pariser sahen aus wie lebendige Leichen, »schrecklich anzuschauende Menschen«[21], und was sich der Autor Balzac in seiner Phantasie ausmalte, wurde von Ärzten in die medizinische Theorie aufgenommen.

Während des gesamten 19. Jhs. wurde die Kraft der Natur als Heilmittel gegen den Sittenverfall der Großstädte beschworen. Als Symbol des Echten und Unwandelbaren sollte die Natur dem Menschen wieder Macht über eine Welt geben, die schon fast unrettbar dem Chaos anheimgefallen war. Nationalisten, Rassisten, ja die ganze Gesellschaft rangen darum, ihre Nähe zur Natur zu beschwören: Die Menschen empfanden das Bedürfnis, sich ein Stück Ewigkeit anzuheften, um Haltung bewahren zu können. Proust erzählt, wie er glaubte, ein Freund sei von seiner Homosexualität geheilt worden, nachdem er einen Tag geritten und dann auf einen Berg gestiegen war, um dort im Schnee zu schlafen.[22] Hier siegte die Heilkraft der Natur über Nervosität, jugendliche Energie über Erschöpfung.

Den Juden wurde meist vorgeworfen, sie hätten keinen Sinn für die Natur, und Szenen von Juden, die einen Berg besteigen oder auf einem Pferd reiten, sind in der europäischen Literatur selten. Die Natur kennt kein Laster; auf dieser Basis diskutierten Sexualkundler, ob es homosexuelle Tiere gibt oder nicht.[23]

Als die Idealtypen des Normalen und des Anomalen in den Glauben der Nazis eindrangen, wurde gleichzeitig der rassistische Angriff auf sexuell Perverse als gesellschaftliche Außenseiter fortgesetzt und verstärkt. »Wer andersartig ist«, so der Chefherausgeber von Heinrich Himmlers *Das Schwarze Corps*, »kann die Gesetze der Natur nicht erkennen.«[24] Damit reagierte die Zeit nicht nur auf die gesellschaftlichen, wirtschaftlichen und politischen Folgen des Ersten Weltkrieges (die im folgenden eine wichtige Rolle spielen), sondern auch auf den Lebensstil Berlins in der Weimarer Republik, geprägt durch moderne Kunst, Avantgarde-Literatur, Schwulen- und Lesbenkneipen. Adrette junge Männer und bescheidene, sich selbst verleugnende Mädchen waren gefragt, und sie schienen sich meist (auch wenn diese Beurteilung oft abwegig gewesen sein mag) in den Reihen der politischen Rechten zu befinden. Hitler meinte, der Nationalsozialismus habe der jüdischen Kulturherrschaft ein Ende bereitet und die Kunst wieder den Klauen der Homosexuellen und »Mannweiber« entrissen – hier warf Hitler die traditionellen Außenseiter in einen Topf: Juden, Homosexuelle und Frauen. Die althergebrachten Geschlechtergrenzen waren überschritten. Deutsche Kunst als Ausdruck der deutschen Seele, so fuhr er fort, müsse keine flüchtige Erscheinung mehr sein und nicht mehr an die niederen Instinkte appellieren, sondern könne fortan die unvergängliche, göttliche Ordnung der Natur widerspiegeln.[25]

Wer aus dieser Ordnung ausgeschlossen war, fand auch in der Gesellschaft keinen Platz. Heinrich Himmler, der schätzte, daß im Deutschen Reich etwa zwei Millionen Homosexuelle lebten und die Nation infizierten, forderte die Todesstrafe für homosexuelle Handlungen. Dabei verwendete er die verhängnisvollen Worte, »das Leben auszulöschen, als habe es nie existiert«. Himmler wollte die Homosexuellen am liebsten in Sümpfen ertränken; dort sinke das Opfer durch seine eigene Schwere, und kein Mensch könne helfen, wenn die Natur ihren Fehler korrigiere.[26] So verschmolzen Symbol und Realität.

Doch nicht alle Homosexuellen waren verloren, da die meisten von ihnen Arier waren. Wenn Homosexuelle zusammengetrieben und in Konzentrationslager verschleppt wurden, mußten sie sich manchmal zu Frauen legen; reagierten sie heterosexuell, ließ man sie frei. Sexuelle Abweichung galt als eine Krankheit, die nicht nur durch solche erzwungenen Konfrontationen, sondern auch durch gesellschaftliche Disziplin und harte Arbeit heilbar war. Hier erkennen wir die Auswirkungen eines tief in der Gesellschaft verwurzelten Ideals, das uns später in einem Fragebogen wiederbegegnen wird; dieser wurde während der »Euthanasie« (des Mordes an unheilbaren Kranken) an psychiatrische Kliniken verschickt, um zu erkunden, welche Insassen arbeitsfähig – und damit »lebenstüchtig«[27] – waren. Himmler griff mit seiner Haltung also nur Vorstellungen auf, die bereits im medizinischen Klischee des Außenseiters vorhanden waren.

Zwar dürften in den Lagern mindestens zehn- bis zwanzigtausend Homosexuelle umgebracht worden sein[28], aber die Vernichtung dieser Gruppe konnte nie systematisch betrieben werden, weil es keine zuverlässigen Listen über Homosexuelle gab – sie wurden entweder denunziert oder aufgrund der Abonnementslisten verdächtiger Zeitschriften festgenommen. In der Praxis setzte aber selbst Himmlers SS die Todesstrafe gegen Homosexuelle aus den eigenen Reihen nicht rigoros durch, sondern zog es oft vor, den Zweifel zugunsten dieser angeblich perversen Kameraden sprechen zu lassen. Demgegenüber wurden die Juden – als »minderwertige Rasse« – jedoch systematisch vernichtet, und dieser Wahn wird im vorliegenden Buch als Höhepunkt des europäischen Rassismus analysiert.

In neuerer Zeit haben einige Historiker argumentiert, es sei nie eine klare Entscheidung getroffen worden, die Juden als »Rasse« zu zerstören, sondern es habe sich, als der Krieg ihre Emigration aus Deutschland und Europa verhinderte und die militärische Lage eine Umsiedelung nahezu ausschloß, das pauschale Vernichtungsprogramm 1941 und Anfang 1942 aus einer Serie von Massenmorden entwickelt.[29] Doch alle Belege sprechen dafür, daß Hitler die Massenvernichtung der Juden im Spätfrühjahr oder Sommer 1941 anordnete und daß er diesen Plan von Anfang an verfolgte – also die Juden, selbst wenn es ihm möglich gewesen wäre, sie ohne Genozid aus Europa zu vertreiben, schließlich aufgespürt hätte, um die Judenfrage ein für allemal zu lösen.

Die Juden konnten ihrem Schicksal nicht entgehen, indem sie das geforderte sexuelle Verhalten zeigten oder einer sogenannten »ehrlichen Arbeit« nachgingen. Ihre Verfolgung hatte immer Vorrang vor den Pogromen gegen Homosexuelle. Im besetzten Holland war zum Beispiel die örtliche Polizei dafür zuständig, Homosexuelle aufzuspüren, aber die Deportation der Juden oblag der deutschen SS. Dort war die Verfolgung der Homosexuellen nur Nebensache[30], während die antijüdische Politik der Nazis von der SS mit aller Härte – oft sogar gegen den Widerstand der regionalen holländischen Behörden – durchgesetzt wurde.

Obwohl die Homosexuellen nicht als »Rasse« galten und obwohl viele von ihnen faktisch »Arier« waren, sollten sie, soweit »unheilbar«, vernichtet werden; damit ist eine neue Dimension von Rassismus und Macht erreicht. Der Rassismus forderte Ehrbarkeit als Grundlage für die Existenz der Gesellschaft: Von den Homosexuellen hieß es, sie infizierten und korrumpierten die »arische Rasse« und gefährdeten – wie die Juden – deren Überleben. Auch den Juden wurde (wie wir sahen) vorgeworfen, abnorme sexuelle Begierden als Strategie im Krieg zwischen den Rassen einzusetzen, und dabei spielte es am Ende kaum noch eine Rolle, ob die für den erstrebten Sieg gewählte Waffe Homosexualität oder Heterosexualität war.

Die sexuelle Dimension des Rassismus trug dazu bei, daß Stereotypen vertieft wurden, die im zweiten Kapitel dieses Buchs analysiert werden; außerdem war sie, neben Sprache und Geschichte (denen das dritte Kapitel gilt), ein weiterer Faktor, der die Kluft zwischen Völkern und Rassen vertiefte. Durch das medizinische Profil des Außenseiters wurde sie zum Gegenstand der sogenannten wissenschaftlichen Rassentheorie, und durch die irrationalen Ängste der Gesellschaft vor sexuellen Exzessen hielt sie Einzug in das Mysterium der Rasse. Der Rassismus beanspruchte ein Monopol über jene Tugenden, die der Gesellschaft lieb und teuer waren, verdammte jedoch, was ihren Normen nicht entsprach, als »entartet«. Bei den Phantasien, aus denen die Welt des Rassismus besteht, spielte auch die Sexualität ihre Rolle.

Juden und Schwarze galten, wie in dem Buch dokumentiert ist, als die wichtigsten Außenseiter, die den Zusammenhalt der Gesellschaft gefährdeten – als Hauptfeinde des Stammes –, aber neben ihnen gab es noch viele andere, die von den anerkannten Normen der Gesellschaft abwichen. Das Ziel der Nazis bestand darin, die Gesellschaft von allen zu befreien, die ihr Ideal der Ehrwürdigkeit bedrohten und nicht mit ihrem Selbstbild übereinstimmten: jugendlich, männlich, produktiv und gesund an Körper und Geist zu sein. Daher wurden die Alten, Schwachen und Geisteskranken systematisch durch »Euthanasie« ausgerottet – zwar nur eine Generalprobe für die Endlösung der Judenfrage, gleichzeitig aber auch ein eigenständiger Versuch, Erwachsene und Kinder zu beseitigen, denen man entgegenhielt, die Rasse zu schwächen und ihr materielles Wohl zu zerstören.[31] Alle, die ihren Anspruch auf einen Platz in der »arischen Rasse« verwirkt hatten, sollten sterben; die Juden – der Erzfeind – aber erst aus Deutschland vertrieben und dann hingemordet werden, wo man sie auch aufspürte.

In diesem Buch möchte ich zeigen, wie der Rassismus den Weg für die mörderischen Praktiken der Nationalsozialisten ebnete. Denn der Rassismus war ein Hauptbestandteil des Nationalsozialismus, und ohne ihm den gebührenden Platz einzuräumen, kann man keine Geschichte dieser Bewegung schreiben.

Anmerkungen

1 Philip D. Curtin, *The Image of Africa, British Ideas and Action, 1780–1850* (Madison, 1964), 9f.
2 Zur Schattenseite der Aufklärung vgl. Theodor W. Adorno und Max Horkheimer, *Dialektik der Aufklärung*, in: Theodor W. Adorno, *Gesammelte Schriften* 3 (Frankfurt am Main, 1981). Ein eher positives Urteil über die Aufklärung fällt Peter Gay, *The Enlightenment: An Interpretation*, 2 Bde. (New York, 1966 und 1969).
3 Friedrich Schiller, *Über die ästhetische Erziehung des Menschen*, Werke in drei Bänden (München, 1976), Bd. 2, 480.
4 Johann Jacob Schudt, *Jüdische Merkwürdigkeiten...*, I (Frankfurt am Main, 1714/15), 344.
5 Isabel V. Hull, »The Bourgeoisie and Its Discontents: Reflections on ›Nationalism and Respectability‹«, *Journal of Contemporary History*, XVII (April 1982), 249; vgl. auch George L. Mosse, *Nationalismus und Sexualität: Bürgerliche Moral und sexuelle Normen* (München, 1985).
6 Jean Recanati, *Profils juifs de Marcel Proust* (Paris, 1979), 141.
7 Sander L. Gilman, *Seeing the Insane* (New York, 1982), 82.
8 Alexandre Raviv, *Le Problème juif au miroir du roman Français d'entre deux guerres* (Straßburg, 1968), 4; Arthur Schopenhauer, *Die Welt als Wille und Vorstellung* (Wiesbaden, 1949), Bd. II, 648.
9 Zitiert nach Jeffrey Myers, *Homosexuality and Literature* (London, 1977), 24.
10 Vgl. S. 130, 131.
11 C. Wilmans, *Die »Goldene Internationale« und die Notwendigkeit einer socialen Reformpartei* (Berlin, 1876), 195.
12 Vgl. Martin Klaus, *Mädchen in der Hitlerjugend* (Köln, 1980), 169.
13 Eine genaue Darstellung findet sich bei Mosse, *op. cit.*, II. Kapitel.
14 Albert Moll, *Ärztliche Ethik* (Stuttgart, 1902), 46.
15 Iwan Bloch, *Die Perversen* (Berlin, o. D.), 28; Edouard Drumont, *La France juive* (Paris, 1944), Bd. I, 107.
16 Johann Valentin Müller, *Entwurf einer gerichtlichen Arzneiwissenschaft*

(Frankfurt am Main, 1796), wiederabgedruckt in: *Der unterdrückte Sexus*, hrsg. v. Joachim S. Hohmann (Lollar, 1977), 136 und 139.

17 Vgl. *Vorurteile gegen Minderheiten. Die Anfänge des modernen Antisemitismus in Deutschland*, hrsg. v. Hans-Gert Oomen (Stuttgart, 1978), 62.

18 Edward J. Bristow, *Prostitution and Prejudice: The Jewish Fight Against White Slavery*, 1870–1939 (Oxford, 1982), 4.

19 Sander L. Gilman, »Jews and Mental Illness: Medical Metaphors, Anti-Semitism, and the Jewish Response«, *Journal of the History of the Behavioral Sciences*, XX (April 1984), 153. Diese Ärzte meinten auch, daß Frauen Anfälle von Hysterie erlitten, weil sie schwächere Nervensysteme hätten als Männer. Die Hysterie wurde nicht nur sogenannten »sexuell Perversen«, Frauen und Geisteskranken zugeordnet, sondern auch politischen Gegnern. Daher wurde der französische Klerus von seinen Gegnern als hysterisch diagnostiziert, wodurch er sich von den Vertretern der rationalen, humanen Medizin unterscheiden sollte. Jan Goldstein, »The Hysteria Diagnosis and the Politics of Anticlericalism in Late Nineteenth Century France«, *The Journal of Modern History*, LIV (Juni 1982), 237–239.

20 In Auschwitz untersuchte Dr. Mengele junge Juden, die den gesellschaftlichen Schönheitsidealen zu entsprechen schienen, um körperliche Makel zu finden, die nach Auffassung des Rassismus vorhanden sein mußten. Miklos Nyizili, *Auschwitz, a Doctor's Eyewitness Account* (New York, 1960), 175.

21 Honoré de Balzac, »Scènes de la vie Parisienne«, *La Comédie Humaine, Œuvres Complètes*, IX (Paris, 1843), 236.

22 Marcel Proust, *A la recherche du temps perdu*, Bd. IV, *Sodome et Gomorrhe* (Paris, 1921), 276.

23 Vgl. die Bibliographie zum Thema Homosexualität und Tiere im *Jahrbuch für sexuelle Zwischenstufen*, II, 1900, 126–155.

24 *Auf Hieb und Stich. Stimmen zur Zeit am Wege einer deutschen Zeitung*, hrsg. v. Günther d'Alquen (Berlin und München, 1937), 262.

25 Klaus, *op. cit.*, 169.

26 Heinz Heger, *Die Männer mit dem rosa Winkel* (Hamburg, o. D.), 137. Zu Himmlers Einstellung gegenüber der Homosexualität vgl. Mosse, *op. cit.*, VIII. Kapitel.

27 Vgl. S. 250 ff.

28 Ziffern in: Rüdiger Lautmann und Erhard Vismar, *Pink Triangle: The Social History of Antihomosexual Persecution in Germany* (MS).

29 Eine der besten Darstellungen dieser Kontroverse und der Belege für Hitlers Absichten finden sich bei Christopher R. Browning, »A Reply to Martin Broszat Regarding the Origins of the Final Solution«, *Simon Wiesenthal Center Annual*, I, 1984, 113–132; vgl. auch Shlomo Aronson, »Hitlers Judenpolitik, die Alliierten und die Juden«, *Vierteljahrshefte für Zeitgeschichte*, XXXII (Januar 1984), 29–64.

30 Peter Koenders, *Homoseksualiteit in Bezet Nederland* (Den Haag, 1983), 109, 129.

31 Vgl. Kap. 14; siehe auch Eugen Kogon, Hermann Langbein, Adalbert Rückerl et al., Hrsg., *Nationalsozialistische Massentötung durch Giftgas* (Frankfurt am Main, 1984) und Ernst Klee, *Euthanasie im NS-Staat* (Frankfurt am Main, 1984).

Teil I
Die Ursprünge

Kapitel 1
Realität und Mythos

Jedes Buch, das sich mit der europäischen Erfahrung von Rasse befaßt, muß mit dem Ende und nicht mit den Anfängen beginnen: mit den sechs Millionen Juden, umgebracht von Erben europäischer Kultur, umgebracht von einer Bürokratie, die von der Zeit, die sie auf die wirksame Verwaltung des Staates verwendete, einen Teil aussparte, um die Juden ebenso wirksam und sachlich auszurotten. Wie konnte dies geschehen? Für die Antwort auf diese Frage ist die Geschichte des Rassismus von grundlegender Bedeutung, die eher im Mittelpunkt als am Rande der europäischen Geschichte zu liegen scheint. Zwar führten die Nazis das Verbrechen aus – aber überall glaubten Männer und Frauen, daß die Rassen sich unterscheiden, seien sie nun weiß, gelb oder schwarz – arisch oder jüdisch. Bis zu einem gewissen Umfang benutzten Engländer, Franzosen, Polen, Deutsche oder Ungarn täglich den Ausdruck »Rasse«, ohne sich dabei etwas zu denken. Und dies ist immer noch so – trotz des Massenmordes; nur, heute stehen eher die Schwarzen als die Juden am unteren Ende der Rassenskala. Historisch gesehen haben Juden und Schwarze stets die Rolle des Außenseiters, des Bösewichts, gespielt, der den Stamm bedroht. Wer weiß, ob nicht ebenso viele Schwarze den sechs Millionen Juden gefolgt wären, hätten sie inmitten der Völker Europas gelebt. Juden aber waren die bedeutendste Gruppe von Opfern europäischer Erfahrung mit Rasse – und sie sollten mit Stumpf und Stiel ausgerottet werden. Dies galt theoretisch auch für andere »Außenseiter« wie Homosexuelle, Irre, Erbkranke und Zigeuner. Aber einige von diesen sogenannten »Minderwertigen« konnten »geheilt« werden (wie Homosexuelle) oder als Arier entkommen (wie einige Zigeuner).

Wie konnte ein Land es unternehmen, vorsätzlich ein ganzes Volk auszurotten? Die Geschichte des Rassismus bietet mehrere Anhaltspunkte: Im 19. und 20. Jh. machte sich der Rassismus jede wichtige Idee und Strömung zu eigen. Er versprach, einen jeden vor allen seinen Feinden zu schützen. Wissenschaftlicher Anstrich, eine puritanische Lebensauffassung, die erfolgreiche Mittelstandsmoral, christliche Religion, das Schönheitsideal als Symbol für eine bessere und heilere Welt, das waren die wesentlichen Bestandteile des Rassismus. Rassismus verteidigte Utopia gegen seine Feinde. Nur wenn man die Rasse bewahrte und ihre Feinde besiegte, nur dann konnten so hehre Ideale wie Freiheit, Gleichheit und Toleranz verwirklicht werden. Rassismus versprach den unterschiedlichsten Menschengruppen jedwede Wohltat. Wenn der Mythos des Nationalismus auch nicht seine einzige Anziehungskraft war, so war er doch überaus wichtig. Die Breite rassistischer Forderungen und ihr Eindringen in alle Regionen und Klassen wird die gesamte Abhandlung hindurch unsere Aufmerksamkeit beanspruchen.

Nicht immer folgte der Rassismus in seinen verschiedenen Formen den gleichen Eingebungen, nicht immer führte er zu den gleichen Ergebnissen. Der Rassismus, der aufgrund geistiger Eingebungen sämtliche wissenschaftlichen Fakten zurückwies, unterschied sich von jenem, der versuchte, wissenschaftlicher Beobachtung und Umwelteinflüssen einige Aufmerksamkeit zu schenken. Selbst den Nazis dämmerte es schließlich, daß es den rassistischen Ideen an einer gewissen Klarheit mangelte. So konnte man Rasse zum Beispiel definieren als von der Umwelt manipulierte Chancenvariante oder als eine organische, die Erscheinung und die Seele prägende Substanz, oder als ein auf Erbfaktoren beruhendes und verbesserungsfähiges Etwas. Überdies klassifizierten einige rassegläubige Europäer die Juden als Weiße, ja sogar als Arier, selbst in Zeiten, da man sie überwiegend für den Feind hielt. Einige verteidigten die Schwarzen als nicht notwendig minderwertig. Die große Mehrheit der Rassisten jedoch wies ihnen den niedrigsten Rang unter den Menschen zu oder vertrat gar die Ansicht, sie hätten kaum etwas Menschenähnliches an sich.

Inmitten dieser Unterschiede stimmte man dennoch auf wesentlichen Gebieten überein: Alle Rassisten hielten an einem bestimmten Schönheitsideal fest – weiß und klassisch; sie hielten fest an den mittelständischen Tugenden Arbeit, Mäßigung, Ehre, und sie glaubten, diese zeigten sich in der äußeren Erscheinung. Die meisten Rassisten statteten darum auch die minderwertigen Rassen – Schwarze oder Juden – mit mehreren identischen Eigenschaften wie z. B. fehlender Schönheit aus. Sie warfen ihnen Mangel eben jener mittelständischen Tugenden und letztlich auch den Mangel an jeglicher metaphysischer Tiefe vor. Hier bestand ein Gutteil Klarheit. Rassismus vereinnahmte nicht einfach nur alle zeitgenössischen Strömungen und Moden – er objektivierte sie, trotz abweichender Schlußfolgerungen, mit Hilfe starker und eindeutiger Symbole. Stereotypen vereinten die Essenz des Rassismus und die Anziehungskraft der Bewegung. Der Rassismus wies jedem in dieser Welt einen festen Platz zu, indem es ihn selbst definierte und ihm die verwirrende neue Welt durch eine klare Unterscheidung in »gute« und »böse« Rassen erklärte. Konnte man mehr verlangen?

Dennoch: Ursprünglich bestand zwischen der Welt rassistischer Ideen und der bestehenden keine Verbindung. Rassismus ersetzte Realität durch Mythos – und seine Welt aus Stereotypen, Tugenden und Untugenden war eine Märchenwelt. Sie gaukelte jenen ein Utopia vor, die sich nach einem Ausweg sehnten aus der verwirrenden Modernität, aus der

Hetze der Zeit. Rassismus ließ die Sonne stillstehen und hielt die Zeit an. Alles Übel wurde den unruhigen minderwertigen Rassen angelastet, denen es an der Wertschätzung einer hergebrachten Ordnung der Dinge fehlte. Und doch, allein auf sich gestellt, hätte keines dieser Versprechen dem Rassismus seinen furchtbaren Erfolg beschert. Märchen, deren glückliches Ende niemals einzutreffen scheint, enttäuschen die Menschen: Von einer Fata Morgana, der sie ewig nachjagen müssen, wenden sie sich ab und anderen Versprechungen und rivalisierenden Religionen zu. Traditionelle Religionen können die Sehnsucht des Menschen durch das Versprechen auf ein Paradies nach dem Tode stillen. Da der Rassismus eine Pseudo-Religion ist, hat er seine Versprechen hier und heute einzulösen. Und eben dies geschah überraschenderweise noch bevor er zur Politik einer Regierung wurde. Dies war seine konkurrenzlose Stärke. Rassismus übertraf die gewöhnliche Utopie, indem er Mythos in Wirklichkeit verwandelte.

Die Welt, die der Rassismus schuf, wurde Wirklichkeit, weil der Rassismus es so wollte – wenn ihm auch in der historischen, gesellschaftlichen und politischen Realität jede Grundlage fehlte. Solche Realitäten erklären uns die Welt zunächst in der Rückschau. Rassismus wirkte sozialen, wirtschaftlichen und politischen Bedingungen entgegen und er weigerte sich, die Welt in diesen Kategorien zu erklären. Für das Leitmotiv seiner Interpretation der Gegenwart und seiner Hoffnung auf die Zukunft schuf sich der Rassismus Mythen: Mythen, die er dann in die Wirklichkeit umzusetzen suchte. Mythos als Wirklichkeit, das läßt sich am besten an einem Extrembeispiel erklären: In ihrem Innenministerium gründeten die Nazis eine Abteilung, deren Aufgabe es war, die angebliche jüdische Weltverschwörung zu entlarven. Die Bürokratie handelte, als gäbe es eine solche Verschwörung wirklich, und machte sie so zum realen Grundpfeiler nationaler Politik. Der Mythos war in Wirklichkeit verwandelt worden. Nun brauchen Beispiele nicht immer so spektakulär zu sein. Als man erst einmal begann, Menschen als rassische Stereotypen zu sehen, sahen sie sich auch selber so. Bruno Bettelheim mag in seinem Buch: »The Informed Heart« (1960), in dem er seine Erfahrung als Häftling in den Lagern Dachau und Buchenwald aufzeichnete, übertrieben haben, als er schilderte, wie erfolgreich die Nazis Juden in den Konzentrationslagern zu den Stereotypen machten, die sie für sie waren. Wie wir noch sehen werden, ist es dennoch wahr, daß die Juden selber schon lange vor dieser Zeit ihr unschmeichelhaftes Stereotyp akzeptiert hatten und versuchten, ihm zu entkommen. Die Schwarzen erlebten ein ähnliches Trauma. Der als Realität anerkannte Mythos wurde Wirklichkeit.

Diese erschreckende Tatsache liegt, ungeachtet ihrer Varianten, allem Rassismus zugrunde. Der Mythos, den er ins Leben rief, machte blind, weil er teils auf der legitimen Anthropologie, teils auf den augenfälligen

Unterschieden zwischen der Mehrheit der Europäer und den jüdischen und schwarzen Minderheiten gründete. Schwarze hatten nun einmal eine andere Hautfarbe und eine andere Kultur. Juden hatten zwar die gleiche Hautfarbe, aber für einige Jahrhunderte eine andere Sprache und Kleidung und ein anderes Aussehen. Kulturelle Widersprüche trugen wesentlich zum Erfolg der Mythen über die Rasse bei – denn in der Geschichte ist der Fremde, der von außerhalb des Stammes kommt, noch nie wirklich willkommen gewesen. Bevor der Rassismus, ob nun im Inland oder im Ausland, zur offiziellen Politik wird, kommen erst einmal Stereotypen und Vorstellungen allgemeiner Art über höher- und minderwertige Rassen auf. Erst tauchen die der Rassentheorie zugrunde liegenden Ideen auf und mit ihnen die feindseligen Einstellungen, sei es gegen Schwarz oder Weiß. Niemand wird als »Bimbo« oder als »Schacherer« oder auch als »anständiger Engländer« oder »arischer Deutscher« geboren. Ein weiterer Beweis, daß der Mythos Wirklichkeit geworden ist, ist aber auch die Intensität des gegenwärtigen Rassismus, auch wenn er sich nur im Gebrauch von Wörtern und Bildern zeigt, die jene ursprünglich vom Rassismus geschaffene Welt verewigen helfen.

Dies war kein Märchen, das mit dem Sieg der Tugend, sondern ein Massaker, das mit den anonymen Gräbern von mehr Märtyrern endete, als Europa jemals zuvor gezählt hatte. Die Geschichte des Rassismus zu erzählen, ist nicht angenehm; und dies ist vielleicht auch der Grund, warum sie so selten so vollständig, wie sie es verdiente, dargestellt wurde – nicht als Geschichte eines Fehltritts europäischen Denkens oder unkoordinierter Augenblicke des Wahnsinns, sondern als wesentlicher Bestandteil europäischer Erfahrung. Tatsächlich aber zollen die meisten unserer Lehrbücher diesem so wichtigen Phänomen der Neuzeit wenig Aufmerksamkeit. Oft wird der Rassismus sogar in Büchern über den Nationalsozialismus nur am Rande erwähnt. Aber wie kann man eine solche politische Bewegung und ihre Konsequenzen analysieren, ohne auf ihr Weltbild einzugehen und ihr Selbstverständnis zu erforschen? Hier ist der Rassismus der Schlüssel. Vielleicht schmerzt es die Historiker zu sehr, zugeben zu müssen, daß hier im Angesicht jener angeblich beweisbaren und greifbaren Fakten – die noch immer den Hauptinhalt historischer Profession ausmachen – ein Mythos Wirklichkeit wurde. Selbst in seriösen Darstellungen über die Naziherrschaft wird der Massenmord oft nur beiläufig abgehandelt. Vielleicht kann dieses Buch, so unvollständig es auch ist, dazu beitragen, die Tatsachen wieder ins rechte Licht zu rücken. Es wird sich an die Regeln der historischen Analyse halten und keinerlei Überlegungen zu Moral und Gerechtigkeit einflechten: diese liegen jenseits des historischen Arbeitsgebietes. In diesem Fall heißt Verstehen aber nicht auch Verzeihen. Hier soll einfach ein Schritt zur Erforschung des Bösen getan werden. Es soll – und das ist weder einmalig noch banal – gezeigt werden, wie die Sehnsucht des Menschen nach einer glücklichen und heilen Welt auf ein Ziel ausgerichtet werden kann, über das zu Anfang niemals nachgedacht wurde, das aber dennoch dem jeweiligen Mythos bereits innewohnte. Dieses Buch zu schreiben, war wie ein Ritt über den Bodensee. Vielleicht aber wird die auf diesen Seiten ausgebreitete Geschichte dazu beitragen, daß nie wieder jemand einbricht. Millionen sind schon in den Abgrund gestürzt, den der Rassismus vor beinahe fünfzig Jahren vor den Augen der Menschheit aufriß. Es wäre sehr befriedigend, könnte man nunmehr das Ende des Rassismus in Europa verkünden. Dies ist jedoch nicht möglich, und darum müssen wir einen Schluß ziehen, der offen ist.

Es fällt schwer zu entscheiden, wo man den Anfang der Geschichte des Rassismus zeitlich ansetzen soll. Der Ausdruck wurde seit der Renaissance immer wieder gebraucht, um ein breites Spektrum an Bedeutungen zu beschreiben – einschließlich familiärer Eigenschaften, Eigenheiten von Völkern und Tieren. Überdies wurden mit ihm Gruppen beschrieben, was nicht notwendig auf den Regeln der Vererbungslehre beruhte. Im Spanien des 16. Jh. gab es gewiß schon Rassismus im modernen Sinne, denn dort rechtfertigte das Konzept der »Reinheit des Blutes« es, jeden Menschen mit jüdischen Vorfahren zu diskriminieren. Man könnte sagen, die spanischen »conversos« seien die ersten Opfer rassischer Verfolgung in Europa gewesen. Doch die spanische Politik gegenüber den »jüdischen Christen« verblaßte mit der Zeit und war für das übrige Europa kein Präzedenzfall.

Europäischer Rassismus wurzelte in jenen intellektuellen Strömungen, die im 18. Jh. sowohl in West- als auch in Mitteleuropa ihre Spuren hinterließen: in den neuen Wissenschaften der Aufklärung und in der pietistischen Wiedererweckung des Christentums. Rassismus war eine Weltanschauung, eine Synthese aus Altem und Neuem – eine weltliche Religion, die es unternahm, alles zu vereinnahmen, nach dem die Menschheit strebte. Darum muß man davon ausgehen, daß die Geschichte des europäischen Rassismus ihren Ursprung im 18. Jh. hat – ganz gleich, welche Vorläufer man auch in früheren Epochen nachweisen kann. Im 18. Jh. wurde die Grundlage rassistischen Denkens gefestigt und für die kommenden eindreiviertel Jahrhunderte festgelegt.

Kapitel 2
Die Grundlagen im 18. Jahrhundert

Das Europa des 18. Jhs. war die Wiege des modernen Rassismus. Seine wichtigsten kulturellen Strömungen hatten wesentlichen Einfluß auf die Grundlagen rassistischen Denkens. Dies war die Ära der Aufklärung, in der eine intellektuelle Elite es unternahm, anstelle des »altehrwürdigen Aberglaubens« den Wert der dem Menschen eingeborenen Vernunft und Tugend herauszustellen. Die Aufklärung war eine Revolution des ästhetischen und intellektuellen Geschmacks und der Konventionen. Ihr Brennpunkt war der Widerwille gegen den christlichen Glauben. Christentum war ein Synonym für »uralter Aberglauben« und Voltaires Ausruf: »Écrasons l'infâme« wurde von vielen anderen Schriftstellern nachgebetet. Für Inspiration und Unterstützung in ihrer Revolte wandten die »Aufgeklärten« sich den Klassikern zu. Doch während sie ihren kritischen Verstand an griechischen und römischen Modellen schärften, erwies der christliche Glaube sich für die Masse der Bevölkerung als gesund und munter.

Das 18. Jh. war auch eine Zeit religiösen Eiferns und religiöser Wiedererweckung. Parallel zur Aufklärung überspannte auf dem europäischen Kontinent und in England der Pietismus das 18. Jh. Diese Bewegungen betonten, daß gefühlsmäßiges christliches Engagement dringend notwendig sei, und offenbarten das Verlangen nach echter Gemeinschaft in den Begriffen Brudergemeinde und »Religion des Herzens«. Die Spannung zwischen der Aufklärung und diesem unter der Oberfläche liegenden christlichen Glauben war für vieles in diesem Jahrhundert kennzeichnend, in dem der moderne Rassismus entstand und gefördert wurde. Ungeachtet ihrer Auseinandersetzungen wurde der europäische Rassismus aus beiden Strömungen gespeist. Die Aufklärung wie die pietistische und moralistische Atmosphäre sollten dem rassistischen Denken gleichermaßen ihren Stempel aufdrücken.

Ein weiteres Kennzeichen der Aufklärung war der fundamentale Versuch, den Standort des Menschen in der Natur zu definieren. Für das neue Verständnis der Stellung der Menschen in Gottes Universum hielt man die Natur und die Klassiker für wesentlich und man verstand sie als neue Maßstäbe für Tugend und Schönheit. Bei der weitreichenden Frage nach der Natur des Menschen und des Universums verbanden sich die Naturwissenschaft und die moralischen und ästhetischen Ideale der Antike also von Anfang an. Diese zwei wesentlichen Komponenten waren derart miteinander verwoben, daß man nicht mehr trennen konnte zwischen den Fragen der Aufklärungsphilosophen nach der Natur und ihren Untersuchungen von Moral und menschlichem Charakter.[1]

Wissenschaft und Ästhetik beeinflußten sich gegenseitig. Auf breiter Ebene strebte die Wissenschaft danach, die menschlichen Rassen anhand ihrer Stellung in der Natur und der Einwirkungen der Umwelt zu klassifizieren. Die Anfänge der neuen Wissenschaft von der Anthropologie in der zweiten Hälfte des Jahrhunderts gründeten auf dem Versuch, die Stellung des Menschen in der Natur durch Beobachten, Messen und Vergleichen zwischen Menschen- und Tiergruppen exakt zu bestimmen. Überdies führte die Suche nach Einheit und Harmonie bei der Frage nach dem Menschen und der Ordnung des Universums dazu, an die Einheit von Körper und Geist zu glauben. Diese wiederum sollte sich angeblich in einer anschaulichen Weise ausdrücken, die man vermessen und beobachten konnte. Sowohl die Phrenologie (Schädeldeutung) als auch die Physiognomik (Gesichtsdeutung) entstanden im letzten Jahrzehnt jenes Jahrhunderts.

Diese für die neuen Wissenschaften des 18. Jhs. grundlegenden Beobachtungen, Messungen und Vergleiche waren nun aber mit Werturteilen verbunden, die ästhetischen, aus dem antiken Griechenland hergeleiteten Kriterien folgten. So wurden die Leidenschaft der Aufkärung für die neuen Wissenschaften und das Vertrauen in die Klassiker als Autoritäten miteinander verschmolzen. Was auch immer die naturwissenschaftlichen Messungen oder Vergleiche ergaben – der Wert des Menschen wurde letztlich von der Ähnlichkeit mit der klassischen Schönheit und den klassischen Proportionen bestimmt. Dieses ständige Überwechseln von der Wissenschaft zur Ästhetik ist eine der Haupteigenschaften des modernen Rassismus. Man definierte menschliche Natur nun in ästhetischen Kategorien und hob dabei besonders die äußeren körperlichen Anzeichen innerer Vernunft und Harmonie hervor. Wissenschaftliche Klassifizierung baute auf die subjektiven Ideale der Aufklärung.

Bei seiner Entwicklung sollte der Rassismus sich auch mit Methodismus und Pietismus verbinden. Diese bildeten zusammen die zweite grundlegende Tendenz des Jahrhunderts. Hier fand das Verlangen nach einer authentischen und bedeutungsvollen Gotteserfahrung ein Ventil in einem christlichen Glauben, den der Aufruf, sich Christus hinzugeben, kennzeichnete. Auch dies war – als Teil eines wiederbelebten Gemeinschaftssinnes – mit dem Ideal verknüpft, ein christliches Leben der Nächstenliebe zu führen. Mit Traktaten und Predigten stellte man eine gefühlsgeladene Atmosphäre her, die sich stark von der rationalistischen Aufklärung der Intellektuellen unterschied. Das hieß, von uns aus betrachtet, daß man den Instinkten, der Intuition und dem Gefühlsleben des »inneren Menschen« den Vorzug gab, was dann schließlich zu den rassistischen

Urteilen über die Seele des Menschen führen sollte. Angesichts der sich verändernden Welt stand die Sehnsucht nach Zusammenhalt, nach Gemeinschaft und nach einem Ideal stets im Vordergrund.

Kurz, der Rassismus wurzelt sowohl in der Aufklärung als auch in der religiösen Wiedererweckungsbewegung des 18. Jhs. Er war das Ergebnis aus der Beschäftigung mit einer vernunftbegabten Welt, mit Natur und Ästhetik und aus der Akzentuierung der ewigen Kräfte des religiösen Fühlens und der Seele. Er war aber auch Teil des Dranges, die Stellung des Menschen in der Natur zu definieren und der Hoffnung auf eine geordnete, heile und glückliche Welt. Schließlich verschmolz die rassistische Anschauung die äußere Erscheinung des Menschen mit seinem Platz in der Natur und dem rechten Funktionieren seiner Seele. So wurden religiöse Gefühle als Teil der »Rassenseele« in den Rassismus integriert. Zunächst jedoch, als der Rassismus aufkam, spielte die aufklärerische Konzeption von Gott und von der Einheit der menschlichen Natur noch eine beherrschende Rolle. Bevor wir auf die Beiträge des Pietismus zurückkommen, müssen wir uns daher eingehender mit der Aufklärung befassen.

Allem Widerwillen der Aufklärung gegen den christlichen Glauben zum Trotz konnte sie nicht ohne einen Gott auskommen, der Mensch, Moral und Universum in einem großen Plan zusammenfaßte. Dieser Gott sollte dem Menschen und der Natur innewohnen: eine Gottheit, die sich nur in der Ordnung der Natur und im Verhalten des Menschen offenbarte. Wohlergehen und Vernunft des Universums mußten von einem höheren Wesen garantiert werden, das abseits der Geschäftigkeit und der Ängste des täglichen Lebens stand. Ein solcher Deismus, wie er oft genannt wurde, bestärkte die Suche nach der Einheit von Mensch und Natur, ja vom Menschen und allem, was sein Leben bestimmte. Die Sehnsucht nach einer solchen Einheit existierte, weil vielen Zeitgenossen der Mensch in Gefahr schien, vereinzelt zu werden.

Gottes Universum zu verstehen, hieß für den Aufgeklärten, daß der Mensch ein wesentlicher Bestandteil der Natur sei, ein Glied in der ungebrochenen »scala naturae«*.

Seit ältesten Zeiten ist die Einheit von Mensch, Natur und Gott als eine Hierarchie definiert worden, die sich wie eine Stufenfolge vom Himmel zur Erde erstreckt. Die Einteilung aller Kreaturen des Himmels und der Erde, der Engel, Sterne, Menschen und Tiere bildete eine kosmische Ordnung, die von den höchsten zu den niedersten Kreaturen reichte. Es war ein vollständiges Universum, in dem der Mensch die Stufenfolge nur noch entdecken und verstehen mußte. In dieses Bild gehörte auch noch – wie der berühmte Zoologe und Botaniker Georges Louis Leclerc de Buf-

---

* Stufenfolge der Natur (Aristoteles)

fon Mitte des Jahrhunderts wiederholt behauptete –, daß es in der Natur keine Lücke gab. Darum war der Mensch aufgerufen, die Beziehung zwischen den lückenlos in die kosmische Ordnung eingebundenen Kreaturen zu verstehen. Damals schrieb ein englischer Dichter im Nachklang zu diesem Thema:

(Gottes) väterliche Hand,
führt für immer die Geschlechter
auf höhere Schauplätze des Seins –
vom stummen Schellfisch, der am Strand nach Luft schnappt
bis zu den Menschen, Engeln, Seligen...[2]

Der mächtige Mythos von der »scala naturae« erklärt, warum die Wissenschaftler so sehr damit beschäftigt waren, die »fehlende Verbindung« in der Schöpfung zu finden, die den Menschen in einer ununterbrochenen Stufenfolge des Lebens mit den Tieren verband. So reichte denn im 18. Jh. auch das höchste Tier, für das man normalerweise den Affen hielt, an die niederste Menschenart, für die man gewöhnlich die Schwarzen hielt. Und so hielt man an der Idee von der Stufenleiter selbst dann noch fest, als man die Existenz von Engeln leugnete und als man sich Gott als im Menschen und in der Natur immanent dachte. Jetzt begann und endete die »scala naturae« auf der Erde, und Gott wirkte nicht, wie im Mittelalter, von der obersten Stufe aus, sondern in jeder ihrer Stufen. Wenn die Philosophen auch das Christentum angriffen, für die meisten von ihnen waltete nach wie vor Gottes Vorsehung und sie stellte Ordnung und Harmonie her.

Der Glaube an eine kosmische Einheit führte auch dazu, die Einheit im Menschen selbst zu betonen: die Einheit von Körper und Geist. Freilich, dem Aufgeklärten schien dies zeitweilig die Verherrlichung des Fleisches und der irdischen Vergnügen und der Schönheit zu bedeuten.[3] Dennoch führte diese Suche nach Einheit auch zu der Überzeugung, daß man den »inneren Menschen« durch seine äußere Erscheinung entschlüsseln könne – eine Überzeugung, die in verhängnisvoller Weise den Rassismus unterstützen sollte. Über die Pseudo-Wissenschaften der Physiognomik und der Phrenologie förderte sie den Übergang von der Wissenschaft zur Ästhetik.

Die Ängste, die die Suche nach Einheit und Autorität hervorbrachten, wurzelten aber noch tiefer. Die Welt der Aufklärung war eine Welt ohne Illusionen, in der ein kritischer Verstand über die scheinbar klaren und vernünftigen Gesetze des Universums nachdachte. Der persönliche, geheimnisvoll handelnde Gott trat hinter die unwandelbaren Gesetze der Vernunft zurück und diese vermochte der Mensch zu entdecken und zu klassifizieren. Einige Philosophen setzten Mathematik und Denken gleich, während andere die Lügen der Dichtung den Wahrheiten der Wissenschaft gegenüberstellten. Voltaires skeptische Bemerkung, einige ließen sich verleiten, keinen anderen Gott anzuerkennen, als die Unermeßlichkeit der Dinge, wurde von den Materialisten der Aufklärung in ein Lob umgedeutet.[4] Bei einer solchen Weltsicht bestand die Neigung, den Menschen selbst als ein mechanisches Sein in einem gleichfalls entpersonalisierten Universum zu sehen. Dies war von den Philosophen nicht beabsichtigt. Sie stellten den kritischen Verstand heraus, um ein Gespräch zwischen den Menschen zustande zu bringen.[5] Nur, ihre Welt schien allzu nüchtern und fremd, sie stellte den Menschen in einem vorgeordneten System von Vernunftgesetzen allein auf sich.

Abstrakte kosmische Gesetze widersprachen den alten Mythen von persönlichen Dämonen und von einem Gott, der durch einen brennenden Dornbusch zu den Menschen sprach. Der Deismus schien Gottes Universum auf eine nachprüfbare mathematische Formel zu reduzieren. In einer Zeit rascher Veränderungen konnte eine solche Sicht von Mensch und Universum viele Männer und Frauen nicht befriedigen. Als soziale und wirtschaftliche Veränderungen geheiligte Traditionen in Frage stellten, erschütterte die Französische Revolution auch noch die politischen Strukturen Europas. Mit der Verbesserung des Kommunikationssystems und mit dem schnelleren Lebensrhythmus einer immer industrialisierter werdenden Welt schien auch die Zeit an sich rascher abzulaufen. Um 1790 bemerkte Goethe, die Menschen eilten geistesabwesend umher, und er beklagte, daß es an der Zeit für konzentriertes Denken fehle.[6] Die theoretische Weltsicht der Aufklärung wurde von faktischen Veränderungen begleitet, die den Menschen aus der Bahn zu werfen schienen. Die Politik selbst nahm immer abstraktere Formen an: In einigen Teilen Europas waren die Regierungen nicht mehr durch einen König oder Fürsten verkörpert, sondern durch den Begriff der »Nation« oder des »Volkes« – oder gar – während des Terror-Regimes in Frankreich – durch die »Göttin Vernunft« oder das »höchste Sein«. Das führte dazu, daß viele Leute Angst und Einsamkeit verspürten, die zu lindern diese zunehmend unpersönliche Welt außerstande war. Sie sehnten sich nach dem sicheren Hafen überkommener Traditionen und eines persönlichen Glaubens und nach einer Welt, die durch ihre Mythen und Symbole zu ihnen sprach.

Mythen beschreiben den Einbruch des Heiligen in diese Welt: Interventionen der übernatürlichen heiligen Geschichte, die für menschliche Riten, ja für jegliches menschliches Tun ein Vorbild bieten.[7] Diese Vorbilder aber bleiben nicht abstrakt, sie werden durch Symbole verkörpert – sei es durch den Ritus des Gedenkens, bei dem eine heilige Geschichte in Erinnerung gerufen wird, oder durch Bilder und Gebäude, die eine heilige Vergangenheit repräsentieren und sie begreifbar in die Gegenwart projizieren. Die Natur selbst konnte Symbol werden für die heiligen Erzählungen, für die sie Zeugnis ablegte, wie im heiligen Berg oder in der heiligen Quelle. Mythos und Symbol schufen eine empfindende lebendige Welt, die nicht abstrakt war, sondern durch ein Ritual, mit dem sich die Leute ausagieren konnten, objektiviert wurde, oder durch vertraute Artefakte, die sie sehen oder berühren konnten.

Nicht der Aufklärung, sondern der für den Pietismus und Methodismus typischen Welt des Rituals und der Gefühle verdankten diese, die abstrakten Vorstellungen von Gott und Mensch konkretisierenden Mythen und Symbole ihre Lebenskraft. Auch diese bedeutende Strömung des Jahrhunderts suchte die Einheit von Mensch und Universum. Sie aber setzte bei ihrer Suche weniger auf die Vernunft als auf die besondere Bedeutung menschlicher Gefühle. Christliche Pietät führte diese Gefühle herbei. Sie wurden im gemeinsamen Gesang, Gebet und in einem Leben innerhalb der Gemeinschaft Gleichgesinnter in verständlicher Form ausgedrückt. In den zersplitterten deutschsprachigen Ländern, in denen Aufklärung zum Symbol französischer Vorherrschaft geworden war, besaß ein solches Christentum einen besonderen Wert. Über die Idee von der Gemeinschaft und mit der Sehnsucht nach Einheit begann der Pietismus sich mit dem Vaterland zu beschäftigen. So rief der führende Pietist Justus Möser 1774 aus: »Wer sein Vaterland nicht liebt, das er sieht, wie kann er's himmlische Jerusalem lieben, das er nicht sieht?«[8] Eben dieser starke gefühlsmäßige Impuls des Pietismus schuf das Bedürfnis nach begreifbaren Symbolen, den aufgewühlten Geist ins Gleichgewicht zu bringen. So wurde das innere Vaterland des Christen nach draußen auf die völkische Gemeinschaft projiziert.

Es genügte bei weitem nicht zu verkünden, daß das Vaterland im Menschen sei: Es bedurfte der Mythen und Symbole, es zu personalisieren und ihm so Realität zu verleihen. Ende des 18. Jahrhunderts kamen fast überall in Europa solche Symbole auf wie Fahne, heilige Flamme und Nationalhymne; sie sollten neue Nationen verkörpern. Im Gegensatz zum trockenen Systematisieren der Aufklärung verlangten diese nationalen Symbole danach, die Welt innerhalb eines romantischen Universums zu personalisieren. Man glaubte, die Natur symbolisiere die Gefühle des Menschen. Pflanzen und Tiere verkörperten verschiedene Legenden und Mythen. So wurde eine Welt der Mythen und Symbole geschaffen, in der rassisches Denken sich verankern sollte.

Man verwandelte das Abstraktum in das Konkrete, indem man den »inneren Bereich« der Seele und den »äußeren Bereich« der erfaßbaren Welt zueinander in Beziehung setzte. Hier liefen Aufklärung und Pietismus ineinander über: Die Ergebnisse der neuen Wissenschaften wurden ebenso übernommen wie das Ideal der klassischen Schönheit. Dies wurde als Symbol eines geziemend funktionierenden Geistes betrachtet – der nicht im vernunftgemäßen Verstehen, sondern in der Gefühlswelt christlichen Glaubens und Patriotismus verwurzelt war.

Die Welt der Mythen und Symbole wurde in enge Verbindung zu Natur und Geschichte gesetzt. Beide wurden als Verkörperung ewiger Kräfte gedacht, die der Mensch nicht zu verändern vermochte. Die Natur war das unmittelbare Werk Gottes. Sie bewegte sich in regelmäßigen, den Jahreszeiten entsprechenden Zyklen, und sie war geordnet, denn sie war in den großen Plan von Gottes Universum integriert. Gott konnte die Natur direkt von der höchsten Stufe der »scala naturae« aus lenken und er waltete in allen ihren Erscheinungsformen. Aber die Natur selbst war von romantischen und gefühlsseligen Bedeutungen durchwoben; sie symbolisierte Erdverbundenheit und Vitalität und sie diente dazu, des Menschen Leidenschaften zu zügeln, ohne sie preiszugeben. Im Gegensatz zu den von Menschen geschaffenen Regeln oder Systemen verkörperte die Natur des Menschen ureigenste Gefühle. Natur wurde eine ›ursprüngliche‹ Kraft und ihr Rhythmus diente dazu, alles, was in ihr lebte, zu einem Ganzen zu verbinden. Das führte dazu, den Bauernstand zu verherrlichen und dem urbanen Leben zunehmend zu mißtrauen. Der größte Teil der pietistischen und romantischen Literatur ging von der grundlegenden Vorstellung aus, es müsse zwischen den Gefühlen des Menschen und der Natur ein Zusammenhang bestehen.

Geschichte lag außerhalb der Entscheidung des Menschen. Sie wurde als Teil eines göttlichen Plans betrachtet. Die Geschichte bestimmte den Gang von Mensch und Natur. Sie war eine andere wesenhafte Kraft, die Objektivierung des Schicksals durch die Zeit. Der romantische Dichter Novalis drückte dies Anfang des 19. Jhs. so aus: »Nichts vergeht, was die Geschichte rechtfertigte.«[9] So gesehen, verkörperten Natur und Geschichte die ewigen und ursprünglichen Kräfte des Universums. (Da Aufklärung wie religiöse Wiedererweckung im 18. Jh. in ihrer Suche nach Wahrheit mehr die Natur als die Geschichte heranzogen, wird die historische Dimension weiter unten erörtert werden.) »Ursprünglich« zu sein hieß, der Natur nahe zu stehen und im Gegensatz zu einer zerrütteten Modernität, die aus Gottes organischem Weltplan herausgefallen war. Auch hier verbanden sich pietistischer Romantizismus mit der Aufklärung, denn beide erhöhten das Primitive als das Ursprüngliche. Den Philosophen der ersten Hälfte des Jahrhunderts schien der Primitive rein und noch nicht durch Christentum und Aberglauben verdorben; für die Pietisten lebte der Primitive ein Leben nahe an der Natur.

Das säkularisierte Paradies, das Rousseaus »Émile« und Defoes Erzählung von Robinson Crusoe schilderten, faszinierte den bereits mit dem Arkadien früherer Zeiten vertrauten Menschen. Hier besaß das Primitive eine Naivität, die den Menschen als »tugendsam, sanft und moralisch« sah.[10] Der »edle Wilde« aus den Erzählungen der Reisenden diente aber auch als Kritik an der bestehenden Gesellschaft – denn er lebte als Gleicher unter Gleichen und in einer Gesellschaft, in der jeder sein Auskommen hatte. Manchmal nahm man einen »Eingeborenen« mit nach Frankreich, um die Kritik eines Naturkindes zu artikulieren, das über die europäische Kultur zu Gericht saß. In einem Falle gehörte auch eine Verurteilung der Ungleichheit und Armut in Paris dazu, zusammen mit dem Tadel, daß es hier Kurtisanen gab. Primitive Unschuld sprach über die bestehende Gesellschaft die Wahrheit aus, die andere nicht auszusprechen wagten.[11]

Die meisten Informationen über primitive Völker stammten aus Beschreibungen über die zahlreichen, im 17. Jh. so beliebten Reisen in fremde Länder. Die ersten der berühmtesten Berichte von Hakluyt, Purchas, Hulsius und de Bry erschienen zwischen 1590 und 1610. Im 17. Jh. pflegte Reiseliteratur häufig als Teil der biblischen Geschichte konzipiert zu sein. Indem sie die außereuropäische Welt in das Heilsgeschehen einbezog, milderte sie die erneute Begegnung zwischen ihr und Europa. Entweder waren die Eingeborenen lebende Symbole der Genesis oder sie wurden den berühmten verlorenen Stämmen Israels gleichgesetzt. Diese literarische Strömung hielt bis ins 18. Jh. an und danach spielten die heiligen Analogien eine immer geringere Rolle. Die Begegnung mit den Heiden wurde jetzt unmittelbarer und erschreckender.[12]

Die Idealisierung des Primitiven machte bald einer größeren Feindseligkeit Platz. Reiseberichte waren noch immer ein bedeutender Teil des Quellenmaterials, das es den Anthropologen ermöglichte, ihre Klassifizierungen weiter zu verfolgen. Die Faszination sollte vergehen, die der edle Wilde auf Männer wie Swift, Pope oder Rousseau ausgeübt hatte, die die exotischen Elemente der Reiseerzählungen für ihre eigenen kritischen Zwecke umbogen. Bald machte sich die Idee von der europäischen Überlegenheit und geistigen Vorherrschaft geltend, und die bezaubernde Naivität wurde als Atavismus, als ein Rückfall des modernen in den unkultivierten Menschen angesehen. Der Vorstellung vom Primitiven als einer niederen Stufe auf der großen »scala naturae« wurde die Fortentwicklung der höheren Kreatur gegenübergestellt.

Im 18. Jh. wandte man den Primitivismus auf die Eingeborenen jener weit entfernten Länder an, mit denen Europa gerade seine erste Bekanntschaft machte. Den europäischen Bauern, den Schäfer und jene, die zu Hause naturverbunden lebten, hielt man für Beispiele der Ursprünglichkeit und Überlegenheit, die auf der Stufenleiter einen höheren Rang einnahmen. Die Eingeborenen aber, die draußen naturverbunden lebten, wurden alsbald als barbarisch abgestempelt. Ganz besonders in der 2. Hälfte des 18. Jhs. wurde die primitive Seele zum Gegenstück der Vernunft. So glaubte Bernard Fontenelle z. B., der primitive Verstand sei atavistisch und kindlich, nur mit dem von Bauerntölpeln oder verlogenen Kindern zu vergleichen. Für John Locke war der primitive Geist nur imstande, einfache und konkrete Dinge zu erfassen.[13] Dies war eine folgen-

35

schwere Behauptung, denn man war sich allgemein einig darüber, daß der menschliche Verstand im Laufe seiner Höherentwicklung vom konkreten zum abstrakten Denken überging. Man nahm an, der primitive Verstand sei auf einer früheren Entwicklungsstufe stehengeblieben. Nun sah man in den Eingeborenen nicht mehr so sehr die edlen Wilden, sondern Kinder, die es zu erziehen und zu führen galt.

Das Bild des faulen und undisziplinierten, unfähigen Schwarzen kam im 18. Jh. allerorten auf. Es war ein Bild, das überdauern sollte: Der Schwarze als das ergötzliche, aber undisziplinierte Kind sollte zum gefährlichen Jugendlichen, zum Anarchisten oder zum »sansculotte« der Französischen Revolution werden.

Darum kollidierte diese Vorstellung des Primitivismus auch bald mit dem aufklärerischen Ideal der Mäßigung und Ordnung. Die Philosophen hatten die Tradition in Frage gestellt und leidenschaftlich an die kritische Vernunft geglaubt – aber sie verspürten auch die Notwendigkeit einer Autorität, und dies vielleicht um so mehr, als sie die alten Wahrheiten herausforderten. Eine Autorität waren die Naturgesetze, die Klassiker eine andere. Beide symbolisierten sie Recht und Ordnung. Beherrschung der Leidenschaften, Mäßigung und Ruhe, das waren die Botschaften, die die Wiederbelebung der Klassik im 18. Jh. verbreitete.

Das klassische Schönheitsideal enthielt all diese Elemente ebenso wie die Sehnsucht nach Ganzheit. Solche Schönheit wiederum entsprach der von Naturgesetzen bestimmten Natur. In den Gärten und Parks des 18. Jhs. wurde die Natur dieser Theorie angepaßt, und in den griechischen Skulpturen wurden diese Ideale auf den Menschen selbst angewendet. Harmonie und Gleichmaß (das griechische Ideal) mußte den ganzen Körper durchdringen und konnte nicht auf irgendeines seiner Teile beschränkt werden. J. J. Winckelmanns »Geschichte der Kunst des Altertums« (1764), ein sehr einflußreiches Werk, definierte Schönheit als edle Einfalt und stille Größe: »So wie die Tiefe des Ozeans stets ruhig bleibt, so aufgewühlt auch immer die Oberfläche sein mag, so offenbart auch der Ausdruck in den Gesichtern der Griechen eine große und gelassene Seele inmitten der Leidenschaften.«[14] Für Winckelmann und viele Autoren nach ihm stellte die Statue des Laokoon eine solche Seele dar. Von zwei Schlangen gewürgt, bleibt er, trotz größten Leidens, gelassen.

Schönheit, das ist Ordnung und Gelassenheit. So offenbarte sie hinter dem Chaos der Zeit eine unveränderliche, ursprüngliche Welt von Gesundheit und Glück. Griechische Schönheit lieferte den Idealtypus, setzte die ästhetischen Kriterien, die der Mensch an sich anzulegen hatte. Schönheit symbolisierte die unkorrumpierte Welt, sie brachte den Menschen mit Gott und der Natur in Berührung. Dies war nicht mehr der Primitivismus des edlen Wilden; es war die auf Abstrakta wie Einheit und stille Größe beruhende Idee der Schönheit, die ein hochkultiviertes Volk der Welt schenkte.

Das Schönheitsideal überbrückte die Kluft zwischen dem Vernunftglauben und dem Systematisieren der neuen Zeit und den emotionalen, geistigen Impulsen, die nach Symbolen suchten, um das Gefühl der Vereinzelung und der Verwirrung zu besiegen. Klassische Schönheit symbolisierte die vollkommene menschliche Form, in der ein echter Geist wohnen mußte. Auch für die Philosophen waren diese klassischen Gesetze der Schönheit Naturgesetze, genau wie jene, die Natur oder Moral beherrschten. Dies erklärt auch, warum die damaligen Naturwissenschaftler die Mäßigung hochhielten und warum einige die Menschen nicht nach wissenschaftlichen, sondern nach ästhetischen Kriterien klassifizierten. Schönheit und Häßlichkeit wurden ebenso zu Prinzipien menschlicher Klassifikation wie die konkreten Fakten der Maße, des Klimas und der Umwelt. In seinem einflußreichen Buch »Grundriß der Geschichte der Menschheit« (1785) klassifizierte Christian Meiners die Menschheit nach Hautfarbe und Geographie und fuhr dann fort: »Eines der Hauptmerkmale der Stämme und Völker ist die Schönheit oder Häßlichkeit des ganzen Körpers oder des Gesichtes.«[15] Diese Eigenschaften waren noch keine der Rassenseele immanenten, sondern das Ergebnis des Klimas, in dem diese Stämme lebten. 1784 pries einer der Begründer der modernen Anthropologie, Johann Friedrich Blumenbach, die schönen, symmetrischen Gesichter. Allerdings behauptete er, daß die Gesichter der Völker durch das Klima, in dem sie lebten, geprägt würden – je gemäßigter das Klima, desto schöner das Gesicht.[16] Dies war zwar wunderlich, erwies sich aber als folgenschwere Anwendung des Ideals der Mäßigung.

Innerhalb des Umweltkonzeptes kamen ästhetische Kriterien auf. Auch wenn man sie noch nicht für angeboren und unveränderbar hielt, als Idealtypus, dem die rassische Klassifikation zu entsprechen hatte, waren sie jedoch schon vorhanden. Dieser Idealtypus umfaßte überdies bestimmte Verhaltensweisen, die einmal mehr auf die Mäßigung abzielten. Meiners z. B. zog gegen Gefräßigkeit, Schamlosigkeit und Wollust zu Felde – Laster, die seiner Meinung nach mit Reizbarkeit, Egoismus und Mangel an Mitleid einhergingen. In diesem Lichte sah Meiners die »mongolische Rasse«, wohingegen die überlegenen »Kaukasier« mutig, freiheitsliebend, mitleidig und gemäßigt waren.[17] Und es überrascht nicht, daß andere seine Einstellung zur Mäßigung teilten. Auch in diesem Bereich fanden die Aufklärung und die volkstümlichen religiösen Strömungen des Jahrhunderts wieder zusammen.

Dieses neue Interesse an Moralfragen entsprang überwiegend den methodischen pietistischen Bewegungen, aber auch dem Entsetzen, das die Französische Revolution über Europa verbreitete. Für einige war die Revolution denn auch die Strafe für das lockere Leben des Adels. Der Nachdruck, den man hier auf eine in Mäßigung und Zurückhaltung verankerte Moral legte, entsprach dem Schönheits- und Ordnungsideal der Aufklärung.

Früher hatte man den Nicht-Europäer für häßlich gehalten und im Neger zuweilen einen Tiermenschen gesehen.[18] Damals aber hat es noch keine allgemeinen Bewertungskriterien für niedere Völker gegeben, kein gemeinsames Ideal, dem die überlegenere Rasse entsprochen hätte. Für die nächsten anderthalb Jahrhunderte sollten Ideal- und Gegentypus sich nicht mehr viel ändern. Im Prinzip sollte es auch grundsätzlich egal bleiben, ob die niedere Rasse nun schwarz oder jüdisch war. Der von klassischer Schönheit und sauberer Moral symbolisierte Idealtypus bestimmte die Einstellung zu allen Menschen.

Zwei weitere Faktoren verstärkten die Grundlagen des Rassismus: Die Begegnungen zwischen Schwarzen und Weißen nahmen zu und die Emanzipation der Juden. Das Reisen hatte das Wissen über Afrika und Westindien vertieft. Überdies hatten etliche Schwarze eine Zeitlang in England gelebt. Juden hatten natürlich schon immer in Europa gelebt, allerdings hatte man sie seit dem 16. Jh. in Ghettos zusammengepfercht und von der übrigen Bevölkerung getrennt. Sie, die jüdische »Nation« (wie man sie allgemein und bezeichnend nannte), die sich anders kleidete, andere Sitten, eine andere Religion und Sprache pflegte, war im christlichen Europa die einzige beachtliche Minoritätengruppe. Dank der Aufklärung und der Französischen Revolution fielen an der Wende des 19. Jhs. viele Ghettomauern. Die Juden traten ins europäische Leben, während gleichzeitig der Kontakt mit den Schwarzen häufiger wurde.

Wesentlich war, daß man zunehmend stärkeren Kontakt zu anderen Völkern hatte. Jene Fremden, die in Europa eine Seltenheit waren und über deren Heimat man kaum etwas wußte, wurden mit liebevoller Neugier betrachtet. So genoß der Chinese den Ruf eines Weisen – einen Ruf, den die Jesuiten populär gemacht hatten. Chinesen in Europa – das war etwas Neues und sie wurden, wo immer sie hinkamen, sehr geehrt. Überdies profitierten sie von der »Chinoiserie« der Mitte des 18. Jahrhunderts: chinesische Gärten, chinesisches Porzellan, ja selbst Imitationen chinesischer Dörfer. Es schien, als ob die Chinesen die Phantasiewelt des Rokoko und des Barock ergänzten und erweiterten. Eine Zeitlang hatte auch der »edle Wilde« diese Funktion erfüllt. Vertrautheit und mehr Kontakt aber riefen Verachtung und Angst vor den stets präsenten Negern und Juden hervor. Zuletzt wurden dann auch die Chinesen in dieses rassistische Bild einbezogen. Comte Joseph Arthur de Gobineau, einer der berühmtesten Rassentheoretiker der Mitte des 19. Jahrhunderts, sollte dann tonangebend für die feindselige Einstellung zu den gelben Rassen werden. Allerdings bestand damals bereits ein weitausgedehnter Kontakt zwischen Europa und dem Orient.[19] Darum ist die Behauptung falsch, daß es auch ohne Kontakte zu Schwarzen Empfindungen über schwarze Minderwertigkeit gegeben hätte, daß antijüdische Gefühle sich selbst dort hätten hartnäckig halten können, wo man über Juden nichts wußte. Das Gegenteil war der Fall. Die Leute mußten den furchterweckenden Fremden mit eigenen Augen sehen, ihn, der angeblich so anders war als sie.

So gab es zum Beispiel zwischen der Art, wie Engländer ihre Schwarzen zu Hause und draußen im Empire sahen, eine direkte Verbindung.[20] Während des 18. Jahrhunderts stieg die Zahl der Schwarzen in London. In der Angst vor Mischehen und Gewalt spiegelte sich die Phantasie über die Schwarzen in Afrika oder in Westindien wider. Man sah in ihnen weniger die Exoten als das Objekt für Erziehung und Disziplinierung. Man versuchte, ihnen die rechte Moral einzuimpfen und ihnen das Evangelium der Arbeit einzurichten. Auch wenn die Engländer daheim die Schwarzen manchmal auf das Niveau unwissender wilder Tiere reduzierten und einige sogar als Sklaven hielten,[21] so wurde ihre Einstellung, den Sklaven in Afrika und Westindien als Leibeigenen zu betrachten, durch das Bemühen modifiziert, sie zum Christentum zu bekehren. Dennoch gab es eindeutige Anzeichen dafür, daß sich rassistische Gefühle herauskristallisierten, und die Angst, englisches Blut könne durch Mischehen verdorben werden, verbreitete sich zusehends. Ähnliche Einstellungen zu den Negern herrschten unter den mit Reiseberichten vertrauten Anthropologen vor. Der in Deutschland schreibende Blumenbach warf den Negern z. B. vor, sie neigten zum Extremismus, es fehle ihnen der Sinn für Proportionen und Kultur. Aber er war noch der Ansicht, daß der Neger, wie jeder andere, als Ebenbild Gottes geschaffen war und daß man ihn darum nicht brutal behandeln dürfe.[22] Christliche Missionare teilten dieses Mitgefühl. Die rassische Einstellung zu den Schwarzen war noch nicht eindeutig – wenngleich sie stets, wenn Menschen klassifiziert wurden, einen niedrigen Rang einnahmen.

Fast das ganze 18. Jahrhundert hindurch wurden die Juden von den Anthropologen entweder ignoriert oder als Teil der kaukasischen Rasse betrachtet, und noch glaubte man, sie könnten ins europäische Leben integriert werden. Selbst ein Vorkämpfer ihrer Emanzipation wie Wilhelm Christian Dohm, der glaubte, daß sie asiatischen Ursprungs seien, erklärte 1781, daß Juden der Aufklärung fähig seien und assimiliert werden sollten.[23] Die Ideen von Weltbürgertum, Gleichheit und Toleranz arbeiteten für die Juden, aber nicht für die Neger, denn schließlich waren die Juden weiß. Typisch für die Zeit gegen Ende des 18. Jahrhunderts war Johann Kaspar Lavater, der, als er die menschlichen Gesichter klassifizierte, den Juden Adlernase und spitzes Kinn zuschrieb. Trotzdem gab er zu, er wisse nicht, wo er sie eigentlich einzuordnen habe, und schließlich gab er es ganz auf.[24] Rassismus wurde auf die Juden eigentlich erst nach 1850 mit einiger Konsequenz angewandt.

Den Schwarzen gegenüber schien niemand eine solche Zwiespältigkeit zu empfinden. In der großen »scala naturae« waren die Schwarzen, anders als die Juden, auf eine niedrige Stufe festgelegt. Sie waren nicht länger mehr die »mit Tugend befrachteten« edlen Wilden.[25] Weit öfter nahm man an, sie würden der Tierwelt nahestehen. Daß der Gorilla, Seite an Seite mit den Schwarzen, in Afrika seine Heimat hatte, hielt man nicht für einen Zufall. Reisende hatten die Vorstellung populär gemacht, zwischen Affen und Schwarzen müsse eine enge Beziehung bestehen. Insbesondere als man begann, nach ästhetischen Kriterien zu urteilen, stimmten die Anthropologen dem zu. Peter Camper war nicht der einzige Anthropologe, der die Schädel von Affen und Negern verglich. Aber auch hier drängte sich die große »scala naturae« dazwischen: War der Schwarze die »fehlende Verbindung« zwischen Tier und Mensch? Die Stufenleiter durfte nicht unterbrochen werden. Wenn es eine Lücke gab, dann mußten niedere Wesen eine Stufe aufrücken, um die Leere auszufüllen. So konnten Affen z. B. zum niedrigsten Menschtypus werden und also die »fehlende Verbindung« sein. »Niedere Ordnungen steigen in der Rangfolge auf, um die Lücke am unteren Ende zu füllen.«[26]

1699 hatte der englische Anthropologe Edward Tyson verkündet, die Pygmäen seien diese Verbindung. Er tadelte die Antike, weil sie die Pygmäen als Menschen angesehen hatte, wo sie in der Tat doch mehr den Tieren verwandt seien. Tyson, Arzt und Mitglied der Royal Society, gründete seine Behauptungen bezeichnenderweise auf die klassische Mythologie.[27] Die Idee vom Tiermenschen war in Europa niemals verblaßt. So war der Glaube weit verbreitet, Affen seien nicht etwa eine gänzlich andere, sondern eine niedere Spezies Mensch, die sich nur zu sprechen weigerten, damit sie nicht versklavt würden.[28] Für Tyson waren die Pygmäen Affen, weil sie flache Nasen hatten und klein waren. Die Körpergröße wurde von anderen auch dann noch als Beweis für die tierische Natur dieser Schwarzen angeführt, als Gelehrte wie Camper und Buffon darzulegen versuchten, daß Affen eine andere Spezies als der Mensch seien. Trotz der grundlegenden Unterschiede zwischen Menschen und Affen glaubte Camper dennoch, der Neger stünde dem Affen näher als den übrigen Menschenrassen.[29] Zum Beweis führte er das Aussehen des Negers wie auch Schädelmessungen an; tatsächlich aber waren für ihn, wie für Tyson, ästhetische Kriterien ausschlaggebend. Die meisten Anthropologen setzten eine kleine Statur mit rassischer Minderwertigkeit gleich: »Größe ist das Merkmal kaukasischen Adels«, schrieb Christian Meiners.[30] Auch die Nasenform war eine Determinante für die schwarze Rasse, deren flache Nase einmal mehr als Beweis dafür herhalten mußte, daß sie der Tierwelt nahestehe, während die sogenannte jüdische Hakennase zum äußeren Zeichen fehlender innerer Anmut wurde.

Die Stufenleiter der Natur zu rekonstruieren war eine Übung, der sich viele Anthropologen des 18. Jhs. hingaben. So postulierte Meiners eine Hierarchie von den niedrigsten Lebewesen über Affen und die legendären »Waldneger« zu den »Hottentotten«, »Buschmännern« und den australischen Aborigines, und weiter zu den gelben Rassen, den Slaven, bis hin zur weißen Rasse, die als Krone der Schöpfung galt. Sein Glaube, die überlegene Rasse würde durch Rassenmischung unvermeidlich absteigen, macht ihn zum Vorläufer von Gobineau.[31] Stets wurde die äußere Schönheit der Form als eine der allerwichtigsten Möglichkeiten herangezogen, die Spezies innerhalb der Hierarchie des Universums zu klassifizieren.

Wie diese Beispiele zeigen, werden bei solchen Klassifizierungen bezeichnenderweise verschiedene Begriffe kombiniert: die natürliche Ordnung, alte Mythologien, Reisebeschreibungen und ästhetische Vorurteile. Parallel dazu wirkte die weltbürgerliche Einstellung der Aufklärung und ihre Tendenz, menschliches Verhalten mit Umwelttheorien zu erklären, den idealistischen und romantischen Vorurteilen entgegen. Der Mensch war ein Teil der Natur und die Naturgesetze selbst mußten die feststellbaren Unterschiede zwischen den Menschengruppen hervorrufen. Wenn alle Ideen, wie Locke meinte, erworben und nicht ererbt waren, dann mußten rassische Unterschiede Chancenvarianten sein. Da die Natur, der Mensch, ja die gesamte Welt nach dem Bilde Gottes geschaffen sind und voller Möglichkeiten stecken, konnte der Neger unmöglich verloren sein oder als minderwertig angesehen werden. Blumenbach war nicht der einzige der frühen Anthropologen, der eine solche Überzeugung aussprach, denn auch Lamarck und Buffon vertraten diese Ansicht.

Trotz der Ambivalenz dieser Wissenschaftler und wegen des ebenso starken Trends zu subjektiven Urteilen über ewige Überlegenheit und Minderwertigkeit, existierten die wissenschaftlichen und ästhetischen Voraussetzungen vorübergehend nebeneinander. Die Welt der Idealtypen, des Mythos und der Symbole erhielt ihre Dynamik durch Ideen, die der Aufklärung grundsätzlich entgegenliefen: Pietismus, Methodismus und Frühromantik. Das bindende Glied zwischen Aufklärung und dieser Weltanschauung wurde von den Anthropologen geschmiedet, die bei der Klassifizierung der Rassen nun von der Wissenschaft zur Kunst übergehen sollten.

Anmerkungen

1 Peter Gay, *The Enlightenment: An Interpretation*, Bd. I, *The Rise of Modern Paganism* (New York, 1966), 185.
2 Zit. bei Arthur O. Lovejoy, *The Great Chain of Being* (New York, 1960), 265.

3 Frank Manuel, *The Eighteenth Century Confronts the Gods* (New York, 1967), 77.

4 Peter Gay, *The Enlightenment: An Interpretation*, Bd. II, *The Science of Freedom* (New York, 1969), 150.

5 Gay, *The Enlightenment*, I, 171.

6 *Goethes Faust*, Hrsg.: Georg Witkowski (Leipzig, 1929), I, 60.

7 Vgl. Mircea Eliade, *Myth and Reality* (New York, 1968), 6, 8.

8 Zitiert bei Gerhard Kaiser, *Pietismus und Patriotismus im Literarischen Deutschland* (Wiesbaden, 1961), 43.

9 Novalis, »Christendom or Europe«, in *Hymns to the Night and Other Selected Writings*, übersetzt von Charles E. Passage (New York, 1960), 48.

10 Geoffroy Atkinson, *Les Relations des Voyages du XVIIe Siècle et l'Evolution des Idées* (Paris, o. D.), 41.

11 *Ibid.*, 42.

12 Michael T. Ryan, »New Worlds of Pagan Religion in the Seventeenth Century« (unveröffentlichte Dissertation, New York University, 1974), 238.

13 Manuel, *op. cit.*, II, 141.

14 J. J. Winckelmann, *Winckelmanns Werke*, Hrsg.: Heinrich Meyer und Johann Schulze (Dresden, 1811), IV, 57.

15 Meiners, *Grundriß der Geschichte der Menschheit* (Lemgo, 1785), 43.

16 Johann Friedrich Blumenbach, *Über die Natürlichen Verschiedenheiten im Menschengeschlecht* (Leipzig, 1798), 137.

17 Meiners, *op. cit.*, 76ff.

18 Winthrop D. Jordan, *White over Black: American Attitudes Toward the Negro, 1550–1812* (Chapel Hill, N. C., 1968), 30.

19 William W. Appleton, *A Cycle of Cathay: The Chinese Vogue in England During the Seventeenth and Eighteenth Centuries* (New York, 1951), 123–131.

20 James Walvin, *Black and White: The Negro and English Society 1555–1945* (London, 1973), 46.

21 *Ibid.*, 60.

22 J. F. Blumenbach, »De generis humani varietate nativa«, *The Anthropological Treatises of Johann Friedrich Blumenbach* (London, 1865), 305.

23 Alexander Altmann, *Moses Mendelssohn* (University, Alabama, 1973), 465.

24 Gaspard Lavater, *L'Art de Connaître les Hommes par la Physionomie*, Hrsg.: M. Moreau (Paris, 1820), II, 168.

25 Hoxie Neale Fairchild, *The Noble Savage* (New York, 1928), 78.

26 Lovejoy, *op. cit.*, 265.

27 Edward Tyson, *Orang-Outang, Sive Homo Sylvestris Or, the Anatomy of a Pigmie Compared with that of a Monkey, an Ape, and a Man, etc.* (London, 1699), 9, 11, 12.

28 Hester Hastings, *Man and Beast in French Thought of the Eighteenth Century* (Baltimore und London, 1936), 129.

29 Siehe 47–49.

30 Meiners, *op. cit.*, 35.

31 Léon Poliakov, *Le Mythe Aryen* (Paris, 1971), 178, 179.

Kapitel 3
Von der Wissenschaft zur Kunst:
Die Geburt der Stereotypen

Die Anthropologie entstand aus dem Wunsch, etwas über weit entfernte Länder und deren Einwohner zu erfahren. Dies wiederum führte dazu, nach dem Ursprung des Menschen, nach den Anfängen menschlicher Kultur, Sprache und Religion zu fragen. Die Klassifizierung der Menschenrassen war von Anfang an eine der Hauptbeschäftigungen der Anthropologen und ein Mittel, sich mit der neuentdeckten und verwirrenden Vielfalt menschlicher Spezies auseinanderzusetzen. Anthropologie, das heißt bei den meisten Völkern nicht nur Sitten und Verhalten zu studieren, sondern Rassen und Völker zu klassifizieren.[1] Der Streit um die Klassifikationen kreiste um die Frage, ob Umwelt bis zu einem gewissen Umfang das Entstehen und die Entwicklung einer Rasse beeinflussen kann oder ob die meisten ihrer Merkmale ererbt sind. Dies sind grundsätzliche Überlegungen, denn diese Faktoren entscheiden darüber, wie tief der Graben ist, der die verschiedenen Rassen trennt: ob ererbt und daher ewig, oder umweltbedingt und daher veränderbar.

In der Vergangenheit waren die exotischen Völker als Teil des biblischen Heilsgeschehens gesehen worden. Im 18. Jh. jedoch löste man den Wilden von seiner vermeintlich biblischen Herkunft. Er wurde Gegenstand weltlicher Untersuchungen. Man betonte zwar, wie wichtig eine von biblischen Vorurteilen freie Beschreibung als Grundlage für die Klassifizierung sei, man betrieb das Ganze jedoch nach Regeln, die mit empirischer Beobachtung nichts zu tun hatten. Trotz wachsenden weltlichen Geschichtsbewußtseins wurden über die historische Evolution der Rassen nicht-wissenschaftliche Urteile gefällt – und die Frage des Primitivismus wurde, wie wir gesehen haben, vorwiegend in Begriffen rassischen Ursprungs erörtert. Von den Maßstäben jedoch, die während des 18. Jahrhunderts bei der rassischen Klassifizierung angelegt wurden, hatte jener die verhängnisvollsten Konsequenzen, der auf – notwendigerweise höchst subjektiven – ästhetischen Vorlieben gründete. Wieder einmal wies die Akzentuierung klassischer Schönheit die Richtung. Sie führte zu einem Stereotyp, das der Rassismus bis heute nicht mehr aufgeben sollte.

Zwar maß man nach wie vor materiellen und Umweltfaktoren besondere Bedeutung bei und berief sich, im Gegensatz zu den ästhetischen Prinzipien, auf die Klassifizierung. J. B. Antoine de Lamarck (1744–1829) wurde der bedeutendste Verfechter dieser Richtung, und »Lamarckismus« blieb die Bezeichnung für eine Umwelttheorie, nach der die Umwelt Natur und Mutation einer jeden Art bestimme. In seiner »Philosophie zoologique« (1809) vertrat Lamarck die Ansicht, jede Art könne die Konstanz der Form so lange aufrechterhalten, wie ihre Umwelt unverändert bleibe, und in dieser Zeit der Konstanz könnten erworbene Eigenschaften vererblich werden. Habe also die Giraffe einen so langen Hals, weil sie anders an ihr Futter nicht heranreiche, dann hätten ihre Nachkommen ebenfalls lange Hälse. Die Lage würde sich erst dann ändern, wenn ihr Futter anstatt auf Bäumen z. B. am Boden zu finden sei.[2] Aus diesem Grunde sei keine Rasse für ewig auf ihre gegenwärtigen Eigenschaften festgelegt.

Lamarck war auch einer der konsequentesten Materialisten seiner Zeit. Zwar glaubte er, daß der lebende Körper eine Seele besäße, aber für ihn bestand sie aus Elektrizität, Wärme und Nervenfluidum. Er war der Ansicht, daß »in allen Handlungen der Intelligenz das Nervenfluidum der einzige aktive Faktor ist«,[3] und weiter, daß Intelligenz sich wie der Körper durch Übung entwickele. Rassen waren durch materielle Faktoren bestimmte Chancenvarianten. In Lamarcks Klassifikationsschema konnte es keine angeborene Überlegenheit geben. Faulheit, Gleichgültigkeit und Erfolglosigkeit waren keine rassischen Eigenschaften (obwohl andere exakt diese Eigenschaften den Negern zuschrieben), sondern flossen eher aus der Gewohnheit, sich von Kindheit an der Autorität zu unterwerfen.

In seinem gesamten Werk beschäftigte sich Lamarck mit der Frage nach Freiheit und Gleichheit und mit der Möglichkeit der Veränderung. Der Mensch konnte sich und seine Welt begreifen, da er fähig war, klare und bestimmte Ideen zu haben, die – im Stile der Aufklärung – den göttlichen Gesetzen der Schöpfung entsprachen. An Lamarcks Rassenkonzept war nichts »nach innen gerichtet« spiritualistisch oder mystisch. Es stand auf dem Boden der Aufklärung und wurzelte in der Vernunft und im kritischen Verstand, der vorgefaßte Urteile zurückzuweisen sucht. Merkwürdigerweise gelangte Lamarck auf diesem Wege zu einem kruden Materialismus und zu einer fragwürdigen Vererbungstheorie. Einige seiner berühmten Zeitgenossen übernahmen seinen Materialismus nicht, sondern fingen statt dessen an, geistige Faktoren in das Schema der Rassenklassifizierung einzuführen. Die Zukunft sollte denn auch ihrer subjektiven Wissenschaft gehören – sie sollte der Reflexion zeitgenössischer Vorurteile und Hoffnungen im Rahmen einer angeblich wissenschaftlichen Definition von Rasse das Wort reden.

Auch George Leclerc de Buffon (1707–1788) entwickelte in seinem berühmten Buch »Histoire naturelle de l'homme« (1778) Umwelttheorien. Seine Umwelttheorie allerdings und sein Materialismus wurden verwässert. Bei ihm machten sich, auch wenn sie noch nicht überwogen, schon subjektive, ästhetische Einflüsse bemerkbar. Er war davon überzeugt, daß Klima, Ernährung, Sitte und Bräuche die Rasse bestimmen. Die Haut der Neger war wegen der Tropenhitze schwarz, und sie würde sich mit kälterem Klima ändern. Im Gegensatz zu Lamarck meinte Buffon sich jedoch aus der Erörterung materieller Kräfte heraushalten zu müssen – wie ambivalent er das auch tat. Er schrieb:»Unsere Existenz ist Organisation von Materie durch Geist.«[4] Einerseits behauptete er, körperliche Erscheinung kennzeichne den Charakter – so waren die wohlproportionierten Senegalneger auch gute und talentierte Leute. Andererseits bezogen sich solche Urteile immer noch auf eine hauchdünne Umwelttheorie, denn Buffon und Lamarck setzten den geistigen Bereich mit Nervenfunktionen gleich. Auch wenn er sich für die Ideen von Schönheit und äußerer Erscheinung interessierte, waren für Buffon Rassen reine Chancenvarianten.

Buffon und Lamarck repräsentierten eine Tradition der Aufklärung, die in der zweiten Hälfte des 18. Jhs. vorherrschte. Einige dieser Denker waren nicht ausschließlich materialistisch orientiert, sie glaubten auch fest an den Wert von Beobachtung und Experiment. Parallel dazu hatte eine mehr emotional und spirituell orientierte Weltsicht Einfluß auf diese Wissenschaftler gewonnen. In weiten Bereichen der Gesellschaft wurde die Aufklärung langsam vom Emotionalismus der pietistischen und methodistischen Wiedererweckung verdrängt. Dies hieß nicht unbedingt, daß der religiöse Glaube erneuert wurde, es entsprang vielmehr dem Bedürfnis, die gefühlsmäßige und geistige Seite der menschlichen Natur einzukreisen. Zu Beginn des 19. Jahrhunderts brachte der »Sturm und Drang« (wie die Deutschen es nannten) die unerschütterliche Hingabe der Aufklärung an die Vernunft ins Wanken. Buffon spürte schon, daß der Wind aus einer anderen Richtung blies, als er dem wissenschaftlichen Materialismus geistige Faktoren beigesellte.

Auch der schwedische Biologe Carl von Linné (1707–1778) paarte Beobachtung und Beschreibung mit subjektiven Urteilen. Als einer der einflußreichsten Vorkämpfer rassischer Klassifizierung gab er dieses Bedürfnis nach Subjektivität in einer Wertung der Rassen wieder, die später die herrschende Meinung werden sollte. Linné hielt die weiße Rasse für schöpferisch, erfinderisch, ordentlich und von Gesetzen regiert. Sie war für ihn die überlegene Rasse, weil sie mittelständische Werte widerspiegelte. Im Gegensatz dazu waren die Neger mit allen negativen Eigenschaften begabt, die sie zur wohlfeilen Beute überlegener Rassen machte: Sie wurden für faul, unaufrichtig und für unfähig gehalten, sich selbst zu regieren. Sie waren gedankenlose »Sansculottes«, und das sollten sie im rassischen Denken bleiben, im Gegensatz zu dem Bild von den ordentlichen, sauberen, fleißigen Europäern.[5] Diese rassischen Urteile ersetzten Umwelttheorie durch die Werte einer mittelständischen Moral – wissenschaftliche Urteile wurden also von sozialen abgelöst. Der ästhetische Wert der ordentlichen äußeren Erscheinung wäre eine Zusammenfassung der von Linné gepriesenen Tugenden von Recht und Ordnung. Dennoch rührte Linné nicht an die Umweltfaktoren: Er führte die menschlichen Varianten nicht auf erbliche Ursachen zurück. Die Umwelttheorie und seine subjektiven Kriterien rassischer Klassifizierung widersprachen einander offensichtlich. Dies mag aus seiner starken Überzeugung vom gemeinsamen Ursprung aller Rassen herrühren – eine Überzeugung, die der Vorstellung entgegenarbeitete, sie würden durch einen breiten Graben getrennt. Linné stellte sich die Rassen als reine Chancenvarianten vor. In seiner Auffassung stand der Materialismus Seite an Seite mit sozialen und ästhetischen Vorurteilen.[6]

Auch Johann Friedrich Blumenbach (1752–1840), der als einer der Begründer der modernen Anthropologie gilt, glaubte an die Einheit der menschlichen Rasse. Blumenbach hob Umweltfaktoren wie Klima hervor, um Unterschiede in Hautfarbe und Gestalt zu erklären. Es scheint, als habe er die Beweiskraft rassischer Eigenschaften verneint. Er war z.B. außerstande, bei den Schwarzen auch nur ein einziges spezifisches Körpermerkmal zu finden, das man nicht auch in vielen anderen Rassen hätte nachweisen können. Blumenbach schrieb 1775, daß alle Neger »sich mehr oder weniger voneinander unterscheiden... und in allen Nuancen unmerklich in das Aussehen von Menschen anderer Rassen übergehen, bis hin zu den anziehendsten Gestaltungen.«[7]

Die »anziehendsten Gestaltungen« weisen auf ein ästhetisches Kriterium in der Klassifizierung hin, das der Vorstellung von Gleichheit und rassischen Übergängen widerspricht. Blumenbach glaubte, es gäbe nationale Eigenheiten, die die Gesichtsstruktur bestimmten; und diese Varianten schrieb er dem Klima oder der Ernährung zu. Trotz allem begann der Begriff »Schönheit« in Blumenbachs wissenschaftlichen Schriften vorzuherrschen. Das symmetrische Gesicht war das schönste, weil es den »göttlichen« Werken griechischer Kunst nahekäme, und ein solches Gesicht kam, nach Blumenbach, eher in gemäßigten Klimata als unter extremen Temperaturen vor.[8] Dieses Konzept des Schönheitsideals umfaßt auch das von Linné so sehr betonte Ideal der Mäßigung und Ordnung. Griechische Skulpturen bestimmten die rechten anatomischen Proportionen. Zur »stillen Größe«, die für ein an politischen und sozialen Umwälzungen so reiches Jahrhundert so attraktiv war, gehörte auch, daß Angst und Leidenschaft fehlten. Schönheit war ein Synonym für eine geordnete, glückliche und gesunde Mittelstandswelt, ohne gewaltsame Umwälzungen – und es war eine nur von weißen Europäern zu erreichende Welt. Niemand konnte behaupten, ein Negergesicht spiegele die ästhetischen Ideale der Griechen wider.

Die Gleichheit, die Blumenbach den Negern mit der einen Hand gab, nahm er mit der anderen wieder zurück. 1775 vertrat er insgesamt gesehen noch die Umwelttheorie. 1789 aber stellte er die Wissenschaft auf den zweiten Platz – nach dem ästhetischen Urteil. Allerdings trat Blumenbach noch nicht für irgendeine ausschließlich nationale rassische Überlegenheit ein. Seiner Ansicht nach war die schöne weiße Rasse von Westeuropa bis zum Kaspischen Meer und zum Ganges verbreitet und von Finnland bis Nordafrika. Für ihn besaßen die Georgier von allen die angenehmsten Proportionen.[9]

Blumenbach zitierte den holländischen Anatomen Peter Camper, dessen bedeutendste Bücher zur menschlichen Anthropologie 1792 und 1793 veröffentlicht wurden. Anders als Blumenbach zollte Camper der wissenschaftlichen Klassifizierung nur eine knappe Reverenz, bevor er zum ästhetischen Höhenflug ansetzte. Mit seinen Arbeiten schob sich der Idealtypus in den Vordergrund, und er war der wissenschaftlichen Beobachtung nur noch lose verpflichtet. Campers Einfluß war zweifelsohne darauf zurückzuführen, daß er das »körperlich Schöne« durch die sogenannte wissenschaftliche Methode der Schädelvergleichung und der Gesichtsvermessungen (vgl. Bild 1) überhöhte. Sein Zeitgenosse Johann Kaspar Lavater hatte bereits jeden Anspruch auf Wissenschaftlichkeit fahren lassen, als er die Physiognomik erfand, die »Wissenschaft, das menschliche Gesicht zu deuten«. Lavaters »Essai sur la physiomonie« (1781) nahm Camper vorweg. Für unsere Argumentationskette ist es überaus wichtig, den allmählichen Übergang von einem Wissenschaftler wie Blumenbach zu einem Pseudowissenschaftler wie Camper und schließlich zu Lavater aufzuzeigen, der sich schlicht für die Schulung in visueller Intuition einsetzte. Es muß deutlich werden, daß wir während des 18. Jahrhunderts eine Entwicklung im kleinen vor uns haben, die sich in der Geschichte des Rassismus ständig wiederholt.

Camper war als Maler, nicht als Wissenschaftler ausgebildet. Er wollte nicht eigentlich die neue Wissenschaft der Anthropologie bereichern, sondern junge Maler und Bildhauer Naturgeschichte und die Liebe zur Klassik lehren. Camper erhielt 1770 sogar die Goldmedaille der Amsterdamer Kunsthochschule.[10] Ein solcher Hintergrund ist typisch – und nicht allein für Camper, denn viele der zukünftigen Rassentheoretiker sollten Maler und Schriftsteller und keine Wissenschaftler sein.

Campers wichtigste »Entdeckung« war die des »Gesichtswinkels«, den man durch Vergleiche der Schädel von Kalmücken und Negern mit den von Europäern ausmessen konnte. Diese wiederum verglich er dann mit einem Affenschädel. Zuerst vermaß Camper den Winkel von der Oberlippe zur Stirn und dann horizontal über das Gesicht. Danach vermaß er die Winkel zwischen diesen beiden Linien. Bildeten Vertikale und Horizontale einen Winkel von 100 Grad, dann hatte man den Idealtypus: Winckelmanns griechisches »Schönheitsideal«, wie er es nannte.[11] Nun gibt es eine solche Perfektion im Gesicht nicht. Um Spielraum für Varianten zu schaffen, postulierte er, jeder Winkel unter 70 Grad entspräche dem Gesichtswinkel der Neger, und diese Meßzahl stünde den Linien von Affen- und Hundeschädeln näher als denen von Menschen. Europäische Gesichter wiesen um die 97 Grad auf, und das ist dem Idealtypus griechischer Skulpturen näher (vgl. Bild 2)[12].

Anthropologen übernahmen den »Gesichtswinkel« als wissenschaftliches Maß. Damit aber übernahmen sie als Kriterium rassischer Klassifizierung auch eine Schönheitsnorm. Camper versuchte, seine eigenen Vorurteile zu überwinden, allerdings mit wenig Erfolg. Er glaubte, Schönheit hinge mit nationalen Anschauungen zusammen, daß etwas, das Neger für schön hielten, Europäern häßlich erscheinen könnte.[13] Winckelmann hatte dieselbe Ansicht geäußert. Nicht nur Schönheit scheint in diesem Zusammenhang relativ zu sein. Camper hielt auch viel von Klima und Ernährung als Ursache für den europäischen Idealtypus. Dennoch war diese Umwelttheorie nicht der Angelpunkt seiner Beweisführung (wie sie es z. B. für Lamarck war). Der Nachdruck lag stets auf dem griechischen Schönheitsideal, wie Winckelmann es beschrieben hatte. So hielt er nicht nur Schädelvermessungen für aufschlußreich, er glaubte auch, daß man Schädel aufgrund ihres Profils nach Schönheit standardisieren könnte. Überdies gab er bei der Beschreibung von Schönheit die frühere Behauptung auf, Neger besäßen ihre eigenen ästhetischen Maßstäbe. Er ließ also keinen Zweifel an der Überlegenheit des europäischen Idealtypus. Klassische Schönheit war zum allgemeinen, für alle Zeiten gültigen Prinzip erhoben.

Warum, so fragte Camper, ist ein großer Mensch so viel schöner als ein kleiner, und wiederholte damit das Vorurteil, das die Pygmäen, in denen man letztlich »das fehlende Verbindungsstück« sah, zu Tieren stempelte. Antike Proportionen und Körper galten Camper als schön, weil sie frei von jeder Unvollkommenheit waren. Solch eine Schönheit kam jener unverfälschten Natur nahe, die Gottes letzte Wahrheit darstellte. Das schöne Gesicht, der schöne Körper sind eins mit der schönen Natur, und Winckelmann selbst hatte ja geschrieben, daß Schönheit ein Ganzes sein müsse. Diese Ganzheit umfaßte für Camper auch die Seele des Menschen. Äußere Erscheinung spiegelt innere Anmut. Und wieder einmal mehr wird hier die Mäßigung hervorgehoben. Das bereits bei Winckelmann zitierte Beispiel ist die Gelassenheit der Statue des Laokoon.[14] Auch wenn man noch versuchte, empirische Beweise durch Messungen zu erbringen – die Ästhetik hatte die Wissenschaft bereits erstickt.

Trotz der Akzentuierung des Idealtypus beschäftigte Camper sich mit keinem einzigen Volk innerhalb Europas speziell, und in dieser Beziehung war er immer noch ein Mann der Aufklärung. Auch der historischen Entwicklung maß er keine Bedeutung bei, wenn sie für einige seiner Zeitgenossen auch bereits eine wichtige Rolle zu spielen begann. Überdies wußte

Camper nichts mit den Juden anzufangen, die doch immerhin Europäer waren. Er glaubte, sie hätten eigene Merkmale: wie eine anders gebogene Nase; und zum Beweis dafür zitierte er bezeichnenderweise den zeitgenössischen Maler Benjamin West als Sachverständigen.[15] Bei aller Subjektivität Campers – die Idee von der überlegenen Rasse umfaßte alle Europäer und wurde noch nicht als ein nationales Monopol betrachtet. Die Physiognomik sorgte dafür, daß man die äußere Erscheinung stark in den Vordergrund schob. Die Versuche, den Charakter des Individuums dadurch zu deuten, daß man Gesicht, Gliedmaßen und Gesten beobachtete, gehen bestimmt bis ins 16. Jahrhundert zurück. Damals hielt man charakteristische Merkmale, wie Kraushaar oder Hakennase, bereits für Zeichen übler Anlagen, selbst wenn man ihre Entstehung Zufällen, wie Luftveränderungen oder Krankheiten zuschrieb.[16] Mit der Veröffentlichung seines »Essai sur la physionomie« (1781) wurde Lavater (1741–1801) zum Nestor der neuen Wissenschaft von der Physiognomik. Auch als engagierter protestantischer Theologe war Lavater noch ein Mann der Aufklärung. Er war eng mit Goethe befreundet, der ihm half, seine physiognomischen Entdeckungen zu redigieren und zu veröffentlichen. Als er über die Frage schrieb, wie wichtig es sei, mit Hilfe der Gesichtsdeutung die Menschen zu erkennen, hatte er keinen Rassismus im Sinn. Er bejahte die Französische Revolution, die einige Jahre nach der Gründung seiner neuen »Wissenschaft« ausbrach. Lavater war weder im Politischen, ja nicht einmal im Religiösen ein Reaktionär – hier tendierte er zu einer besonders vergeistigten Sicht des Christentums. Er scheint zwar geglaubt zu haben, daß die Juden Jesus verrieten, doch war diese Feindseligkeit kaum rassisch motiviert. Er bewunderte Moses Mendelssohn, den berühmten jüdischen Philosophen und Vorkämpfer jüdischer Emanzipation und meinte, dieser weise Jude müsse bereit sein, den christlichen Glauben anzunehmen.[17] Über Schwarze hatte er nur sehr wenig zu sagen. Dennoch erwies sich seine Pseudowissenschaft der Physiognomik schließlich als mächtige Waffe gegen jene Leute, die anders waren. Auch Lavater glaubte an die klassischen Ideen von Schönheit, nach denen er die menschliche Art einteilte. Dazu aber waren keinerlei wissenschaftliche Studien vonnöten, dazu bedurfte es lediglich visueller Fähigkeiten und guten Geschmacks.

Man kann die Bedeutung gar nicht überschätzen, die die Akzentuierung des Visuellen für das rassische Denken hatte. Anders als Camper war Lavater kein Maler, dennoch war ihm die »Kunst des Malens« »Mutter und Tochter« der Physiognomik.[18] Einer der ersten Herausgeber von Lavaters Werk hat es trefflich ausgedrückt: Die eigentliche Sprache der Physiognomik ist Malerei, weil sie sich in Bildern ausdrückt und das Auge ebenso anspricht wie den Geist.[19]

Wie hatte man bei der Beobachtung des Gesichtes vorzugehen? Lavater schrieb: Vertraue deinem ersten schnellen Eindruck, denn er ist mehr wert als das, was man gemeinhin Beobachtung nennt.[20] Man kann den ganzen Menschen beurteilen, indem man intuitiv das Äußere beobachtet, denn dies befindet sich in völliger Harmonie mit der Seele. Das Äußere ist nichts anderes als die Fortsetzung des Inneren und umgekehrt. Alle, die sich mit der Klassifizierung des Menschen befaßten, glaubten es, aber nur wenige sagten es mit solch erfrischender Klarheit. Was machte ein schönes Gesicht und darum eine schöne Seele aus? Für Lavater waren das die Harmonie von Körper und Geist, das Ebenmaß der Umrisse, die Körpermaße und »Rechtschaffenheit« in Stirn und Braue. Kurz, seine Maßstäbe waren jene, die griechische Skulpturen beseelten.[21] Bei dem Gesicht war Lavater noch dezidierter: Er hob besonders das unabdingbare Ebenmaß der drei Hauptpartien eines schönen Gesichtes hervor: Stirn, Nase und Kinn. Waagerechte Stirn (das entspricht Campers Winkel von 100 Grad) mit beinahe waagerechten starken Augenbrauen. Überdies war es vorteilhafter, wenn man blaue Augen, eine kräftige, im Profil zur Stirn parallel laufende Nase, ein rundes Kinn und kurze braune Haare hatte.[22]

Für eine solche Vorstellung von Schönheit wird kein Beweis angeboten, außer dem Beispiel der Antike (und auch hier beeinflußte Winckelmann wieder den Idealtyp). Für Lavater war Schönheit das, was uns auf den ersten Blick anzieht, aber das hieß stets Ebenmaß, unter dem Mannigfaltigkeit lag, eine vollkommene Harmonie ohne ein einziges unausgewogenes Glied oder Teil.[23] Die Griechen waren schöner gewesen als jene Leute, die er zu seinen Lebzeiten beobachtete; und auch wenn die Griechen keine Christen waren, so habe Gott dies in seinem unerforschlichen Ratschluß eben so beschlossen. Sollten Zeitgenossen aber zu wahren Christen werden, dann wäre griechische Schönheit noch durch Demut und Liebe erhöht.[24] Es ist klar, der Einfluß klassischer Schönheit drohte den christlichen Theologen aus der Bahn zu werfen.

Lavater versuchte, eine Physiognomik der Völker aufzustellen. Er begründete das damit, daß es unter Mauren und Engländern, Italienern und Franzosen so etwas wie einen Volkscharakter geben müsse. Er gab jedoch zu, wenig talentiert zu sein, solche Unterschiede zu definieren. So erkannte er zum Beispiel die Deutschen an Zähnen und Lachen, die Franzosen an der Nase; aber seine Bemühungen lösten sich in Nichts auf. Mit sichtlicher Erleichterung kehrte er zu universellen Idealen zurück, denn sie und nicht die nationalen Eigenschaften waren nach Lavater entscheidend. Alle Menschen, schrieb er, wurden von der Natur nach einer Grundform modelliert, von der es eine Vielzahl von Varianten gibt.[25] Trotz dieser Reste aufklärerischen Universalismus blieb bei Lavater der Gegensatz zwischen der edlen Seele, dem griechischen Gott und dem häßlichen Gesicht, dem häßlichen Körper, dem Kriminellen. Ein falscher Gesichtszug sollte die Schönheit zerstören und, unter der Prämisse der

Identität von Innen und Außen, zum Zeichen des Bösen werden. Lavater rief aus: Wie viele Verbrechen könnten verhindert werden, wäre der Mensch imstande, das Laster am Gesicht abzulesen.[26] Er hätte Lessings rhetorische Frage in »Nathan der Weise« (1779) verneint: »Sehen Gesichter einander nicht ähnlich?«[27] Lavater verabscheute gerade dieses Stück, das, wie er behauptete, die Juden bevorzugte und aus Christen Schurken und Spitzbuben machte. (Lavaters Intoleranz hier war das Ergebnis seines missionarischen Eifers und kein Zeichen von Rassismus.)[28]
In Lavater begegnen wir dem vom wissenschaftlichen Beweis entbundenen und in Irrationalität eingebetteten Stereotyp. Lavater fand viele gelehrte zeitgenössische Nachahmer, deren bedeutendster wohl der Neapolitaner Jean Baptiste Porta war. Porta entwickelte 1805 seine spekulative Theorie der Physiognomik. Sie folgte nicht nur Lavaters Ideen, sie gründete überdies auf der Vorstellung, die Ähnlichkeit zwischen einem Menschengesicht und dem eines Tieres zeige an, bis zu welchem Grade die Hauptzüge des Tieres den Charakter des Menschen bestimmten. Menschen konnten nicht nur wie Schafe, Ochsen oder Löwen aussehen, sondern auch deren vorherrschende Instinkte haben.[29] So kamen einige Leute über die Physiognomik in direkte Berührung mit der Tierwelt, geradeso wie Camper, der die Schädel von Schwarzen und Affen verglichen hatte. Solche Tieranalogien sollten eines der Hauptthemen rassischen Denkens werden.
Lavaters Theorien machten Eindruck auf seine berühmteren Zeitgenossen, nicht nur auf Goethe, sondern auch auf den viel jüngeren Sir Walter Scott. Scotts Romane strotzen von physiognomischen Interpretationen. Scott las vielerlei Werte in den Gesichtsausdruck seiner Helden hinein: Anständigkeit und Entschlossenheit, Güte und Milde. Rowena, die Heldin aus »Ivanhoe«, war hellhäutig, was nach den »Physiognomikern« zu Milde, Schüchternheit und Sanftmut disponierte.[30] Solche Vorstellungen wurden natürlich nicht gerade durch gelehrte Abhandlungen verbreitet, hatten aber sofort ihren Weg in die populäre Literatur gefunden.
Die Phrenologie des Franz Joseph Gall (1758–1828) fügte der Gesichtsdeutung eine weitere pseudowissenschaftliche Dimension hinzu. Galls Grundidee war, daß man den Charakter aus der Schädelform ablesen könne. Phrenologie beruhte auf drei Grundsätzen: das Gehirn war Organ des Verstandes; es setzt sich aus einer Reihe verschiedener Organe zusammen, von denen jedes eine besondere Funktion hatte; und endlich, gab es dem Schädel die Form (vgl. Bild 3).[31] Dies waren die von Gall 1796 vorgetragenen Grundideen. Damals stellte er die Behauptung auf, man könne die verschiedenen Funktionen des Gehirns aufgrund der Schädelform deuten und beurteilen.
Genau wie Lavater nahm Gall es mit der Bedeutung der Kopfformen sehr genau. Eine besonders gewölbte Stirn z. B. deutete die Fähigkeit zu me-

taphysischer Spekulation an. War dagegen der Schädel nach hinten ausladend, dann wies das auf Ruhmsucht hin. Die Gehirnbasis wurde als Sitz aller animalischen und vitalen Kräfte angesehen. Kriminelle, so hieß es, hatten gewöhnlich ein Hirn, das unten und an den Seiten ausladend war, wo, nach Gall, die niederen Impulse und Neigungen placiert waren.[32] Es gab also äußere Merkmale für innere Anlagen. Dennoch wies Gall jede Vorstellung, es könne »nationale Schädelformen« geben, zurück. Er lehnte es ab, Menschenrassen zu klassifizieren und konzentrierte sich statt dessen auf individuelle Schädel, von denen jeder im Rahmen der allgemeinen, von ihm festgelegten Grundsätze eine eigenständige Variante war. Gall war den Schwarzen nicht feindlich gesonnen. So lehnte er insbesondere die von einigen seiner Zeitgenossen vorgebrachte Vorstellung ab, daß der negroide Schädel besonders eng sei und daher weniger Gehirninhalt habe als der des weißen Europäers.[33]

All diesen Vorhaben zum Trotz wurde die Phrenologie bald für die Sache rassischer Klassifizierung herangezogen. Der Schwede Anders Retzius (1796–1860) erhöhte den Nutzen phrenologischer Vermessungen, indem er sie präzisierte. Er erfand eine einfache Formel, um das Verhältnis von Länge zu Umfang des Schädels (den zephalischen Index) auszudrücken. Die langen und schmalen Schädel nannte er dolichozephalisch, breite brachyzephalisch,[34] Ausdrücke, die in die Rassenterminologie eingingen. Lange und schmale Köpfe galten sowohl für besonders schön als auch für ein Zeichen der überlegenen Europäer.

Nun gab es aber jene, die im Namen eines Rassismus, den Gall stets abgelehnt hatte, einige Züge der Phrenologie zu ändern versuchten. Carl Gustav Carus z. B., der Mitte des 19. Jahrhunderts in Deutschland schrieb, erkannte zwar Galls Pionierleistungen bei der Schädeldeutung an, versuchte jedoch, die Phrenologie auf eine idealistische, intuitive Grundlage zu stellen. In »Symbolik der menschlichen Gestalt« (1853) sagte er, man müsse die Proportionen des gesamten menschlichen Körpers ausmessen, gerade so, wie man eine Säule in ihrer Ganzheit beurteile (aufgrund von Basis, Höhe und Durchmesser). Nicht der Schädel allein, sondern das gesamte Skelett würde die Wahrheit offenbaren.[35] Wieder einmal hielt man die Körperhaltung griechischer Skulpturen für die aller anderen überlegen. Das menschliche Gesicht beurteilte er nach Portas Tieranalogien. Carus gab diese Pseudowissenschaft jedoch bald zugunsten eines romantischen Irrationalismus auf. Er verkündete, daß es zwischen höher- und minderwertigen Völkern und der Beziehung von Sonne und Erde eine Analogie gäbe. Es gab »Tag-Völker« wie die Europäer, »Nacht-Völker« wie die Neger und »Zwielicht-Völker« wie die Asiaten und die amerikanischen Indianer. Daraus folgte, daß sich blonde Haarfarbe von der Sonne her ableitet. Sie galt zusammen mit blauen, den Himmel widerspiegelnden Augen als ein Zeichen der Überlegenheit. Der durch die

Farbgebung symbolisierte Vorzug wurde durch Messungen und die Prinzipien der Physiognomik bestätigt.[36]

Die Mischung aus Romantizismus und den neuen Wissenschaften sollte eine vielversprechende Zukunft haben. Carus selbst verkörperte als Professor für Anatomie und romantischer Maler dieses Versprechen. Er war ein Rassist, für den das überlegene Volk auch die überlegene Rasse war. Die Welt sei hierarchisch, behauptete Carus, und deshalb müsse man die Menschheit als eine aufsteigende Ordnung gliedern, mit dem »Tag-Volk« an der Spitze, denn seine Schönheit stamme unmittelbar von Gott. Hier wird das Stereotyp des Arischen dadurch vervollständigt, daß man zu Struktur und Form die Farbe hinzufügt.[37]

Auch Carus schrieb über die Hakennase als ein jüdisches Merkmal, ohne jedoch die Juden aus der Gesellschaft des »Tag-Volks« auszuschließen.[38] Die »Judennase«, die ein so wichtiges Kennzeichen des jüdischen Stereotyps werden sollte, geht auf das 18. Jh. zurück, als Johann Schudt aus Frankfurt sie in »Jüdische Merkwürdigkeiten« (1714) beschrieb. Winckelmann beschrieb sie dann 1764 und stellte ihr die Symmetrie der griechischen Nase gegenüber. Aber die Vorstellung von der Judennase drang auch noch aus einer anderen – vielleicht weit wirksameren – Richtung in das allgemeine Bewußtsein: Als Ergebnis der vielen Schimpfkanonaden und Karikaturen, die 1753 den Versuch begleiteten, die Juden in England zu emanzipieren. Das »Juden-Gesetz« (Jew Bill), wie diese Emanzipationsmaßnahme von 1753 volkstümlich genannt wurde, rückte die Juden in den Mittelpunkt der Aufmerksamkeit. Wenn das Parlament es auch unter öffentlichem Druck sofort nach Verkündung widerrief, war es doch der erste ernsthafte Versuch in Europa, die Juden zu emanzipieren. Bis zu diesem Zeitpunkt hatte man in England die Juden realistisch dargestellt. Nur ein Beispiel: Die Karikaturisten, die den jüdischen Bankier Samson Gideon sehr gut kannten, zeichneten ihn jetzt mit einer Nase, wie er sie nicht hatte. Jüdische Hausierer, die bis dato ziemlich wirklichkeitsgetreu dargestellt wurden, zeichnete man nunmehr als schmuddelig, mit großen Nasen und bösartigem Blick. 1754 machte Hogarth dieses Judenbild populär, ihm folgten Rowlandson, Gillray und Cruikshank (vgl. Bild 4).[39]

Die Nase ist in der Tat der hervorstechendste Teil des Gesichts, und daß man sie hervorhob, sollte uns nicht überraschen. Lavater hatte eine ganze Theorie über Nasen entwickelt, die auf ihrer Form basierte. Nach oben gebogene Nasen deuteten auf einen cholerischen Menschen, Stumpfnase hieß, daß man vorsichtig und diskret, und nach unten gebogene Nase, daß man herzlos war.[40] Die Phrenologen nahmen diese Klassifizierung auf und postulierten römische, griechische, jüdische, Stubs- und »göttliche« Nasen. Römische und griechische Nasen wiesen auf den Eroberer, auf den Menschen mit raffiniertem Geschmack hin. Die jüdische Nase hingegen kennzeichnete einen vorsichtigen und mißtrauischen Menschen.[41]

Die im 19. Jh. besonders in England, Frankreich und den USA – zwar nur hin und wieder – sehr populäre Phrenologie verlieh der Rassenlehre besonderes Gewicht. Die »gütigeren« Schädel fanden sich unter Engländern oder Franzosen (wie der Zufall es so wollte), wohingegen Afrikas Einwohner in ihrer Schädelbildung moralische und intellektuelle Trostlosigkeit signalisierten.[42] Besonders als die Phrenologie sich der Physiognomik bemächtigte, neigte sie dazu, diese rassischen Stereotypen zu unterstützen. In diesem Sinne nahmen die Nazis dann schließlich die Phrenologie auf. So erklärte eine populäre Berliner Zeitschrift 1935: »Gesichter sind wie ein Buch. Phrenologie kann in ihren Zeilen lesen.« Die Nazis verwechselten Lavater und Gall, worauf es jedoch letztlich ankam, war, daß »die Natur unser Schicksal und unsere Individualität in unsere Gesichter geschrieben hat«.[43] Hier spielte die Nase eine überaus wichtige Rolle, danach kam die Stirn mit ihrer Höhe, ihren Gipfeln und Tälern. Eine hervorspringende Nase, so hieß es da, signalisiere Mut, eine blasse die verborgene Stärke der Persönlichkeit. In dieser Erörterung kommt die jüdische Nase nicht vor, aber es ist ja bekannt, welch bedeutende Rolle sie im Nazi-Stereotyp von den Juden spielte.[44] So wurde ein Stereotyp in den Vordergrund geschoben, in dem die Ästhetik die Wissenschaft beherrschte und Umweltfaktoren nur eine relativ kleine Rolle spielten. Der aufklärerische Faktor der wissenschaftlichen Beobachtung und der Umwelttheorie blieb dennoch erhalten und diente als Beweis für ästhetische und moralische Urteile, die dem Emotionalismus der Romantik näher standen. Dies war nicht immer so: So galt es zum Beispiel weder für Lavaters Theorie der Intuition, noch für die Rassentheorie Immanuel Kants. Da Kant Umweltfaktoren ignorierte, konnte er Thesen über die menschliche Art aufstellen, die große Wirkung zeitigen sollten. Denn er war es, der eindeutig die Unveränderbarkeit und Konstanz der Rasse erklärte. In seiner Schrift »Von den verschiedenen Rassen der Menschen« (1775) behauptete er, man könne jene Tiere eine Rasse nennen, die trotz der Wanderung von einem Gebiet in ein anderes, oder trotz der Versuchung, sich mit anderen zu vermischen, ihre Reinheit beibehielten; das gleiche gälte für die Menschen: »So sind Weiße und Neger nicht zwei verschiedene Abarten derselben, sondern vielmehr zwei verschiedene Rassen.«[45]

Kant unterschied also streng zwischen Abart und Rasse. Die Abart schien sich für ihn aufgrund örtlicher klimatischer Besonderheiten zu entwickeln und war nur eine Chancenvariante, und er holte weit aus, um zu beweisen, daß Gott einen jeden Menschen für jeden Teil der Erde geschaffen habe, und daß es ihm frei stünde, an jedem beliebigen Ort zu leben. Wenn Rassen aber erst ihren besonderen »Ort« gefunden haben, so wie die Schwarzen in Afrika, dann sei das auf geographische Faktoren zurückzuführen, die sie in eine bestimmte Region gedrängt hätten. Kant nahm vier

Grundrassen an (Weiße, Neger, mongolische und kalmückische, und die Hindu-Rasse). Die Weißen und die Neger aber waren für ihn die Grundrassen, weil sie sich in Persönlichkeit und Charakter eindeutig unterschieden.[46] Obwohl Kant, um die biblische Schöpfungsgeschichte nicht angreifen zu müssen, den gemeinsamen Ursprung aller Menschen hervorhob, formulierte er dennoch ein Rassenkonzept, das von der Konstanz der Rassen ausging. Rassische Konstitution wird zu einer unveränderlichen Substanz und zur Grundlage des Aussehens und der Entwicklung des Menschen, einschließlich seiner Intelligenz.

Rassen, von denen man behauptet, sie seien von außen nicht zu beeinflussen, können sich durch Evolution auch nicht verändern. Konform mit dieser Tradition sollte dann auch eine Schlagzeile aus der Nazizeit verkünden: »Eine Rasse – durch Jahrtausende unverändert« (vgl. Bild 5). Wie kann ein Stereotyp sich jemals ändern? Da man den Rassismus in der Regel für einen integralen Bestandteil des Sozialdarwinismus gehalten hat, ist dies eine entscheidende Frage. Die Rasse kämpft natürlich gegen ihre Feinde und versucht, sich rein zu erhalten, um überleben zu können. Aber entgegen Darwins »Überleben des Tauglichsten« verändert sie sich während dieses Kampfes nicht. Rasse unterliegt nicht der Evolution, denn sie muß weiterbestehen, so, wie sie geschaffen wurde – sie steht außerhalb der Zeit.

Das Stereotyp, das hier aufkam, war allerdings schon früher dagewesen. Das in englischen Briefen des 13. und 14. Jahrhunderts geschilderte Schönheitsideal scheint z. B. das des viel späteren Winckelmann vorwegzunehmen. Die in mittelalterlichen Romanzen gepriesene »äußere Gestalt« entsprach griechischer Bildhauerkunst. Die Physiognomie war wichtig und eine »Haut von Alabaster« verkörperte wahre Schönheit. Solche Schönheit symbolisierte Güte, wohingegen dunkle Haut, kleine Statur und ein schlecht proportionierter Körper häßlich und böse waren. Walter Clyde Curry war 1916 davon überzeugt, daß diese englischen Vorbilder im mittelalterlichen Italien, Deutschland und Frankreich nachgeahmt wurden.[47] So mag die Wiederbelebung des Klassizismus im 18. Jahrhundert einer tiefen und ziemlich beständigen Strömung europäischer Schönheits- und Häßlichkeitsideale entsprochen haben. Vielleicht ist dies auch ein Grund, warum die Antike so wichtig schien. Wir stehen hier aber überdies dem idealen Menschentypus gegenüber, der jenseits historischer Veränderung eine lange Geschichtsperiode hindurch konstant blieb.

Rassische Klassifizierung bediente sich der Symbole, die in einer Welt schneller Veränderung und Angst Beständigkeit und Frieden signalisierten. Die Wissenschaft glaubte an Veränderung, nicht aber die Ästhetik, und den Rassismus kann man ohne den Faktor der Zeitlosigkeit nicht verstehen. Es gab Präferenzen für die Ursprünge, kaum welche für die Veränderung, denn erstere bestimmten die Eigenschaften der Rasse. Gegen Ende des 18. Jahrhunderts lenkte die immer wichtiger werdende Beschäftigung mit der Geschichte natürlich die Aufmerksamkeit auf die Bedeutung des Ursprungs und der Frühzeit der Völker und Nationen. Wenngleich für Johann Gottfried von Herder (1744–1803) historische Kontinuität und nicht Rasse zählte, machte sein höchst einflußreiches Werk dennoch Theorien über Ursprünge und Anfänge populär, die von jenen, die die Menschheit in Rassen unterteilten, begierig übernommen wurden.

Herder stellte die Jugend eines Volkes als die Zeit der Spontaneität und des unverfälschten nationalen Ausdrucks dar. Legenden, Sagen und Märchen stellten das ewige Erbe eines Volkes dar – weit entfernt vom wissenschaftlichen und modernen Schwerpunkt der Gegenwart. Der Gesang eines Volkes in seiner Jugendzeit, so erzählt Herder uns, spiegelt eine ursprüngliche und empfindende Welt wider.[48] So drückt sich der *Volksgeist* in Mythologien, Gesängen und Fabeln aus. Ein solcher Drang, zurück zu den Ursprüngen zu gehen, beseelt auch Rousseaus überaus populäre Schrift »Confessions« (1782). Das Naturgefühl muß unter den Völkern dominieren und die von der Geschichte geschaffenen törichten bürgerlichen Institutionen abschaffen.

Zu den Ursprüngen zurückzukehren, das hieß, sich mit dem Ursprung der Rassen auseinanderzusetzen, denn so wie sie einst begannen, werden sie weiterbestehen. Kant und die Mehrheit derer, die sich mit rassischer Klassifizierung befaßten, hielten an der Schöpfungsgeschichte fest, die den gemeinsamen Ursprung aller Menschen verkündete. Erst nach der Sintflut gründeten Sem, Ham und Japhet verschiedene Völker. Gottes Fluch über Ham bzw. über seinen Sohn Kanaan reichte seit dem 16. Jh. einigen Autoren, die Dunkelhäutigkeit des Negers und seinen niederen Status zu erklären.[49] Auf jeden Fall ließen sich Kapitel 10 und 11 der Genesis als Erklärung rassischer Unterschiede auslegen, selbst wenn die gesamte Menschheit von einem gemeinsamen Vater abstammte. Dieser Monophylismus, wie er genannt wurde, konnte noch eine höhere und niedere Rasse postulieren; aber irgendwie mußte er dies mit der Tatsache vereinbaren, daß Gott alle Menschen geschaffen hatte – ein Kernproblem, das zu zitieren Blumenbach niemals müde wurde, wenngleich es ihn – wie wir bereits sahen – nicht davon abhielt, ästhetische Urteile über Weiße und Neger auszusprechen.

Als man die Klassifizierungen erst einmal vorgenommen und Werturteile an ihnen festgemacht hatte, war es durchaus sinnvoll, die Genesis zu ignorieren und die Rassen von den allerersten Anfängen an zu trennen. Christian Meiners z. B. untermauerte seinen Glauben an die rassische Überlegenheit der Europäer mit der Behauptung, jede Rasse sei eine einzelne Schöpfung, mit ewigen und vererblichen Eigenschaften.[50] Dieser Glaube an getrennte Ursprünge wurde Polyphylismus genannt. Der Polyphylismus führte die weiße Rasse auf Adam zurück, die schwarzen Rassen hingegen mußten durch Ereignisse geschaffen worden sein, die außerhalb der biblischen Schöpfungsgeschichte lagen. Der Monophylismus konnte Rassen als Chancenvarianten auffassen, der Polyphylismus mußte die Unterschiede absolut nehmen.

Polyphylismus stand im Gegensatz zur religiösen Orthodoxie, und aus diesem Grunde zog er Philosophen wie Voltaire an. Überdies verschaffte die Klassifizierung der Arten vom Tier zum Menschen dem Polyphylismus Argumente, und so konnten Anthropologen wie Camper zu beweisen versuchen, daß Neger den Affen näher stünden als den Europäern. Noch 1831 wurde ein mehrbändiges Werk veröffentlicht, in welchem man den Orang-Utan als zur Menschenrasse gehörig klassifizierte und in die »scala naturae« integrierte.[51] Obgleich Monophylismus und Polyphylismus im 18. Jh. sich Seite an Seite entwickelten, blieb der Polyphylismus ziemlich unbedeutend, bis er dann in der zweiten Hälfte des 19. Jhs. durch Anthropologen wie Paul Broca in Frankreich wieder auferstand. Zunächst aber ging er fast sofort im darwinistischen Evolutionskonzept unter. Nach Darwin hatte es eine Schöpfung gegeben, in der alle bestehenden Arten impliziert, aber noch nicht existent waren, sich aber später nach einem großen ursprünglichen Plan entwickelten. Dies war ein nicht biblischer Monophylismus, der große wissenschaftliche Anziehungskraft besaß.[52]

Der Polyphylismus erregte vor allem die Aufmerksamkeit von Reisenden und Forschern, prägte das europäische rassische Denken selbst aber nur geringfügig. Warum sich gegen die Bibel oder später gegen die darwinistische Wissenschaft stellen, wenn eine solche Konfrontation für die Argumente zur rassischen Konstanz oder Überlegenheit nichts brachte? Monophylismus und Polyphylismus waren als Abgrenzungen zwischen den Rassen halb so wichtig, wie es das wachsende Nationalbewußtsein war, das sich in der zweiten Hälfte des 18. Jhs. stürmisch ankündigte und die weltbürgerliche Gesinnung der Aufklärung fast unter sich begrub. Moderner Nationalismus baute auf gemeinsamer Geschichte, auf gemeinsamer Sprache und gemeinsamen Gefühlen auf. Dies zusammen beschränkt die menschliche Vorstellungskraft auf die eigene Volksgemeinschaft. Der homo europaeus, über den die Anthropologen des 18. Jhs. geschrieben hatten, sollte zur deutschen, slawischen oder französischen Rasse werden.

Rassismus und Nationalismus begannen erst nach 1850 wirklich zu verschmelzen. Da erst war das ideale Stereotyp des Menschen perfekt. Vom 18. Jh. an hatte man zwar die Statur und die Proportionen von Körper und Gesicht festgelegt, es fehlte aber immer noch das Kriterium für die Farbe. Dies wurde in der Mitte des 19. Jhs. insbesondere von Carl Gustav Carus geliefert, als die Arier – blond und blauäugig, gebaut wie Winckelmanns Statuen – schließlich bereitstanden, sich der Welt zu stellen und zu kämpfen. In Wirklichkeit aber waren die Grundlagen für eine engere Verbindung von Rassismus und Nationalismus schon lange vorher gelegt worden. Der Entwicklung von Anthropologie, Physiognomik und Phrenologie im 18. Jh. muß man das neuerwachte Interesse an Geschichte und Sprachwissenschaft gegen Ende des 18./Anfang des 19. Jhs. hinzurechnen. In vielen Teilen Europas vereinnahmte das erwachende Nationalbewußtsein Geschichte und Sprachwissenschaft, so daß es letztlich leichtfiele, diese in die Stereotypen zu integrieren, welche Anthropologen, Phrenologen und Physiognomen bereits herausgearbeitet hatten.

Anmerkungen

1 Wilhelm E. Mühlmann, *Geschichte der Anthropologie* (Frankfurt a. M., 1968), 13.
2 Jacques Barzun, *Darwin, Marx, Wagner* (Boston, 1946), 49.
3 J. B. Lamarck, *Zoological Philosophy* (London, 1914), xiii.
4 J. L. Buffon, *Buffon's Natural History of Man* (London, 1801), 54.
5 Siehe Seite 53.
6 Linnaeus, *A General System of Nature Through the Three Grand Kingdoms of Animals, Vegetables and Minerals* (London, 1806), I, »Mammalia«.
7 Johann Friedrich Blumenbach, *The Anthropological Treatise of Johann Friedrich Blumenbach* (London, 1865), 306.
8 Johann Friedrich Blumenbach, *Über die Natürlichen Verschiedenheiten im Menschengeschlecht* (Leipzig, 1798), 137, 144.
9 *Ibid.*, 204, 206.
10 P. Camper, *Dissertation Physique de Mr. Pierre Camper etc.*, Hrsg.: Adrien Gilles Camper (Utrecht, 1791), 11.
11 *Ibid.*, 97; Camper, *Discours Prononcés par Feû Mr. Pierre Camper en l'Académie de Dessein d'Amsterdam* (Utrecht, 1792), 35.
12 Camper, *Dissertation . . .*, 97, 98.
13 Camper, *Discours Prononcés . . .*, 94–96.
14 *Ibid.*, 3.
15 Camper, *Dissertation . . .*, 21.
16 *Physiognomie: Complexion und Art eines jeden Menschen aus Gestalt und Form des Angesichts, Glieder und allen Geberden zu Erlernen etc.* (o. O., 1541), n. p.
17 Alexander Altmann, *Moses Mendelssohn* (University, Alabama, 1973), 261 und *passim*.
18 J. K. Lavater, *Johann Kaspar Lavaters ausgewählte Schriften*, hrsg. v. Johann Kaspar Orelli, III (Zürich, 1844), 52.
19 Gaspard Lavater, *L'Art de Connaître les Hommes par la Physionomie*, hrsg. v. M. Moreau (Paris, 1820), 141.
20 Lavater, *Johann Kaspar Lavaters ausgewählte Schriften*, IV, 55.
21 *Ibid.*, III, 138.
22 *Ibid.*, IV, 60, 61.
23 Ruth Zust, *Die Grundzüge der Physiognomik Johann Kaspar Lavaters* (Zürich, 1948), 74.

24 Lavater, *Johann Kaspar Lavaters ausgewählte Schriften*, IV, 49.
25 *Ibid.*, 16, 33.
26 *Ibid.*, III, 115.
27 Gotthold Ephraim Lessing, *Nathan der Weise*, Akt I, Scene 2.
28 Altmann, *op. cit.*, 733.
29 Baptista Porta, zitiert in: *The Phrenological Magazine*, IV (1883), 495.
30 Sir Walter Scott, *Ivanhoe* (New York, New American Library, 1962), 205, 229, 466.
31 *The Phrenological Magazine*, I (1880), 214.
32 D. Gall, *D. Gall's Vorlesungen über die Verrichtung des Gehirns* (Berlin, 1805), 119; *The Phrenological Review*, I (1880), 73.
33 D. Gall, *D. Gall's Vorlesungen...*, 126.
34 A. C. Haddon, *History of Anthropology* (London, 1949), 33.
35 Artur Krewald, *Carl Gustav Caro. Seine Philosophischen, Psychologischen und Charakterologischen Grundgedanken* (Berlin, 1939), 57.
36 Carl Gustav Carus, *Symbolik der Menschlichen Gestalt*, Hrsg.: Theodor Lessing (Celle, 1925), 140.
37 *Ibid.*, 251, 277, 278, 323; Krewald, *op. cit.*, 63, 65.
38 Carus, *Symbolik der Menschlichen Gestalt*, 265.
39 Die Diskussion über den Ursprung der »jüdischen Nase« beruht auf der Arbeit von Isaiah Shachar, insbes. auf seinem Aufsatz »*The Emergence of the Modern Pictorial Stereotype of the Jew: in England*«, *Studies in the Cultural Life of the Jews in England; Folklore Research Center Studies*, IV (1975), 331–365. Vgl. auch: *Johann Winckelmanns Sämtliche Werke*, Hrsg.: Joseph Eiselein, III (Donaueschingen, 1825), 132; Bernhard Glassman, *Anti-Semitic Stereotypes Without Jews: Images of the Jews in England 1290–1700* (Detroit, 1975), 71, hat erklärt, daß die Haken- oder die große Nase Teil des Elisabethanischen Stereotyps vom Juden sei, das einige Dramatiker verwendeten. Dennoch war ein solches körperliches Stereotyp weit davon entfernt, konsistent zu sein, selbst nach dem Beweis in diesem wichtigen Buch; und man kann an seiner wahren Bedeutung vor dem 18. Jahrhundert zweifeln. Vermeintliche Feindseligkeiten gegenüber dem Christentum formten während dieser Zeitspanne das anti-jüdische Stereotyp – Aussehen spielte eine mindere Rolle. Thomas W. Perry, *Public Opinion, Propaganda, and Politics in Eighteenth Century England: A Study of the Jew Bill of 1753* (Cambridge, Eng., 1962) informiert zwar gut über die Polemik, übergeht aber praktisch die Ikonologie: Er erwähnt nur die »bösartige Schwärze« unter dem Judenauge, eine hartnäckige Legende, und die Unreinheit seiner Haut, ein anderes, tief verwurzeltes Vorurteil (S. 93). Noch 1925 hob ein deutsches Handbuch für Laienspieler hervor, daß ein »jüdischer Wucherer« in blassen und ungesunden Farben geschminkt werden und daß er leere und tiefliegende Augen haben müsse; George L. Mosse, »*Die NS Kampfbühne*«, *Geschichte im Gegenwartsdrama*, Hrsg.: Reinhold Grimm und Jost Hermand (Stuttgart, 1976), 35.
40 Lavater, zitiert in: *The Phrenological Magazine*, II (1881), 13.
41 *Ibid.*, 15, 16.
42 David de Giustino, *Conquest of Mind: Phrenology and Victorian Social Thought* (London, 1975), 70, 74.
43 *Berliner Illustrirte Nachtausgabe*, 16 und 17, August 1935 (Wiener Library, Ausschnittarchiv, London).
44 Vgl. Bilder 7 und 8, Seite 212.

45 Zitiert bei Mühlmann, *op. cit.*, 57.

46 Immanuel Kant, »Von den Verschiedenen Racen der Menschen«, *Kants Werke, Akademie-Textausgabe*, Bd. II, *Vorkritische Schriften* (Berlin, 1968), 11, 431, 432.

47 Walter Clyde Curry, *The Middle English Ideal of Personal Beauty, as Found in the Metrical Romances, Chronicles and Legends of the XIII, XIV, and XV Centuries* (Baltimore, 1916), 3, 6, 7.

48 Johann Gottfried von Herder, »Stimmen der Völker in Liedern«, *Johann Gottfried von Herder's Sämmtliche Werke zur Schönen Literatur und Kunst*, Hrsg.: Johann von Müller, I (Stuttgart und Tübingen, 1828), 15.

49 Winthrop D. Jordan, *White over Black: American Attitudes Toward the Negro, 1550–1812* (Chapel Hill, N. C., 1968), 17.

50 Mühlmann, *op. cit.*, 59.

51 Philip D. Curtin, *The Image of Africa, British Ideas and Action, 1780–1850* (Madison, 1964), 368.

52 *Ibid.*, 369.

Kapitel 4
Nation, Sprache und Geschichte

Die Wiederbelebung des historischen Bewußtseins im 18. Jh. war für das Erstarken des rassischen Ideals von grundlegender Bedeutung. Es postulierte Gesetzmäßigkeiten einer organischen Entwicklung, die auch auf die Anthropologie und die Linguistik übertragen wurden. Der Weg eines Volkes durch die Zeit wurde als wesentlich erachtet und er trennte das eine von dem anderen. Für Lamarck und Buffon haben noch Umweltfaktoren wie Klima und Geographie die historische Entwicklung bestimmt. Für sie waren die Unterschiede zwischen den Völkern lediglich Chancenvarianten. Nunmehr wurde ein tieferer Graben zwischen Menschen und Nationen aufgerissen. Jetzt ging es nicht mehr allein darum, daß ein Volk eine individuelle Geschichte hatte. Männer wie Herder hielten die Geschichte eines Volkes nicht für Menschenwerk; für ihn folgte sie einem göttlichen Plan: Geschichte wurde zum nationalen Mythos.

Hier erlangt das pietistische Milieu des 18. Jh. als Gegenspieler der Aufklärung Bedeutung. Pietismus war wesentlich weiter verbreitet und war auch viel tiefer in das öffentliche Bewußtsein gedrungen. Er richtete die persönlichen Schranken wieder auf, die die mit abstrakten Prinzipien befaßte Aufklärung umzustoßen drohte. Die »galoppierenden Christen« (wie die Methodisten oft genannt wurden) fühlten sich Christus persönlich verbunden. Dies drückten sie im Gebet und durch ein Leben aus, das die äußere Manifestation innerer Wiedergeburt war. Pietistische Brudergemeinden, Konventikel, ja sogar die tägliche Andacht im Familienkreis führte die Menschen zusammen als eine echte Gemeinschaft im Glauben und in erfahrener Wiedergeburt.

Bei einer solchen Lebensanschauung neigten die Menschen dazu, die Außenwelt zu verdrängen und sich dem Rhythmus einer persönlichen, gemeinsamen Frömmigkeit hinzugeben.

Das pietistische Universum war nicht statisch, denn die Beziehung zwischen Gott und seiner Schöpfung war dynamisch: Zu ihr gehörten der tägliche Lebenskampf und die Wiedergeburt. Kampf und Wiedergeburt strebten auf eine immer vollkommenere Vereinigung des Menschen mit Gott und der Menschen untereinander zu. Gott formt und erweitert die Schöpfung aus dem Inneren des Menschen heraus. Auch wenn ein solches Streben innerlich war, so mußte es doch nach außen in die Welt drängen. Und eben an diesem Punkt bekommt das Ideal des Vaterlandes seine Bedeutung.[1]

Wie wir bereits oben erwähnten, glaubte man insbesondere in Deutschland, das Vaterland entstehe aus dem inneren Streben der Menschen nach Einheit im Rahmen des göttlichen Plans. 1776 schrieb der pietistische Autor Justus Möser über die Kontinuität der Geschichte, in der es – da Gott seinen Kurs nicht abrupt zu ändern pflegte – keine Zäsuren gab. Geschichte erfüllte einen göttlichen Plan, und das Werkzeug solcher Erfüllung war das Vaterland. Hier erhielt das pietistische Gemeinschaftsideal eine neue Dimension. Pietisten wollten stets innerhalb einer echten Gemeinschaft leben, sie wollten geliebt werden und Liebe geben – ein Wunsch, der ihr Ideal des Volk-Seins bestimmte. Das Vaterland mußte eine Gemeinschaft voller Freundschaft und Enthusiasmus sein.[2] Für einen Patrioten wie Lavater, einen Erben des Pietismus, war dieses Streben nach Gemeinschaft ausschlaggebend.[3]

Die sich nach nationaler Einheit sehnenden uneinigen Völker Europas beeinflußte Herder, selbst durch den Pietismus beeinflußt, entscheidend. Für ihn manifestierte sich der Volkscharakter im *Volksgeist*, in dem unveränderten, durch die Geschichte geläuterten Geist eines Volkes. Die Kontinuität des ursprünglichen Wesens, die seine grundlegende Stärke ausmacht, verleiht dem Leben und der Kultur eines Volkes Einheit. Herder verglich die Geschichte mit einem Baum. Wurzel und Baum stehen für die Beziehung von Gott und Schöpfung. Sie sind die Prinzipien, die ein Volk und seine wechselnde historische Gestalt beherrschen.[4] In dieser organischen Betrachtungsweise sind Wechsel und Beständigkeit Jahresringe des »Lebensbaumes«. Die Kontinuität leitet sich aus den durch den Volksgeist verkörperten Wurzeln ab, ihre ständig fließenden Säfte muß sich das Volk über die wechselnden Geschicke der Geschichte hinweg bewahren.

Der Volksgeist offenbarte sich Herder durch die Mythologie, die Lieder und Sagen eines Volkes. Sie gehen auf die Ursprünge eines Volkes zurück, und wenn man sie bewahrt, werden sie ihren Geist verjüngen. Die moderne Welt lehnte Herder nicht ab, er konnte ja schlecht dem göttlichen Plan widersprechen, der den Lauf der Geschichte bestimmt. Dennoch ist seine Einstellung ambivalent. So lobte er den modernen Fortschritt im Bereich von Moral, Benehmen und Kultur, warnte jedoch andererseits davor, die vergangenen Zeitalter zu verketzern. Jedes historische Entwicklungsstadium hat seinen göttlichen Sinn. Die Wurzeln eines Volkes aber sind das unverfälscht Echte des Fühlens, der Spontaneität und der Stärke.

Ohne auf die Einzelheiten von Herders Philosophie einzugehen: für ihn hatte jedes einzelne Volk einen ihm eigenen Volksgeist, der sich in seiner Kultur ausdrückte und also die gesamte Gemeinschaft umspannte. Manchmal schien der innere Geist einen Idealtypus hervorzubringen, der in der organischen geschichtlichen Entwicklung stets unverändert blieb.

1787 schrieb er, die Germanen hätten für einen Wall gegen die barbarische Unterwanderung gesorgt und so einen großen Teil Europas erobert, beschützt und fruchtbar gemacht. Ihre Kriegergemeinschaft und ihr Stammescharakter seien die Grundlagen für Europas Freiheit, Kultur und Sicherheit. Der lang anhaltende Widerstand gegen die Römer hätte ihren Charakter gefestigt. Die Germanen mit »ihren großen, starken und schönen Körpern, ihren vom Geist der Mäßigung und der Treue erfüllten ungeheuer blauen Augen, hatten eine heldenhafte Gesinnung und große Körperkraft«.[5] Auch Herder war ein Bewunderer Winckelmanns und seines griechischen Idealtypus. Dennoch war er immer noch ein Mann der Aufklärung und gewiß kein Rassist, auch wenn es ohne weiteres offensichtlich ist, wie man seinen *Volksgeist* benutzen konnte, die erblichen Eigenschaften einer Rasse zu beschreiben.

Herder mißbilligte rassische Klassifizierung ausdrücklich: Seiner Meinung nach waren die einzelnen Völker biologisch nicht wirklich miteinander verbunden, es gab nur kulturelle und sprachliche Bande – »Der Affe ist nicht euer Bruder, aber der Neger, und ihr solltet ihn nicht berauben und unterdrücken.« Ähnliches bemerkte er über die Slawen, gegen die die Germanen sich schwer versündigt hätten. Er hoffte auch, die Juden würden bald in ganz Europa völlig assimiliert werden.[6] Er vermittelte die vage Vorstellung, daß die verschiedenen Völker durch den starken Impuls zur Ganzheit, durch den Drang zur Einheit, im Rahmen einer gemeinsamen Kultur, miteinander in Einklang gebracht werden – so wie die Zweige eines Baumes.

Dennoch förderte Herder das Erwachen des Nationalbewußtseins in Mittel- und Osteuropa. Entwicklung, Vitalität und Ursprünglichkeit, das alles waren die Eigenschaften der Volksgemeinschaft, und sie drückten sich in der Nationalsprache aus. Eine gemeinsame Sprache war das grundlegende Element, das die Gemeinschaft in grauer Vorzeit zusammengeführt hatte. Sprache war Beweis für die Spontaneität des Volksgeistes. Sie war der »Lebensstrom« eines Volkes. Die deutsche Sprache war rein, eine Stiefschwester jener vollkommensten aller Sprachen, des Griechischen.[7]

Deutsche Legenden, Sagen und alte Dichtungen veranschaulichten also den aus den Wurzeln des Volkes kommenden Geist. Kultur, das war das Gerüst aus Nationalsprache und traditioneller nationaler Literatur. Auch dies sollte keine Verunglimpfung der nicht-germanischen Völker sein, deren Literatur er ebenfalls pries. Kulturelle Kontakte zwischen den Völkern waren wichtig, und kein Volk sollte einem anderen seine Kultur aufzwingen. Er verurteilte z. B. den österreichischen Kaiser Joseph II., weil dieser versuchte, in seinem Herrschaftsbereich die deutsche Sprache zu verbreiten. Herders Einstellung zu einem Universum der Völker ist durch »gleich aber getrennt« definiert.

In gewisser Hinsicht war Herder Kosmopolit, und das nicht nur wegen des

Einflusses, den die Aufklärung auf ihn ausgeübt hatte, sondern auch wegen seines christlichen Glaubens, der in der menschlichen Vielfalt den Teil eines göttlichen Plans erblickte. Er war Demokrat, der Despoten verabscheute, und ein Optimist, der den Weltfrieden für möglich hielt. Sein Ideal von einem Nationalbewußtsein, das aus der von den einzelnen Völkern geschaffenen Literatur erwuchs, sollte den Nationalismus demokratisieren. Aber dieses wiederum spaltete die verschiedenen Völker noch tiefer. Die Nation wurde nicht durch einen Herrscher symbolisiert, der viele verschiedene Völker unter seinem Banner vereinen konnte. Auch war sie nicht auf Völker beschränkt, die zufällig in einem bestimmten Staatsgebiet zusammenlebten. Die Nation war vielmehr eine Gemeinschaft, die sich von anderen durch ihren – in Sprache und Kultur verkörperten – inneren Geist unterschied. Herders Gedanken beeinflußten während des 19. Jhs. nicht nur das nationale Erwachen der Deutschen entscheidend, sondern auch das der Tschechen, Ungarn und Polen, um nur einige Beispiele zu nennen.[8]

Zunächst trat dieser moderne Nationalismus tolerant auf: So 1815, als die Deutschen den Jahrestag des Sieges über Napoleon in der Völkerschlacht bei Leipzig feierten. Am Dankgottesdienst nahmen Juden zusammen mit Protestanten und Katholiken teil, und sie sangen Seite an Seite mit den Christen vaterländische Lieder.[9] Man hat den Eindruck, die Begeisterung über die nationale Befreiung hätte eine Gemeinschaft geschmiedet, die Herder (der damals bereits zwölf Jahre tot war) gutgeheißen haben würde. Aber selbst um 1815 gab es bereits Anzeichen dafür, daß rassische Klassifizierung das Nationalbewußtsein infiltrieren und daß Sprache ein Mittel werden würde, rassische Herkunft zu untersuchen. Auch der Idealtypus sollte nicht vergessen sein. Hier dürfte Toleranz keinen Raum mehr haben. Der Grat zwischen den Auseinandersetzungen um die nationale Befreiung und den Vorstellungen nationaler Überlegenheit ist nur sehr schmal.

Ende des 18. Jhs. war Herders Hervorhebung der Sprache als Ausdruck einer gemeinsamen Vergangenheit Gedankengut einer ganzen Philologengeneration. In dem Versuch, die Wurzeln der Rasse freizulegen, konzentrierten diese Philologen sich auf die Suche nach den Ursprüngen der Sprache. Sie kamen dabei zu dem Schluß, Sanskrit sei die Grundlage aller westlichen Sprachen gewesen und sei durch die arische Völkerwanderung von Asien nach Europa gebracht worden. In diesem Zusammenhang taucht der verhängnisvolle Ausdruck »Arier« zum ersten Mal auf.

Dieser war eng mit der zeitgenössischen romantischen Verehrung Indiens verbunden. Indien wurde gepriesen wegen seiner mystischen Religionen und weil seine Monumente so unvergänglich und majestätisch waren. Man nahm an, Ägypten sei eine indische Kolonie gewesen. Im 18. Jh. waren Pyramiden in Mode gekommen, nicht nur als Gartenzier, sondern auch als Grabdenkmäler, die von vielen als »Mysterien in Granit« verstanden wurden – wie Théophile Gautier sie später nennen sollte.[10] Überdies bediente man sich der Pyramidenform, um dem klassischen und griechischen Baustil größere Dimensionen zu verleihen. Zwischen dem Kult mit ägyptischen (und also indischen) Dingen und dem vermuteten arischen Ursprung der Sprache besteht gewiß ein Zusammenhang. Denn jene Völker, die diese Sprache schufen und nach Europa einwanderten, hatten teil an der Unvergänglichkeit und Herrlichkeit, die jener Teil Asiens und des Nahen Ostens für so viele Romantiker verkörperte.

Der berühmteste Indienexperte des 18. Jh., Sir William Jones, lehnte es in seinen Vorlesungen (1784–1794) vor der »Asia Society of Calcutta« ab, auf die gemeinsamen Ursprünge von Ost und West einzugehen. Gleichwohl behauptete er, es habe, lange bevor diese Nationen sich in ihren jeweiligen Staatsgebieten niedergelassen hatten, zwischen Ägypten, Indien, Griechenland und Italien eine Verbindung gegeben. Die Wechselbeziehung belegte er, indem er die Götter, die in heidnischen Zeiten diese Völker regierten, miteinander verglich. Aber er lehnte es ab zu entscheiden, »welches das Original, und welche die Kopie war«. Überdies zweifelte Jones daran, daß die Sprache ein nützliches Instrument sei bei der Suche nach Ursprüngen oder gemeinsamen Nennern. Dennoch bewunderte er Asien und meinte, Sanskrit sei perfekter als Griechisch und Latein. Europa und Asien waren für ihn verschieden, da Vernunft und Geschmack zu den europäischen Vorrechten gehörten, während die Asiaten den höheren Regionen der Vorstellungskraft zustrebten.[11]

Sir William Jones sah Parallelen zwischen Indien und Europa, aber keinen gemeinsamen Ursprung. Er war der Ansicht, daß Griechenland und Rom solche Gemeinsamkeiten in besonderem Maße teilten – nicht ungewöhnlich für jemanden, der von klassischer Kultur durchdrungen und zugleich voller Bewunderung für Indien war. Einige von Jones' Zeitgenossen glaubten z. B., Odysseus sei aus Indien gekommen. Es war Friedrich Schlegel, der 1808 eine sprachwissenschaftlich fundierte, voll entwickelte Theorie arischer Ursprünge vorlegte. In seiner Abhandlung »Über die Sprache und Weisheit der Inder« benutzte er eben jene Wortvergleiche zwischen Sanskrit und anderen Sprachen, die Sir William Jones so beklagt hatte.

Schlegel versicherte, daß Deutsch, Griechisch und Latein im Sanskrit eine gemeinsame Wurzel hätten. Auch Englisch gehöre zu dieser Familie, Slawisch dagegen wurde z. B. ausdrücklich davon ausgeschlossen. Die klassische Grammatik, so sagte er, stünde dem Sanskrit besonders nahe. Diese Behauptung zu beweisen, ging Schlegel über seine Sprachvergleiche hinaus und behauptete, ein Gefühl, eine Affinität zwischen diesen Sprachen, sei auf den »inneren Eigenschaften« der Buchstaben gegründet.[12]

Auch wenn der Wortvergleich von einer gewissen wissenschaftlichen Methode beherrscht war – hier wandeln wir in den Gefilden romantischer Gefühle. Geht man einmal davon aus, daß das Innere des Menschen stets wichtig war und daß die äußere Welt stets verinnerlicht wurde, warum sollte dies nicht auch für die Grammatik gelten? Bestand zwischen der Weisheit der Inder und der Germanen und Griechen eine Affinität, dann mußten gemeinsame sprachliche Wurzeln sie wiedergeben. Und noch charakteristischer ist, daß Schlegel die aus indischen Ursprüngen abgeleiteten Sprachen »organische Sprachen«, lebendige Saat von Wachstum und Vitalität nennt. Sprachen jedoch, die sich seiner Ansicht nach aus dem Chinesischen herleiteten, wie Slawisch, Indianisch oder Japanisch, sieht Schlegel als zerrissen und der Tiefe entbehrend an. Ja, Sprachen, die sich nicht am Indischen inspiriert hatten, bildeten für ihn eine orientierungslose Gemeinschaft – »durch den Wind zusammengeweht«. Sie liefen Gefahr, jeden Augenblick auseinandergerissen zu werden.[13]

Sprache kennzeichnete die Gemeinschaft: Die Germanen, die antiken Völker und die Inder bildeten darum eine echte organische Gemeinschaft, andere jedoch nicht. Die arischen Völker hatten also einen gemeinsamen Ursprung, und ein Großteil von ihnen hatte Indien verlassen, um nach Nordeuropa zu ziehen. Dies geschah nicht aus irgendeiner Notwendigkeit heraus: Sie taten es aus »einer Art wunderbaren Vorstellung von der hohen Würde und Herrlichkeit des Nordens« heraus, die, nach Schlegel, durch den Inhalt der indischen Legenden belegt war.[14] Auf diese Weise stellte Schlegel Thesen auf von einer arischen, durch Sprachwurzeln belegten Überlegenheit, die durch die arische Wanderung in den wunderbaren europäischen Norden eine zweite Bestätigung erfuhr. Auch wenn er eine solche Überlegenheit niemals expressis verbis behauptete: sie geht aus seiner Theorie von den edlen und unedlen Sprachen hervor.

Humanistische Bildung wurde dazu verwandt, um höchst subjektive Urteile über die Vortrefflichkeit indischer Ursprünge zu untermauern. Christian Lassen (1800–1876), ein Schüler von August Wilhelm Schlegel (Friedrichs Bruder) und sein Nachfolger als Professor an der Universität Bonn, war wegen seiner monumentalen Gelehrsamkeit unter den späteren Rassisten populärer als jeder andere Indologe. Aus Lassens mächtiger vierbändiger »Indischen Altertumskunde« (1858–1862) pflückten sie Behauptungen, daß Menschen, die aus Indien stammten, den höchsten und vollkommensten Geist besäßen. Sie allein erfreuten sich der wahren Harmonie der Seele. Lassen schrieb, die Inder vereinten die ihnen bereits von Hegel zugeschriebene tiefe Vorstellungskraft mit scharfem Verstand, so, wie sie sich im Aufbau ihrer Grammatik exemplifizierten. Einigen Völkern fehlte dieses Gleichgewicht, und dies traf insbesondere auf die Semiten (Juden wie Araber) zu. Sie seien Spielball ihres eigenen selbstsüchtigen Willens. Weder Juden noch Araber, so rief er aus, besäßen eine epische Dichtung, in der das Ego des Dichters vor den Belangen der Gemeinschaft verblasse.[15] Wieder einmal war Literatur Beweis für eine subjektive Einstellung, die die Rassen voneinander unterschied.

Lassen scheute sich nicht länger, rassische Urteile zu verkünden. Die arischen Ursprünge Indiens stellten das edle indo-germanische Volk im Gegensatz zu den unedlen Semiten. Bewunderung für Indien war ein Mittel rassischer Identifikation geworden, und die Sprachwissenschaft wirkte entscheidend auf die Bildung dieses Urteils ein. Sprache war das Symbol für den gemeinsamen Weg eines Volkes durch die Zeit. Darum waren die Arier, die den überlegenen Völkern Europas ihre Sprache gaben, mit all den Idealen ausgestattet, die den Europäern angeblich heilig waren: Ehre, Adel, Mut und ein ästhetisch wohlgefälliges Äußeres. Man sagte, sie seien ein Bauernvolk, eine virile Bauernrasse. Der in Oxford lehrende Friedrich Max Müller (1823–1900) glaubte, »Arier« habe ursprünglich »Bearbeiter des Bodens« bedeutet. Deshalb nahm er 1864 die Slawen in den Kreis der arischen Völker auf, da sie Bauern geblieben waren.[16]

Schon lange vor Müller nahm das Konzept, den arischen Ursprung durch Sprache nachzuweisen, die Vorstellungskraft vieler Europäer gefangen. In Frankreich sah der Historiker Jules Michelet Indien als Mutter französischer Kultur; und 1831 schrieb eine französische katholische Zeitschrift über die »natürliche Offenbarung«, die von diesem Kontinent komme.[17] Adolphe Pictet, der zwischen 1859 und 1863 in Frankreich schrieb, versicherte, die arische Rasse habe tatsächlich einmal in Indien existiert. Sie habe sich jedoch in vielen Auswanderungswellen über fast ganz Europa und über Teile Asiens verbreitet. Sprach ein Volk eine arische Sprache, dann war dies untrüglich auch ein entscheidendes Element, das den Charakter einer solchen Rasse bestimmte. Man hielt Pictets Klassifizierung und Vergleich der vielen, in »unserer arischen Familie« gesprochenen Sprachen allgemein für die Grundlage auf dem Gebiet, die Welt der antiken Arier zu rekonstruieren.

Pictet zeichnete das Leben der arischen Vorfahren als irdisches Paradies. Er sah sie als junge vitale Bauern, die im fernen Indien freie politische Institutionen entwickelt und sich ein festgefügtes Familienleben bewahrt hatten. Außerdem, so meinte er, sei es den Ariern als Rasse vorherbestimmt, die Welt irgendwann, in unbestimmer Zukunft, zu beherrschen.[18] Für Pictet, Müller und viele andere Philologen stand dieses Paradies im krassen Gegensatz zu jener Modernität, in der die gegenwärtigen Arier zu leben hatten.

Deutsche wie französische Gelehrte trugen zur Schaffung des arischen Mythos bei. Mitte des Jahrhunderts wandte der berühmteste von allen, Comte Arthur de Gobineau, diese sprachwissenschaftlichen Theorien voll an: Die Arier gingen als rassischer Mythos in die europäische Geschichte ein. Die Suche nach den arischen Ursprüngen sollte weitergehen. Bereits Mitte des Jahrhunderts suchten einige die rassischen Ursprünge eher im Norden, in Skandinavien, weniger in Asien. Und schließlich sollte Heinrich Himmler 1937–38 den erfolglosen Versuch machen, eine Expedition nach Tibet zu finanzieren. Sie sollte, neben geographischen und anthropologischen, auch die linguistische Untersuchung weiter verfolgen. Andere junge Nazis sollten auf der Suche nach ihren arischen Vorfahren nach Lappland oder Schweden reisen.[19]

Die Konsequenzen, die die Indien-Manie für den Rassismus haben sollte, faßte Friedrich Max Müller am besten zusammen. Er verneinte brüsk, daß die Anthropologie für die Rasse von Bedeutung sei. 1854 hielt er eine Vorlesung und warf denjenigen, die Schädel und Knochen vermaßen, mangelnde Übereinstimmung darüber vor, wie viele Rassen es gäbe. Sie seien deshalb auf den Glauben an die Chancenvarianten zurückgefallen und daran, daß es eine Einheit der Spezies gäbe. Wie wir sahen, war es richtig, daß die Anthropologen sich über die Anzahl der Rassen nicht einigen konnten. Es war aber unkorrekt, ihnen vorzuwerfen, daß es ihnen nicht gelungen sei, rassische Unterschiede dingfest zu machen. Auf jeden Fall konnte Müller aufgrund dieser scharfen Kritik behaupten, Philologie sei *die* »Wissenschaft«, Existenz und Natur der arischen Völkerfamilie zu begründen: »Die Sprache formt den Menschen.« Sprache stand dem Wesen des Menschen in jedem Falle näher als Haut oder Hautfarbe, Schädel oder Haar.[20] Dies war eine extreme Ablehnung des Idealtypus – eine, die kaum Einfluß haben sollte, die aber immerhin jene einseitige Hingabe an die linguistische Begründung arischer Ursprünge beispielhaft belegt.

Nun war es nicht gleich Chaos, wenn man den Idealtypus damit ablehnte, daß man äußere und körperliche Übereinstimmungen leugnete. Müller glaubte statt dessen, daß gewisse Tugenden arischen Ursprungs seien und von den nach Europa Eingewanderten beibehalten wurden. Unabhängigkeit und Selbstvertrauen waren z. B. zwei arische Eigenschaften, die sich während der Wanderung von einem Erdteil zum anderen entwickelt haben mußten. Diese Eigenschaften wiederum wurden mit dem, stets als Quell arischer Stärke gehaltenen, erdverbundenen Leben assoziiert. Die Völker, die zahlreiche Varianten arischer Sprache nach Europa brachten, behielten jene ursprünglichen, die Arier auszeichnenden Tugenden bei. Der »unwiderstehliche Impuls«, der die große Wanderung in Gang gesetzt hatte, ließ sie diese Tugenden weiter entwickeln. Müller behauptete, daß die Arier des alten Indiens noch lebten, denn: »Ihr Denken fließt durch unsere Gedankenwelt, so wie ihr Blut vielleicht in unseren Adern kreist.« Es gab eine »große arische Brüderschaft« und sie umfaßte einmal mehr Ruhm und Glanz des alten Griechenlands und Roms.[21]

Zu Müllers Zeit war Sprache als wesentliches Element der Nationalität längst anerkannt. Müller hatte schon recht, wenn er schrieb, daß die Menschen einander fremd bleiben, die zwar gemeinsames Blut, aber keine gemeinsame Sprache besitzen und daß Sprache den Geist einer jeden Gemeinschaft ausmache. Im Kampf gegen den Versuch, ihnen Deutsch als offizielle Reichssprache aufzuzwingen, hatten viele Völker im österreichischen Kaiserreich des 18. Jhs. ihr Nationalbewußtsein entwickelt. Auch der Sprachenstreit in den letzten Jahrzehnten des 19. Jhs. sollte erneut auf die Identität von Sprache und Nationalgefühl verweisen.

Die wachsende Unduldsamkeit des Nationalismus wünschte oft nachzuweisen, daß jene, die den gemeinsamen arischen Ursprung nicht teilten, auch ihre Heimatsprache nicht beherrschten. Einflußreiche antijüdische Arbeiten zu Beginn des 19. Jhs. z. B. – wie Sessas »Unser Verkehr« (1816) – machten viel Wesens um die angebliche Unfähigkeit assimilierter Juden, richtig Deutsch zu sprechen. In antisemitischen Werken bürgerte es sich sogar ein, die Juden eine Mischung aus Deutsch und Jiddisch, einen »Jargon« sprechen zu lassen, dem nicht einmal ein Rothschild entkommen konnte. Mit gleicher Verachtung wurden die sprachlichen Fähigkeiten afrikanischer Neger behandelt: Sprache wurde zum Prüfstein für ihre Fähigkeit, sich in die englische und natürlich auch in die französische Gesellschaft zu integrieren.[22] Sprache wurde also eine der tragenden Säulen der Nationalität und ein Mittel, Fremde zu stigmatisieren.

Trotz ihrer zentralen Bedeutung war Sprache nur ein Element zur Definition nationalen Ursprungs und Charakters. Das Wort »Arier« erlangte allgemeine Geltung, es blieb jedoch nicht unwidersprochen. Der Ausdruck »Kaukasier« erlangte gleiche Bedeutung, und er leitete sich nicht von der Linguistik her, sondern von der Anthropologie. Friedrich Blumenbach führte 1795 diesen Begriff zur allgemeinen Bezeichnung für weiße Europäer ein. Er glaubte nämlich, die Hänge des Kaukasus seien die eigentliche Heimat der schönsten europäischen Arten. Wissenschaftlich bewiesen wurde dies mit der Behauptung, daß der georgische Schädel archetypisch sei und andere Typen in verschiedenen Nuancen von ihm abwichen. Die Mongolen und die Neger waren am weitesten von dieser wahren Schönheit entfernt.[23] Der Ausdruck »Kaukasier« schränkte den über Europa verbreiteten homo sapiens von Linné ein, war jedoch weiter als der »Arier«, der nur einen Teil der Kaukasier umfaßte.

Schließlich war sogar der Ausdruck »Arier« allzu kosmopolitisch und umfaßte allzu viele Völker. In seinem Buch »Die Deutsche Vorgeschichte« (1911) versuchte Gustaf Kossinna, das germanische Erbe von den Indern wie von der Antike zu lösen. Die Germanen waren nach ihm den Römern (und erst recht) den Asiaten überlegen. Seine Behauptung stützte er auf eine Analyse von Artefakten aus der Stein-, Bronze- und Eisenzeit. Auf diese Weise wurde die Sicht noch eingeengter. Nicht homo sapiens, nicht Kaukasier, auch die Arier nicht, sondern einzig die Germanen waren das überlegene Volk. In dem Versuch, während des Dritten Reiches sämtliche prähistorischen Forschungen zu kontrollieren und sie als Beweis für die rassische Überlegenheit der arischen Germanen zu benutzen, führte Alfred Rosenberg dann Kossinnas Werk weiter.[24] Heinrich Himmler, der in diesem Bereich mit seinem »Ahnenerbe«, einer Einrichtung innerhalb der SS, auch Kompetenzen beanspruchte, holte noch weiter aus, um die Wiege der germanischen Rasse zu finden. Aber auch er beschränkte den arischen Ursprung auf Deutsche und Holländer (die als »Niederdeutsche« für gleichrassig erachtet wurden). Eben wegen seiner Eigenart neigte Rassismus einerseits dazu, immer enger definiert zu werden, andererseits als Synthese all der Eigenschaften aufzutreten, die ein echtes Volk besitzen muß.

Während der 2. Hälfte des 19. Jhs. bestand zeitweilig die Tendenz, die Ausdrücke »Volk«, »Nation« und »Rasse« gleichzusetzen – trotz Herders früherer Versuche, sie auseinanderzuhalten. Gewiß, gegen Ende des 19. Jhs. versuchten einige Deutsche, den solchem Glauben immanenten Chauvinismus zu meiden: Sie behaupteten, Volk sei lediglich eine Stufe zu einer allgemeinen menschlichen Gemeinschaft. Zunächst müsse der Mensch Teil seines Volkes sein, und als solcher könne er dann stolz der größeren Gemeinschaft aller Menschen guten Willens beitreten. Diese Richtung völkischen Denkens aber stand isoliert da und wurde in der Hauptsache von Juden wie Gustav Landauer und Martin Buber aufgegriffen.[25] Diese Männer wollten dem deutschen Volk zugehören, und trotzdem das Ideal von einer allgemeinen menschlichen Gemeinschaft beibehalten, die die Juden aus ihrer Ghetto-Vergangenheit erlöst hatte und die sie vielleicht auch noch von ihrem Stereotyp befreien konnte. Selbst wenn man an Volk, Nation und Rasse glaubte, war es sehr wohl möglich, die Idee von der Überlegenheit zu bedauern, und für eine Welt einzutreten, in der verschiedene, einander respektierende Rassen lebten. Die einengenden Tendenzen, die im Konzept Rasse lagen und der mit ihm verbundene zunehmende Anspruch auf Ausschließlichkeit aber führten dazu, die Ideale von der Überlegenheit und Vorherrschaft immer stärker hervorzuheben.

Es sollte uns auch nicht überraschen, daß die Inder selber bald nicht mehr zur arischen Rasse gezählt wurden, da sie ja Indiens Küsten verlassen hatten, um in den geheimnisumwobenen Norden zu ziehen. Adolf Hitler z. B. war überzeugt davon, daß der weiße Mann sich die Inder untertan machen müsse. Er stand darum auch der indischen nationalen Befreiungsbewegung feindselig gegenüber. Andere, wie Alfred Rosenberg, teilten seine schlechte Meinung über die Hindus. Nach Rosenberg hatten die hellhäutigen Arier die schwarzen und braunen Hindus erst erobert und dann, nach ihrer Auswanderung, als ein minderwertiges Volk zurückgelassen.[26]

Diese einengende Sicht ging Hand in Hand mit dem Bemühen, Volk oder Rasse als ein Ganzes zu verstehen. Die Sprachwissenschaft und die subjektiven Urteile von Anthropologen wurden als Methode konzipiert, die Wesensmerkmale der Rasse zu ergründen. Schließlich hatte Herder ja die Sprache zum Symbol für die Kultur eines Volkes gemacht. Und, hatte man seine Ursprünge erst einmal entdeckt, dann formte sich die herrschende Meinung des Nationalbewußtseins eine Synthese aus Sprache, Anthropologie, Geographie und Geschichte. Gelehrte und »Popularisierer« befaßten sich mit der gesamten nationalen Kultur.

In seinem Buch »Land und Leute« (1853) plädierte Heinrich Riehl für eine »Naturgeschichte« des Volkes, die alles umfassen sollte; das Volk wie es leibt und lebt.[27] Das Thema reichte von der Dorf- und Stadtbildung über Geographie und Demographie des deutschen Volkes bis hin zu einer Erörterung über Politik und Kirche. Die alten Volksbräuche, die während des »herrlichen Mittelalters« ihre Blütezeit hatten, waren es, die all diese unterschiedlichen Facetten zusammenhielten. Riehl war der Begründer der Pseudowissenschaft »Heimatkunde« in Mitteleuropa – ein Ausdruck, der nicht einfach Staatsbürgerkunde bedeutete, sondern Studium des »Heimatlandes«. Sie enthielt eine durch die Fortdauer ewiger Bräuche symbolisierte Einheit. Die durch die Geschichte gerechtfertigten Bräuche – die hier anstelle von Sprache stehen – werden zur integrierenden Kraft der Rasse.

Vom Beginn des 19. Jhs. an wurden solche Vorstellungen in der Erziehung des protestantischen Nordens wie des katholischen Südens Deutschlands fest institutionalisiert, und unter allen erwachenden Nationen Europas verbreitet. Die in deutschen Schulen benutzten Geschichtsbücher zeugen für ihre Wirksamkeit. Einige, wie das von August Hermann Niemayer 1796 geschriebene Buch, hoben die geistige Gemeinschaft der durch eine gemeinsame Sprache verbundenen Völker hervor, andere sahen in dem bleibenden Einfluß deutscher Vorgeschichte den Weg zu nationalem Bewußtsein. Insbesondere hier war das Lob germanischer Ideen damit verknüpft, daß man den christlichen Glauben betonte. Die Deutschen, nicht die Juden, wurden zum auserwählten Volk und zum Träger der Erlösung.[28] Man verknüpfte Tacitus' Lob der alten Germanen mit dem Neuen Testament und präsentierte beides als ungeheuren Fortschritt gegenüber dem Alten Testament der Juden. Der Weg des Volkes durch die Geschichte war ein heiliges Drama, in dem sie nicht nur die Einheit von Leben und Natur, sondern die Erlösung selbst verkörperten. Die Brüder Grimm hatten bereits zu Beginn des 19. Jahrhunderts aus Anlaß ihrer intensiven Beschäftigung mit Märchen geschrieben: »Das Ewige, Unsichtbare, nach dem jeder edle Geist streben muß, enthüllt sich am reinsten und deutlichsten in seiner Ganzheit, das heißt in der Idee eines Volkes.«[29]

Das Volk war der Träger des Glaubens. Auf diese Weise wurde das Volk zu einer besonderen Einheit erhoben, mit dem Auftrag, den Heiligen Gral (d. i. der mythische Kelch, in dem das Blut Christi bei der Kreuzigung aufgefangen wurde) zu behüten. In dieser Einheit erfüllte jedes Glied eine heilige Pflicht. Überlegenheit wurde in einem kosmischen Rahmen verwirklicht, zu der Sprachwissenschaft und Geschichte den Beweis lieferten. Weiter oben haben wir den Idealtypus der Anthropologie erörtert, der zum Symbol der äußeren Erscheinung des neuen erwählten Volkes wurde. Alle diese Faktoren arbeiteten auf eine Identität rassischer und nationaler Überlegenheit hin. Eine solche Überlegenheit war aber auch eine Suche nach den Ursprüngen, und darum mußte der krönende Beweis ein historischer sein. Die Wurzeln bestimmen die Stärke eines Baumes.

Seit Herder hatte die nationale Geschichtsschreibung große Fortschritte gemacht. Schob man die Ursprünge eines Volkes in den Vordergrund, so diente dies zugleich auch dazu, es von allen anderen zu unterscheiden. Bücher wie Tacitus' »Germania« (98 v. Chr.), im 16. Jh. wiederentdeckt, wurden nunmehr als Zeugnis für die von den germanischen Vorfahren geübten Tugenden benützt. Tacitus hob in seiner Darstellung der alten Germanen genau jene Qualitäten ihrer Lebensweise hervor, die auch die Philologen unter den arischen Vorvätern ausgemacht hatten. Die alten Germanen hielten sich rein und mischten sich nicht mit anderen Stämmen. Sie lebten nicht in Städten und duldeten kaum irgendeine Art zusammenhängender Siedlung. Diese Germanen hatten Selbstvertrauen, waren mutig und treu. Sie waren der Lüge und des Betrugs unfähig, sie trugen ihr Herz sozusagen auf der Zunge. Die Germanen hatten dieselben Eigenschaften, die Müller den in den europäischen Norden gewanderten arischen Indern zugeschrieben hatte.

Dieses Thema hielt sich hartnäckig. So schrieb William Stubbs, Bischof von Oxford, z. B. 1870 in der Einführung zu seiner Abhandlung »Select Charters and Other Illustrations of English Constitutional History«, die angelsächsischen Vorväter teilten mit den Urgermanen den Stolz auf die Reinheit der Abstammung und hielten ihre Frauen und Familien in Ehren. In diesem Falle hatte Auswanderung nicht Individualität, sondern Sinn für Ordnung und die Verläßlichkeit der Gemeinschaft geschaffen. Das gemeinsame teutonische Erbe, so fuhr der Bischof fort, habe England veranlaßt, das Recht auf Freiheit stark und stetig zu entwickeln, so wie es in der Magna Charta und im parlamentarischen Regierungssystem verkörpert sei. In Stubbs' Sammlung, die bis lange nach dem Zweiten Weltkrieg eines der Standardwerke englischer Verfassungsgeschichte war, wurden auch Auszüge aus Tacitus' »Germania« zitiert. Wieder einmal wurden prähistorische Reinheit der Abstammung und Freiheitsliebe vermengt. Wahre Freiheit lag daher in der Obhut der teutonischen Rasse.

Man konnte kaum erwarten, daß die Franzosen dem zustimmen würden. Für sie plädierte der Historiker Numa Fustel de Coulanges (1830–1889) in ähnlicher Weise. Nur diesmal monopolisierten die Franzosen das teutonische Erbe. Fustel de Coulanges glaubte, daß die teutonischen Franken ausersehen waren, die Germanen zu bekämpfen, um sie zu zivilisieren. Nur, eine solche Theorie vom mörderischen Kampf unter Teutonen erwies sich als plump. Statt dessen begann Fustel nun die Version zu verbreiten, Vorfahre der Franzosen sei eine keltische Rasse gewesen. Im französischen Rassedenken ersetzten nun die Kelten die Teutonen; die Mission, die Germanen zu kultivieren, hatte man gleichwohl nicht aufgegeben.[30] Geradeso, wie die Deutschen ihren frühen Helden Armin den Cherusker in Schauspiel, Dichtung und Denkmälern feierten, wurden nun in Clermont-Ferrand und anderswo Standbilder des keltischen Helden Vercingetorix aufgestellt.[31] Trotz all ihrer vermeintlichen Unterschiede hatten Germanen und Kelten gewisse Charakterzüge gemeinsam.

Die Überzeugung wurde immer stärker, daß Germanen und Kelten freie Menschen waren, die in ihren prähistorischen Stammeseinrichtungen eine Art von Gleichheit praktizierten, da ihre Könige und Edelleute eher zu überzeugen als Gewalt anzuwenden suchten. Auch Müller hatte betont, daß Freiheit ein Teil der arischen Welt des Selbstvertrauens war. In Deutschland, England und Frankreich untersuchten Historiker die Vergangenheit, um die Ursprünge freiheitlicher Institutionen zu finden, die dazu dienen konnten, die unverbrüchliche Freiheitsliebe ihrer jeweiligen Völker zu erklären. Mit dem aufkommenden Nationalismus kam ein Wettstreit auf, welches der Völker Europas freiheitsliebender war. Dieser Zug des modernen Nationalismus wird oft zu Unrecht übersehen, denn die Gemeinschaft, die die Nation ausmachte, sollte das Individuum ja befreien. Die nationale Gemeinschaft beruhte auf gemeinsamen Gefühlen, gemeinsamer Sprache und Geschichte, und nicht auf Gewalt. Überdies setzte sich etwa zwischen 1815 und 1870 der Nationalismus in Mittel- und Osteuropa gegen die Reaktion durch, die ihn zu unterdrücken suchte. Nationale Befreiung: Das hieß in erster Linie nationale Freiheit. Sicher, bis jene Völker ihre Einheit erreicht hatten, hielten sie die äußere wie die Freiheit innerhalb der nationalen Gemeinschaft für unabdingbar. Die seit langem geeinten Nationen Englands und Frankreichs dagegen mußten die Ideen von Freiheit fester verankern und sich der Vergangenheit als Waffe gegen die korrupte Gegenwart bedienen. Das Bild des freien Mannes auf seiner freien Scholle, sei es in Indien oder in Deutschlands Teutoburger Wald, faszinierte viele, genauso wie die vermeintlich freiheitlichen alten Stammeseinrichtungen, die die Deutschen, Engländer und Franzosen nun in ihrer Vergangenheit zu entdecken begannen. Jene, die nicht gleichen Ursprungs waren, waren minderwertig, gerade weil sie die Freiheit nicht kannten und darum die Welt zu versklaven wünschten. Dies war einer der Hauptanklagepunkte gegen die Juden. Man nahm an, daß ihr angeblicher Wunsch, andere zu beherrschen, auf ihren Mangel an Geistigkeit zurückzuführen sei. Voltaire hatte es bereits auf eine kurze Formel gebracht: Entweder die Juden unterjochten alle oder wurden von der gesamten Menschheit gehaßt.[32]

Den Negern wiederum war echte Freiheit unbekannt, da sie ja vor allem unfähig waren, eine wahre Gemeinschaft zu gründen. Trachteten die Juden nur nach Vorherrschaft, so lebten die Schwarzen, wie Gobineau betonte, im Chaos. Darum konnten weder Juden noch Neger zu lebensfähigen Völkern werden, und dies war ein beiden Rassen angeborener Defekt.

Das sich entfaltende Ideal einer nationalen Gemeinschaft hatte Herders Kosmopolitismus hinter sich gelassen.[33] Zwischen den Gemeinschaften der Menschen hatte man hohe Wälle aufgeschüttet, und die basierten nicht auf Gleichheit, sondern auf arischer Vorherrschaft. Sprache, nationale Erlösung und die subjektiven Geschichtsfaktoren boten einen fruchtbaren Boden für die Rassenlehre. Schon in ihren Anfängen war diese Lehre von der Wissenschaft zum Mythos übergewechselt und unternahm es dennoch, im gleichen Atemzug den ganzen Menschen zu erklären – sein innerstes Wesen und seine äußere Erscheinung. Nationalismus fügte seinen Wurzeln Geschichte, Sprache und heimatliche Landschaft hinzu und spürte die arischen Tugenden von der Vergangenheit bis in die Gegenwart auf. Dieses Gedankengebäude war Mitte des 19. Jhs. noch nicht vollkommen, das Gerüst aber existierte bereits. Vielen seiner Zeitgenossen schien Graf Arthur de Gobineau berufen, das Bauwerk zu vollenden. Er sollte sich weniger als der Vater der Rassenideologie, dafür aber als derjenige erweisen, der den Rassismus zusammenfaßte, und das in einem ganz besonders kritischen Augenblick europäischer Geschichte: als die Revolutionen von 1848 mitsamt ihren Folgen den Kontinent erschütterten.

Anmerkungen

1 Gerhard Kaiser, *Pietismus und Patriotismus im Literarischen Deutschland* (Wiesbaden, 1961), 143.

2 *Ibid.*, 79.

3 *Ibid.*, 76.

4 *Ibid.*, 164.

5 Johann Gottfried Herder, »Zur Philosophie und Geschichte«, *Johann Gottfried von Herder's Sämmtliche Werke zur Schönen Literatur und Kunst*, Hrsg: Johann von Müller, VII (Stuttgart und Tübingen, 1838), 30, 23.

6 Herder, »Ideen zur Geschichte der Menschheit«, *op. cit.*, V, 64; *ibid.*, VII, 43.

7 Johann Gottfried Herder, »Abhandlung Über den Ursprung der Sprache«, *Werke in Zwei Bänden*, I (München, 1953).

8 Eugen Lemberg, *Nationalismus*, I (Hamburg, 1964), 138ff.

9 George L. Mosse, *The Nationalization of the Masses* (New York, 1975), 77.

10 Ludwig Volkmann, *Ägypten-Romantik in der Europäischen Kunst* (Leipzig, 1942), 128.

11 W. Jones, *The Works of Sir William Jones*, I (London, 1794), 11, 21, 273.

12 Friedrich Schlegel, »Über die Sprache und Weisheit der Inder«, *Friedrich Schlegel's Sämmtliche Werke*, VII (Wien, 1846), 278, 294, 298.

13 *Ibid.*, 302.

14 *Ibid.*, 308, 309, 369.

15 Christian Lassen, *Indische Altertumskunde*, I, Teil 2 (Leipzig, 1877), viiff., II.

16 F. Max Müller, *Three Lectures on the Science of Language* (Chicago, 1895), 54.

17 Léon Poliakow, *Le Mythe Aryen* (Paris, 1971), 204.

18 Salomon Reinach, *L'Origine des Aryens* (Paris, 1892), 16ff.

19 Michael H. Kater, *Das ›Ahnenerbe‹ der SS, 1935–1945* (Stuttgart, 1974), 79; für die Studenten vgl.: *The Times* (London), 5. August 1943 (Wiener Library, Ausschnittarchiv London).

20 Müller, *op. cit.*, 45, 49.

21 *Ibid.*, 55, 65.

22 James Walvin, *Black and White: The Negro and English Society 1555–1945* (London, 1973), 63.

23 John R. Barker, *Race* (London, 1974), 204.

24 Reinhard Bollmus, *Das Amt Rosenberg und seine Gegner* (Stuttgart, 1970), 154–162.

25 Eugene Lunn, *Prophet of Community: The Romantic Socialism of Gustav Landauer* (Berkeley, 1973), 6ff.

26 Alfred Rosenberg, *Der Mythos des 20. Jahrhunderts* (München, 1935), 28, 662.

27 W. H. Riehl, *Land und Leute* (Stuttgart, 1867), 17.

28 Ernst Weymar, *Das Selbstverständnis der Deutschen* (Stuttgart, 1961), 30, 33, 73.

29 Wolfgang Emmerich, *Zur Kritik der Volkstumsideologie* (Frankfurt a. M., 1971), 41.

30 Fustel de Coulanges, *Questions Contemporaines* (Paris, 1917), 24.

31 Thomas Nipperdey, »Zum Jubiläum des Hermannsdenkmals«, *Ein Jahrhundert Hermannsdenkmal 1875–1975* (Detmold, 1975), 15.

32 Arthur Hertzberg, *The French Enlightenment and the Jews* (New York und London, 1968), 302.

33 Dieser Aspekt bei Herder wurde von Isaiah Bertin hervorgehoben, *Vico und Herder* (London, 1976).

Kapitel 5
Von Gobineau zu de Lapouge

Arthur Comte de Gobineaus (1816–1882) Denken war nicht schöpferisch, sondern synthetisch: Er verwertete Anthropologie, Linguistik und Geschichte, um sich ein komplettes intellektuelles Gerüst zu schaffen, in dem Rasse alles und jedes in Vergangenheit, Gegenwart und Zukunft erklärte – ganz gleich, ob es um Höhepunkte wie die Renaissance ging, oder um die durch das zeitgenössische Frankreich verkörperte Dekadenz. Sein »Essai sur l'inégalité des races humaines« (1853–1855) gab seinen Rassismus peinlich genau wieder – er schrieb ihn durchdrungen von der besten humanistischen Bildung und belegte ihn mit Beobachtungen, die er während ausgedehnter Reisen gemacht hatte.

Seine Weltsicht, die der Rassismus erklären sollte, war durch eine persönlich und psychologisch begründete, fixe Idee bestimmt. Er war außerordentlich stolz auf das uralte und angeblich edle Geschlecht der Gobineaus. In Wirklichkeit aber war der Familienzweig dieser Gobineaus durchaus nicht edel: Arthur Gobineau hatte nach dem Tode eines Onkels einen Titel angenommen, der ihm rechtlich nicht zustand. Nun hatte er jedoch Adel stets als eine unabdingbare Voraussetzung für wahre Freiheit und Tugend in dieser Welt gepriesen. Sein privates Utopia, das waren Ritterlichkeit, Ehre und ein aristokratisches Freiheitsideal, wie es die alten teutonischen Stammesorganisationen verkörperten. Das Frankreich seiner Schriften, das war eine mythische Nation aus Aristokraten und Bauern, in der lokale Beziehungen das Gemeinwesen bestimmten und ihm eine Stabilität verliehen, die es in der Realität gar nicht gab. Diese Vorstellung war seit langem Gedankengut der französischen Konservativen und hatte bereits jene begeistert, die sich mit den Ursprüngen der Nation befaßt hatten.

Aus dieser Perspektive heraus erkannte Gobineau Gefahren seiner Zeit, die andere übersehen hatten. Dieses war nicht nur ein Zeitalter der Zentralisation, sondern auch eines der Konfrontation. Für ihn standen einander damals neue Caesaren und der Mob gegenüber und zermalmten dabei alle jene Kräfte, die Freiheit und Tugend beschützten. Er schrieb den »Essai« zu einer Zeit, als dieser Alptraum wahr geworden zu sein schien: Napoleon III. hatte 1851 einen coup d'état durchgeführt und eine Volksabstimmung sein diktatorisches Regime bestätigt. Konservative beklagten die Zentralisation, Gobineau hingegen sah die Zukunft als das Zeitalter der Massen. Dies verlieh seinen Befürchtungen und dem Versuch, sie zu erklären, neue Dimensionen.

Was war falsch gelaufen? Um die Gegenwart zu begreifen, griff Gobineau auf die Vergangenheit zurück. Seiner Meinung nach wurde die Welt von einer Reihe von Kulturen beherrscht. Die Umwelt konnte auf sie keinen Einfluß ausüben, da in einer einzigen geographischen Region ja viele verschiedene Kulturen nebeneinander bestehen können. Auch waren Aufstieg und Fall von Kulturen nicht auf irgendeine Chancenvariante, sondern durch eine einzige Ursache bestimmt: »Die grundlegende Organisation und Eigenart aller Kulturen stimmten mit den Eigenschaften und dem Geist der herrschenden Rasse überein.«[1] Gobineau glaubte, daß es ihm gelungen sei, den einen einzigen Schlüssel zu finden, der die Tür zum Verständnis der Vergangenheit, der Gegenwart und der Zukunft öffnete.

Gobineau klassifizierte Rassen so wie seine Vorgänger: Es gab drei Grundrassen – gelb, schwarz und weiß – in der Welt, und sie hatten ihre eigenen Kulturen geschaffen. Will man die Rolle verstehen, die jede Rasse in der Weltgeschichte spielte und noch spielt, so muß man ihre soziale Struktur sowie ihre Kultur sorgfältig analysieren. Gobineau gab sich niemals mit Schädelmessungen und Gesichtswinkeln ab. Statt dessen argumentierte er mit eigenen Beobachtungen, mit Literaturkenntnissen und zum Teil auch mit beträchtlichem Wissen aus der Linguistik. Nur: Beobachtung und Gelehrsamkeit wurden von den Analogien zur Gegenwart zugeschüttet, die sich durch den gesamten »Essai« ziehen, und die jeder Rasse ihren Platz in der Gegenwart zuwiesen.

Wegen ihrer sozialen und kulturellen Wirkungen nahm er die drei Grundrassen aus ihrer angestammten Landschaft heraus und übertrug ihre charakteristischen Merkmale auf einen Teil der französischen Sozialstruktur. Dies verlieh diesen Rassen eine direkte Bedeutung und diente eher dazu, die Zustände im Lande als in entlegenen Zivilisationen zu erklären. Gobineaus Bedeutung liegt nicht nur darin, daß er die Rasse zum Schlüssel für die Weltgeschichte machte, sondern auch in seiner Idee, mit der Beobachtung fremder Rassen, heimische Frustrationen erklären zu können: Frankreich selbst war ein Mikrokosmos rassischer Gefahren. Da man ja das Verhalten gelber oder schwarzer Rassen vor der eigenen Tür studieren konnte, lehnte er die Umwelttheorien ab.

Seiner Meinung nach war die gelbe Rasse materialistisch, pedantisch und von »einem ständigen, doch unkreativen Drang nach materiellem Wohlstand«.[2] Sie besaß keinerlei Vorstellungskraft und ihre Sprache war ungeeignet, metaphysische Gedanken auszudrücken. Eine Behauptung, die Friedrich Schlegel bereits über die chinesische Sprache aufgestellt hatte. Die gelbe Rasse war dazu ausersehen, sich in Handel und Handwerk zu verwirklichen. Diese Rasse besaß eben die Eigenschaften, die Gobineau der Bourgeoisie anhängte, der er vorwarf, das echte, auf Regionalismus, Adel und Bauerntum beruhende Frankreich vernichtet zu haben. Die gelbe Rasse besaß ganz eindeutig keine jener Tugenden, die den wahren Adel auszeichnete und glich deshalb dem französischen Mittelstand.

Auch die Schwarzen paßten in das Schema zeitgenössischer Politik. Gobineau stattete sie mit den heute im rassischen Denken traditionellen Eigenschaften aus: Wenig intelligent, jedoch mit überentwickelter Sinnlichkeit, was ihnen eine natürliche und erschreckende Macht verlieh. Die Schwarzen, das war der entfesselte Mob – die Massen, die Gobineau während der Französischen Revolution und zu seiner Zeit in Aktion sah: ewige Sansculotten, die mit dem Mittelstand zusammengearbeitet hatten, um jenes aristokratische Frankreich zu vernichten, nach dem er sich sehnte.

Die weiße Rasse, das war das ideale Frankreich, denn sie verkörperte die Tugenden des Adels: Liebe zu Freiheit, Ehre und Geistigkeit. Und auch Gobineau bediente sich eines sprachwissenschaftlichen Beweises: Die weiße Rasse war arisch und durch jene Eigenschaften, die sie verkörperte – und die den anderen beiden Rassen abgingen –, »von Natur aus« die überlegene. Hier, wie in allem rassischen Denken kam es auf die Ursprünge an. Die Arier, die zunächst in Indien eine Elite bildeten und dann das teutonische Erbe formten, waren das Gegenstück zum Materialismus und zur Sinnlichkeit der Gelben bzw. der Schwarzen. Freiheit und Ehre arbeiteten zusammen, um einen Adel hervorzubringen, der weniger durch Gewalt als durch seine unanfechtbare Tugend herrschte. Aber leider entsprachen die Ideale der weißen Rasse nicht länger mehr der gegenwärtigen Sachlage. Zentralisation und Gewaltherrschaft hatten das aristokratische Vorbild abgelöst. Die Bourgeoisie hatte den Adel korrumpiert und das Volk war falscher Führung ausgeliefert.

Warum war dies geschehen? Nach Gobineau konnte keine Rasse sich rein erhalten, da sie gezwungen war, sich mit niederen Rassen zu vermischen und also zu degenerieren. »Wendet man den Ausdruck ›degenerieren‹ auf ein Volk an, dann heißt das, daß dieses Volk nicht länger mehr denselben inneren Wert besitzt wie zuvor, weil nicht länger mehr dasselbe Blut in seinen Adern fließt.«[3] Wie kam es zu dieser Degeneration der weißen Rasse? Gobineau glaubte, Ureinwohner Europas sei die gelbe Rasse gewesen. Diese »Finnen« hätten einstmals ganz Europa bevölkert und seien dessen niedrigster Bestandteil gewesen. Die Arier lagerten sich dann über diese Bevölkerung und begannen schließlich, sich mit ihnen zu vermischen. Diese Rassenvermischung zerstörte die weiße Rasse. Gab es noch eine Hoffnung? Gobineau glaubte an Aufstieg und Fall der Kulturen. Die Arier hatten diese Kultur geschaffen – Rassenmischung bedeutete unweigerlich ihren Niedergang. In seinem »Essai« zieht Gobineau den Schluß, daß nicht der Tod die traurige Erkenntnis sei, sondern die Gewißheit, daß wir degeneriert sterben. Und diese, unseren Nachkommen vorbehaltene Angst, könnte uns ja eigentlich unberührt lassen, wenn wir nicht mit geheimen Schaudern spürten, daß die Hand des Schicksals bereits auf uns liege.[4]

Das Drama vom Aufstieg und Fall der Kulturen ist ein rassisches Drama, in dem die weiße Rasse die Rolle eines Pfandes spielt. Gobineau bemerkte, daß die weiße Rasse sich in ihrem Materialismus immer mehr den gelben Völkern, und als Mob, den man mit Gewalt regieren mußte, immer mehr den Schwarzen annäherte. Diese niederen Rassen würden sowieso das nächste Stadium der Geschichte beherrschen. Er verurteilte die Sklaverei und war unglücklich darüber, wie die Amerikanische Konföderation seinen »Essai« interpretierte (die seine pessimistischen Schlüsse wegließ). Die Juden waren, trotz Palästina – dieses »elenden Stücks Erde«, das einst ihre Heimat war – in allem, was sie unternahmen, eine erfolgreiche Rasse gewesen – ein freies, starkes, intelligentes Bauern- und Kriegervolk, das mehr Gelehrte als Kaufleute hervorgebracht hatte. Die alten Juden bewiesen, daß der Wert der Rasse unabhängig war von sämtlichen materiellen Umweltbedingungen. Aber, wie alle anderen Rassen auch, waren die Juden durch Rassenmischung abgesunken, indem sie sich zunehmend mit Völkern vermischt hatten, die reichlich mit schwarzen Elementen verseucht waren.[5] Die Juden teilten das Schicksal der Arier.

Es wäre völlig unberechtigt, wollte man Gobineau für einen Antisemiten halten. Wie wir noch sehen werden, benutzte man seine Ideen Ende des Jahrhunderts gegen die Juden. Man benutzte ihn, um die ewige Überlegenheit der Deutschen zu demonstrieren. Dies war jedoch nicht, was er wollte. Gobineau war kein Prophet der deutschen Einheit. Seiner Ansicht nach waren die Kleinstaaten zwischen Rhein und Elbe ein Beispiel für den von ihm so hochgeschätzten Regionalismus. Seine größte Verachtung galt England: Es war für ihn der bürgerlichste aller Staaten. Er befürwortete also weder die Anwendung von Gewalt (sie widersprach auf jeden Fall dem, was er für den wahren Adel hielt), noch war er germanophil oder antisemitisch. Er hatte sich lediglich mit dem Schicksal der weißen Rasse abgefunden, so sehr ihn das auch betrüben und enttäuschen mochte.

Dennoch hielt Gobineaus Pessimismus über das Schicksal der weißen Rasse nicht sein Leben lang an. In dem Buch: »Renaissance« (1877 veröffentlicht) drückte er die Hoffnung aus, daß man die Katastrophe dennoch werde vermeiden können. Das war wohl auch der Grund, warum dieses Buch von allen seinen Werken am schnellsten bekannt wurde – trotz schwer verständlichem Inhalt und unklarem Aufbau. In »Renaissance«, einem »philosophischem Drama«, wurde eine Elite geschildert, die gegen ein dekadentes Italien stand. Mit ihren Visionen von nationaler Einheit, Kreativität und Macht hatten sich Heroen wie Savonarola, Cesare Borgia oder Papst Julius II. über ihr Zeitalter hinaus erhoben. Ihre Feinde waren die Kräfte, die Gobineau stets gefürchtet hatte: Die raubenden und plündernden oder einem falschen Führer folgenden Massen und das engstirnige, eigensüchtige und mittelmäßige Bürgertum. Keiner aus der Elite der Renaissance war imstande, diese Kräfte des Bösen zu besiegen – aber durch ihre Visionen und Ideale waren sie dennoch Vorbild für die Zukunft, das der weißen Rasse vielleicht dennoch aufzuhelfen vermochte. Da die Helden dieses Dramas von römischer Tugend und griechischer Schönheit inspiriert waren, konnte die immer noch vorhandene Anziehungskraft der Antike überdies als Damm gegen die rassische Verderbtheit wirken. Schließlich sollten dann Deutsche wie Ludwig Woltmann Gobineaus Beispiel folgen. In seinem Buch: »Die Deutschen und die italienische Renaissance« (1905) schrieb er Kreativität, Tugend und die zeitgenössische Wiederbelebung der Klassiker der arischen Rasse zu.

In den letzten Lebensjahren knüpfte Gobineau enge Freundschaft mit Richard Wagner. Dies verhalf seinen Werken zu Popularität und bewahrte sie davor, vergessen zu werden. Wagner hatte Gobineau gelesen und fand sich in seinem eigenen Rassismus bestätigt. Seine Witwe Cosima und deren Freunde in Bayreuth nahmen Gobineaus Botschaft auf und verbreiteten sie. Ein Mitglied des Bayreuther Kreises, Ludwig Scheemann, widmete sein Leben, Gobineaus Schriften zu übersetzen und bekannt zu machen. Der Bayreuther Kreis unterstützte ihn finanziell und moralisch. 1894 schließlich gründete Scheemann eine Gobineau-Gesellschaft.[6] Von nun ab war Gobineau für die Öffentlichkeit fest mit Wagner verknüpft. Diese Gesellschaft infiltrierte mit Erfolg rechte Gruppen in Deutschland, die Gobineaus Rassismus dann eine noch breitere Basis verschafften. Vor allem der Alldeutsche Bund griff Gobineaus Gedanken auf. Dies fällt nicht nur deswegen ins Gewicht, weil er eine einflußreiche politische Bewegung war, sondern auch, weil seine Mitglieder zum größten Teil Lehrer waren. Und schließlich sei erwähnt, daß die Gobineau-Gesellschaft während des Ersten Weltkrieges mehrere tausend Exemplare der »Renaissance« an Frontsoldaten verteilte.[7]

Bayreuth und die Alldeutschen pervertierten Gobineaus Botschaft, oder besser, sie paßten sie deutschen Bedürfnissen an. Schwarze und gelbe Rassen spielten in den Phantasien einer Nation eine geringe Rolle, das bis zum Ende des 19. Jhs. keinerlei engeren Kontakt mit diesen Völkern hatte. Der Erwerb afrikanischer Kolonien 1884 und die Besetzung eines Stützpunktes in China (1897) erfolgten zu spät, als daß sie die Entwicklung des Rassismus in Deutschland hätten beeinflussen können. Die Juden jedoch, die überall in Deutschland und in den Ghettos an seinen östlichen Grenzen lebten, sie waren – lange bevor Wagner sie für die völkische Degeneration verantwortlich machte – die Zielscheibe des Rassismus. Auch die Alldeutschen machten die Juden wegen derer vermeintlichen Opposition zu Militarismus und Expansionismus für den Niedergang der Nation verantwortlich.[8] So wendete man Gobineaus Verdammung der schwarzen und gelben Rassen gegen die Juden. Hier erwarb er den unverdienten Ruhm als Antisemit. Aber auch um eine besondere deutsche rassische Überlegenheit zu beweisen, griffen Bayreuth und die Alldeutschen auf Gobineau zurück. Er hatte, wie die »Bayreuther Blätter« es formulierten, »den urgermanischen Geist« erweckt, »der in der Wiege Asiens großgezogen worden war.« Der »Essai« wurde nicht nur als »mächtige und wissenschaftliche Waffe in den Händen der Antisemiten«[9] beschrieben, er galt auch als Beweis für die arische Überlegenheit der Deutschen.

Indirekt war Gobineau selbst für diese Entstellung verantwortlich. Er entwarf nämlich einen mit Analogien zu seiner Epoche erfüllten Rassismus. Das versetzte andere in die Lage, sich diese Analogien zurechtzubiegen oder sie zu erweitern. Der zentrale Punkt, der auch niemals aufgegeben wurde, war die Überlegenheit der Arier, denen man all den wahren Adel, die Ehre und Freiheit verdankte. Die Arier hatten sich alle Tugenden dieser Welt zu eigen gemacht und deren gesamte Kultur; und für jene, in deren Adern dieses Wunderblut nicht kreiste, konnte gar nichts übrigbleiben. Überdies konnte man seine Theorien über die Unvermeidlichkeit von Rassenmischung leicht beiseite schieben oder übergehen.

Aus verschiedenen Gründen fand Gobineau eher in der deutschen als in der französischen Rechten seinen Platz. Die französische Rechte war katholisch. Sie stand darum rassischen Theorien nicht ohne Ambivalenz gegenüber, die z. B. die Wirkung der Taufe für Konvertierte verneinten. Trotz ihres eigenen Antisemitismus ignorierte die 1899 gegründete – und hinfort eine der mächtigsten französischen Rechtsbewegungen – »Action Française« Gobineau. Dieser Antisemitismus basierte auf der Überzeugung, der Katholizismus sei der historische Glaube des Volkes und jeder, der diesen Glauben nicht teilte, schwäche Frankreich. Überdies legte die »Action Française« Wert auf die Bindungen an den Boden und den kleinen Grundbesitz; in den Juden dagegen sah sie die Verkörperung eines ruhelosen und bedrohlichen Kapitalismus. Allerdings fällt es zuweilen schwer, die anti-jüdischen Gefühle in dieser Bewegung vom Rassismus zu unterscheiden. Dennoch, Gobineau spielte dabei keine Rolle. 1871, nach dem Sieg der Deutschen über Frankreich, stand die Nation im Mittelpunkt des politischen Interesses, und Maurice Barrès, ein mächtiger Vertreter der Rechten, griff Gobineau an, weil dieser mehr für einen kosmopolitischen Adel als für die nationale Einheit eintrat.

Gobineau wurde erst in den dreißiger Jahren des 20. Jhs. wieder entdeckt – einmal durch die Bemühungen seines Enkels Clement Serpaille, zum anderen durch die intellektuelle Clique um die rechtsradikale Zeitung »Je suis partout«. In ihr stellte 1933 Pierre-Antoine Costeau den Grafen als den Vorläufer faschistischen Denkens dar. Ein Jahr später dagegen brachte die »Nouvelle Revue Française« eine Sondernummer heraus, die überwiegend dem literarischen Werk Gobineaus gewidmet war.[10] Selbst für diese kleine Gruppe französischer Faschisten blieb Gobineau höchstens eine Randfigur. Trotz des Antisemitismus und Faschismus dieser Gruppen spielte er in der französischen Rechten eigentlich keine Rolle mehr. Auf der anderen Rheinseite hingegen machte sich sein wahrer Einfluß bemerkbar.

Dennoch können wir einige von Gobineaus Vorstellungen bei dem Schweizer Botaniker Alphonse de Candolle (1806–1893) und seinem Schüler, dem Bibliothekar und Rechtsanwalt Georges Comte Vacher de Lapouge (1854–1936), wiederentdecken, der nach Gobineau der bedeutendste Rassentheoretiker in Frankreich wurde. Im Gegensatz zu Gobineau versuchten Candolle und de Lapouge sich auf sogenannte wissenschaftliche Fakten zu stützen. Vacher de Lapouge schrieb im Schatten Darwins, und das verlieh seinem Rassismus an sich schon eine pseudowissenschaftliche Note, die Gobineaus Schriften abging. Zwar waren auch diese Männer ihrer Einstellung nach subjektiv, dennoch standen sie für einen anderen Stil, der sie in Frankreich eher als Wissenschaftler denn als Propheten einer neuen rassistischen Religion annehmbar machte.

Wie Gobineau, schrieb auch Candolle über schwarze, weiße und gelbe Rassen. Auch für ihn war Dekadenz unvermeidlich. Die Weißen waren verloren, die anpassungsfähigeren Schwarzen hingegen konnten vielleicht Erfolg haben. Candolle wich erheblich von Gobineau ab: Er erörterte Umweltfaktoren wie die Erschöpfung der natürlichen Ressourcen, die, seiner Ansicht nach, zum demographischen Selbstmord führen mußte. Die Neger hielt auch er für unkultiviert und die Chinesen für ordinär und unmoralisch. In seinen Schriften waren nur die Juden ein kultiviertes Volk, das die Gewalt abgelehnt hatte, und darum auch keinen der so vielen Christen eigenen, brutalen und atavistischen Instinkte entwickelt hatte. So seltsam es auch ist, manchmal wurden die Juden als die Steigerung der weißen Rasse angesehen. Lapouge dagegen sollte die Tradition nicht fortführen.[11]

Mit Gobineau teilte Vacher de Lapouge ein apokalyptisches Zukunftsbild: Die Lebenskraft des Volkes war, seiner Ansicht nach, durch Degeneration und durch die Herrschaft einer Plutokratie erschöpft worden. In seinem Buch »L'Aryen, son rôle social« (1899) setzte de Lapouge die überlegene Rasse mit dem homo europaeus gleich und wies, genau wie Gobineau, der Nation nur eine unbedeutende Rolle zu. Einerseits glaubte de Lapouge, daß die Arier nicht nur Europa, sondern die gesamte Welt einschließlich Amerika erobert hätten. Dennoch, mit seiner Versicherung, einige Völker besäßen mehr, andere weniger der wesentlichen arischen Eigenschaften, ließ er nationale Varianten der arischen Rasse zu.

Einstmals seien all diese Eigenschaften in den Griechen vorhanden gewesen. De Lapouge übernahm ganz die allgemeine Bewunderung für den griechischen, in seiner Harmonie nie übertroffenen Geist. Unter den Griechen wiederum waren die Spartaner die reinsten, eine Rasse von Helden, mit eisernem Willen, aber auch mit moralischen Gaben und geistigen Fähigkeiten gesegnete Rasse. Sie waren die Nachfahren der naturverbundenen Urarier, eine Rasse von Fischern, Jägern und Schafhirten. Für de Lapouge waren die arischen Ursprünge mit jenen identisch, die die Linguisten offenbar entdeckt hatten.[12] So wurde der Mythos vom arischen Bauern als Ahnherr der Rasse verstärkt. Anders als Gobineau, wandte de Lapouge sich nicht der Sprache, sondern einmal mehr der Schädelmessung zu: die langen schmalen Schädel (dolichozephalisch) und die blonden Haare der Arier spielten bei seinen Überlegungen eine wichtige Rolle. Er erklärte uns z. B., die sonnentrunkenen Griechen hätten geglaubt, daß alle ihre Helden blond gewesen seien. De Lapouge glaubte auch, man könne den Arier an seinem Gesicht erkennen: Lavaters Physiognomik war also nicht vergessen.[13] In dieser Art faßte de Lapouge verschiedene Richtungen rassischen Denkens zu einer Synthese zusammen.

Die Arier standen nun vor der Herausforderung, überleben zu müssen – denn de Lapouge war von Darwins Theorie der natürlichen Auslese und des Überlebens des Tüchtigsten beeinflußt. Seiner Meinung nach war der Arier anpassungsfähig; seiner Natur nach war er zwar zum Bauern bestimmt, doch konnte er jede Arbeit übernehmen, ja, er war sogar der einzige verläßliche Arbeiter in der modernen Gesellschaft. Da ihm, anders als den niederen Rassen, die Vorstellung von Müßiggang fremd war, verkörperte sein gesamtes Benehmen das Evangelium der Arbeit. Wieder einmal war ein Mittelstandsideal wesentlicher Bestandteil der Definition vom Arier, dessen Kräfte sich angeblich aus einem primitiven Bauernzeitalter herleiteten. Überdies war der Arier Individualist, aber einer, der imstande war, all seine Dienste dem Wohl der Allgemeinheit zu widmen. Dies war für de Lapouge besonders wichtig, da sich für ihn der darwinistische Kampf des Einen gegen Alle in einen Kampf zwischen Menschengruppen gewandelt hatte. Die Fabrik hatte das Handwerk und die Armee den Kampf Mann gegen Mann abgelöst. Anders als Gobineau schloß de Lapouge, der Sozialdarwinist, die moderne Welt in sein Rassenschema ein: Für ihn entwickelte sich die Welt in der natürlichen Auslese durch den Kampf ums Dasein weiter.[14]

Wer war der rassische Feind? Das waren, seiner Ansicht nach, minderwertige Rassen wie die gelbe und die Juden; skrupellose Rassen, ohne Sinn für Werte und durch und durch kommerziell eingestellt. In de Lapouges rassischer Analogie scheint die Bourgeoisie einmal mehr der Feind zu sein. Er macht allerdings einen Unterschied, welcher der Kernpunkt rassischen Denkens ist: Arier, die Handel treiben, üben eine ehrliche Arbeit aus. Der Arier sorgt sich um die Werte, mit denen er spekuliert, während die Juden die Spekulation um ihrer selbst willen schätzen. Diese verhängnisvolle Unterscheidung zwischen arischer und jüdischer Bourgeoisie findet sich in Frankreich, wie später in Deutschland – der arische Mittelstand kann also nur überleben, wenn er die jüdische Bourgeoisie vernichtet.

De Lapouge definierte den Juden zugleich als Feind und Konkurrenten, der wegen seines eigenen Rassenbewußtseins doppelt gefährlich war. Seiner Ansicht nach konnten die Juden den Kampf mit den Ariern nicht gewinnen. Denn als minderwertiger Rasse fehlte es ihnen an Geistigkeit, waren sie unfähig zu kämpfen und mangelte es ihnen an jeglichem politischem Instinkt. Die Welt war nicht einfach durch wirtschaftliche Macht zu erobern. Die Arier hatten vorexerziert, wie man es statt dessen machen mußte: mit Stärke, Willen, Ehrenhaftigkeit und Moral.[15] Wenn das doch so war, dann sticht die auffällige pessimistische Stimmung als inkonsequent ins Auge, mit der er die Zukunft der einzigen zur Herrschaft befähigten Rasse beschreibt. Dann tritt für de Lapouge das Ende nicht durch die Revolution der niederen Rassen ein, denn die Arier regierten (ebensowenig wie Gobineaus Adel) nicht durch Unterdrückung, sondern eher durch ihr Vorbild und durch eine moralische Überlegenheit, die andere zwang, ihnen zu folgen.

De Lapouges Glaube, daß die französische Rasse erschöpft sei, stand im Widerspruch dazu, daß er einen Rassenkrieg zwischen den Ariern und den niederen Rassen befürwortete. Die Arier, erklärte er uns, besitzen nicht nur hohe Grundsätze, sondern sie seien auch anpassungsfähig. In Frankreich hatte der Rassen-Baum ganz eindeutig zu modern angefangen. Dieser Fäulnis konnte man jedoch noch Herr werden. De Lapouges rassischer Pessimismus war nicht fatalistisch – er versuchte vielmehr, die Situation zu bessern. An dem Rassen-Baum der französischen arischen Rasse waren seiner Ansicht nach einige Parasiten besonders bösartig. Erstens hatte der Katholizismus die Vitalität der Rasse dadurch geschwächt, daß er angesichts der jüdischen Vorherrschaft bewußt resignierte. Wie sein Zeitgenosse Edouard Drumont warf er der Kirche vor, den Kampf gegen die Juden aufgegeben zu haben.[16] Infolgedessen lobte de Lapouge den Protestantismus, weil er Unternehmungsgeist, anständige Arbeit und Willensstärke unterstützte. Seiner Meinung nach konnte der Protestantismus eher als der Katholizismus dazu beitragen, die jüdische Rasse aufzulösen, weil er sich für die Assimilation einsetzte. In dieser Hinsicht war de Lapouge nicht wirklich pro-jüdisch. Er glaubte nur, assimilierte Juden würden ihren rassischen Willen verlieren und damit auch ihre Kraft zu überleben.

Zweitens mußte die physische Degeneration, zusammen mit den zu erwartenden erblichen Übeln, aufgehalten werden, die dem Arier Kraft und Schönheit raubten. In »Les séléctions sociales« (1896) wies de Lapouge nach, daß Rassenmischung ein sicherer Weg zur Vergiftung der Rasse sei und daher verboten werden müsse. Weiter seien jene zu eliminieren, die Rassenmischung praktizierten oder deren Ergebnis waren. Euthanasie war die Lösung.[17] Drittens waren Urbanismus und Plutokratie, die auf jüdischer Habgier und Vormacht beruhten, ein weit unmittelbareres Anzeichen der Degeneration. Es ist ganz klar: Alles in allem genommen, war der arische Genius der ehrlichen Arbeit außerstande, gegen ein »judaisiertes« Wirtschaftssystem zu kämpfen.

Auch ein anderes gegen die rassische Degeneration« vorgeschlagenes Heilmittel ist der Erwähnung wert. In »Les séléctions sociales« pries de Lapouge die sozialistische Gesellschaft, in der Überzeugung, daß nur eine solche Gesellschaft die notwendigen Zwangsmaßnahmen werde ergreifen können, um unfruchtbare Heiraten zu verhindern, und um den Frauen einen regelmäßigen Geburtenzyklus aufzuzwingen. Selbst spartanischer Kindermord könne unter einem solchen rationalen Regime geübt werden.[18] Während des 19. Jhs. wurde die Frage des damals unbestrittenen Niedergangs der französischen Bevölkerung viel diskutiert, und de Lapouge sah in ihm ein Zeichen arischer Unfruchtbarkeit.

Auch der bekannte englische Eugeniker Karl Pearson glaubte Anfang des 20. Jhs., daß es im Sozialismus sehr leicht sei, Eugenik durchzusetzen, Maßnahmen, die sicherstellten, daß die Nachkommen der Rasse von Erbkrankheiten und Zeichen der Degeneration frei waren. Eine gesunde Rasse würde überdies nicht vom Schwund der Fruchtbarkeit bedroht.[19] De Lapouge und andere Rassentheoretiker standen also zeitgenössischen Fabiern, d. h. englischen Sozialisten, wie insbesondere Sidney und Beatrice Webb, ziemlich nahe.[20] Sie waren der Ansicht, daß die Entartung der angelsächsischen Rasse durch Geburtenniedergang den Sozialismus gefährde. Denn das bedeute, daß die für den Aufbau des Sozialismus am besten geeignete Rasse von Mischlingen überschwemmt werden würde. Sozialismus und Eugenik waren von Natur aus keine gegensätzlichen Konzepte, so wie auch Sozialismus und Rasse von Zeit zu Zeit zusammengehörten.

In Frankreich hatte de Lapouge weit mehr Einfluß als Gobineau, da er es fertigbrachte, Darwinismus und Rassismus zu integrieren. Er war sogar der erste Franzose, der dies unternahm. Die Behauptung seines Sohnes allerdings, daß dieser Rassismus ausschließlich französischen Ursprungs sei, war absurd.[21] Zum einen engte de Lapouge seine Wirkung in einem katholischen Land dadurch ein, daß er sich für den Protestantismus einsetzte. Sicher, 1940, nach der Niederlage Frankreichs, wurde mit Billigung Pierre Lavals eine Kommission zur Untersuchung der Frage eingesetzt, wie man die »Séléctions sociales« in die Praxis umsetzen könne.

Und zweifelsohne wurden auch die folgenden Kommissionen zum Studium der Rassenbiologie (1942) und das in demselben Jahr gegründete Anthropologische Institut auch vom Erbe des älteren Lapouge beeinflußt, doch alle diese Bemühungen waren umsonst.[22]

Es ist seltsam genug, aber außer Darwin hatten englische Rassenvorstellungen wenig Einfluß auf de Lapouge. Dennoch sollte aus England ein neuer Anstoß erfolgen, und zwar nicht nur durch neuartige Selektions- und Überlebenskonzepte, sondern auch durch die eugenische Bewegung.

Anmerkungen

1 A. de Gobineau, *L'Essai sur l'Inégalité des Races Humaines* (Paris, 1967), 121.

2 Ich folge hier der Interpretation des Essays von Robert Edward Dreher, *Arthur de Gobineau. An Intellectual Portrait.* (Unveröffentlichte Diss., University of Wisconsin, 1970). Wegen des Zitats im Text, siehe 84.

3 Zitiert bei Michael D. Biddis, *Father of Racist Ideology: The Social and Political Thought of Count Gobineau* (London, 1970), 114.

4 Gobineau, *op. cit.*, 658.

5 *Ibid.*, 58, 59; Biddiss, *op. cit.*, 125.

6 Winfred Schuler, *Der Bayreuther Kreis* (Münster, 1971), 104; George L. Mosse, *The Crisis of German Ideology* (New York, 1964), 91.

7 Mosse, *op. cit.*, 91.

8 *Ibid.*, 220–221.

9 Schuler, *op. cit.*, 243.

10 Pierre-Marie Dioudonnat, *Je Suis Partout, 1930–1944* (Paris, 1973), 220.

11 Alphonse de Candolle, *Histoire des Sciences et des Savants Depuis Deux Siècles* (Genf–Basel, 1885; zuerst veröffentlicht: 1873), 172–182, 186–195, 199. Ich verdanke diesen Hinweis Seymour Drescher. »Alphonse Candolle über die Judenfrage«, »Mitteilungen des Vereins zur Abwehr des Antisemitismus«, (25. Juli 1893), 294.

12 G. Vacher de Lapouge, *Der Arier und Seine Bedeutung für die Gemeinschaft* (Frankfurt/Main, 1939), 224 ff., 188 ff.

13 *Ibid.*, 228.

14 *Ibid.*, 234, 242, 254, 260.

15 *Ibid.*, 306–316, 240, 242.

16 *Ibid.*, 307.

17 G. Vacher de Lapouge, *Les Séléctions Sociales* (Paris, 1896), 488.

18 *Ibid.*, 498. Revolution war für Lapouge der Übergang der Macht von einer Rasse zur anderen, *ibid.*, 251.

19 Vgl. S. 102 ff.

20 J. M. Winter, »The Webbs and the Non-White World: A Case of Socialist Racialism«, *Journal of Contemporary History*, IX (Januar, 1974), 190–191.

21 Hubert Thomas-Chevalier, *Le Racisme Français* (Nancy, 1943), xi.

22 *Ibid.*, xix.

Teil II
Die Ausbreitung

Kapitel 6
Englands Beitrag

Gobineau wies den Weg, den der Rassismus in seiner Metageschichte wie mit seinem Rassenideal zur Erklärung zeitgenössischer Probleme einschlagen sollte. Die Stereotypen waren in eine totale Weltanschauung eingebettet und beruhten angeblich auf dem neuesten Erkenntnisstand und der weitestreichenden Erfahrung. Auch wenn Gobineaus Einfluß hauptsächlich auf den Wagner-Kreis zurückging, hatten noch andere, die sein Werk niemals gelesen hatten, dieselben Vorstellungen.

Typisch für diesen von Gobineau geschaffenen Trend war der Gebrauch des Ausdrucks »Metapolitik«. Der deutsche Konservative Constantin Franz schrieb 1878 an Richard Wagner: »Um wahrhaftig deutsch zu sein, muß die Politik sich zur Metapolitik aufschwingen. Die letztere (verhält sich) zur gewöhnlichen Stammtischpolitik wie die Metaphysik zur Physik.«[1] Nach der Metapolitik entwickelt sich der politische Prozeß aus dem Unterbewußten eines Volkes oder einer Rasse. Politik wird also zu einer weltlichen Religion, die das Heil des Volkes in der Vernichtung seiner Feinde sieht. Im Bayreuther Wagner-Kreis war Metapolitik gängige Münze. Hier geschah es dann auch, daß Enthusiasmus mit Tiefgründigkeit verwechselt wurde. Allgemeiner jedoch zeigt das Aufkommen neuer Disziplinen, wie der »Völkerpsychologie« in den sechziger Jahren des 19. Jhs., auf einer anderen Ebene zwar, den Versuch, die Welt durch einen als allumfassend konzipierten »Volksgeist« zu verstehen – den die Gemeinschaft verbindenden Geist.[2] Die Errungenschaften in Wissenschaft und Technik schienen allerdings nach einer Religion der Vernunft und des Fortschrittes zu verlangen. Die Metapolitik mußte in eine wissenschaftliche Methode eingebunden werden. Der Erfüllung dieses Bedürfnisses kam der Rassismus mit der ihm eigenen Tendenz, von der Wissenschaft in die Subjektivität überzugehen, in idealer Weise entgegen.

Diese Ideen waren über ganz Europa verbreitet. Wenn auch die deutschsprachigen Länder und Frankreich wichtige Experimentierstätten rassischen Denkens waren, stand doch England keineswegs abseits. Mit dem Darwinismus und der eugenischen Bewegung gaben die Engländer nicht nur einen bedeutenden Beitrag zum Rassismus; dies spiegelte auch die übliche Beschäftigung mit Anthropologie, Geschichte und Linguistik wider.

Auch hier erwies sich die Suche nach germanischer Herkunft als wichtig. Ende des 18. Jhs. war in England die Beschäftigung mit angelsächsischen

Ursprüngen bereits weit verbreitet. Sächsische Freiheit und Ehre standen im Mittelpunkt des Interesses – bei den durch Thomas Percy in seinen »Reliques« (1765) wiederentdeckten Balladen, wie bei der Begeisterung für historische Romane wie z. B. für Sir Walter Scotts »Ivanhoe«. Um die Mitte des 19. Jhs. hatten viele Engländer ihr Volk bereits im angelsächsischen Erbe angesiedelt. Man sah in den Angelsachsen einen Teil der teutonischen Stämme, Urväter der stärksten und kreativsten europäischen Völker.[3]

Dieser wiederbelebte Nationalstolz war anderen gegenüber nicht notwendig auch intolerant. So pries Sir Walter Scott die sächsische Tugend im Kampf gegen die Normannen über alles; Juden und anderen Ausländern gegenüber, die nichts unternommen hatten, das Königreich zu erobern, war er jedoch tolerant, und er respektierte sie. Vor allem in der zweiten Hälfte des 19. Jhs. bekamen die Vorstellungen über die nationalen Ursprünge ihren rassischen Beigeschmack, als man nämlich Tugenden wie Ehrlichkeit, Loyalität und Freiheitsliebe als einzig dem angelsächsischen Teil des teutonischen Erbes angeboren hielt. Nunmehr spielte die Geographie – der für Thomas Percy und Sir Walter Scott so wichtige aktuelle Rahmen eines Volkes – nur noch eine geringe Rolle. Die Engländer verkörperten die Eigenschaften der Rasse, wo immer sie hinkamen, insbesondere in den von den Engländern kolonisierten Vereinigten Staaten von Amerika. Bei einem Besuch in Amerika erzählte der englische Historiker Edward A. Freeman 1882 seinen Zuhörern, daß die angelsächsischen Völker durch die »Bande des Blutes, der Sprache und der Erinnerung« verbunden seien, die trotz politischer Trennung weiter bestünden. Wie für andere englische Historiker auch, waren für Freeman die Nachkommen der Sachsen die einzigen echten Angehörigen der teutonischen Rasse. Freeman vereinnahmte Arminius als englischen Ahnherrn, der die römischen Legionen im Teutoburger Wald besiegte, während die rivalisierenden Deutschen Hermann (wie sie ihn nannten) ein Denkmal errichteten, um in ihm einen deutschen Helden zu ehren.[4] Beide Völker erklärten die teutonische Stammesvereinigung, den Comitatus so wie auch Tacitus' »Germania« zu ihrem geistigen Eigentum. In Form eines Rassenmythos überspannte die Geschichte den stürmischen, England von Europa trennenden Kanal. Die Engländer monopolisierten das teutonische Erbe, um damit ihre Freiheitsliebe zu erklären, und sie schlossen die anderen von seinen Segnungen aus, und das selbst dann, wenn diese, wie die Deutschen, zur Inspiration auf eben dieselbe Vergangenheit zurückschauten.

Auch in England fanden Anthropologie und die weiter oben erörterten Stereotypen ihre Heimstatt. England hatte seinen eigenen Gobineau: Robert Knox (1798–1862), den berühmten schottischen Anatomen, einen Zeitgenossen von Gobineau. Man erinnert sich heute an ihn – anders als des Franzosen – nicht wegen seiner Ansichten über Rasse, sondern wegen eines Vorfalls zu Beginn seiner Karriere, der seine akademischen Aufstiegschancen vernichtete und ihn verbitterte. Als Professor der Chirurgie und Anatomie in Edinburgh wurde Knox in die gegen Burke und Hare erhobenen spektakulären Anschuldigungen verwickelt, für anatomische Untersuchungszwecke Leichen gestohlen zu haben. Von 1830, als dieser Zwischenfall geschah, bis 1856, als er an das Londoner Krebskrankenhaus berufen wurde, nahm Knox zu Recht an, daß jedermann gegen ihn war und ihn daran hinderte, die Stellung zu bekommen, die ihm eigentlich gebührte, denn die Zeitgenossen waren sich darüber einig, daß er der brillanteste Anatomieprofessor war, den sie kannten. Die »Ethnographical Society« in London sah in ihm ein verdienstvolles Mitglied, und die Pariser Anthropologische Gesellschaft trug ihm eine entsprechende Mitgliedschaft an.

Diese Ehren wurden ihm aufgrund seiner Rassenforschungen verliehen, deren Ergebnisse er in öffentlichen Vorlesungen in den meisten britischen Städten verbreitete. Gegenstand der Vorlesungen war »Races of Men«, Titel seines berühmtesten Buches (1850). Ganz unabhängig von Gobineaus »Essai«, aber im selben Jahr veröffentlicht, behauptete Knox, »Rasse ist alles, Kultur hängt von ihr ab.« Jede Rasse hat ihre eigene Kultur, so wie sie eine eigene Sprache, Kunst und Wissenschaft hat: So etwas wie eine europäische Kultur existiert nicht.[5]

Bei der Klassifizierung der Rassen postulierte Knox nicht eine überlegene arische, sondern zwei überlegene Rassen. Für ihn waren die Sachsen – groß, stark, athletisch – »als Rasse auf Erden die Stärksten«.[6] Es sollte uns nicht überraschen, daß Knox Campers Ideal des Gesichtswinkels übernahm sowie die Idee der Vollkommenheit, wie sie von den Griechen verkörpert wurde. Aus Knox' Sicht verkörperten die Sachsen diesen Idealtypus; ferner besaßen sie auch die richtige Einstellung zum Boden, denn sie glaubten, daß er Gemeineigentum sei. Doch Knox hatte den Eindruck, daß es ihnen an einer für die wahre Überlegenheit notwendigen Eigenschaft mangelte: an der Fähigkeit zum abstrakten Denken.

In dieser Hinsicht waren Knox' Überlegungen ebenso originell wie einzigartig. Ihm mochten die slawischen Rassen zwar äußerlich häßlich erscheinen, aber sie verfügten über eine ausgezeichnete Fähigkeit zum rationalen und zum transzendentalen Denken, die den Sachsen abging. Überdies legten sie eine besondere Begabung für Kunst und Musik an den Tag. Zu diesem slawischen Kreis ließ Knox zwar einige Süddeutsche, nicht aber die englischen Zeitgenossen zu, die ihn verfolgten. Die Griechen waren, wie üblich, die Vollendung. Er sah sie als eine Mischung aus Sachsen und Slawen an, die Gedankentiefe und Sensibilität mit wahrer Schönheit verbanden. Dies war das einzige Mal, daß Rassenmischung (zwischen den überlegensten Rassen) zu einer Höhe zu führen schien, die niemals zuvor noch danach wieder erreicht wurde.

Aber was war mit Gobineaus gelben und schwarzen Rassen? Nach Knox mangelte es den Schwarzen an den »großen Eigenschaften, die den Menschen vom Tier unterschieden«, nämlich an der verallgemeinernden Kraft reiner Vernunft, Neugier auf das Unbekannte, dem leidenschaftlichen Streben nach Vollkommenheit und an der Fähigkeit, neue Phänomene wahrzunehmen. Seiner Überzeugung nach bestand keine Hoffnung, sie kultivieren zu können. Ihre psychologische und physische Minderwertigkeit prädestinierte sie geradezu für die Sklaverei (vgl. Bild 2). Für Knox waren die nicht-weißen Rassen so minderwertig, daß ihnen selbst die wenig schmeichelhaften Eigenschaften abgingen – das Unbändige und der Geschäftssinn –, die Gobineau ihnen zuschrieb. Bei Knox waren sie der rudimentären Natur der Tiere näher.[7]

Genau so wie Gobineau hatte Knox seine »Sansculottes«, aber für ihn waren es die Juden, und nicht die Schwarzen. Knox' Juden waren häßlich (»schwarz-, braun- und gelbhäutige Menschen mit pechschwarzem Haar und entsprechender Augenfarbe«)[8], und selbst ein auf den ersten Blick schönes Judengesicht konnte eingehender Untersuchung nicht standhalten, da ihm die Proportionen abgingen. Der von den Bildhauern des antiken Griechenlands entdeckte vollkommene Mensch hatte sein Gegenstück gefunden. Das Stereotyp war nicht einzigartig, aber Knox ging weiter als die meisten, wenn er den Juden jegliche Eigenschaft absprach, die einem Menschen teuer sind: Der Jude war weder Handwerker noch Landmann, ihm fehlte Einfachheit und Erfindungskraft, und er spürte weder Neigung zu Kunst, Literatur, Musik, Frieden noch zu Krieg. Ja, der Jude hatte überhaupt keine Betätigung, aber er lebte, wie der Zigeuner lebte, einzig durch seine Verschlagenheit.[9]

Hier offenbarte Knox seinen gesellschaftlichen Bezug. Anders als der frustrierte Edelmann Gobineau stand er mit dem bürgerlichen Leben nicht auf Kriegsfuß. Der Sachse war den anderen Rassen überlegen durch seine Liebe zu Arbeit, Ordnung, Pünktlichkeit, er war adretter und sauberer. Dieses arische Bürgertum konfrontierte er nun mit der jüdischen Mittelklasse, und die Eigenschaften, die Gobineau auf die gelbe Rasse projiziert hatte, schrieb er allein den Juden zu. Der Jude war das Zerrbild des Bürgers: verschlagen, intrigant und wucherisch. Diese verhängnisvolle Unterscheidung zwischen der arischen und der jüdischen Mittelklasse gab es auch bei de Lapouge, und sie sollte auch ständig wiederkehren. Auf dem Kontinent sollte sie sogar zu einem allgemeinen Prinzip des Rassismus werden. Als der Rassismus die Mittelstandsmoral übernommen hatte, war der Weg bereitet – denn diese Klasse lebte arische Tugenden vor, während die Juden, denen diese Tugenden abgingen, die Pervertierung des Mittelstandes verkörperten. (Auch die Nazis sollten das arische

Bürgertum unterstützen und preisen, den jüdischen Mittelstand dagegen ausrotten.)

Daß ein solches Judenbild in England wie auf dem Festland verbreitet werden konnte, enthüllt etwas über die Tiefe rassischen Denkens um die Mitte des Jahrhunderts. Knox' Einstellungen waren von seiner Hypothese bestimmt, Rasse sei etwas Dauerndes und Unveränderliches. Seiner Meinung nach bedeutete Vielfalt Degeneration, und nach ihm mußte Rasse alle Aspekte des Lebens und Denkens umfassen. Um seine Behauptungen zu beweisen, griff er sowohl auf die Anatomie als auf die Anthropologie zurück, und überdies machte er häufig Anleihen bei der Physiognomik. Seine Zufallsbeobachtungen auf den Straßen Londons scheinen ihn stark beeinflußt zu haben. Der Umstand, daß er der Rasse so umfassende Bedeutung beimaß, hieß, daß alle Kriege Rassenkriege waren, auch wenn er hoffte, daß man sie vermeiden könne.[10] Für Knox mußte die überlegene Rasse, wenn sie überleben wollte, nicht gegen die minderwertigen Rassen kämpfen, denn er schrieb, bevor Darwins Einfluß sich bemerkbar machte: Irgendwie würde sie ja sowieso überleben.

Knox war nicht sehr originell. Kurz vor ihm hatte Benjamin Disraeli bereits verkündet: »Alles ist Rasse, eine andere Wahrheit gibt es nicht.« Das rassische Stereotyp hatte tiefe Spuren hinterlassen, und Disraelis edlen Juden Sidonia könnte man sehr wohl als Rache für Dickens' unedlen Fagin auffassen.[11] Während Knox, Disraeli und Dickens, jeder auf seine Weise, mit dem Juden beschäftigt waren, konzentrierte sich die Hauptströmung des englischen Rassismus auf die Schwarzen. In England und im Empire war der Kontakt mit den Schwarzen eng und beständig. Auf dem Festland aber, wo es keinen solchen ständigen Kontakt gab, nahm der deutlich exponierte Jude die Stelle der Schwarzen als Widerpart der Rasse ein.

James Hunt (1833–1869), Präsident der von ihm begründeten »London Anthropological Society« und Bewunderer von Knox, stellte den Neger in den Mittelpunkt seiner Aufmerksamkeit. Auch für Hunt waren rassische Unterschiede absolut und umfaßten Aussehen, Religion, Kunst und Moral. Thomas Carlyle, älterer Zeitgenosse von Hunt, hatte sich in den 50er Jahren für die schwarze Sklaverei ausgesprochen, jedoch dem fleißigen, sich selbst verleugnenden Neger, der sich seine Freiheit erkaufen konnte, die Tür offengelassen.[12] In den 60er Jahren allerdings verneinte Hunt, daß man rassische Eigenschaften ablegen könne, da seiner Ansicht nach die rassische Klassifizierung jeden Bereich des Menschen und der Gesellschaft unumstößlich festlegt. Die Bedeutung Hunts liegt weniger in seinen Rassentheorien, sondern eher in deren Rechtfertigung. Hunt, Präsident der »London Anthropological Society« und deren führender Kopf, versuchte 1863 die Richtung zu weisen, als er den Rassismus auf die Grundlage dessen stellte, was er »gute zuverlässige Fakten« nannte.[13] Man müsse alle sogenannten Vorurteile ablehnen.

Hunt zählte insbesondere drei Vorurteile auf, die gegen die Wissenschaft gewirkt hätten: religiöser Wahn, die fixe Idee von den Menschenrechten und der Glaube an die Gleichheit. Diesen Anklagen gesellte er die Werke des Anthropologen J. C. Prichard zu, dessen Bücher zu den einflußreichsten jener Zeit gehörten. Prichard glaubte, Mischrassen seien den reinen Rassen überlegen. Hunt zitierte Robert Knox, um eine solche »Irreleitung des englischen Geistes im Bereich all der bedeutenden Probleme der Rasse« zu geißeln.[14] Für Hunt, den Apologeten von Robert Knox, gehörte das Loblied auf die Mischrassen eindeutig in die Kategorie des antirationalen und unwissenschaftlichen Vorurteils. Er, der später als Darwin schrieb, behauptete, die Existenz eines wohlselektierten Erbadels stimme eher mit den Naturgesetzen überein als jene »schillernden trivialen Äußerungen, die die Menschenrechte hochhielten«.[15] Damit meinte er nicht die zeitgenössische englische, sondern eher eine nach ihren Erbeigenschaften richtig selektierte Aristokratie.

Als Hunt die Anthropologische Gesellschaft aufrief, »unsere Wissenschaft anzuwenden«, forderte er, der Rassenmischung entgegenzuarbeiten, und empfahl die natürliche Auslese einer herrschenden Klasse. Ungeachtet seiner Warnung, daß nicht alle Ergebnisse vollständig seien, war dies seine Vorstellung vom Zweck exakter Wissenschaft.[16] Seine Aussagen waren dogmatisch. Gemeinsam mit den meisten Rassisten huldigte Hunt der wissenschaftlichen Methode, obwohl er im gleichen Atemzug einräumte, daß die vorhandenen Daten unvollständig seien. In seiner Vorstellung waren Wissenschaft und Subjektivität für immer untrennbar miteinander verbunden.

Hunts Ansicht über den Platz, den der Neger in der Natur einnimmt, deckt sich mit der von Knox, der davon überzeugt war, daß der Schwarze sich intellektuell nicht weiter entwickeln würde als ein intelligenter europäischer Vierzehnjähriger. Wieder einmal wurde der Neger als ein Geschöpf des Extremen gesehen – ein Sansculotte, der kein Gesetz kannte. Hunts Beweise für solche Behauptungen waren Reiseberichten entnommen und stammten zum Teil von seinem französischen Kollegen, dem Anthropologen François Pruner. Dennoch war Hunt dagegen, Neger wie Sklaven zu behandeln. Diese Männer des 19. Jhs. waren überwiegend nicht willens, die logischen Konsequenzen aus ihrem rassischen Denken zu ziehen. Hunt glaubte zwar, daß die Neger Teil der menschlichen Rasse waren, schmähte zugleich die Vertreter des Monophylismus, die aufgrund ihrer Lehre konsequent für die grundlegende Gleichheit aller Rassen eintraten.[17]

Sogenannte Wissenschaftler wie Hunt wollten mit der Mode gehen – und das hieß, Stellung zu beziehen gegen die in Verruf geratene Institution der Sklaverei (trotz des Lobes für die amerikanische Konföderation), ja selbst gegen jede unzulässige Unterdrückung minderwertiger Rassen.

Ihre Lösung hieß: Paternalismus – eine Ansicht, die sie mit den meisten europäischen Rassisten teilten. Soweit sie für einen Rassenkrieg auf Leben und Tod eintrat, war die Nazi-Doktrin nicht in der Mitte, sondern am Rande des europäischen Rassismus angesiedelt. In ihrem Paternalismus waren die englischen Rassentheoretiker maßgebend. Es war der Versuch, die minderwertige Rasse an dem ihr gebührenden Platz zu halten. So trat Hunt zeitweilig sogar dafür ein, die Eingeborenen in ihrem primitiven Status allein, ohne den Einfluß und das Eingreifen der Europäer, zu belassen. Er glaubte, ihre natürliche Lage »böte eine ihren Fähigkeiten angemessene Freiheit«. Dann wieder betete er Gobineau nach und betonte, die Wilden würden dermaleinst hinlänglich dadurch gerächt werden, daß ihre Eroberer degeneriert und ausgerottet würden.[18]

Den wichtigsten und weitreichendsten englischen Beitrag zur Rassentheorie leistete der Darwinismus. Charles Darwin selbst war kein Rassist, aber solche Vorstellungen wie »natürliche Auslese« und »Überleben des Tüchtigsten« wurden von Rassentheoretikern begierig übernommen. Dem Darwinismus schien die Notwendigkeit des Kampfes innezuwohnen, und sie verlieh dem Kampf zwischen überlegenen und minderwertigen Rassen eine neue wissenschaftliche Dimension. Darwins eigene Theorie vom Überleben und der Auslese war kompliziert. Sie beruhte mehr auf Umwelttheorie als auf Vererbung. Der Rassismus jedoch vereinfachte Darwin, übernahm die in ihm beschriebenen »guten, verläßlichen Fakten« und übertrug sie auf den Kampf ums Überleben und die Auslese der tüchtigsten Rasse.

Darwins Stil verleitete gelegentlich leicht dazu, als Ermunterung rassischer Vorstellungen falsch verstanden zu werden. So ersetzte er am Ende den Begriff »Überleben des Tüchtigsten« durch »bevorzugte Rassen«. Überdies machte er die Anzahl der Nachkommen, die ein Tier zeugen konnte, zum Maß für erfolgreiches Überleben. Eine solche wissenschaftliche Hypothese auf den Menschen angewandt, konnte zu dem Schluß verleiten, daß die Fruchtbarkeit das rassische Überleben bestimme.[19] Sie war gerade in jenen Zeiten von großer Bedeutung, da sich etliche Staaten – wie z. B. Frankreich – um ihre fallende Geburtenrate sorgten. Die Zeugung gesunder Nachkommen wurde zu einer fixen Idee des Rassismus. Der Darwinismus förderte nicht nur die Visionen von Rassenkämpfen, er führte auch ganz direkt zur Begründung der Eugenik als Rassenerbpflege.

Die Lehre von der natürlichen Auslese und vom Überleben des Tüchtigsten wurde ohne Schwierigkeiten als Leitlinie für rassische Klassifizierungen verwendet. Das, was Darwin die Ausmerzung weniger bewährter Formen genannt hatte, konnte man auch auf die minderwertigen Rassen anwenden. Jene, die gesellschaftliche Probleme mit Hilfe des Darwinismus lösen wollten, verkündeten, das Überleben des Tüchtigsten stelle zusammen mit dem Recht des Gesunden und Starken das Prinzip dar, durch welches das Leben von Mensch und Staat bestimmt werden müsse.

Bei der Anwendung auf Rassen und Menschen erfuhr der Darwinismus noch eine andere unmittelbare Veränderung von großer Tragweite: Darwin hatte angenommen, daß die Umwelt und die in ihr stattfindenden Veränderungen für die natürliche Auslese wie für die Artenvarianten verantwortlich seien. Er behauptete, Abweichung resultiere aus »der indirekten und direkten Wirkung der Lebensbedingungen und aus Gebrauch und Nicht-Gebrauch«.[20] Die Darwinisten veränderten diese Umwelttheorie dann, indem sie den Ton auf die Vererbung legten. Francis Galton bestand 1872 darauf, daß es in der Erbmasse unserer reproduzierenden Zellen eine rassische Kontinuität gäbe. Karl Pearson sagte, daß »die bedeutendste Wahrheit, die wir seit Darwin« erfahren hätten, die Idee sei, daß die wichtigste Quelle der Veränderung in der Verschiedenheit unserer Erbmasse liege, dessen Träger und nicht dessen Schöpfer das Individuum sei, und die weder durch sein Dasein noch durch seine Umgebung wesentlich modifiziert werde.[21] Auch wenn sie nicht rassisch gemeint waren, lenkten solche Erkenntnisse den Darwinismus in eine Richtung, die sich die Rassisten zunutze machen konnten. Diese Vererbungsgesetze waren angeblich von der darwinistischen Vorstellung der natürlichen Selektion und des Überlebens abgeleitet, die Pearson statistisch zu belegen suchte.

So wurde der Darwinismus mit der stets gegenwärtigen Ansicht in Einklang gebracht, die Eigenschaften des Menschen seien erblich. Neue Untersuchungen, die die Bedeutung der Vererbung zu bestätigen schienen, waren nichts weiter als eine erneute Bestätigung für die dem rassischen Grundstock angeborenen Eigenschaften. Dies war eine weitere Bestätigung des kantischen Standpunktes und widersprach jeglicher Umwelttheorie. Gegen Ende des 19. Jhs. bewiesen der deutsche Anthropologe Eugen Fischer und der Zoologe August Weismann zu ihrer Zufriedenheit den Vorrang der Vererbung. Beide hatten die Unveränderlichkeit der Fortpflanzungszellen entdeckt: Fischer als Ergebnis seiner Untersuchungen an den Eingeborenen Samoas, und Weismann bei der Anwendung anthropologischer Untersuchungen auf Deutsche. In der Vererbungslehre aber sollte Sir Francis Galton (1822–1911) führen, in England wie auf dem Festland.

Man kann Galton gut und gerne als den Begründer der Erbgesundheitslehre (Eugenik) betrachten. Zur Vererbungslehre kam er durch die intensive Beschäftigung mit der Evolution und als leidenschaftlich ergebener Anhänger Darwins. Messungen und Statistik faszinierten Galton. Er versuchte, Darwins Theorien quantitativ umzusetzen und auf diesem Wege die für das Überleben notwendigen Eigenschaften zu bestimmen. Er sagte: »Hätte ich für meinen Teil Menschen nach Werten zu klassifizieren, dann würde ich einen jeden unter den drei Hauptpunkten des Körpers, der Fähigkeiten und des Charakters betrachten.«[22] Die Kategorisierung solcher Werte müsse auf statistische Grundlagen gestellt werden; wie dies genau zu geschehen habe, legte Galton in seinem einflußreichsten Buch »Hereditary Genius« (1869) dar.

Galton listete 13 Arten natürlicher Fähigkeiten auf. Nach ihnen erstellte er dann eine Menschen-Skala, die von den Richtern Englands bis zu den Ringern im Norden des Landes reichte. Um einen Menschen aus dem Durchschnitt herauszuheben, waren drei natürliche, ererbte Fähigkeiten besonders wichtig: Intellekt, Fleiß und Arbeitseifer. Sein Buch beschäftigte sich insbesondere mit der Ehe, und er kam zu dem Schluß, daß man jene Paare, die außergewöhnliche Kinder zur Welt bringen könnten, in jeder Hinsicht sozial und moralisch unterstützen müsse. Der »staatsbürgerliche Wert« der Nachkommenschaft müsse Gegenstand nationaler Politik sein. Mehrmals während seines langen Lebens änderte Galton die praktischen Konsequenzen, die man aus seiner Klassifikation ziehen konnte. Im großen Ganzen jedoch war er der Ansicht, daß man die Geburtenraten der Minderwertigen unter Kontrolle halten und daß die der Hochwertigen durch frühe Heirat gefördert werden müsse.

Der Wert der Erbgesundheit bestimmte darum die Qualität der Rasse. Wie die meisten Vertreter der Erbgesundheit, benutzte Galton den Begriff »Rasse« in sehr weitem Sinn, um eine durch eine gewisse Art von Verwandtschaft und Vererbung verbundene Gruppe zu bezeichnen. Eine solche Definition war nicht exklusiv: – alle jene, die die von Galton für wünschenswert erachteten Eigenschaften besaßen, konnten ihr beitreten. So befürwortete er zum Beispiel eine selektive Einwanderung nach England, und in dieser Hinsicht hielt er Juden wie Hugenotten für geeignet. Trotz der größeren Offenheit der von Galton und den meisten anderen Eugenikern vertretenen Vorstellungen teilten sie die Menschheit dennoch in Rassen ein, ausgestattet mit den üblichen Tugenden und Stereotypen. Von der Rasse, die von der Eugenik Gebrauch machte, konnte natürliche Auslese jederzeit zur Verbesserung benutzt werden. Dies hieß, daß er Eugenik anwandte und Menschen nach den Standards beurteilte, die er aufgestellt hatte, auch wenn sie nicht auf eine einzige Rasse beschränkt sein mußten.

Der Schlüssel zur rassischen Gesundheit lag für Galton darin, daß gesunde Eltern gesunde Kinder hatten. Kinder können eine Tendenz zur Genialität erben, aber auch Geisteskrankheit ist erblich. Am Ende seines Lebens hoffte Galton auf eine Zeit, in der Erbgesundheitszeugnisse ausgegeben würden. Diese konnten persönliche Fragen enthalten, etwa nach den athletischen und akademischen Auszeichnungen des Bräutigams, nach seinem Charakter und wie er sich in den Vertrauensstellungen verhielt, die er innegehabt hatte, und schließlich auch noch nach Lebensgeschichte und Umgang seiner Eltern. Doch dies war ein Traum. Das »Francis Galton Laboratory for National Eugenics« (1904 gegründet) sollte die Beziehung zwischen Vererbung und Umwelt erforschen, oder, wie Galton es ausdrückte, die Beziehungen von »nature to nurture«. Karl Pearson (1857–1936) sollte im Bereich des Galton-Laboratoriums arbeiten und errechnen, daß der Faktor Umwelt nicht einmal ein Sechstel des erblichen Einflusses eines einzelnen Elternteils ausmachte.[23]

Wieder einmal waren es die als überlegen gepriesenen Eigenschaften der Mittelklasse, eben jene für den Rassismus traditionellen: körperlicher Mut, Intelligenz, harte Arbeit und Charakter. An erster Stelle stand die, die am leichtesten zu messen war, der körperliche Mut.[24] Galton interessierte sich mehr für die Verbesserung der britischen Rasse als für die jeder anderen, und er baute den Darwinismus soweit aus, daß er einen Bund mit jenen grundlegenden Kräften einging, die die Geschichte des Rassismus beseelten. Er verband den Kampf ums Überleben mit Hervorhebung der von Generation zu Generation übertragenen und den vom Mittelstand gepriesenen körperlichen und geistigen Eigenschaften. Entscheidend für den Kampf waren die richtigen, angeborenen Eigenschaften. Das alles wurde im Namen der Wissenschaft vorgebracht. Es wurden eugenische Gesellschaften gegründet, die die Vererbungslehre verbreiten sollten, um die Rasse zu verbessern.

Die eugenische Bewegung war nicht auf England beschränkt. Galton, und später auch Karl Pearson, wurden in Deutschland gelesen und neu aufgelegt. Das 1904 gegründete »Archiv für Rassen- und Gesellschaftsbiologie« verfolgte die Tätigkeit von Galtons »Eugenics Education Society« und die Untersuchungsergebnisse des »Galton Laboratory« genau. Auf diesem Gebiet war der Gedankenaustausch zwischen den beiden Nationen beträchtlich.

Als Galton 1911 starb, hatten sich in vielen europäischen Ländern Zeitschriften zur Erbgesundheitspflege etabliert. Die Lehre von der auf die Rasse angewendeten Vererbungslehre hatte wissenschaftliche Anerkennung erworben und Eingang in die Universitäten gefunden. Sie verhalf der Rassenhygiene zu Ansehen, wenngleich man auch weiterhin Zuchtpläne befürwortete. Sicher, jene, die solche Pläne vorlegten, waren eher Außenseiter des Rassendenkens. So wurde in Deutschland z. B. ein ehemaliger Anhänger Darwins, Willibald Hentschel, durch sein nach einem alten indischen Gott benanntes Buch »Varuna« (1907) sehr bekannt. Darin beschwor er die Erinnerung an die alten Arier und sprach sich dafür aus, isolierte Siedlungen zu errichten, in denen eine bessere und reinere Rasse gezüchtet werden könne. Eine Jugendbewegung, die sich nach einem angeblich alten arischen und indischen Wort »Artamanen« nannte – was soviel wie Wahrheit hieß und wiederum von Hentschel erfunden war –, versuchte nach dem Ersten Weltkrieg auf dem Lande zu arbeiten und ihr »Blut zu reingen«.[25] Heinrich Himmler z. B. war, bevor er solche Pläne im Dritten Reich in die Tat umzusetzen suchte, Mitglied der Artamanen gewesen. Sein Experiment »Lebensborn«, das der Aufbesserung der Rassen dienen sollte, wird weiter noch im einzelnen besprochen werden.[26]

Bei der Rassenhygiene muß man zwei Richtungen unterscheiden – eine, die den »Mystizismus der Rasse« (insbesondere in Deutschland) ergänzte und die andere, die sich – als Teil der eugenischen Bewegung – wissenschaftlicher Methoden bediente, um das rassische Erbgut zu kontrollieren. Als Karl Pearson 1934 Hitlers Rassenpolitik als den Versuch pries, das deutsche Volk zu regenerieren, sollten beide Richtungen dann schließlich zusammenlaufen.[27] Nun war aber der 77jährige Pearson kaum mehr der ausgewogene Mann, der Galtons Arbeiten fortgesetzt hatte. Am Ende seines Lebens setzte er sich sehr stark dafür ein, daß Erbgesundheitspflege Gegenstand der nationalen Politik werden möge, bevor es zu spät sei. Der Hauptstrom der Eugenik und der Rassenhygiene mündete nicht direkt in die Nazipolitik ein, wenngleich er auch indirekt dazu beitrug, daß sie möglich wurde. Es ist sicher bezeichnend, daß es nicht nur dem alten Pearson, sondern später auch deutschen Gelehrten wie Alfred Ploetz und Eugen Fischer, so leichtfiel, Anhänger des Nazi-Rassismus zu werden, und das, obwohl sie, vor 1933 zwar, in rassischen Kategorien dachten, aber doch nicht ausgesprochen anti-semitisch waren. Die berauschende Aussicht einer Nation, die sich entschlossen hatte, ihre Rasse zum Überleben zu rüsten, wischte sämtliche Makel vom Tisch, die diesem Unternehmen anhaften könnten. Wir müssen uns also nunmehr mit der gegenseitigen Beeinflussung von eugenischer Bewegung und Rassenanthropologie befassen, einer Mischung, die nach Ende des 19. Jhs. als »Rassen- und Gesellschaftsbiologie« bekannt werden sollte.

Anmerkungen

1 Zitiert bei Peter Viereck, *Metapolitics from the Romantics to Hitler* (New York, 1941), 4.

2 Siehe *Moritz Lazarus und Hermann Steinthal*, Hrsg. v. Ingrid Belke (Tübingen, 1971), 139, 450.

3 Vgl. Reginald Horsman, »Origins of Racial Anglo-Saxonism in Great Britain Before 1850«, *Journal of the History of Ideas*, XXXVII (Juli–September 1976), 387–410.

4 Edward A. Freeman, *Lectures to American Audiences* (Philadelphia, 1882), 15, 33.

5 Robert Knox, *The Races of Men* (London, 1862), v, 57.

6 *Ibid.*, 50.

7 *Ibid.*, 404, 287.

8 *Ibid.*, 447.

9 *Ibid.*, 194.

10 *Ibid.*, 4, 196, 445.

11 Robert Blake, *Disraeli* (London, 1966), 203.

12 T. Carlyle, *Occasional Discourse on the Nigger Question* (London, 1853), 19, 33.

13 James Hunt, »On the Study of Anthropology«, *Anthropological Review*, I (1863), 4.

14 James Hunt, *Dr. Hunt's Farewell Adress as President of the Anthropological Society* (London, 1867), 21.

15 *Ibid.*, 17.

16 *Ibid.*, 19.

17 James Hunt, *On the Negro's Place in Nature* (London, 1863), 26, 37, 52, 58.

18 *Ibid.*, 58; Christine Bolt, *Victorian Attitudes to Race* (London, 1971), 21–22.

19 Charles C. Gillispie, »The Darwinian Heritage«, in: *The Making of the Modern World*, Hrsg.: Norman F. Cantor und Michael S. Wertham (New York, 1967), 125 und *passim*.

20 Karl Pearson, »Charles Darwin, 1809–1882«, Neuauflage in: *The Making of Modern Europe*, Hrsg.: Herman Ausubel (New York, 1951), 760.

21 *Ibid.*, 761.

22 Zitiert bei C. P. Blacker, *Eugenics, Galton and After* (London, 1952), 108.

23 Karl Pearson, *The Relative Strength of Nurture and Nature* (Cambridge, Eng., 1915), 48 ff.

24 Blacker, *op. cit.*, 108.

25 Willibald Hentschel, *Varuna* (Leipzig, 1907), 274.

26 Siehe Seite 253.

27 Reden anläßlich eines Abendessens am University College, London, zu Ehren Prof. Karl Pearsons, 23. April 1934 (Cambridge, Eng., 1934), 23.

Kapitel 7
Die Wissenschaft von der Rasse

Der Rassismus nahm das Erbe des 19. Jhs. in das nächste mit hinüber, und dies zeigte sich in zwei verschiedenen Traditionen: Einmal die mystische Vorstellung von Rasse, die die unterschwellig stets vorhandene Subjektivität rassischen Denkens so ausdehnte, bis sie jeden Schein von Wissenschaft hinter sich gelassen hatte – und dann jene, die für die rassische Klassifizierung wissenschaftliches und akademisches Ansehen suchte. In diesem Kapitel haben wir uns mit James Hunts »verläßlichen Fakten« ebenso zu beschäftigen wie mit jenen, die ihren Rassismus auf eine im jeweiligen Augenblick gerade gängige wissenschaftliche Methode stützten, so oberflächlich sie auch sein mochte. Weil diese Männer versuchten, ihr Werk auf sichtbare Beweise biologischer, zoologischer oder statistischer Art zu stützen, neigten sie auch dazu, zum Rassismus als einer Lehre der Aggression oder der Überlegenheit eine ambivalente Haltung einzunehmen, während sie gleichwohl rassische Kategorien und Stereotypen anerkannten. Die Hauptströmung dieses sogenannten wissenschaftlichen Rassismus aber war die Verschmelzung von Anthropologie, Eugenik und gesellschaftlichem Denken. Jetzt verband man diese traditionellen Konzepte mit dem Darwinismus, und dies führte dazu, daß man sich vorwiegend aus rassischer Sicht mit Vererbung und Eugenik beschäftigte, da dies für das Überleben des Tüchtigsten wesentlich war. Die Deutschen nannten diesen darwinistischen Rassismus »Rassen- und Gesellschaftsbiologie«, da es bei ihm auf die richtigen Erbfaktoren ankam.

»Rassen- und Gesellschaftsbiologie« war die Lehre der Vererbung und vom Überleben, die beide auf Rassen-Eugenik gegründet waren. Aber auch die Anthropologie spielte schließlich hinein, in deren Rahmen man aus der rassischen Klassifizierung wie aus der natürlichen Auslese und der Vererbung Schlüsse zog. Jene, die in rassischen Kategorien dachten, hatten stets versucht, einen Bezug zur Gegenwart beizubehalten, und Gobineaus eigene Theorien wurden nunmehr »Sozialanthropologie« benannt. [1] Auch Galton wurde von den Anthropologen vereinnahmt, geradeso wie er auf seinen zahlreichen Reisen ja versucht hatte, anthropologische Beobachtungen als Gegenstand eugenischer Messungen und Statistiken zu benutzen.

Exemplarisch für so unqualifizierte Analysen von Mensch und Gesellschaft, in denen sich dieses rassische Denken versuchte, ist das Vorwort des 1904 in Deutschland neugegründeten »Archivs für Rassen- und Gesellschaftsbiologie«. Seine Vertreter behaupteten, daß das Leben des einzelnen einmal ende, die Rasse hingegen eine kontinuierliche Lebenseinheit bilde. Unter Hinweis auf Darwin behauptete man in dieser Zeitschrift, das Überleben der Rasse hänge mit dem Rassenerbgut und mit der Rassenhygiene zusammen, und das Rassenkonzept sei für jegliche Gesellschafts- und Volkswirtschaftslehre, für Recht, Verwaltung, Geschichte bzw. Moralphilosophie grundlegend.[2] Die Idee von der Rasse hatte von jeher zur Erklärung der Gegenwart und als Hoffnung für die Zukunft gedient. Hier nun wurde sie zu einer allgemeinen Gesellschaftswissenschaft aufgebaut, allerdings, wie wir noch sehen werden, ohne aggressive Absichten.

Eine neue Dringlichkeit beseelte die Rassenbiologie. Dies scheint aus der Konfrontation mit dem rapiden Anwachsen der Verstädterung und mit dem Bevölkerungswachstum in Mittel- wie Westeuropa hervorgegangen zu sein. Viele glaubten damals, daß eine Katastrophe unvermeidlich sei, wenn man nicht die Vorstellungen von der natürlichen Auslese und der Vererbung in die Praxis umsetze. Karl Pearson, den die Deutschen so bewunderten und dessen Werke sie so oft wiederauflegten, behauptete, man dürfe das Prinzip der natürlichen Auslese nicht länger nur auf den einzelnen anwenden, sondern man müsse es statt dessen in einem nationalen Rahmen diskutieren. Die Gemeinschaft war das, was zählte, und moralisches Verhalten war es, mit dem man sie stärken konnte. Gelegentlich hatte Pearson behauptet, das Mitglied eines feindlichen Stammes zu töten sei vielleicht moralisch, ein Mitglied seines eigenen Stammes zu töten jedoch stets ein Verbrechen. Umgekehrt: Wer der Eugenik gleichgültig gegenüberstand, war zugleich auch potentieller Mörder an seinen eigenen Verwandten. Er war daher für die Degeneration des Volkes verantwortlich.[3]

Aus einer solchen Definition von Gemeinschaft ergab sich nicht notwendig, daß der Tüchtige von Natur aus zur überlegenen und der Untüchtige von Natur aus zu einer minderwertigen Rasse gehörten. So einfach war rassische Gesundheit für Pearson nicht verteilt. Jede Rasse konnte sich durch Anwendung der Eugenik verbessern. Im Alter bewunderte Pearson die nazistische Rassenpolitik, weil sie ein großangelegter Versuch zu sein schien, den Tüchtigen zu züchten (wenn auch einen, der nach Pearsons Ansicht dennoch versagen konnte). Er selbst jedoch pries das, was er Sozialismus nannte. Für ihn hieß »Sozialismus« Evolution der Volksgemeinschaft durch stetes Ringen. Auf diese Weise würde sich ein starker sozialer Instinkt entwickeln, und für die Effizienz und Bedeutung gesellschaftlich wertvoller Arbeit sollten Belohnungen gewährt werden. Pearson war Gegner des Klassenkampfes. Für ihn stand eine allmähliche, von einer Elite angeführte Entwicklung im Mittelpunkt.[4] So definiert, war der Sozialismus dann doch gegen Individualismus und unangemessene Ansammlung von Reichtum.

Pearson war nicht der einzige Rassenbiologe, der für diese Art Sozialismus eintrat. Unter dem Einfluß des Darwinismus wandelte sich der Deutsche Ludwig Woltmann, ein ehemaliger Marxist, gegen 1900, zu einem offenen Rassisten. Der Klassenkampf wurde in einen Krieg zwischen den Rassen umgewandelt. Arbeiter sollten in dieser Form des Sozialismus im Status, wenn nicht sogar von ihrer Funktion her, gleichberechtigt werden.[5] Die üblichere Einstellung dagegen war die, das kapitalistische System als vorteilhaft für den Prozeß der natürlichen Auslese zu preisen. A. Nordenholz z. B., der Wirtschaftsexperte der »Zeitschrift für Rassen- und Gesellschaftsbiologie«, sah im Kapitalismus eine zunehmende Produktiv- und Akkumulationskraft. Er meinte, man könne dem System einzig vorwerfen, daß es nicht genug für die Verbreitung des Wissens über Erbgesundheitspflege getan habe.[6] Die Kapitalisten reagierten wohlwollend auf den Darwinismus. So war z. B. Alfred Krupp um 1900 Schirmherr eines Aufsatzwettbewerbes zu dem Thema »Was können wir aus den Grundsätzen des Darwinismus für die Anwendung auf die innenpolitische Entwicklung und die staatlichen Gesetze lernen?« Wilhelm Schallmeyer, der den ersten Preis gewann, war ständiger Mitarbeiter am »Archiv für Rassen- und Gesellschaftsbiologie«, und Alfred Ploetz, der Herausgeber, wurde ebenfalls wegen seines Beitrags erwähnt.

Schallmeyer, ein Arzt, lehnte den Sozialismus wegen dessen Betonung der Umwelttheorie ab. Er setzte sich für Rassenhygiene ein und war natürlich gegen eine Vermischung von minderwertigen und der hochwertigen arischen Rasse. Dennoch war er Pazifist und glaubte, daß der Krieg ein Feind des Überlebens des Besten sei, da nur die Besten getötet würden, während die Feiglinge überlebten. Anstatt dessen sollte die Rasse aufgefordert werden, ihre Kräfte zu entwickeln und kinderlose Ehepaare sollten erneut heiraten, um Kinder zu bekommen. Unverheiratet zu bleiben sollte als illegal erklärt werden.[7] Schallmeyer verteidigte den Kapitalismus – doch dem galt sein Interesse nicht in erster Linie, denn ganz gleich, wie man sie auch durchsetzt, Rassenhygiene würde ein Volk auf den rechten Weg bringen.

Weder in England noch in Deutschland waren diese Männer daran interessiert, eine minderwertige Rasse zum Bösewicht im Drama des Überlebens zu stigmatisieren. Auch wenn der bedeutendste Begründer der Rassenbiologie in Deutschland, Alfred Ploetz, die germanische Rasse als den wichtigsten Kulturträger in der Welt herausstellte, tat er es dennoch nicht in der uns so vertrauten einfältigen Weise. Seiner Meinung nach waren alle Völker Rassenmischungen, und ihre Entwicklung war von der Umwelt beeinflußt worden. Die germanische Rasse allerdings war die Elite der Kompetenten und Fähigen. Das »blonde und große« Volk marschierte an der Spitze der rassischen Prozession – aber er sah auch die Juden als einen Teil dieser überlegenen Rasse. Für Ploetz waren die Juden zum größten Teil Arier, die nur wenig mit den alten Juden der Bibel gemein hatten. Die Juden hatten also mehr arisches als semitisches Blut.[8]

Ploetz verkehrte die christliche antijüdische Argumentationskette also in ihr Gegenteil. Normalerweise wurden die biblischen Juden des Alten Testaments für bewunderungswürdig und für wert gehalten, sie gegen die Antisemiten zu verteidigen, denn schließlich waren auch sie Teil des christlichen Heilsgeschehens. Die modernen Juden dagegen, die sich so beharrlich weigerten, im letzten Akt dieses Dramas mitzuspielen, waren zu verurteilen. Diese Argumentationskette drehte Ploetz zugunsten der modernen Juden um. Für die Zeitung, die er herausgab, hatten diese Juden jedoch noch etwas anderes, was zu ihren Gunsten sprach: ihre Hellhäutigkeit. Die statistische Entdeckung, daß ein großer Prozentsatz der Juden blond und blauäugig war, schien sie als Arier auszuweisen.[9] In dieser Zeitschrift wurde oft verneint, daß die Juden eine andere Rasse seien, nach ihr waren sie vielmehr wesentlicher Bestandteil germanischer Art.

Zeitweise führte der Darwinismus sogar dazu, die Juden als eine überlegene Rasse zu bezeichnen. In seinem Werk »Moses oder Darwin« (1892) behauptete Arnold Dodel, Botaniker an der Universität Zürich, die blutige Verfolgung der Juden habe einen Ausleseprozeß ausgelöst, aus dem die Überlebenden als allen Rassen Überlegene hervorgegangen seien. Dodels Behauptung entfachte eine Auseinandersetzung, in deren Verlauf etliche »Anti-Dodels« eine solche jüdische Überlegenheit entrüstet verneinten. So wurden die Juden von Ploetz bis Dodel gelegentlich entweder als Arier oder als überlegene Rasse angesehen.[10] Nicht jede Form des Sozialdarwinismus war auf die Vernichtung der Juden ausgerichtet. Im allgemeinen neigte diese Wissenschaft von der Rasse sogar dazu, sich vom Antisemitismus zu distanzieren. Fritz Lenz, ein führendes Mitglied der von Ploetz 1904 gegründeten »Deutschen Gesellschaft für Rassenhygiene«, war der Ansicht, daß fanatischer Antisemitismus und Rassenhygiene sich nicht vertrügen. Es besteht daher kein Anlaß zu behaupten, die deutsche und englische Lehre von »Rassenbiologie und Hygiene« sei der unmittelbare Vorläufer der Nazi-Politik gegen die Juden.

Einem Großteil dieser zeitgenössischen deutschsprachigen Literatur fehlte die Feindseligkeit nicht nur gegen die Juden, sondern auch gegen die Franzosen, die »Erbfeinde« der Deutschen. »Es besteht kein Anlaß, über die Degenerierung der Franzosen zu sprechen«, sagte ein Arzt 1906 in dieser Zeitschrift, »denn wir müssen uns vor eben dem Chauvinismus hüten, den die Franzosen den Deutschen zuschreiben.«[11] Mischehen zwischen Deutschen und Franzosen wurden als nützlich für beide Parteien propagiert. Alfred Ploetz forderte, daß man die Spannungen zwischen den Deutschen und Engländern ebenfalls abbauen sollte: aus Solidarität gegen die farbigen Rassen (ein Glaube, den Hitler teilen sollte).[12] Es ist typisch, daß man die Rassenmischung der Weißen untereinander derjenigen zwischen »völlig Fremden« – sprich Negern – gegenüberstellte. Und so wohlwollend sich die Autoren der Zeitschrift auch gegen Franzosen, Engländer und Juden erwiesen, über ihre Feindseligkeit gegenüber den weitentfernten Schwarzen bestand nie ein Zweifel. Die in den USA geübte Trennung der schwarzen und weißen Rassen wurde als ein Beispiel rechter rassischer Eugenik lobend hervorgehoben.

Das Verlangen nach Rassenhygiene ging sogar soweit, daß man forderte, die Unfähigen zu sterilisieren. In der Regel allerdings rief man jene, die eine angeborene Krankheit hatten, nur dazu auf, freiwillig auf die Ehe zu verzichten. Zeitweise wurde gefordert, daß alle Bürger registriert würden, um deren körperliches Befinden überwachen zu können. Die von Ploetz 1904 gegründete Gesellschaft für Rassenhygiene hielt sich für das deutsche Gegenstück zu Galtons »Eugenics Education Society«.[13] Die Mittel, die Innenpolitik zu verändern, waren Erziehung und Propaganda. Solch ein Programm war weder darauf abgestellt, die minderwertigen Rassen auszurotten, noch gar auf die Notwendigkeit eines Rassenkampfes. Diese Vorstellungen geisterten statt dessen unter jenen herum, die die »Mystik der Rasse« in den Mittelpunkt stellten – unter Männern und Frauen, deren Interesse sich mehr auf die sogenannten geistigen Aspekte der Rasse, weniger auf den Darwinismus und auf die Wissenschaft konzentrierten.

Erst die Nazis führten diese beiden Richtungen rassischen Denkens wieder zusammen. Damals traten Ploetz, Fischer und andere führende Köpfe der Rassenbiologie der Nazipartei bei und unterstützten das Gesetz zur Verhütung erbkranken Nachwuchses vom 28. Juni 1933. Aufgrund dieses Gesetzes wurden Gerichte eingerichtet, die über die Erbgesundheit entschieden und, in bestimmten Instanzen, die Sterilisation verfügten. Ploetz konnte dieser Maßnahme aus gutem Grund zustimmen, denn sie umfaßte fast alles, was er sich für den Schutz der Fähigen gewünscht hatte. Es war wohl nur konsequent, daß ein solcher Enthusiasmus ihn und Eugen Fischer dazu bringen sollte, Parteimitglied zu werden und dem Nationalsozialismus als der ersten europäischen Regierung zu applaudieren, die Rassenhygiene zum Gegenstand öffentlicher Politik machte.[14]

Trotz aller Unterschiede zwischen den Rassenbiologen und den Nazi-Rassisten sprachen beide von »Rasse und Degeneration« und von den »Gesunden« und den »Minderwertigen«. Zur Regierung des Volkes hielt man eine Elite für notwendig, und sie sollte ein Produkt natürlicher, vom Staat geförderter Auslese sein. Überdies hatte man den Schwarzen stets als eindeutig minderwertig angesehen, und wieder einmal wurden die üblichen Anschuldigungen wiederholt, der Neger sei unstet und es mangele ihm von Natur aus an der Fähigkeit zum metaphysischen Denken. Erst nach 1935 wurden solche Anzeichen für Minderwertigkeit auch im »Archiv für Rassen- und Gesellschaftsbiologie« auf die Juden übertragen.[15] Bis dahin pflegte sogar ein Mann wie Fischer eilig zu versichern, daß Rassenhygiene allen Rassen wohltue, wenn er zwischen Deutschen und Juden unterschied und den sogenannten jüdischen Eigenarten Vorbehalte entgegenbrachte.[16]

Nach 1850 war das rassische Denken von der Angst vor der Degeneration geplagt. (Wegen des Gebrauchs, den die Nazis von diesem Konzept machen sollten vgl. Tafel 13.) Gobineau hatte diesen Ausdruck bereits benutzt, um die verhängnisvolle und unvermeidliche Folge von Rassenmischung zu beschreiben. In der zweiten Hälfte des 19. Jahrhunderts jedoch erhielt dieser Ausdruck neuen Elan und Anerkennung, und dies ließ ihn zu einem grundlegenden Begriff rassischen Denkens werden. Anthropologen hatten ihn als ein mögliches Ergebnis der Chancenvarianten benutzt, und Biologen hatten in der Degeneration eine Rückkehr zum Primitivismus gesehen. Benedict Augustin Morel gab 1857 der Degeneration die klassische Definition: »Degenerationen sind Abweichungen vom normalen Menschentyp; sie werden durch Vererbung übertragen und führen allmählich zur Zerstörung.«[17] Während Degeneration durch Umweltfaktoren (wie Vergiftung, Krankheit oder Alkohol) verursacht wird, wurde die gefährlichste der Infektionen – nach Morel – durch eine Kombination körperlicher und moralischer Faktoren ausgelöst. Da diese Infektion sich weiterentwickelte, wäre die erste Generation einer degenerierten Familie nur nervös, die zweite neurotisch, die dritte psychotisch und die vierte würde zu Kretins und aussterben.[18] Körperliche Veränderungen begleiteten die Veränderung in Haltung, Lebenseinstellung und Gefühl. Morel war Arzt, und die Medizin leistete jetzt einen wichtigen Beitrag zur Entwicklung des Rassismus. Durch Cesare Lombroso und Max Nordau aber, beide Ärzte, wurde »Degeneration« zum mächtigen Schlagwort.

Cesare Lombroso (1836–1909), selbst kein Rassist, war ein Liberaler und Gelegenheitssozialist, ein Jude, der bis zu seinem Tode an die Möglichkeit der vollständigen Assimilation glaubte.[19] Als Begründer der Kriminalwissenschaft und als Verfechter einer Psychologie, die körperliche Eigenschaften zum Zeichen des Seelenzustandes erhob, hatte er einen beträchtlichen Einfluß auf das von ihm selbst verdammte rassische Denken. Degeneration wurde zum Zeichen angeborener Kriminalität, eines in ewige Verdammnis gesperrten Geistes.

Lombroso definierte Degeneration wie Morel und gab eine detaillierte Liste ihrer äußeren Anzeichen: u. a. fliehende Stirn, tiefliegende Augen, Himmelfahrtsnase und offensichtliche Asymmetrie des Gesichtes. Vielleicht liegt hier ein Einfluß Lavaters vor; gewiß aber spielt hier das Ideal der Harmonie und des Gleichmaßes eine entscheidende Rolle – denn für Lombroso waren Gefühlsüberschwang, Unstetigkeit, Mangel an Charakter und krankhafte Selbstgefälligkeit Anzeichen einer Degeneration, die die äußeren Erscheinungen begleiteten.[20] Lombrosos Theorien priesen das Normale, die goldene Mitte – alles andere war degeneriert.

Sein Buch »Genio e Follio« (1863) machte diese Vorstellungen populär. Hier behauptete er, selbst der Genius – für so viele Höhepunkt menschlicher Vollendung – hinge von pathologischen Bedingungen des Körpers ab. An anderer Stelle schrieb er, daß Halluzination, Epilepsie und Wollust alles Eigenschaften von Männern wie Molière und Beethoven waren, deren äußere Erscheinung sowohl ihr Genie als auch ihre Degeneration widerspiegelte. Genie wie Wahnsinn schätzen die Ordnung nicht, und ihnen fehlt Instinkt für die Erfordernisse des praktischen Lebens. Außerdem fehlt es ihnen an Charakterfestigkeit, und sie sind Träumer – exakt das Gegenteil des guten Bürgers und Liberalen.[21]

Lombroso stand aber auch unter darwinistischem Einfluß, und dies ließ ihn Gewohnheitskriminellen gegenüber grausam und hart sein. Für ihn besaßen diese Art Kriminellen äußere Anzeichen der Degeneration, die auf Atavismus hindeuteten. Sie hatten sich zu einer barbarischen Urrasse zurückentwickelt. Diese Männer und Frauen waren kenntlich an ihren riesigen Kiefern und hohen Backenknochen sowie an anderen Anzeichen, an Henkelohren, wie man sie »bei Kriminellen, Wilden und Affen findet«.[22] Lombroso meinte, dies seien Anzeichen von Gewohnheitskriminalität, und er unterschied solche Leute von Gelegenheitsverbrechern und von solchen, die von einer vorübergehenden Leidenschaft geleitet wurden. Die beiden letzten Gruppen waren besserungsfähig, sie waren menschlich zu behandeln. Ein zum kriminellen Leben verdammter Mensch jedoch mußte getötet werden, weil man nur so die Gesellschaft vor ihm schützen konnte. Die Todesstrafe war darum Teil einer »wohlerwogenen Auslese«, die dazu dienen konnte, die natürliche Auslese zu ergänzen und zu verstärken.[23] Lombrosos Lösung des rassischen Verfalls war radikaler als die der eugenischen Bewegung, aber die Grundvoraussetzungen teilte er mit ihr.

Es ist unbestritten, daß Nazis und Faschisten Freud im allgemeinen ablehnten und Lombrosos Psychologie vertraten. Die Euthanasie der Nazis beruhte auf der Annahme, daß die sich in Gewohnheitskriminalität oder Irrsinn äußernde Degeneration strukturell und endgültig sei. Da die Nazis die Juden sowohl für degeneriert als auch für Gewohnheitsverbrecher hielten, wurde Lombrosos Definition der Kriminalität Teil von Hitlers Endlösung der jüdischen Frage.[24]

Max Nordau (1849–1923) war derjenige, der das Konzept der Degeneration wirklich populär machte. Er war enger Freund und Schüler von Lombroso, und in seiner Persönlichkeit sein Ebenbild: Er war Arzt, Autor von neun Romanen und etlichen Bänden Kurzgeschichten, von sieben Theaterstücken und fünfzehn Essays, und endlich Journalist und glühender Zionist, der als Pariser Korrespondent von Berliner und Wiener Zeitungen viele Artikel schrieb und im Alter zionistische Reden hielt.

Vielleicht ist es bezeichnend, daß sowohl Lombroso als auch Nordau die Degeneration mit einem sogenannten normalen Leben in Schweiß und Arbeit kontrastierten. Beide waren gewiß typisch für diese bürgerliche Normalität, die Nordau wiederholt pries: jene Menschen, die früh aufstehen und vor Sonnenuntergang nicht müde werden, die einen klaren Kopf, feste Mägen und harte Muskeln haben.[25] Solche Tugenden waren es, die Nordau und Lombroso ja für ihre eigenen mannigfaltigen Fertigkeiten brauchten.

Nordau war populärer als Lombroso, denn er befaßte sich damit, Wissenschaft und Kultur einfach darzustellen und nicht in Form von klinischer Analyse oder juristischen Schriftsätzen. Das Lombroso gewidmete Buch »Degeneration« (1892) nahm Europa im Sturm und verankerte das Konzept endlich im eigentlichen Vokabular. Nordau war ein Liberaler, kein Rassist, und, bis zu seiner Konvertierung zum Zionismus, gewiß ein kosmopolitischer Jude. Selbst sein Zionismus tendierte eher zum Erbarmen mit den Verfolgten als zum Nationalismus. Grundlagen seines Denkens waren die »unwiderstehlichen und unveränderbaren« physikalischen Gesetze, die für Mensch und Natur galten. Wollte der Mensch die Klippen der natürlichen Auslese bewältigen, mußte er die Gesetze durch Klarheit des Verstandes und der Gedanken entdecken. Nordau war allerdings der Ansicht, der Mensch könne solche Klarheit nur durch Beobachtung und durch die auf geistiger Disziplin beruhende Kenntnis erreichen. – »Wer immer Disziplinlosigkeit predigt, ist ein Feind des Fortschritts.«[26] Wissenschaftlicher Positivismus bekämpfte die Degeneration. Zu einem solchen Positivismus gehörte, nach Nordau, auch ordentliche Arbeit, sauberes Aussehen und sexuelle Moral.

Alle, die sich gegen diese wissenschaftliche Methode und Mittelstandsmoral wandten, waren »Degenerierte«. Tolstoi z. B., weil es ihm an Klarheit mangelte, der Bildhauer Auguste Rodin, weil er sich dort Muskeln vorstellte, wo es keine gab, und moderne Künstler und Autoren, die Selbstdisziplin und genaue Beobachtung durch Vorstellungskraft ersetzten. Die Anzeichen der Degeneration waren nicht nur auf die Werke der Künstler beschränkt, sie manifestierten sich auch in körperlichen Abnormitäten. So glaubte Nordau, die Schwäche des nervösen Systems sei Ursache für die Werke der Impressionisten, während Altersschwäche die Erklärung für die Werke der Naturalisten war. Für Nordau waren moderne Künstler und Schriftsteller ganz offensichtlich unfähig zu »rationalem Bewußtsein«, zu dem man durch die gesunde Anstrengung des Intellekts gelangt«.[27] Er unterstützte die traditionellen künstlerischen

Ausdrucksformen, weil sie einer ordentlichen Evolution entsprangen (analog zu Darwins Prinzipien der natürlichen Auslese). Sicher befürwortete Nordau auch eine auf der Solidarität beruhende, menschliche Gemeinschaft. In seinem Buch »Degeneration« pries er allerdings die liberalen Mittelklassetugenden und stigmatisierte jene, die sie ablehnten.

Degeneration war der Feind jener Mittelstandsmoral, die implizit wie explizit stets Verbündete rassischen Überlebens und rassischer Herrschaft war. Von Campers Idealtypus bis zu Nordaus »Normalmenschen« waren dies Idealtypen des Mittelstandes: der »fleißige Deutsche« oder der »wohlanständig lebende Engländer« unserer Tage. Wie wir wiederholt festgestellt haben, machte sich der Rassismus die Mittelstandsmoral zu eigen, die während des 19. Jahrhunderts Europa zu beherrschen begann, genau so, wie er sich des Nationalismus, ja sämtlicher Ideen bemächtigte, die zukunftsträchtig zu sein schienen. Das war seine Stärke. Morel, Lombroso und Nordau waren keine Rassisten. Doch waren es ihre Vorstellungen, die zu Gemeinplätzen rassistischen Denkens wurden.

Die Rassisten glaubten, Degeneration könne man eventuell durch Erbgesundheitspflege abwenden. Doch einer nüchternen Lösung zur Aufrechterhaltung der Rasse war keine Zukunft bestimmt. Rassismus verspürte stets den Zug zum Irrationalen, den Drang, eine weltliche Religion zu werden. Rassenbiologie versuchte, diesen irrationalen Höhenflug zu verhindern, aber sie konnte einen beträchtlichen Anteil der Erbgesundheitspflege nicht daran hindern, sich in die Mystik zu flüchten. Dies galt insbesondere für die, die den Rassen-Darwinismus populär machten. Sie waren von einer Religiosität durchdrungen, die Lombroso und Nordau bedauerten. Trotz ihres Anspruchs, sich im Bereich der Tatsachen zu bewegen, war die Rassenbiologie stets ein Mythos und also dem Irrationalismus jeder Provenienz offen gewesen.

Insbesondere die nicht eng mit dem »Archiv für Rassen- und Gesellschaftsbiologie« verbundenen deutschen Darwinisten siedelten Evolution und Wissenschaft zum Teil in religiösen Bereichen an. Ernst Haeckel (1834–1919), führender deutscher Vertreter der Evolution als einer die schöpferische Naturkraft verkörpernden kosmischen Kraft, stand zwischen Wissenschaft und Metaphysik. Er war ein ausgezeichneter Zoologe, blieb jedoch stets ein Kind der Romantik. Materie war für Haeckel eine mystische Kraft und zugleich etwas Irdisches und Mechanisches. Die Evolution, so behauptete er, sähe Mensch und Natur als ein zusammenhängendes, mit pantheistischem Geist durchtränktes Ganzes. Diese Interpretation der darwinistischen Theorie nannte er »Monismus« und stellte sie allen anderen Welterklärungen gegenüber, denen solche materielle und geistige Einheit abging.[28]

Danach war Evolution nicht der Übergang von einer Spezies zur nächsten. Sie war vielmehr eine kosmische Kraft, die aufgrund der Instrumentalität der verschiedenen Rassen nach einem deterministischen Plan funktionierte, in dem jede Wirkung eine natürliche Ursache hatte. Darwinismus trug also zu jener Klarheit bei, die Nordau so sehr pries. Er verlieh einen Hauch von Wissenschaftlichkeit und ließ dennoch Spielraum für einen idealistischen und subjektiven Inhalt. Haeckel stellte nicht nur eine Genealogie für sämtliche Menschenrassen auf, er verband die scharfe Trennung zwischen den Rassen auch mit der Forderung, die Untüchtigen auszumerzen. Im Gegensatz zu den Rassenbiologen, deren Respekt für Tatsachen und Beobachtung – so dürftig er auch sein mochte – ihrem Rassismus Grenzen setzte (schließlich hielten sie sich für aufgeklärte Männer der Wissenschaft), verloren Haeckel und seine Schüler ihre empirischen Grundlagen. Schließlich verdrängte der Patriotismus die »verläßlichen Fakten«, und so wurden für sie die Deutschen zur überlegenen Rasse. Die Deutschen hatten sich am weitesten vom affenähnlichen Menschen fortentwickelt und hatten darum alle anderen an geistiger Entwicklung und Kultur überflügelt. Juden und Neger wurden an das untere Ende der Stufenleiter der Natur gestellt.

Um sie vor Degeneration zu bewahren, mußte Eugenik zugunsten der überlegenen Rasse betrieben werden – und das hieß Ausrottung des Minderwertigen. Rassenbiologen hatten die Medizinerzunft dann und wann kritisiert, weil sie die Untüchtigen am Leben erhielten. Haeckel und seine Schüler dagegen hielten unbeirrt an der Auffassung fest, daß man es nicht zulassen dürfe, die von Krankheit geschädigten Individuen überleben zu lassen, und wie Lombroso befürworteten sie die Todesstrafe für Gewohnheitsverbrecher. Haeckel schlug sogar vor, man solle eine Kommission gründen, die über Leben und Tod entscheiden sollte.[29] Die Rassenbiologen waren eindeutig nur indirekte Vorläufer der Nazi-Euthanasie; Haeckel hingegen kann als ein mehr direkter Vorfahre genannt werden.

Mit seinen biologischen Hypothesen lieferte Haeckel einen zusätzlichen Beitrag zur Rassentheorie, den er als »biogenetisches Gesetz« bezeichnete. Dieses Gesetz besagte, daß die biologische Geschichte des Individuums in verkürzter Form die biologische Entwicklung seiner Vorfahren widerspiegeln müsse. Die Vorfahren waren stets gegenwärtig, nicht nur im Denken, sondern auch in der biologischen Wirklichkeit, und sie stellten so die Kontinuität der Rasse sicher.[30] Haeckels Buch »Die Welträtsel« (1899) wurde zum Bestseller, denn es vermittelte dem Leser das Gefühl, sich mit Wissenschaft zu beschäftigen, während er zugleich die Wohltat einer neuen pantheistischen Religion erlebte. Haeckel gründete seine Behauptungen auf die höhere Bibelkritik, die die biblische Geschichte aus historischer Perspektive untersuchte, um dann festzustellen, daß es ihr an Wahrheit und Überzeugung mangele. Zur Begründung seiner eigenen Behauptung, Christus sei Mensch und nicht Gott gewesen, übernahm er dankbar die Feststellungen von David Friedrich Strauß und Ernest Renan. Außerdem stimmte er seinem Zeitgenossen Houston Stewart Chamberlain zu, Christus' Religion der Liebe könne nichts mit den Juden und ihren typisch orientalischen Phantasien gemein haben.[31] Für Haeckel waren die Juden eine minderwertige Rasse, die die Lehren Christi in ihrem eigenen Interesse verfälscht hatten. Das Christentum war eine die Materie durchwaltende pantheistische Religion der Liebe, die von der Last des Alten wie des Neuen Testaments befreit werden mußte.

1906 gründete Haeckel die »Monistische Liga«, deren Mitglieder allerdings nicht unbedingt Haeckels völkischer und rassistischer Lehre folgten. Viele Mitglieder der Liga, und auch jene, die nicht zur Organisation gehörten, aber vom Monismus beeinflußt waren, glaubten, die Natur weise in eine humanitäre, liberale Richtung. Die wohlwollende Evolution werde einen neuen, Liebe und Vernunft verkörpernden Menschen schaffen. Insbesondere die gebildete Arbeiterklasse leitete ihren Fortschrittsglauben wohl ebensosehr von solchem darwinistischen Monismus wie von Karl Marx her.[32] Der »Tempel der Natur« war nicht notwendig auf einem engen nationalistischen und arischen Fundament errichtet. Aber allein die Tatsache, daß Haeckel und einige zeitgenössische Monisten glaubten, daß dies so sei, gab dem Rassismus noch eine sogenannte wissenschaftliche Rechtfertigung mehr.

Der Versuch, den Rassismus zur Wissenschaft zu erheben, sowie die Flucht in eine neue darwinistische Religion erschöpft die Rassentheorie zum Ende des Jahrhunderts nicht. Auch die Anthropologie trug ihr Scherflein bei, und dies ist wegen ihrer beharrlichen Bemühungen um Beweise wahrscheinlich um so wichtiger.

Während man in England der Eugenik und in Deutschland der Rassenbiologie und dem Monismus den Weg bahnte, machte in Frankreich die Anthropologie ihre größten Fortschritte. Paul Brocas (1824–1880) zusammenfassende Darstellung der Arbeit der Pariser Anthropologischen Gesellschaft zwischen 1859 und 1863 weist eine ambivalente Einstellung zur Rasse auf. Einerseits billigt er die Unterscheidung zwischen den Rassen, andrerseits sagt er, sie bildeten eine harmonische Gruppe und es müsse der Mensch als solcher untersucht werden.[33] Die in Paris arbeitenden Männer wie Paul Broca und William Frederick Edwards (1777–1842) glaubten an die Existenz von Rasse, aber auch an die wohltuende Wirkung von Rassenmischung und an die Bedeutung von Umweltfaktoren. Ideen von Überlegenheit und Minderwertigkeit wurden abgelehnt, selbst Schönheit wurde nicht auf eine Rasse oder auf einen Typus beschränkt. Dennoch war für Edwards Schönheit kein Allgemeinbegriff – jede Rasse besaß die ihr eigene, typische Schönheit.[34]

Broca kritisierte sowohl Gobineau als auch Knox für ihre allzu große Simplizität. Seiner Meinung nach neigten Mischrassen dazu, die Kultur zu beherrschen, und ganz gewiß waren die Franzosen eine solche Mischrasse, die, je nach geographischer Region, anders ausfiel. Es gab überall große und kleine Menschen, blonde und braune, lang- und rundköpfige.[35] Die französische Anthropologie beruhte also auf einer liberalen Tradition – von einer solchen Auffassung war nicht einmal der Neger ausgeschlossen. François Pruner, den man für eine Kapazität auf diesem Gebiet hielt, stellte den Neger als einen für extreme Haltungen anfälligen Typ dar, obwohl er zu dem Schluß kam, dies sei nicht die Regel. Statt dessen sah er die meisten Schwarzen als nüchterne, fleißige und geduldige Arbeiter, die ihren Familien mit Weisheit und Würde vorstanden.[36] Dies war gewiß eine erfrischende Ansicht, aber glücklicherweise keine ungewöhnliche.

Natürlich wurden in der Anthropologischen Gesellschaft gelegentlich andere Vorstellungen geäußert. So erzählte z. B. J. A. H. Périer seinen Kollegen, reine Rassen seien edel, Mischblut dagegen minderwertig und daß die Europäer im Gegensatz zu den Schwarzen die edlen Rassen seien.[37] Für die einflußreichsten Anthropologen jedoch war Joseph Deniker charakteristischer. Obwohl er in seinem Buch »Les races de l'Europe« (1899) zum Nachweis der Rasse auf Schädelmessungen zurückgriff, bestritt er dennoch, daß Rasse und Nationalität sich deckten. In Frankreich gab es mehrere Rassen: Im Osten waren die Franzosen groß, im Südwesten klein. Deniker glaubte an die Vererbung von Rassenmerkmalen und bestritt, daß Umwelt als Faktor eine Rolle spielte. Er nahm die Existenz einer mehr oder minder reinen nordischen Rasse an, die sich allerdings nicht mit irgendeinem Volk deckte. Es ist irgendwo zwischen Broca und Périer angesiedelt, aber dennoch weigerte er sich, auf Vorstellungen von rassischer Überlegenheit einzugehen.[38] Er versuchte sogar bewußt, Werturteile zu vermeiden.

Auch Armand de Quatrefages de Bréau (1810–1892), das führende Mitglied der Anthropologischen Gesellschaft nach Broca, versicherte, daß Rassenmischung fruchtbar sei und weiter – selbst wenn der Negerschädel sich von dem des Weißen unterscheide, beweise das nicht die Minderwertigkeit der Schwarzen. Dieselbe Behauptung hatte selbst Broca schon aufgestellt. Quatrefages wandte sich nicht nur gegen Knox, dem man allgemein vorwarf, seine Analyse der Rasse sei fehlerhaft gewesen; er griff sogar Camper an, weil dieser aus dem Gesichtswinkel eine intellektuelle Überlegenheit herleitete. Und wieder einmal beeinträchtigte Ambivalenz diese lobenswerten Gefühle und wissenschaftlichen Ideale. Quatrefages war der Ansicht, die weiße Rasse sei intellektuell am weitesten entwickelt, und darum sei es ihr möglich, andere Rassen durch Vermischung mit ihrem Blut aufzubessern. Ein solcher Aufruf zur Mischehe war für die meisten Rassisten natürlich ein Anathema. Nebenbei sei bemerkt, daß die Juden nun endgültig als Mitglieder der überlegenen weißen Rasse angesehen wurden, die Gelben und Schwarzen hingegen waren diejenigen, die einer Aufbesserung am dringendsten bedurften.[39] Nach dem deutsch-französischen Krieg von 1870 verlor Quatrefages seinen Sinn für Proportionen. Die deutsche Beschießung von Paris hatte das berühmte anthropologische Museum im Jardin des Plantes getroffen und ihm teuere Sammlungen zerstört. Er glaubte, die Preußen hätten vorsätzlich versucht, die französische Anthropologie auszulöschen. Der Krieg von 1870 wurde von den Preußen von einem Völkerkrieg in einen Rassenkrieg verwandelt, in dem Frankreich vernichtet werden mußte. Nunmehr hielt Quatrefages die Preußen gar für ein von den blonden Germanen verschiedenes Volk. Rassisch waren sie Finnen, das heißt eine dunkle, mongoloide Rasse. Die Preußen wollten mit der Vernichtung der französischen Anthropologie eben verhindern, daß man ihre Minderwertigkeit entdecke.[40]

Rudolf Virchow (1821–1902) antwortete Quatrefages im Namen von Wissenschaft und Vernunft und bestätigte erneut, im Sinne der französischen Anthropologie, daß es keine reinen Rassen gäbe.[41] Virchow war einer der Begründer deutscher Anthropologie und gewiß das einflußreichste Mitglied der »Deutschen Anthropologischen Gesellschaft« (1870 gegründet). Er war einer der letzten universalen Wissenschaftler, die unsere Kultur hervorbrachte. Seine Beiträge reichten von der Zellpathologie (die er entdeckte) bis zur Epidemiologie, öffentlicher Gesundheit, Archäologie, Anthropologie bis zur Politik – er war führendes Mitglied der Progressiven im Preußischen Land- und im Deutschen Reichstag. Seine Arbeiten im Bereich der Anthropologie interessieren uns nicht nur, weil er ein ausgezeichneter Organisator war, sondern vor allem wegen seiner berühmten rassischen Erhebungen unter deutschen Schulkindern, die man in Österreich, Holland und Belgien nachvollziehen sollte.

1871 gelang es der neugegründeten »Deutschen Anthropologischen Gesellschaft«, die Statistiken aller Schädelformen in Deutschland zu speichern, und ein Jahr später fügte sie Untersuchungen über Haar- und Augenfarbe hinzu. Virchow, den man mit der Ausführung des Planes beauftragt hatte, schlug vor, diesen Überblick unter den Schulkindern zu machen. Die Gesellschaft beschloß, die Unterschiede zwischen jüdischen und christlichen Schulkindern zu untersuchen. Die deutschen Bundesstaaten stimmten dieser Untersuchung zu und boten ihre Hilfe an. Den Schulen wurde dann der Zweck solcher Untersuchungen erklärt – nämlich, daß man feststellen wollte, wieviel von der Urrasse übriggeblieben war. Man sagte, dies sei notwendig, um die Besonderheiten der Völker und Kulturen beurteilen zu können. Die Lehrer füllten von Virchow vorbereitete Fragebögen aus und legten sie erst den Deutschen, dann den Juden vor. Die Mitarbeit verweigerte nur die Hansestadt Hamburg, denn ihrer Ansicht nach verstieß diese Untersuchung gegen die persönliche

Freiheit. Anderenorts gab es wenig Schwierigkeiten. Schließlich waren 6 760 000 Kinder nach Augen-, Haar- und Hautfarbe überprüft, die Schädelmessungen wurden dagegen nicht so ernst genommen.[42]

Die von Virchow bestätigte Absonderung der jüdischen Schulkinder sagt etwas über den Verlauf der jüdischen Emanzipation in Deutschland aus. So wissenschaftlich begründet die Untersuchung auch war, sie muß den jüdischen Kindern ihren Minderheitsstatus und ihre andere Herkunft bewußt gemacht haben. Dies muß auf sie ähnlich gewirkt haben wie der Schock, den die deutschen jüdischen Soldaten im Ersten Weltkrieg erlitten, als sie ausgesondert und gezählt wurden, weil man dem Vorwurf nachgehen wollte, daß sie sich vor dem Dienst zu vorderster Frontlinie zu drücken versuchten. Die »Judenzählung« von 1916 trieb einige assimilierte Juden zum Zionismus.[43] Über Virchows Untersuchungen ist natürlich nichts Ähnliches bekannt – aber hier fehlen uns die Einzelheiten über die Gefühle der Betroffenen. Seine Untersuchung zeitigte jedoch positive Ergebnisse. Virchow konnte beweisen, daß es so etwas wie eine reine deutsche oder eine reine jüdische Rasse nicht gab. Mit seinen Ergebnissen wollte er den Rassenmythos ein für allemal begraben.

Die Untersuchung zeigte, daß die Deutschen nirgendwo eine rassische Einheit bildeten und daß blaue Augen und blonde Haare überhaupt nicht vorherrschend waren. Nach Virchows Statistiken machten die Blonden im gesamten Deutschen Reich 31,8 %, die Brünetten 14,05 % und die Mischtypen 54,15 % der Bevölkerung aus.[44] Unter den 75 377 untersuchten jüdischen Schulkindern waren 11 % reine blonde, 42 % schwarzhaarige und 47 % Mischtypen.[45] Es ist interessant, daß der Statistiker Arthur Ruppin bei Ausbruch des Ersten Weltkrieges annahm, der Anteil der blonden Juden in Deutschland habe sich auf 20 bis 25 % erhöht.[46] Virchows Behauptung, daß es keine reinen Rassen gäbe, wurde in beträchtlichem Umfang bestätigt.

Dennoch machte sich das deutsche »Archiv für Anthropologie« weiterhin um die Rassenmischung Gedanken, die die Unterschiede zwischen den Deutschen und Juden verwischte. Als Virchows Untersuchungen abgeschlossen waren und deren Ergebnisse 1886 veröffentlicht wurden, plagte das »Archiv« sich hart damit, die statistischen Unterschiede aufzubauschen. Höflich vermerkte sie, daß es unter den Juden einen geringeren Prozentsatz an Blonden gäbe als unter der deutschen Bevölkerung. Die Österreicher, stets radikaler und daran interessiert, die Juden von den Nicht-Juden zu trennen, konzentrierten ihre Untersuchungen auf Galizien und die Bukowina. Hier sollte sich, so hieß es, die jüdische Rasse rein erhalten haben. In dieser Gegend fanden sie dann auch wirklich weniger jüdische Blonde.[47]

Diese Untersuchung hätte die Auseinandersetzungen über die Existenz reiner arischer und jüdischer Rassen eigentlich beenden sollen. Sie scheint jedoch überraschend geringe Auswirkungen gehabt zu haben. Die Idee von der Rasse war schon lange zuvor mit Mythen, Stereotypen und subjektiven Eigenschaften durchsetzt worden. Eine wissenschaftliche Untersuchung konnte daher wenig ändern. Das Ideal der reinen, überlegenen Rasse und das Konzept vom Rassenfeind löste nur allzuviele dringende Probleme, als daß man sie ohne weiteres beiseite schieben konnte. Für den ungebildeten Teil der Bevölkerung war die Untersuchung selbst nicht durchschaubar. Für sie bot Haeckels Buch »Welträtsel« eine bessere Antwort auf ihre Probleme.

Natürlich erhob sich gegen Virchows Untersuchungsergebnisse Protest – von Studenten und von jenen, die behaupteten, der berühmte Arzt sei entweder ein Sklave der Juden und Teil der jüdischen Weltverschwörung, oder gar selbst jüdischer Abstammung.[48] Trotzdem zog Virchow unbeirrt seine Schlußfolgerung, daß die Juden ein Volk, aber keine Rasse seien. Er hielt an der Überzeugung fest, daß die Juden sich von den Deutschen unterscheiden, so wie wir es im Ansatz seiner Rassenuntersuchung gesehen haben. Anhand seiner Untersuchung überlegte Virchow, daß man wohl große Teile Süd- und Westdeutschlands vom Reich ausschließen müßte, wollte man einen germanischen Typus haben. Für Virchow war »Rasse« nichts anderes als eine Erbvariante.[49]

Virchows Feinde respektierten seinen Forschergeist nicht. Statt dessen zogen diese Leute es vor, an Mythen, Symbole und an das Geheimnis der Rasse zu glauben, ungeachtet der umfassendsten rassischen Untersuchung, die je gemacht wurde. Diese Entwicklung stärkte in Deutschland Vorstellungen vom Rassenkampf, und in Frankreich stellten die für die politischen Unruhen der Dritten Republik relevanten rassischen Ideen die liberale Anthropologie in Frage.

Anmerkungen

1 Eugen Fischer, »Begriff, Abgrenzung und Geschichte der Anthropologie«, *Anthropologie*, Hrsg.: G. Schwalbe und E. Fischer (Leipzig, 1923), 10.
2 *Archiv für Rassen- und Gesellschaftsbiologie*, I (1904), iv, vi. (Hiernach im folgenden als *Archiv* zitiert.)
3 Karl Pearson, »Über den Zweck und die Bedeutung der National-Eugenik für den Staat«, *Archiv*, V (1908), 91.
4 Karl Pearson, *The Moral Basis of Socialism* (London, o. D.), 5.
5 Ludwig Woltmann, *Politische Anthropologie*, Hrsg.: Otto Reche (Berlin, 1936), 388, 392.
6 A. Nordenholz in *Archiv*, VI (1909), 131.
7 Vgl. M. von Gruber, »Wilhelm Schallmayer«, *Archiv*, XIV (1922 und 1923), 52–55; Wilhelm Schallmeyer, »Der Krieg als Züchter«, *Archiv*, V (1908), 388–399; Fritz Bölle, »Darwinismus und Zeitgeist«, *Zeitschrift für Religion und Geistesgeschichte*, XIV (1962), 167.

8 Alfred Ploetz in *Archiv*, I (1904), 892, 893.

9 Alfred Ploetz, *Die Tüchtigkeit unserer Rasse und der Schutz der Schwachen* (Berlin, 1895), 138–140; vgl. auch S. 91–92.

10 Arnold Dodel, *Moses oder Darwin? Eine Schulfrage* (Stuttgart, 1895), 114, 116; G. Beck, *Antidodel*, bezichtigte Dodel des Darwinismus; Dodel, *op. cit.*, 132.

11 P. Näcke, »Zur Angeblichen Rasse der Romanischen Völker, speziell Frankreich«, *Archiv*, III (1906), 380.

12 Alfred Ploetz in *Archiv*, VI (1909), 139.

13 *Archiv*, VI (1909), 280.

14 Alfred Ploetz in *Archiv*, XXVII (1933), 423. Tatsächlich war der antisemitisch-völkische Verlag J. F. Lehmann, München, der offizielle Verlag für die »Gesellschaft für Rassenhygiene« und auch für Eugen Fischer in den zwanziger Jahren.

15 Aber dennoch mit Lob für den Zionismus. *Archiv*, XXIX (1935), 457.

16 Erwin Bauer, Eugen Fischer, Fritz Lenz, *Menschliche Erblichkeitslehre* (München, 1923), 147, 148.

17 Zitiert bei: Erwin H. Ackerknecht, *Kurze Geschichte der Psychiatrie* (Stuttgart, 1957), 51.

18 *Ibid.*, 52.

19 Es gibt nur eine moderne Biographie von Lombroso: Gina Lombroso de Ferrero: *Vida de Lombroso* (Mexiko, 1940); vgl. C. Lombroso und R. Laschi, *Der Politische Verbrecher und die Revolutionen* (Hamburg, 1891); C. Lombroso, *Der Antisemitismus und die Juden* (Leipzig, 1854), 84.

20 Cesare Lombroso, *Entartung und Genie*, Hrsg.: Hans Kurella (Leipzig, 1894), 91 ff.

21 *Ibid.*, 94.

22 Cesare Lombroso, »Einführung« zu Gina Lombroso Ferrero, *Criminal Man According to the Classification of Cesare Lombroso* (New York und London, 1911) xv.

23 *Ibid.*, xviii.

24 Siehe S. 254.

25 Max Nordau, *Degeneration* (New York, 1968), 541.

26 *Ibid.*, 560.

27 *Ibid.*, 269.

28 Daniel Gasman, *The Scientific Origins of National Socialism* (London und New York, 1971), über die Verbindung zwischen Haeckel und Rassismus, 40 ff.

29 *Ibid.*, 95.

30 *Ibid.*, 10.

31 Ernst Haeckel, *Die Welträtsel* (Stuttgart, o. D.), 126, 132, 174.

32 Für eine viel weniger harte Beurteilung Haeckels siehe Alfred Kelly, *The Descent of Darwin* (Chapel Hill, N. C., 1981).

33 M. Paul Broca, »Histoire des Travaux de la Société d'Anthropologie (1859–1863)«, *Mémoirs de la Société d'Anthropologie de Paris*, II (Paris, 1865), ix.

34 *Ibid.*, xxvii.

35 M. Paul Broca, »Recherches sur l'Ethnologie de la France«, *ibid.*, I (Paris, 1860–1863), 3, 53.

36 François Pruner, *ibid.*, I (Paris, 1860), 333.

37 J. A. Périer, »Les Croisements Ethniques«, *ibid.*, II (Paris, 1865), 371.

38 J. Deniker, *Les Races de l'Europe*, I (Paris, 1899), 99; *ibid.*, II (Paris, 1908), 123, 124.

39 Jean-Louis Armand de Quatrefages, *Rapport sur Les Progrès de l'Anthropologie* (Paris, 1867), 115, 151, 315.

40 Jean-Louis Armand de Quatrefages,*The Prussian Race, Ethnographically Considered* (London, 1872), *passim*.

41 Erwin H. Ackerknecht, *Rudolf Virchow* (Madison, Wis., 1953), 209–210.

42 *Ibid.*, 213, 214. Nur eine jüdische Schule machte mit. Vgl. die ausführliche Beschreibung des Projekts im *Archiv für Anthropologie*, XVI (Jan. 1886), 285–367.

43 Vgl. S. 207, 208.

44 Statistiken in Ackerknecht, *Rudolf Virchow*, 214 und auch in G. Sergi, *The Mediterranean Race* (Oosterhout, 1967), 14 (Erstveröffentlichung 1895), 45.

45 Arthur Ruppin, *The Jewish Fate and Future* (London, 1940), 20.

46 *Ibid.*, 20.

47 *Archiv für Anthropologie*, XVI (Januar 1886), 367.

48 Z. B.: Carl Paasch, *Geheimrath Professor Dr. Rudolf Virchow aus Schievelbein, Unser Grosser Gelahrter* (Leipzig, 1892), *passim*.

49 Rudolf Virchow, »Rassenbildung und Erblichkeit«, *Adolf Bastian als Festgruss* (o. O., 1896), 17, 43.

117

Kapitel 8
Das Geheimnis der Rasse

Parallel zur Entwicklung der Rassenbiologie machte sich im modernen Rassismus ein starker mystischer Impuls bemerkbar. Das »Geheimnis der Rasse« machte den irrationalen Charakter des Rassismus zum Mittelpunkt und die angeblichen mythologischen Wurzeln sowie die sogenannte geistige Substanz, von der sie geschaffen und inspiriert wurde. So lehnte man auch noch die schwächste Verbindung zur Wissenschaft ab und mit ihr so rationale Denk- und Beobachtungsstrukturen, wie sie die Rassentheorie aufrechtzuerhalten versucht hatte. Jenen, die an die geheimnisumwobenen Ursprünge der Rasse glaubten, fehlte die ambivalente Einstellung zum Rassismus als einer Lehre von der Überlegenheit und der Aggression, wie sie die Vertreter der Rassentheorie dann und wann zeigten.

Die mythologischen und geistigen Ursprünge der Rasse wurden mit der nationalen Herkunft gleichgesetzt: Die Vergangenheit einer Rasse und ihre Geschichte war mit der des Volkes identisch. Wie wir weiter oben bereits sahen, bestand von Anfang an eine Verbindung zwischen Rassismus und dem Aufkommen des Nationalbewußtseins. Sprache und Geschichte eines Volkes wurden, insbesondere in Mitteleuropa, dazu benutzt, seine rassischen Ursprünge zu erforschen, und die Tugenden einer Rasse wurden der Qualität seiner Ursprünge zugeschrieben. Dadurch, daß der Rassismus in jeder Form sich der Anthropologie, der Phrenologie sowie der historischen Mythen und der klassischen Ästhetik bediente, wurde die Wissenschaft mit dem Mysterium der Rasse verknüpft. In den letzten drei Jahrzehnten des 19. Jhs. jedoch – in der Zeit, da die eugenischen Bewegungen gegründet wurden, wich das Konzept vom »Mysterium« der Rasse von dem wissenschaftlichen ab und propagierte Rassismus statt dessen als Teil einer neuen nationalen Religion.

Zwei Faktoren beeinflußten diese Entwicklung: Zum einen rollte eine Welle von Spiritualismus, von den USA herkommend, über Europa. Zum anderen wuchs – in einer Zeit zunehmender Klassenkämpfe und steigender Auseinandersetzung um Wohlstand und Status – das Bewußtsein für nationale Einheit. Beide Faktoren wurden miteinander verschmolzen, da man die Hoffnung hegte, daß eine auf religiösen und rassischen Grundlagen ruhende nationale Einheit unter den gespaltenen Nationen Mittel- und Osteuropas die nationale Mystik erneuern könnte. Die spiritistischen Einflüsse und der Ruf nach einem neuen nationalen Glauben schlossen sich nicht gegenseitig aus, denn viele, die der Spiritualismus anzog, beschäftigten sich auch mit Volk und Rasse. Dennoch unterschieden sie sich, da die Spiritualisten in die übersinnliche Welt geistiger Wesen einzudringen suchten, während jene, die den Nationalismus zu einer Religion machen wollten, es unternahmen, die idealistische Philosophie, insbesondere die Kants, für sich zu vereinnahmen.

In Europa war Spiritualismus nichts Neues. In der ersten Hälfte des 18. Jahrhunderts hatte der schwedische Ingenieur Emanuel Swedenborg »das Privileg genossen, mit Engeln und Geistern in ständiger Verbindung zu sein«.[1] Für ihn beeinflußten geistige und körperliche Welt einander und versetzten einige Propheten in die Lage, das Universum als mit Engeln und Geistern bevölkert zu erleben. Swedenborg gründete seine »neue Kirche« 1767. Swedenborgianismus sollte sich bis ins 19. Jahrhundert fortsetzen. Der eigentliche spiritualistische Anstoß dieser Zeit kam jedoch von der von Helen Petrovna Blavatsky und Colonel H. S. Olcott 1875 in New York gegründeten »Theosophical Society«. Kurz darauf wurde, zuerst in England, die »British Theosophical Society« (1876) und dann in ganz Europa aktive Zweigstellen gegründet. In ihrem Hauptwerk »Isis Unveiled« lehrte Madame Blavatsky (1877), wie man die zwischen Menschen und die Astralleiber gelegten Schleier lüften könne. Adepten, denen es gelänge, den Schleier zu zerreißen, wären dann in der Lage, alles bisher Gewußte bzw. alles noch je zu Erfahrende zu kennen. Neben seinem eigenen physischen Leib besaß jeder Mensch noch einen Astralleib, und dieser befähigte ihn, so er ein Adept war, mit dem »Lebensgeist des Universums« in Verbindung zu treten. Ein solcher Kontakt wurde durch eine »Lebenskraft« hergestellt, durch ein allgegenwärtiges »vitales Äther«, das Menschen und Universum in eine einzige Einheit zog. Dies waren in groben Umrissen die wesentlichen Elemente der Geheimwissenschaft der Theosophie.

Madame Blavatskys Theorien gründeten auf indischen Religionen – eine Tradition, die, wie wir sahen, viele Europäer faszinierte. So sollte das theosophische Hauptquartier dann schließlich auch außerhalb von Madras errichtet werden. Und konnte ein Jünger außerdem mit einer Geheimlehre das unsichtbare Universum erfassen, dann nahm die Idee des Karma – des ewigen Kreislaufs von Geburt und Wiedergeburt –, die sie dem Buddhismus entnahm, dem Tod seinen Stachel. Für Männer und Frauen, die die Tiefen der »Rassenseele« auszuloten versuchten und die sich von geheimen Konspirationen faszinieren ließen, waren solche Vorstellungen anziehend. Die Theosophie selbst war nicht rassistisch, sie war eigentlich die erste europäische Bewegung, die den Indern zeigte, daß ihre Religionen dem Christentum überlegen waren. Aber der Rassismus verbündete sich schließlich mit der Theosophie.[2] Theosophie konnte in der Tat auch einen neuen Humanismus tragen. Rudolf Steiners 1913 in

Berlin gegründete »Anthroposophische Gesellschaft« verband Spiritualismus mit Freiheit und Universalismus. Uns geht es allerdings um den Rassismus, und auf diesem Gebiet hatten Deutschland und Österreich den ausschlaggebenden Einfluß auf die Verschmelzung von Theosophie und Rasse, denn in den deutschsprachigen Ländern fand die Theosophie bereits eine mystische Tradition vor, und zwar eine, die schon lange Teil des aufkommenden Nationalbewußtseins gewesen war.

Zum Symbol einer zersplitterten Nation wurde ein Schuster aus dem 16. Jahrhundert: Jakob Böhme. Er hatte eine germanische Religion verkörpert, die wahrscheinlich aus dem Volk selbst stammte und die gegen Priester und Fürsten gerichtet war. Seiner Ansicht nach war die Welt im Menschen, und daher könne der Mensch auch über Empathie mit der Natur mit dem All in Verbindung treten. Der Gott der Bibel war nicht länger mehr in dogmatische Glaubensbekenntnisse eingesperrt – er entdeckte sich vielmehr in der Natur. Die Natur verlieh dem Geist Harmonie; durch sie konnte sich die einzelne Seele mit der des Universums vereinen. Böhme glaubte, daß alle Dinge sich aufeinander zu und also zu einer höheren göttlichen Einheit bewegten.[3] Man konnte seinen Naturmystizismus dahin interpretieren, daß die Deutschen ihre Ängste besiegen konnten, wenn sie bereit waren, die heimatliche Landschaft in ihre Seelen aufzunehmen. Dann, so glaubte er, wären sie fähig, jenseits materialer Wirklichkeit in Gottes All einzudringen. So wurde die deutsche Landschaft zum Mittel, durch welches das deutsche Volk mit dem Universum verbunden war. Die von Jakob Böhme begründete mystische Tradition Schlesiens bestand bis ins 19. Jh. unter den Deutschen fort, wie sie sich in den vielen berühmten Wiegenliedern dieser Gegend so gut ausdrückt.

Als Antwort auf den rigiden Materialismus der Epoche verbanden sich Theosophie und jene schlesische Tradition im späten 19. Jahrhundert mit dem Rassismus. Julius Langbehns Buch: »Rembrandt als Erzieher« (1890) wurde zum Schlüsselwerk dieses Theosophen, Rassisten und der mystischen Tradition. Das Buch wurde sehr volkstümlich, da man es auf verschiedenen Ebenen interpretieren konnte. Kulturell konnte man es als eine gegen die mittelständische Üppigkeit und Wohlgefälligkeit gerichtete Kritik auffassen und als einen Angriff auf Realismus und Naturalismus in der Kunst. Man konnte es aber auch als ein rassistisches Buch lesen, das der Vorstellung vom deutschen Volk neue Tiefe verlieh. Für Langbehn wandelte der Mystizismus Wissen in Kunst.[4] Der Deutsche mußte Künstler sein (geradeso wie Rembrandt), eine Vorstellung, die Musik in den Ohren der jüngeren Generation war. Ihre Eltern waren Unternehmer und Geschäftsleute, die Söhne und Töchter dagegen wären gerne »kreativ« gewesen. Dies war der springende Punkt in der Revolte dieser jungen bürgerlichen Generation des fin de siècle.

Langbehn paarte Kreativität mit Rassismus; er behauptete nämlich, nur die germanische Künstlerrasse könne die Natur und Gottes Universum verstehen. Das in einer gemeinsamen rassischen Identität wurzelnde Volk war Mittler zwischen Mensch und Kosmos, es durchdrang den einzelnen mit dem Lebensgeist, dem vitalen, kosmischen Äther, über den Madame Blavatsky geschrieben hatte. Die rassische Identität des Volkes wurde durch die Natur, in der es lebte, verkörpert. So hatte also jede Rasse ihre Landschaft: Die Arier wurden im deutschen Wald angesiedelt, die Juden in der Wüste, was Ausdruck ihrer Wurzellosigkeit und der Unfruchtbarkeit ihrer Seelen war. Langbehn glaubte aber auch an körperliche Stereotypen, und er bezog sich zum Beweis der Überlegenheit der Arier auf die Physiognomik. Das Volk wurde durch die Landschaft, in der es lebte, wie durch das Aussehen seiner Mitglieder verkörpert.

Übertrug nun aber das Volk die Lebenskraft, so nahm Langbehn an, konnte das »Lebensfluidum«, das vom Kosmos auf das Volk und vom Volk auf die einzelnen Mitglieder floß, nicht nur durch die Natur, sondern auch durch übersinnliche Wahrnehmungen erfaßt werden. Im Mittelpunkt des Vorganges, durch den das lebensspendende Fluidum zwischen Gott und der Welt floß und alles äußere und innere Leben beseelte und durch das alle Deutschen zu Künstlern wurden, stand die »Rassenseele« des Menschen, die das Wesen des Volksgeistes ausmachte. Langbehn behauptete, daß die Arier ein Monopol auf diese Lebenskraft und darum auf die künstlerische Kreativität besäßen. Die Juden hatten das Recht auf ihre Seelen vor langer Zeit verwirkt, die Franzosen die ihren durch die Revolutionskämpfe verloren. Seiner Ansicht nach war eine mittelalterliche Ständegesellschaft die erstrebenswerteste politische Ordnung, und so bewunderte er das Mittelalter. Nach einem Leben in Armut konvertierte Langbehn vom Protestantismus zum Katholizismus und trat einem religiösen Orden bei. Er sah sich gern als einsamen Propheten. Wenngleich sein Werk in Deutschland Einfluß hatte, folgten andere »kosmische Philosophen« in Wien zwar denselben Überlegungen, ohne sich allerdings direkt auf den »Rembrandt-Deutschen«, wie Langbehn oft genannt wurde, zu beziehen.

So betonte Guido von List in seinem Buch »Deutsch-Mythologische Landschaftsbilder« (1891), daß die Natur die Quelle sei, aus der die Lebenskraft fließe. Alles, was der Natur nahe war, stand darum auch der Wahrheit am nächsten, und da die arische Vergangenheit der Natur am nächsten kam, war sie auch am weitesten vom modernen Materialismus entfernt. List machte es sich zur Aufgabe, diese Vergangenheit wieder zu entdecken. »Wir müssen die Landschaft, die die Archäologie mit dem Spaten zurückerobert, mit unserer Seele lesen.« Und er riet auch: »Willst du den Schleier des Geheimnisses (der Vergangenheit) lüften, mußt du in die Einsamkeit der Natur flüchten.«[5] Später behauptete er in seinem

Buch »Geheimnis der Runen« (1908), die Sprache des arischen Geistes gefunden zu haben. Wie die Theosophen, glaubte auch List an das Karma, den Zyklus von Geburt und Wiedergeburt. Er behauptete, die künftigen arischen Führer würden Wiedergeburten der alten toten Helden sein.

List ist niemals weit verbreitet gewesen. Seine Bedeutung liegt darin, daß zu Beginn des 20. Jhs. eine Gruppe von Intellektuellen, die sich »kosmische Philosophen« nannten, seine Ideen übernahmen. Hier führte ein weiterer Prophet, Alfred Schuler, den Glauben an eine ätherische Lebenskraft fort: Er behauptete, die arische Vergangenheit dadurch rekonstruieren zu können, daß er sie mit seiner Seele sähe. Viel später, 1922, hörte Hitler im Hause seiner mütterlichen Freundin Hélène Bechstein in Berlin einen Vortrag Schulers. War es die Erinnerung an jenen Abend, als er forderte, die Wissenschaft müsse wieder geheim werden, oder als er, während des Krieges, von den dunklen Kräften der Natur sprach, die unsere Träume durchdringen?[6]

Jörg Lanz von Liebenfels war ein weiterer Wiener Prophet des Ariertums, Anhänger der Lebenskräfte und des Sonnenkults. Unter dem Einfluß der »Los von Rom«-Bewegung des österreichischen Alldeutschen Georg Ritter von Schönerer war er aus der katholischen Kirche ausgetreten. Beeinflußt von der Erörterung einer arischen Religion unter Schönerers Gefolgsleuten, wurde Lanz zum Heiden. Er wollte eine arische Heldenrasse züchten, blonde Übermenschen, die überdies Jünger des Okkulten waren. Heidnische Sonnenverehrung in Gestalt der Göttin Ostara wurden mit theosophischen Ideen verschmolzen, in denen das Feuer Symbol für die Substanz der Seele war. Lanz nannte die Feinde der Arier »Affenmenschen«, »dunkle Leute von minderwertiger Rasse«, die man als Tiere, höchstens aber als Sklaven zu betrachten habe und deren physische Vernichtung er befürwortete. Weltfrieden konnte nur durch die blonde arische Rasse erkämpft werden. Lanz' Bedeutung liegt in der von ihm 1905 begründeten Zeitung »Ostara, Zeitung für Blonde Leute«. Bis zum Ausbruch des Ersten Weltkrieges erlangte sie unter den vielen sektiererischen Veröffentlichungen in Wien eine beachtliche Verbreitung. Es steht zu vermuten, daß der junge Adolf Hitler diese Zeitung las.[7] Es scheint festzustehen, daß er diesen Ideen in Wien begegnete. Die Parallelen zwischen der manichäischen, spiritualistischen Weltansicht von Lanz und der Hitlers sind augenfällig. Dieser Rassenmystizismus zog zweifelsohne den Künstler in Hitler an.

Die Gleichstellung des Begriffes arisch mit dem der Lebenskraft bedeutete, daß diejenigen, die sich gegen den Arianismus wandten, Menschen ohne Seele waren, abgeschnitten von der Natur und dem Universum. Auch Hitler glaubte, daß die Juden das böse »Prinzip« darstellten, das dem Leben selbst feindlich gegenüberstand. Die Vorstellung vom Volk als dem Mittler zwischen der kosmischen Lebenskraft und dem Menschen durfte keinen Kompromiß mit den Kräften des Finsteren zulassen. Der Kampf zwischen dem Volk des Lebens und dem der Finsternis hatte begonnen. Guido von List hatte auf einen solchen Kampf gehofft und behauptet, die Arier hätten während der Eiszeit ihre körperliche und geistige Stärke im harten Kampf gegen die Natur aufgebaut. Sie hatten eine ganz andere Entwicklung durchgemacht als die übrigen Rassen, die ohne Kampf in einer Welt voller Überfluß gelebt hatten. Wieder einmal wurde der Mythos von der arischen Völkerwanderung, den wir weiter oben analysierten, aufpoliert. Das Element des Kampfes war stets Teil dieses Spiritualismus gewesen. Bedeutende kosmische Prinzipien befanden sich im Kampf miteinander, und es konnte nur Sieg oder Vernichtung geben. Diese Weltsicht und die Übernahme des theosophischen Rassenmysteriums müssen Hitlers Weltanschauung bestärkt haben.

Die spiritualistischen und theosophischen Rassenideen waren stets am Rande des rassischen Denkens angesiedelt. Jene, die aus der Rassentheorie eine nationale Religion machen wollten, nutzten die idealistischen philosophischen Traditionen, die mehr im Zentrum europäischen Denkens lagen. Einer schwankte zwischen diesen beiden Einstellungen, gerade so, wie er dem Rassismus gegenüber ambivalent eingestellt war: Paul Anton Bötticher, der sich Paul Anton Lagarde nannte. Seine »Deutschen Schriften« (1878) wiesen schon damals den Weg zu einer neuen germanischen Religion. Lagarde beschäftigte sich damit, die in der wahren Nation und dem reinen Volk gefundene Lebenskraft zu bewahren und zu kräftigen. Politische Führung, Wirtschaftswachstum und nationaler Wohlstand waren nichts weiter als der Überbau, der zu den inneren, geistigen Bedürfnissen des Volkes keinerlei Bezug hatte. Ein neuer deutscher Glaube mußte her, der den Volksgeist vom traditionellen christlichen Glauben befreite. Dieser war von dem jüdischen Heiligen Paulus zu einem erstickenden dogmatischen System pervertiert worden. Eine innere religiöse Dynamik müsse jedes Volk dazu bringen, sein Schicksal zu erkennen, denn eine solche Dynamik verband einen jeden Menschen direkt mit Gott.

Das deutsche Volk war mit einer besonders vitalen geistigen Offenbarung gesegnet, einer Ähnlichkeit mit dem kreativen Weltschöpfer, die wohlbegründeter als bei anderen Völkern war. Wieder einmal wurde die geistige Dynamik – vage und mystisch – mit der Natur in Verbindung gebracht. Der Mensch solle, so schrieb Lagarde, den Bäumen im Wald und der Ernte auf den Feldern lauschen. Die Juden waren der Feind – doch war Lagarde gelegentlich willens, einzelne Juden, die ihrem Glauben abgeschworen hatten, im Volk aufzunehmen. An anderer Stelle wiederum geißelte er die »jüdische Weltverschwörung« und rief zu einem Kampf auf Leben und Tod zwischen Ariern und Juden auf.[8] Lagarde war ein führender Orientalist. Dennoch wurde er erst gegen Ende seines Lebens Professor an der Universität Göttingen. Solch akademische Entbehrung ließ ihn in seiner Suche nach dem wahren Volk verbittern und verlieh seinem Werk eine pedantische Note, der es in Langbehns ekstatischen Schriften fehlt.

Lagarde ist eine Übergangserscheinung; seine germanische Religion war vage und manchmal widersprüchlich. Lagardes nicht unbedeutender Einfluß wurde ab 1880 von anderen überschattet, die es sich zum Ziel gesetzt hatten, die nationale Mystik durch einen gründlicheren Rassismus zu beleben. Richard Wagner, Houston Stewart Chamberlain und Otto Weininger wurden zu Begriffen, mit denen man sich auseinandersetzen mußte, Rassepropheten, die sich mehr an angesehenen Traditionen als an dem zu ihrer Zeit modischen Spiritualismus orientierten. Aber auch für Wagner war die arische Blutsverwandtschaft wichtig. Chamberlain forderte einen Rassenkampf, und Weininger annektierte den Rassismus für seine sexuellen Ängste. Blut, Krieg und Sex bilden eine sich im Rassismus des 20. Jhs. stets wiederholende Dreieinigkeit, wenngleich wir feststellten, daß jeder dieser Faktoren schon von Anfang an mit dem Rassismus verbunden war.

Richard Wagners Vorstellungen sind besonders wichtig, weil Bayreuth nicht nur zu seinen Lebzeiten, sondern noch lange nach seinem Tode einflußreich war. Für einen großen Teil der deutschen Rechten wurde der Wagnerkreis, zunächst unter der Führung seiner Frau, Cosima, dann unter seiner Schwiegertochter, Winifred, zum Wahrzeichen für Kultur schlechthin. Die seit 1876 jährlich aufgeführten Opern waren »Festspiele«, in denen Wagner seine abstrakten Vorstellungen in die Tat umsetzte. Eine unerschöpfliche Propagandaflut ergoß sich aus den »Bayreuther Blättern« sowie Büchern und Streitschriften, um die Spiele zu unterstützen.

Das kulturelle Zentrum Bayreuth wurde gleichzeitig auch zum Mittelpunkt des Rassismus, wo die Novizen am Altar des germanischen Blutes und teutonischer Mythen ihre Andacht halten konnten (auch wenn Cosima von Geburt Halbfranzösin und Winifred englisch war).

Richard Wagner hatte als junger Mann an der Revolution von 1848 teilgenommen. Mit steigender Verbitterung über eine Welt, die sich seinen Wünschen nicht fügen wollte, wandte er sich jedoch dem Rassismus zu. Richard und Cosima priesen das ruhige, erdverbundene Leben, im Gegensatz zu dem in der Großstadt. Für sie war es der Gegensatz zwischen der Tiefe germanischen Gefühls und der Bedrohung durch den Industrialismus. Die Juden, das war die Verkörperung all dessen, was im Gegensatz zum Guten und Schönen stand. So träumte Richard Wagner sogar einmal, daß er von einem Berliner Juden umgebracht würde.[9] Zeitweise wurden zu jenen, die eine feindliche Rasse verkörperten, Jesuiten, Franzosen und Sozialisten hinzugezählt. Dennoch war Wagners Einstellung zu Juden alles andere als konsequent. Junge jüdische Musiker wie Anton Rubinstein oder Karl Tausig waren im inneren Kreis willkommen. Hermann Levi war einer seiner Lieblingsdirigenten. Schirmherren von Bayreuth, wie der jüdische Alfred Pringsheim, wurden mit Lob überschüttet. Wagners Einstellung hing von dem Nutzen ab, den der einzelne Jude für ihn hatte. Dennoch wurde jede Meinungsverschiedenheit, jede angebliche Geringschätzung sofort mit deren rassischer Unfähigkeit in Zusammenhang gebracht: mit der jüdischen Unstetigkeit, mit dem Mangel an Respekt oder dem Mangel an Seele.[10]

Eine solche Ambivalenz ist in Wagners Schriften allerdings nicht zu finden. In seiner Schrift:»Judentum in der Musik« (1850) übertrug er seinen eifersüchtigen Haß auf Jakob Meyerbeer auf alle Juden. Sie waren zum Komponieren unfähig, da es ihnen an der Leidenschaft fehle. Sie waren dem Reiz des Geldes ergeben und hatten kein Seelenleben. Schon von der Anlage her war jüdisches Blut nicht in der Lage, die Tiefen der arischen Seele auszuloten. Solche Stereotypen kommen in Wagners Schriften erneut zum Vorschein, als er auf seinen anderen vermeintlichen Rivalen, Felix Mendelssohn, traf. Meyerbeer und Mendelssohn waren der Katalysator für Richard Wagners Rassismus, der ihm als Ventil für seine Verbitterung gegenüber der Welt diente. Da Cosima nur der Schatten ihres Mannes war und Winifred ihrer Schwiegermutter nachlebte, wurde der arische Mythos bis nach dem Zweiten Weltkrieg in Bayreuth weiter gepflegt.

Dennoch erstickten Wagners Opern nicht in einer mit Haß auf die jüdische Rasse verknüpften Bitterkeit. Statt dessen versuchte Wagner darzustellen, was er für eine positivere germanische Weltanschauung hielt. Er wollte seinem Volk wieder die sogenannten ewigen germanischen Wahrheiten nahebringen, die es zu ignorieren schien und das dadurch das Erbe seines Blutes verleugnete. Seiner Ansicht nach waren die Germanen durch innere moralische Werte ausgezeichnet, die sich im Laufe der Zeit nicht gewandelt hatten. Darum waren die alten Sagas auch noch Ausdruck der Gegenwart. Seit dem Entwurf von 1848 stellte sein »Ring des Nibelungen« die Freiheit des germanischen Volkes gegen die feudale Unterdrückung heraus. Es müsse jede einzelne Seele befreit werden, auf daß sie sich mit dem Volk vereinigen und wirklich kreativ sein konnte. Wagner glaubte, daß das freie Moralbewußtsein des Menschen von germanischen Göttern gelenkt würde.[11] Allerdings sollte diese Identifikation des Gewissens mit den heidnischen Göttern nicht beibehalten werden. Allmählich schlichen sich christliche Themen ein, die nun ihrerseits in die germanische Vergangenheit eingebunden wurden.

Wagners Hang zum Rassismus wurde von einem gewissen protestantischen Eifer begleitet. Nicht nur, daß er hin und wieder insbesondere Jesuiten als Teil der Verschwörung gegen Deutschland ansah. Der Protestantismus ermöglichte es Wagner, Christus von seinen jüdischen Ursprüngen zu lösen. Wie wir noch sehen werden, hatte die sogenannte höhere Bibelkritik diesen Weg vorbereitet, und in Deutschland hätten wohl viele Protestanten der Behauptung von Cosima Wagner zugestimmt, daß Christus nicht mit dem jüdischen Gott verwandt, sondern ein persönlicher Messias jener war, die Liebe kannten und gaben – wozu der Jude nicht fähig war, da es ihm an der wahren Seele wie am echten Blut fehlte.[12] Einige Opern werden von einem christlichen – von seinen jüdischen Wurzeln befreiten – Glauben belebt, der Bestandteil des germanischen Auftrags ist. Sünde, Reue und Erlösung sind der Schlüssel zur Oper »Lohengrin«; sie spielt im Mittelalter, dem »Zeitalter des Glaubens« und nicht, wie die »Nibelungen«, unter den alten Göttern. »Parsifal« ist der Ostermythos auf der Bühne. Der nie enden wollende Traum von der geheiligten völkischen Erlösung, den Wagner auf die Bühne bringen wollte, hatte die alten, von ihrer heidnischen Freiheit beseelten Legenden zu einer annehmbaren christlichen Moral gezähmt.

»Lohengrin« wie »Parsifal« gehen auf den Mythos vom Heiligen Gral zurück, dem Gefäß, in dem Tropfen von dem Blut Jesu aufgefangen wurden, als er am Kreuz starb. Das »heilige Blut« Christi, das Zentralelement des Ostermythos, ist im Gewahrsam deutscher Ritter. Sie bewachen es mit ihrem Schwert und mit ihrer moralischen Reinheit. Der Blutmythos ist alt und, wie wir noch sehen werden, wurde er gegen die Juden verwandt, um sie des Ritualmordes zu beschuldigen.[13] Hier tritt er in positiver Auslegung auf – um zu zeigen, daß die Deutschen den Mantel Christi erbten. Der Erlöser wurde also aus seinen historischen jüdischen Ursprüngen gelöst und der Obhut der überlegenen Rasse überantwortet. Rassenmythologie war mit dem christlichen Glauben verschmolzen worden, um das ewige Gut der deutschen Nation, die Reinheit des Blutes, zu definieren. Wagner versichert uns, die germanischen Rassen würden in dem Augenblick erlöst, wenn sie ihre Sünden bereut und wenn sie sich durch die moralische Reinheit dieses Blutes für würdig erwiesen hätten. Auch Reue und Tod des »Tannhäuser« (Erstaufführung 1845) waren Buße für seine Sinnesfreuden im Berg der Venus, und seine endgültige Erlösung verdankte er dem frommen Tod der unberührten Elisabeth. Auch Parsifal widerstand den Versuchungen des Fleisches, als er den Heiligen Gral bewachte. Die heroischen Kämpfe zwischen Siegfried und Brunhild wurden mit dem sentimental interpretierten Christentum Lohengrins, Parsifals und Tannhäusers gepaart. Wieder einmal tritt die Mittelstandsmoral auf die Bühne, um die Deutschen zu fähigen Wächtern des Heiligen Grals zu machen.

Reinheit des Blutes wurde zum Symbol für die Reinheit und die Lebenskraft der Rasse. Dieser Symbolismus hatte allgemeine Durchschlagskraft.

So bediente sich Martin Buber nur wenig später der Metapher des Blutes, um die nationalen Gefühle der Juden zu stärken. 1911, in einer Rede vor zionistischen Studenten in Prag, gab er eine ausgezeichnete Definition dafür, wie der Mythos vom Blut zu wirken habe: Durch die Unsterblichkeit der vorhergehenden Generationen hindurch spürt er (in diesem Falle der Jude) die miteinander geteilte Gemeinschaft des Blutes. Er spürt sie als sein vorheriges Leben, als die ewig während Natur seiner Persönlichkeit in einer unendlichen Vergangenheit. Blut ist Wurzel und Nahrung jedes einzelnen.[14] Für Buber allerdings waren diese Begriffe Metaphern, die eher die Nationalität als die Rasse umschrieben.

Fast zur selben Zeit als Buber in Prag war, sprach der Dichter Stefan George vom »Blutleuchten«, das die Existenz uralter heidnischer Reste in der Seele aufzeigen sollte.[15] Aber es war Wagner, der die rassische Mystik und den Begriff der christlichen Erlösung am wirksamsten miteinander verschmolz.

Wagners rassistisches Ideal (das ihn zum Gönner Gobineaus werden ließ)[16] kommt auch in seinen Prosaschriften zum Ausdruck. Die Opern aber waren seine »Taten« für Deutschland, wie er sie nannte. Sie waren Festspiele, die Deutschen in den arischen Traum einzuführen. Hatten sie erst einmal geträumt, dann konnten sie den Traum in die Wirklichkeit umsetzen.[17] Dies war ein Mystizismus, an dem sich ehrbare Leute erfreuen und der sie bewegen konnte. Die Festspiele waren vorgeblich für die Vielen, nicht nur für die Handvoll, die Wagners Prosa lasen. Die Opern wurden erfühlt, ihre theoretischen Grundlagen vermittelte Wagner hauptsächlich über ihre Texte.

Die philosophische Rechtfertigung dafür sollte folgen, und sie lieferte Houston Stewart Chamberlain, auch wenn es noch andere, weniger berühmte gab, die dazu beitrugen. Obwohl er ihn persönlich nicht kannte, bewunderte Chamberlain Wagner. Cosima Wagner führte ihn nach dem Tod ihres Mannes in den Wagner-Kreis in Bayreuth ein. Dies war Teil von Cosima Wagners beständigem Bemühen, gleichgesinnte Geister nach Bayreuth zu ziehen, um ihren Kreis zu verstärken. Leopold Schröder, ein Indienexperte, gab nicht nur eine treffende Beschreibung für das Ideal der Festspiele, sondern für das Bayreuther allgemein, als er schrieb: »Die arischen Völker können sich zum erstenmal nach ihrer Zerstreuung wieder an einem vorbestimmten Ort (d. i. Bayreuth) versammeln... um Zeuge ihrer Urmysterien zu sein.«[18]

Chamberlain wurde so ein Zeuge (wie viel später auch Hitler) und heiratete schließlich eine von Wagners Töchtern. Man war der Ansicht, daß sein berühmtes Werk »Grundlagen des XIX. Jahrhunderts« (1899) die offizielle Philosophie Bayreuths wiedergab. Andere Nationen besaßen nichts dem Wagner-Kreis Ähnliches, und die Rolle, die dieser Kreis dabei spielte, in Deutschland die Rassenmystik fest zu verankern, kann gar nicht unterschätzt werden. Die Bayreuther Festspiele, Cosima Wagners Persönlichkeit und das zweibändige Werk Chamberlains – das war für viele Deutsche ein Begriff: deutsche Kultur.

Für Chamberlain wurden die Deutschen durch ihr gemeinsames Blut zusammengehalten. Er glaubte aber auch an ein, Richard Wagners sehr ähnliches, germanisches Christentum. Chamberlain gründete seine Theorie auf Kant, der, nach seiner Auslegung, postuliert habe, daß das Wesen der Dinge jenseits von Vernunft und Pragmatismus liege. Dieses »Wesen« war die »deutsche Religion«, die der Seele unendliche Einblicke schenkte und dazu diente, die Wissenschaft in definierten Grenzen zu halten. Und für Chamberlain war diese Religion ein Monopol der arischen »Rassenseele«. Solch eine Seele machte die Deutschen ehrlich, treu und fleißig. So wurde die Mittelstandsmoral wieder einmal mehr zur Eigenschaft der deutschen Rasse. Überdies glaubte Chamberlain an das arische Stereotyp, und auf diesem Gebiet erkannte er anthropologische und Schädelmessungen an. Da nun aber nicht alle Deutschen so aussahen, wie es sich für Arier gehörte, war es wohl am besten, sich auf die Rassenseele zurückzuziehen, die sie ja alle teilten.

Im Lichte des arischen Idealtypus und seiner Rassenseele verwandelte Chamberlain Christus in einen arischen Propheten. Christi Anlagen enthüllten eine arische Seele, da er Liebe, Mitleid und Ehre verkörperte, und seiner Seele war aller Materialismus fremd. Chamberlain zog überdies auch eine angebliche Tatsachenbehauptung hinzu, nämlich: die Juden hätten niemals in Galiläa gesiedelt, und an dem Ort, an dem Christus geboren wurde, hätte damals tatsächlich ein arisches Volk gelebt. Verglichen mit der »arischen Rassenseele Christi« war dies allerdings nur von zweitrangiger Bedeutung.

Nach Chamberlain trat die germanische Rasse als Retter der Menschen und als Erbe der Griechen und Römer in die Geschichte. Um ihren Kulturauftrag zu erfüllen, hatten die germanischen Arier einen erbitterten Kampf gegen ihre Feinde zu führen. Für Chamberlain war ein solcher Feind die katholische Kirche. Sie hatte zuerst versucht, die Rassenseele unter fremde, von Paulus dem Juden erfundene Gesetze zu zwingen. Dem bereitete die protestantische Reformation ein Ende, sie befreite die rassische Seele. Der deutsche Rassismus sollte in Luther stets den großen Befreier von fremder Unterdrückung sehen.[19] Der wahre Feind der Arier war jedoch der Jude. Für Chamberlain waren die Juden ein asiatisches Volk, die mit den Germanen zugleich in der europäischen Geschichte auftauchten und denen es, wie den Germanen, gelungen war, ihre rassische Reinheit zu bewahren. Seiner Ansicht nach war die jüdische Seele materialistisch, legalistisch und bar der Toleranz und Moral. Zum Beweis dafür bezog er sich auf das Alte Testament.

Aus Chamberlains Sicht waren die Juden der Teufel und die Germanen das erwählte Volk. Zwischen beiden lebte eine chaotische Mischung von Völkern – passive Zuschauer bei dieser entscheidenden historischen Schlacht. Der Ausgang dieser Schlacht zwischen Ariern und Juden würde darüber entscheiden, ob der niedere jüdische Geist über die arische Seele siegen und die Welt mit sich herabziehen würde. Auch wenn sie sich ursprünglich für Jahrhunderte von den Nicht-Juden ferngehalten hätten, seien die Juden eine Mischung aus den unvorstellbar unterschiedlichsten Völkern (Syrer, Amoriter, Hethiter) und darum ein Mischlingsvolk. Gegen diese Mischlingsrasse hatten die Arier zu kämpfen, gegen diesen Kern alles Schlechten.

Der Sieg über die Juden würde zu keiner sozialen und wirtschaftlichen Veränderung führen, sondern zu einer Revolution des Geistes, die arische Rassenseele würde dann die Welt beherrschen. Eine neue Kultur würde entstehen, die der Degeneration ein Ende setzen würde. Der deutsche Geist würde die große Tradition von Kunst und Literatur wieder beleben, die Chamberlain in den vergangenen Jahrhunderten aufspürte. Das Vorbild von Männern wie Shakespeare, Michelangelo und Beethoven würde die Zukunft der Rasse bestimmen. Der Sieg der Rassenseele führte nach Chamberlain zu einer Vision von der Erlösung durch Kultur.

Chamberlain erwähnte wohl den Staat, aber eher in Begriffen seiner rassischen Disposition als in den Einzelheiten seiner Regierungsform. Der wahre Staat gründete auf germanischen Freiheiten. Quelle dieser Freiheiten war anstelle des Comitatus (dessen Rolle weiter oben analysiert wurde) die Magna Charta. Die Grundvorstellung war allerdings dieselbe: die Deutschen müssen ein durch keine fremden Ideen und Gesetze unterdrücktes, kreatives Leben führen. Mit den wirtschaftlichen Problemen machen die »Grundlagen« kurzen Prozeß. Dazu wird nur vage erwähnt, daß man einen körperschaftlich organisierten Staat bevorzuge. Der Abschnitt, der sich mit diesen Realitäten befaßt, ist im Vergleich zur Erörterung von Religion und Kunst nur kurz. In Chamberlains Vorstellung geht das Rassenmysterium eindeutig vor.

Im Gegensatz zu den Rassenbiologen, die praktische Pläne für die Erbgesundheitspflege und die Verbesserung der Rasse vorlegten, fand der Rassenmystizismus seinen Höhepunkt in einer ausführlichen Kulturkritik. Wo Rassentheoretiker sich einfach auf die Sterilisation als Teil der Erbgesundheitspflege konzentrierten, sah man im Kampf der Arier gegen die Juden einen Kampf auf Leben und Tod, einen Kampf zwischen den kreativen und den unkreativen Rassen. Kunst und Religion wurden gegen die Verkehrung von Mythos in Materie ins Feld geführt. Rassischer Mystizismus postulierte einen Rassenkrieg – einen Kampf auf Leben und Tod zwischen zwei Lebensanschauungen. Dies war eine kompromißlose Religion, denn die Rassenmystiker meinten, daß der Glaube, der zur Erlösung führen würde, hell und rein brennen müsse.

Chamberlain hatte zwar starken Einfluß auf die gesamte deutsche Rechte, nicht so sehr jedoch auf Hitler. Hitler kritisierte Chamberlain sogar, weil dieser annahm, das Christentum könne – wenn auch als arische Religion – irgendeine geistige Realität haben. Als Chamberlain Hitler aber 1923 in Bayreuth traf, war er zutiefst beeindruckt. Hier stand ein Mann, so schrieb Chamberlain, mit dem Mut, der an Martin Luther erinnere. Der betagte Schriftsteller starb 1927 in der sicheren Gewißheit, den Propheten entdeckt zu haben, der die Arier zum Sieg führen werde (vgl. Tafel 6).[20]

Wagners und Chamberlains Christentum waren puritanischer Natur. In Übereinstimmung mit der Mittelstandsmoral hatte man dem Sexuellen zu widerstehen. Drei Jahre nach den »Grundlagen« veröffentlichte der Österreicher Otto Weininger sein Buch: »Geschlecht und Charakter« (1903), ein Buch, in dem Rasse und Sexualität aufeinander bezogen wurden und das fast so berühmt werden sollte wie Chamberlains Schriften.

Bis 1919 hatte »Geschlecht und Charakter« 18 Auflagen erreicht. In England wurde es von dem angesehenen Verlag Heinemann verlegt, und es fand von Skandinavien bis Italien ein eifriges und aufnahmebereites Publikum.[21] Seine Popularität mag zum Teil auf der Sexualanalyse, zum anderen darauf beruht haben, daß dieses anti-jüdische Buch von einem jungen Juden geschrieben wurde, der unmittelbar nach der Veröffentlichung Selbstmord beging. In erster Linie aber ersann Weininger einen Idealtypus, der auf Sexualität und Rasse aufbaute.

Weininger behauptete, der arische Mann betone die Klarheit des Denkens, zeige Entschiedenheit und schwinge sich zu metaphysischen Höhen des Glaubens auf. Frauen jeglicher Rasse seien dagegen unfähig, logisch zu denken, ja, ihnen fehle es überhaupt an jeglicher Klarheit. Sie seien nämlich große Kompromißler, für die alles ein amorphes Gebilde wäre. »Klarheit«, das war strikte Unterscheidung zwischen Freund und Feind. Wie bei allem im Rassenmystizismus, gab es hier keine Mittellinie. Die sexuellen Unterschiede zwischen Mann und Frau verkörperten für Weininger diese Polarisation: Männlich stand für Heldentum, Schlacht und »Klarheit«, während die Frau die Unentschiedenheit darstellte. Wenn Weininger schrieb, daß eine Frau außerstande sei, radikal schlecht oder gut zu sein, dann sprach aus ihm eine Sehnsucht nach Vereinfachung, die mit dem wachsenden Angriff auf liberale Werte immer klarer hervortrat.

Weininger glaubte, Friedrich Nietzsche habe mit seinem Kampf gegen den Kompromiß und mit seiner Herausforderung, sich den Fährnissen des Lebens zu stellen, den Weg bereitet. Nietzsche hatte dies allerdings in den Rahmen des Individualismus eingebettet, und sein »Erkenne Dich selbst« kannte weder Nationalität noch Rasse. Dennoch konnte Weininger behaupten, daß Nietzsche seine Ansicht über die Frauen teile, zu denen Zarathustra bekanntlich die Peitsche mitnahm.

Weiningers arischer Mann wurde durch klassische Vorbilder verkörpert, und zwar nicht nur als Teil des arischen Idealtypus, sondern auch als eindeutiger Bezugspunkt in einer verworrenen und komplizierten Welt. Die Frau stand für das auf Kompromiß basierende liberal-demokratische Prinzip, das sich gegen jegliche Strenge in der künstlerischen Form wandte. In »Geschlecht und Charakter« waren diese Eigenschaften abstrakte Prinzipien, denn Weininger erkannte, daß die Frau in der Realität etwas von den männlichen und der Mann etwas von den weiblichen Einstellungen haben konnte. Die arische Frau hatte dennoch eine versöhnende Eigenschaft: Zwar war sie echter Geistigkeit unfähig, aber doch fähig, an den Mann oder an ihr Kind zu glauben. Oder wie Weininger es ausdrückte, letztlich kommt es im Leben darauf an, daß man überhaupt an etwas glaubt.

Im Gegensatz hierzu fehlte dem Juden, nach Weininger, jeglicher Glaube. Er hatte keine Seele, keine Vorstellungen von höherer Ordnung und darum auch keine vom Staat. Kurz, der Jude war Materialist und Anarchist zugleich, der den Staat ablehnte. Für Weininger war der Jude aber auch Kommunist, denn »Kommunismus«, das war Mangel an Geistigkeit. Er setzte Rasse und Volk gleich, und jene, die außerhalb des Stammes standen, konnten weder geistig noch kreativ sein. Weininger ging sogar noch weiter: Er behauptete, weder Juden noch Frauen könnten eine Persönlichkeit erwerben, da es ihnen am Nationalgefühl gebreche. Als enthumanisierte Stererotypen waren die Juden für Weininger ein Nicht-Volk.

Weininger stand mit seinen Vergleichen von Geschlecht und Rasse nicht allein da. F. Gellion-Danglar stellte 1882 in Frankreich dieselben Behauptungen auf: Die semitische Rasse besäße die Schwäche der Frauen, die emotional, abergläubisch, raubgierig, katzenartig seien, um nur einige wenige der von ihm aufgezählten Eigenschaften zu nennen.[22] Der entpersönlichende Charakter dieser Stereotypen wurde von Emile Zola festgestellt, der in »J'accuse« (1898) schrieb, daß Dreyfus für seine Feinde kein Mensch, sondern eine Abstraktion gewesen sei.[23] Maurice Barrès bestätigte ihn, als er kurz danach versicherte, es bedürfe keines Beweises dafür, daß Dreyfus Frankreich verraten habe – »daß er des Verrates fähig ist, glaube ich, weil ich seine Rasse kenne«.[24] Für all diese Männer – Weininger, Gellion-Danglar, Barrès wie Chamberlain – nahm das jüdische Stereotyp metaphysische Ausmaße an, das keinerlei Verbindung mehr mit der Wirklichkeit hatte. Darum wurde der Kampf gegen die Juden wieder einmal als Kampf des Lichtes gegen die Finsternis gesehen, in dem es nur Sieg oder Untergang gab.

Nationalität und Rasse konzentrierten sich auf den männlichen Idealtyp; im Stil einer Nazi-Zeitschrift war der arische Mann die Sonne und alle anderen Mond-Menschen.[25] Weininger repräsentierte eine überhöhte Irrationalität: Er wies sämtliche Wissenschaft als materialistisch und alle Umwelttheorien als absurd zurück. Für ihn war der ideale germanische

Mann der Künstler – die Verkörperung allen höheren Strebens. Überdies blieb Weininger mit Houston Stewart Chamberlain dabei, die Bedeutung Kants als Schrittmacher arischer Denkklarheit und Geistigkeit hervorzuheben. In einer höchst aufschlußreichen Passage griff Weininger Chamberlain auch an: Er behauptete nämlich, daß Christus tatsächlich ein Jude war. Denn Weininger war ganz folgerichtig davon überzeugt, nur ein Jude sei in der Lage, die Übel seiner Rasse wirklich zu kennen und könne so versuchen, sie zu überwinden.[26] Dieser Versuch, das Jüdisch-Sein zu überwinden, stand im Widerspruch zum Rassismus des Buches, nicht aber zu Weiningers eigenen Wünschen. Armer Weininger. Er muß sich als jemanden gesehen haben, der einen solchen Kraftakt versuchte, und als er daran scheiterte, beschloß, allem ein Ende zu setzen. Es war zu erwarten, daß der Autor von »Geschlecht und Charakter« seine eigenen, seltsamen Theorien ernst nehmen würde. Die Tatsache, daß dies auch viele andere taten, ist ein Beweis dafür, wie tief der Rassenmystizismus ins Nationalbewußtsein eingedrungen war.

Weiningers »Geschlecht und Charakter« war eine Kritik an der modernen Kultur. Er schrieb, daß die Anarchie zu seiner Zeit regiere. Seine Welt war eine ohne Staat und Gesetz, ohne Ursprünglichkeit und Moral. Dieses »degenerierte Zeitalter«, wie er es nannte, wurde durch die Halbwelt verkörpert, die die Keuschheit verdrängt hatte und in der Beischlaf zur Pflicht geworden sei. Um diesen Zustand zu heilen, mußte eine neue Religion begründet werden, eine, die klar zwischen Judaismus und Christentum, zwischen Geschäft und Kultur, Mann und Frau, Art und Persönlichkeit unterschied.

Adolf Hitler kannte Weiningers Buch und benutzte es, um seinen Haß gegen die Juden zu untermauern.[27] Es besteht eine gewisse Ähnlichkeit zwischen Weiningers Theorien und der Art, wie Hitler in »Mein Kampf« die in Wien lebenden, osteuropäischen Juden schilderte, die sich so sehr von den assimilierten Juden in Linz unterschieden. Für Hitler verband sich der dreckige und unheldische Jude im Kaftan und mit Schläfenlocken sofort mit Sex. Wir lesen da von Juden, die für weiße Sklaverei und Prostitution verantwortlich sind; es wird uns jedoch auch geschildert, wie jüdische Jungen an den Straßenecken herumlungern, bereit, jeden Augenblick arische Jungfrauen zu überfallen.[28] Um diese Verbindungen herzustellen, bedurfte es Weiningers nicht, denn so, wie der Neger die sexuelle Phantasie der Europäer erweckt hatte, wurde der Jude als sexueller Rivale gefürchtet. (Wegen der Folgen einer solchen Einstellung vgl. Tafel 7.) Soweit es Weininger betraf, hatte dieses Bild etwas von der Vorstellung übernommen, daß eine minderwertige Rasse angeblich Sexualität in Wollust verkehre, und das wiederum wurde dem Fehlen höherer Fähigkeiten zugeschrieben.

Die sexuellen Phantasien wurden auch durch die stärkere Sensibilität für

Gerüche angeregt, die die Europäer von der Mitte des 19. Jahrhunderts an entwickelten. Man legte mehr Wert auf körperliche Reinheit und verbesserte die sanitären Anlagen. »Schlechte Gerüche« wurden nicht länger mehr so leicht im Haus geduldet, insbesondere wohl auch, da man um diese Zeit herum die angebliche Heilkraft der »reinen Landluft« entdeckt hatte. Schließlich stachelte auch Darwins Abhandlung »The Descent of Man« (1871) das Interesse an der Rolle des Geruchs im Sexualleben an.[29]

Geruch und Rassen waren schon immer miteinander verbunden worden, und selbst während des Mittelalters hatte man Juden wie Schwarze mit ganz absonderlichen Gerüchen ausgestattet. Im 19. Jahrhundert sorgten die überfüllten Ghettos in Osteuropa und die jüdischen Viertel Mittel- und Westeuropas für widerliche Gerüche. Allzuviele schrieben dies nicht der endemischen Armut zu, in der die Juden lebten, sondern der angeborenen »Unsauberkeit« ihrer Rasse.

Gegen Ende des 19. Jhs. machte man aus der Verknüpfung von Rasse und Geruch so etwas wie eine Weltanschauung. Der deutsche Biologe Gustav Jäger, Gründer des Wiener Zoos, verband z. B. 1881 »den Ursprung der Seele« mit den alles Leben und Denken bestimmenden, in chemischen Prozessen erzeugten Gerüchen. Verschiedene Rassen haben unterschiedliche und unverwechselbare Gerüche. Da er auch daran glaubte, daß »Krankheit Gestank ist«, trat er für wollene Unterwäsche ein (»Jägers Unterwäsche«), um die Haut warm zu halten und die Körpergerüche einzuschließen.[30] Ivan Bloch nannte 1900 das Negerproblem eine »Geruchsfrage« und zitierte den berühmten Anthropologen, den oben erwähnten Quatrefages als Zeugen.[31] Gustav Jäger glaubte, daß der »jüdische Geruch« besonders unangenehm sei und daß man jeden Juden an seinem Geruch erkennen könne. So wiederholte er gut siebzig Jahre später die Ansicht eines Schuldirektors, der 1809 behauptet hatte, daß einige jüdische Kinder wegen ihrer »fauligen Ausdünstungen« niemals mit Christen in einer Bank sitzen könnten.[32]

Der Rassismus, der sich an alle Bewegungen anhängte, versuchte auch, Sexualität und Geruch zu übernehmen, um damit das Stereotyp zu vervollständigen, das bereits weite Verbreitung gefunden hatte. Man war der Ansicht, daß Sauberkeit und Geruchsfreiheit mittelständische Tugenden seien, die zu den übrigen, bereits so oft erwähnten, hinzugezählt werden müßten. Minderwertige Rassen waren von Natur aus schmutzig und stanken.

Die arische Rassenseele beflügelte zu einer höheren Geistigkeit. Äußerer Ausdruck dieser Geisteshaltung war die Betonung der Mittelstandsmoral und die Konfrontation mit dem jüdischen Feind. Ob die arische Substanz nun eine Lebenskraft – ähnlich dem Äther der Madame Blavatsky, oder ein »Blutleuchten«, oder ob es gewisse männliche Merkmale waren –, verwirklichen konnte sie sich einzig dadurch, daß sie einen Kampf auf

Leben und Tod gegen die Juden führte. Dieser Aufruf zum Kampf war der Höhepunkt in der Entwicklung des Rassismus, wie wir ihn vom 18. bis zu Beginn des 20. Jhs. verfolgt haben. Bis hierhin haben wir uns im großen Ganzen auf die Arier konzentriert. Jetzt müssen wir uns den Juden zuwenden.

Anmerkungen

1 G. Trobridge, *Swedenborg Life and Teaching* (London, 1945), 186.
2 Hierfür und für das Folgende s. George L. Mosse, *The Mystical Origins of National Socialism*, in: Journal of the History of Ideas, XXII, Nr. I (Jan.–März 1961), 81–96.
3 George L. Mosse, »Changes in Religious Thought«, *The New Cambridge Modern History*, IV (Cambridge, Eng., 1970), 173–175.
4 Für Langbehn s. George L. Mosse, *The Crisis of German Ideology* (New York, 1964), 39–46.
5 Johannes Baltzli, *Guido von List* (Wien, 1917), 26, 27.
6 Mosse, *Crisis of German Ideology*, 75, 76, 306.
7 *Ibid.*, 295; Wilfred Daim, *Der Mann, der Hitler die Ideen gab (München, 1958), passim*; Andrew G. Whiteside, *The Socialism of Fools* (Berkeley, 1975), 248, 253–254.
8 Mosse, *Crisis of German Ideology*, 31–39.
9 Cosima Wagner, *Die Tagebücher*, vol. I, *1869–1877*, Hrsg.: Martin Gregor-Dellin und Dietrich Mack (München, 1976), 378.
10 *Siehe ibid.*, 569.
11 George L. Mosse, *The Nationalization of the Masses* (New York, 1975), 101–108.
12 Wagner, *op. cit.*, 627, 744.
13 Siehe S. 113.
14 Hans Kohn, *Martin Buber, sein Werk und seine Zeit* (Köln, 1961), 93.
15 Franziska Gräfin zu Reventlow, *Der Geldcomplex, Herrn Dames Aufzeichnungen von Paul zu Pedro* (München, 1958), 138. Dieses Buch enthält eine der besten Zusammenfassungen über die kosmischen Philosophen in München, einschließlich Schuler und Stefan George.
16 Siehe 56.
17 Mosse, *Nationalization of the Masses*, 106.
18 Zitiert bei: ibid., 105.
19 Vgl. z. B. Karl Kupisch, »The ›Luther Renaissance‹«, *Journal of Contemporary History*, II (Oktober 1967), 39–49.
20 Houston Stewart Chamberlain, *Auswahl aus seinen Werken* (Breslau, 1934), 65, 66, 68.
21 Otto Weininger, *Geschlecht und Charakter* (Wien und Leipzig, 1920), Rückseite des Titelblatts.
22 Vgl.: Jeannine Verdes-Leroux, *Scandale Financier et Antisémitique: Le Krach de l'Union Générale* (Paris, 1969), 113–116.
23 Colette Guillaumin, *L'Idéologie Raciste Genèse et Langue Actuel* (Den Haag, 1972), 37.
24 Zeev Sternhell, *Maurice Barrès et le Nationalisme Français* (Paris, 1972), 264.

25 Vgl.: *Judenkenner*, Folge 32 (25. September, 1935), *passim*.

26 Weininger, *op. cit.*, 438–439.

27 Friedrich Heer, *Der Glaube des Adolf Hitler* (München, 1968), 271.

28 Adolf Hitler, *Mein Kampf* (München, 1934), 59–65.

29 Das ergiebige Werk über die Geschichte von Geruch und Sex, das neue Perspektiven zur Geschichte der europäischen Kultur bietet, ist Stephen Kern, *Anatomy and Destiny: A Cultural History of the Human Body* (Indianapolis, 1975).

30 *Ibid.*, 50–51.

31 Albert Hagen (Ivan Bloch), *Die Sexuelle Osphresiologie* (Berlin, 1906), 179, 12. Ich verdanke diesen Hinweis Stephen Kern.

32 Jacob Toury, *Der Eintritt der Juden ins Deutsche Bürgertum. Eine Dokumentation* (Tel Aviv, 1972), 184.

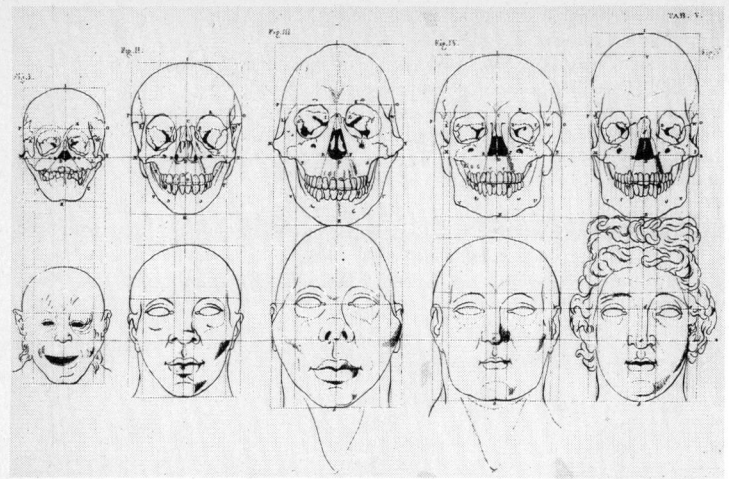

1. Die Entwicklung von Schädel und Gesichtsausdruck – vom Affen über den Negroiden zum durchschnittlichen Europäer und zum griechischen Idealtypus. Aus: Peter Camper, *Dissertation sur les Variétés Naturelles...* (Paris/Den Haag 1791). Tafel V.

2. Der ›Gesichtswinkel‹. Aus: Robert Knox, *The Races of Men* (London, 1862), 404.

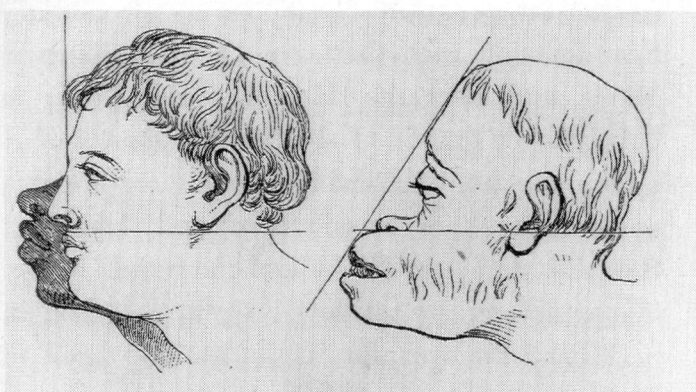

[*Profile of Negro, European, and Oran Outan.*]

N° 1. Propagation.
   2. Amour de la progéniture
   3. Affectivité.
   4. Défense personnelle.

N° 5. Meurtre.
   6. Ruse.
   7. Propriété.
   8. Orgueil.

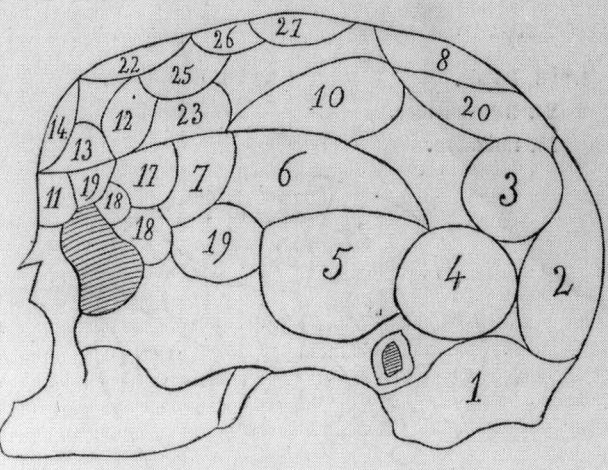

N° 9. Vanité.
   10. Circonspection.
   11. Mémoire des faits.
   12. — des lieux.
   13. — des personnes.

N° 14. Mémoire des mots.
   15. Philologie.
   16. Peinture.
   17. Musique.
   18. Mathématiques.

3. Lavater und Galls phrenologisch vermessener Schädel, mit den Positionsangaben der verschiedenen Teile des Gehirns und ihre Bedeutung. Aus: *Physionomie et Phrénologie*, hrsg. v. A. Ysabeau (Paris, 1810), 271.

4. Satire auf das jüdische Stereotyp von Thomas Rowlandson in ›The Jewish Dandy‹. Aus: Eduard Fuchs, *Die Juden in der Karikatur* (München, 1921).

Raſſe
unverändert durch Jahrtauſende

Es hat lange gedauert, bis der Menſch, der forſchend Himmel und Erde durchdrang, endlich zu ſich ſelber gelangte. Das Wiſſen um Raſſe und Vererbung iſt eine ſpäte Erkenntnis, aber ſie wird entſcheidend in Weltanſchauung und Leben ganzer Völker eingreifen.

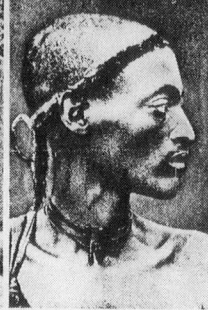

Kulturen ſind verſchwunden, Völker ſind vergangen, aber ihr Antlitz iſt geblieben

Antiker und moderner Grieche. Noch in vorgeſchichtlichen Zeiten gelangten auf langſamen Koloniſationszügen indogermaniſche Stämme in die Gebiete des heutigen Griechenland. Dieſe Landſchaften waren vorher keineswegs menſchenleer, ſondern beſaßen ſchon eine andere Bevölkerung von weniger heller Hautfarbe und geringerer Körpergröße. Die einwandernden nordiſchen Stämme verſchmolzen dann früher mit dieſen Elementen, wodurch der gegenwärtige Volkstypus geſchaffen wurde. Aber der ſüdiſche griechiſche Typus, wie er uns in den alten Bildwerken entgegentritt, kommt auch heute noch vereinzelt immer wieder vor.

Das ägyptiſche Geſicht:

Der Pharao in der altägyptiſchen Darſtellung und ein Sultan aus dem Norden des ehemaligen Deutſch-Oſtafrika. Ein Typ, wie er uns von altägyptiſchen Denkmälern her vertraut iſt, läßt ſich in vielen Vertretern der Bewohner des oberen Nillals und der angrenzenden Gebiete erblicken. Links: Eine Reliefdarſtellung des Pharao Seti I. aus dem Tempel von Abydos; rechts: Mbima-Sultan Kililorebe aus Moroco im Norden Deutſch-Oſtafrikas

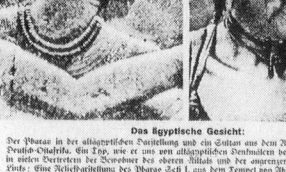

Das armeniſche Geſicht:

Götterbild aus Zendſchirli und heutiger Armenier. Die Armenier zeichnen ſich durch beſonders hohe Kunſtfertigkeit aus. Dieſelben Merkmale zeigen ſchon die bethitiſchen Götterbilder aus Zendſchirli, und man nimmt an, daß ſchon etwa gegen das Jahr 1000 v. Chr. ganz vorderaſiatiſche Raſſenelemente bewohnt geweſen iſt

Das nubiſche Antlitz:

Alte nubiſche Götterbild und moderne Nublerin. Südlich an Ägypten anſchließend breitet ſich oberhalb der erſten Nilkatarakte das Land Nubien aus, das ſchon in den älteſten geſchichtlichen Zeiten von Völkern mit röllerer Hautfarbe bewohnt wurde. Außerdem aber lebte im „fernen Süden", wie die Ägypter das Land verächtlich bezeichneten, eine negeriſche Bevölkerung, deren Raſſenmerkmale ſich mit denen der Nubiden miſchten

Foto: Wichteldruckerei

5. »Rasse, unverändert durch Jahrtausende«. Vergleich zwischen antiken und zeitgenössischen arischen Köpfen. Aus der national-sozialistischen Zeitung ›Märkischer Adler‹ (7. Juni 1936). (Ausschnittarchiv der Wiener Library, London)

HOUSTON STEWART CHAMBERLAIN †

Am 9. Januar 1926, um die Mittagsstunde, starb einer der bedeutendsten geistigen Wegbereiter des kommenden dritten Deutschen Reiches, Houston Stewart Chamberlain, der Schwiegersohn Richard Wagners, zu Bayreuth, wo er, der geborene Engländer, seit vielen Jahren seine deutsche Heimat gefunden hatte.

Chamberlain war am 9. September 1855 zu Portsmouth als Sohn des Admirals William Charles Chamberlain geboren. Er studierte, vorgebildet auf dem kaiserlichen Lyceum zu Versailles, seit 1879 in Genf Naturwissenschaften, widmete sich aber daneben, besonders seit 1885, wo er in Dresden lebte, kunstkritischen, musikalischen und philosophischen Studien. 1909 siedelte er nach Wien über.

Seit seinen frühen Jahren datieren schon damals seine engen Beziehungen zu dem Kulturkreis, der um Richard Wagner entstand, und aus ihnen erwuchs eine große Anzahl tief gehaltvoller Werke, die für unsere Zeit ebenso grundlegend sind wie für die kommenden Geschlechter. Unter ihnen seien besonders erwähnt:

„Das Drama Richard Wagners" (Leipzig 1892), die reich mit Bildern geschmückte Biographie „Richard Wagner" (München 1896), „Die ersten zwanzig Jahre der Bayreuther Bühnenfestspiele" (Bayreuth 1896). Ihnen folgte das große geschichtsphilosophische Werk „Das neunzehnte Jahrhundert", von dem der erste Band „Die Grundlagen des zwanzigsten Jahrhunderts" 1899 in München erschienen. Von seinen zahlreichen Werken müssen außerdem noch Erwähnung finden seine Arbeiten über Goethe und Immanuel Kant; ferner „Arische Weltanschauung", „Worte Christi" und aus seiner letzten Schaffensperiode, seiner Leidenszeit, „Lebenswege meines Denkens" und „Mensch und Gott".

Chamberlain gehört zu den vielen Ausländern, auf die das deutsche Wesen wie eine magische Anziehungskraft wirkte. Das mag wohl im tiefsten Grund seine Abstammung erklären; sein Vater stand als Kapitän in der britischen Marine, allein seine Großmutter war eine geborene Deutsche. Das Blut der nordischen Rasse schlägt in dem Enkel endlich in einem überzeugten Bekenntnis zum Deutschtum wieder siegreich durch; seine Erb- und Wanderjahre mit ihrer fast chaotischen Vielgestaltigkeit an Eindrücken können dem eigentlich Heimatlosen die Sehnsucht nach dem ruhenden Pol in der Erscheinungen Flucht erst stillen, als er im Geist von Bayreuth die Erfüllung seines althergebrachten Strebens fand. Aus dem Bayreuther Kulturkreis, in dessen Mittelpunkt Wagner war, ist neben vielen anderen Großen als einer der Bedeutendsten Chamberlain hervorgegangen. Seine ganze Entwicklung ist ohne den Vorreuther Gedanken nicht verständlich. Bei aller Reichhaltigkeit, Vielgestaltigkeit seines Wissens bedeutet Bayreuth gerade

die Synthese, die Zusammenfassung der Einzelheiten zu einem organischen Ganzen, das in ähnlich gewaltigem Umfang, am Beispiel Goethes gemessen, nur wenigen anderen gelungen ist.

Die entscheidende Wendung im Leben dieses Denkers trat ein, als er in den denkwürdigen Tagen des Kriegsausbruches 1870 deutschen Boden betrat.

„Hier ist nur das zu betonen", berichtet er, „der Einfluß, den diese Erlebnisse auf das Gemüt des Vierzehnjährigen ausüben mußten, indem ihm ... ein herrliches Deutschland vor Augen stand, sich aufrichtend in der unüberwindlichen Kraft seines Rechtes und seiner reißigen Mannschaften, angeblickt von unsterblichen Heiden: Moltke, ein großartiger Auftakt zu meiner Einführung in das Leben des Deutschgeborenen!"

Und 1876 schreibt er:

„Je mehr ich andere Nationen kennen lerne, desto mehr liebe ich Deutschland und die Deutschen. Mein Glaube, daß die ganze Zukunft Europas, d. h. der Zivilisation der Welt Deutschland in Händen liegt, ist zur Sicherheit geworden. Das Leben der Deutschen ist ein ganz anderes als das von anderen Menschen."

Dann konnte Bayreuth, das er selbst als die „Sonne seines Lebens" bezeichnet. Er erlebt 1882 die Festspiele. So fand er, an der Schwelle seines vierten Jahrzehnts stehend, sein Vaterland in Deutschland, seine Heimat in Bayreuth, sein Vorbild aber in Wagner.

„Richard Wagner lebte mit den ausländischen Anführern im Raume, er schenkte meinen Augen das gestaltende Licht, meinem Herzen die treibende Wärme."

Chamberlains Lebensarbeit ist so groß, so umfassend und vielgestaltig, daß in einer kurzen Skizze nur ansatzweise auf das Bedeutendste eingegangen werden kann. Im tief großen Werk, die „Grundlagen" allein ist eine Literatur entstanden, die dem Umfang der Goethe- und Wagnerliteratur wenig nachsteht dürfte. Sie bilden mit dem Kernpunkt seines Schaffens, sowohl als politischen wie auch als künstlerisch und ethisches Werk. Im Wien entstanden, gaben sie der damals früh entwickelnden großdeutschen Bewegung und damit allen verwandten späteren Richtungen, die sich von jener ableiten, das feste wissenschaftliche Fundament. Selbst wieder im Bayreuther Kulturkreis verankert, erörterten die Grundlagen einen Rückblick und Ausblick über das gesamte Leben des Zeit vom Geschichtswinkel der Rassenfrage aus. Seine weiteren Schriften fügen sich organisch in dieses Gefäß grundsätzlicher Weltanschauung in wunderbarer Fülle ein. Er hat mit ihnen allen dem deutschen Volk die geistigen Waffen geschmiedet und geschärft, die in seinem bitteren Lebenskampf so notwendig wie noch nie braucht. Mit Ehrfurcht durchschaute der Geist dieses Mannes die letzten Tiefen der Zusammenhänge deutschen Wachsens und Blühens, deutschen Not und Absterbens. Seine Erkenntnisse sind Gemeingut aller erwachenden Deutschen geworden, bis zu einem Grade, daß man von einer Auseinandersetzung seines jahrelangen theoretischen Schaffens mit dem Tageskampf der völkischen Erneuerung sprechen muß.

Der Nationalsozialismus, dieser Kern des erwachenden Deutschlands, war dem großen Denker ein Symbol der Zukunft unseres Volkes, zu dem er sich trotz der Schwere der Zeit und trotz der Schwere seines körperlichen Leidens, in rückhaltloser Zuversicht und unerschütterlicher Hoffnung bekannte. Und in den schwersten Stunden der jungen Bewegung hat er sich mit größtem Bekennermut für sie ausgesprochen.

Unsere Pflicht wird es sein, das geistige Erbe des großen völkischen Denkers zu hüten, zu seiner Verbreitung beizutragen, bis ihn allen deutschen Volksgenossen ein Gemeingut geworden sind; denn dann wird die größte Stärkung und die schärfste Antwort im Kampf um Deutschlands Sein oder Nichtsein werden.

Die letzte Aufnahme des Verblichenen

6. Nachruf auf Houston Stewart Chamberlain, *Illustrierter Beobachter*, Nr. 1, 2. Jg. (15. Januar 1927), 8.

7. Nazipropaganda gegen Rassenvermischung, das jüdische Stereotyp einem arischen Frauenbild gegenüberstellend. Aus: *Antisemitismus der Welt in Wort und Bild*, hrsg. v. Theodor Pugel (Berlin, 1935), 229.

Judenopfer

Durch die Jahrtausende vergoß der Jud, geheimem Ritus folgend, Menschenblut
Der Teufel sitzt uns heute noch im Nacken, es liegt an Euch die Teufelsbrut zu packen

8. »Opfer der Juden!« Die berüchtigte Ausgabe des ›Stürmers‹ über Ritualmord, die gleich nach Erscheinen von Julius Streicher zurückgezogen wurde. Zu diesem Zeitpunkt wollten die Nationalsozialisten ihr ›respektables‹ Image nicht aufs Spiel setzen. *Der Stürmer*, Sondernummer I (Mai 1934), Titelblatt.

9. »Der wandernde Ewige Jude« – kolorierter Holzschnitt von Gustave Doré. Generationen von Europäern wurden mit der ›Doré-Bibel‹ groß. Aus: Eduard Fuchs, *Die Juden in der Karikatur* (München, 1921).

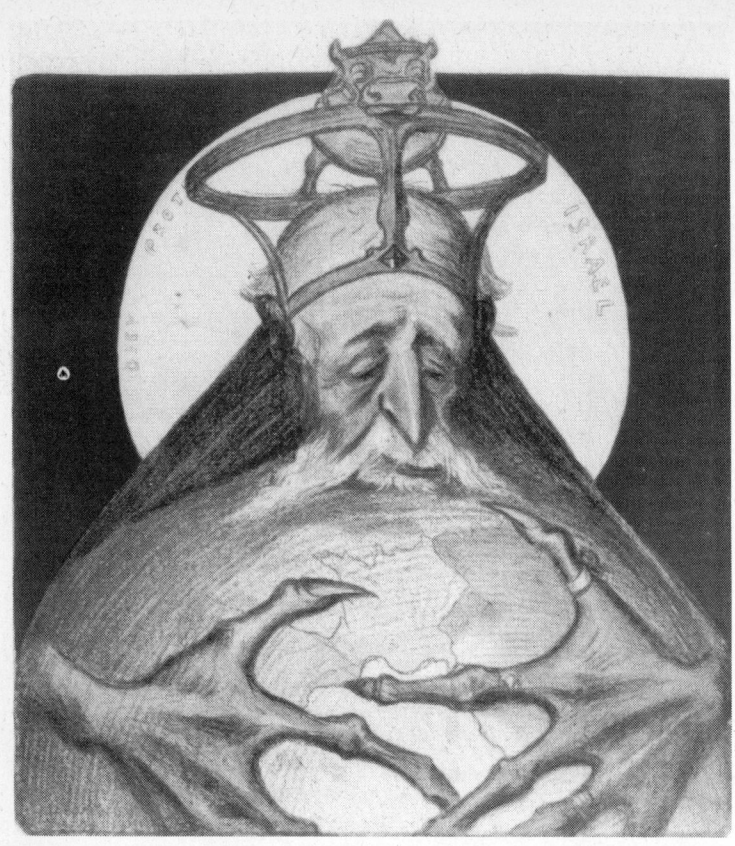

10. Eine der berühmtesten Karikaturen über das Haus Rothschild von C. Lé-
andre, einem unbedeutenderen französischen Maler (1898). Es wurde von den
meisten antisemitischen Bewegungen übernommen und auch zur Illustration der
›Protocols of the Elders of Zion‹ verwendet. Der Heiligenschein ist eine Münze.
Aus: Eduard Fuchs, *Die Juden in der Karikatur* (München, 1921).

11. Titelblatt einer populären französischen Ausgabe der ›Proto-kolle der Weisen von Zion‹ (Paris, 1934). Das Bild kann man auch in zahlreichen früheren Ausgaben finden. (Ausschnittarchiv der Wiener Library, London)

9. u. 10. Heft (1 M.) **Auf gut deutsch** 2. Jahrgang 1920.

Wochenschrift für Ordnung u. Recht

Aus Ungarns Schreckenstagen

Bela Kun
Diktator

Nur schauen, schauen! Mehr tut hier nicht not,
Um klarzumachen, was auch uns bedroht.

Herausgeber: Dietrich Eckart · München

12. Titelblatt von ›Auf gut deutsch‹ (1920), der rassistischen Wochenzeitschrift, die von Hitlers politischem Mentor Dietrich Eckart geschrieben
und veröffentlicht wurde. Wieder ist hier das Stereotyp benutzt, um die
jüdisch-bolschewistische Konspiration anzuklagen.

13. Umschlag des Bandes ›Entartete Musik‹ von Hans Severus Ziegler (Direktor des Deutschen Nationaltheaters, Weimar), der 1938 zum Anlaß der ›Ausstellung für Entartete Musik‹ in Düsseldorf erschien. Das Umschlagbild suggeriert das ›Eindringen brutaler Jazz-Rhythmen in die deutsche Welt der Musik‹ und die Gleichsetzung von Juden und Schwarzen als degeneriert. (Aus der Yad Vashem Library, Jerusalem)

Kapitel 9
Die Juden: Mythos und Gegenmythos

Das Rassenmysterium verwandelte den Juden in ein Prinzip des Bösen. Dies war für die Juden nicht neu, schließlich war der Antichrist während des Mittelalters eine bekannte Figur gewesen. In den letzten Jahrzehnten des 19. Jahrhunderts und in der ersten Hälfte des 20. Jahrhunderts hatte man jedoch die traditionellen Legenden wieder zum Leben erweckt, die in der Vergangenheit über die Juden umliefen. Sie dienten nunmehr als Hintergrund für rassischen Mystizismus und als Instrument politischer Mobilmachung. Selbst während der Aufklärung waren der Vorwurf des Ritualmordes, der Legende über den ewig wandernden Juden Ahasver und die Phantasie von einer allgemeinen jüdischen Weltverschwörung niemals aus dem europäischen Bewußtsein gewichen. Jetzt sollten sie wiederaufleben, jetzt sollte ihnen erneut Kraft verliehen werden.

Die Beschuldigung des Ritualmordes – der sogenannte Vorwurf der Blutschuld – ging auf die mittelalterliche Legende zurück, daß Juden Christenkinder mordeten, um während des Passah-Festes deren Blut zu trinken. Angeblich als Teil ihrer religiösen Zeremonie veranstalteten die Juden einen »Ritualmord«, der für den pervertierten Charakter ihrer Religion und des durch sie verkörperten Bösen bezeichnend sei. Überdies stellte diese jüdische Art, das Blut zu verwenden, eine Blasphemie dar auf das Opfer Christi am Kreuz – denn Ostern und Passah-Fest wurden zur selben Zeit gefeiert. Der Vorwurf der Blutschuld bot die Grundlage, ihnen Atavismus vorzuwerfen, weil sie, im Gegensatz zu zivilisierten Leuten, angeblich Menschenopfer darbrachten. Auch die sogenannte jüdische Verschwörung gegen die nicht-jüdische Welt war von vornherein Teil dieses Mythos, da man glaubte, kein Jude würde etwas über einen anderen preisgeben. Die redseligen Nicht-Juden hingegen waren mit Gold bestochen worden, um über jene rituellen Menschenopfer zu schweigen.

Der Mythos vom Mißbrauch des geheiligten Gutes Blut diente dazu, die Juden von den Christen zu trennen. Der Vorwurf der Blutschuld war in Zeiten der Spannung immer wieder aufgetaucht. Ende des 19. Jhs. nun schien die Zeit aus den Fugen geraten zu sein, und wieder überschwemmte der Vorwurf des Ritualmordes Osteuropa. Zwischen 1890 und 1914 fanden nicht weniger als 12 Prozesse wegen Ritualmordes gegen Juden statt. Die letzte Mordanklage wurde noch 1930 von einem tschechoslowakischen Staatsanwalt in den Karpaten erhoben.[1]

Der Vorwurf der Blutschuld blieb hauptsächlich in den unterentwickelten

Ländern Osteuropas und im russischen Zarenreich lebendig. Im Zarenreich nutzte die Regierung diesen Glauben listig dazu, Pogrome zu provozieren, und so war jedes verschwundene Christenkind eine Bedrohung für die betreffende jüdische Gemeinde, deren Mitglieder dann möglicherweise des Mordes angeklagt wurden. Auch Mittel- und Westeuropa hatten sich dieser Legende bedient. Dort gingen die Anklagen mit der Zeit zurück, insbesondere unter der städtischen Bevölkerung, bei der die Säkularisation große Erfolge verbucht hatte. Jedoch in ländlicher Gegend lebte der Mythos weiter. Hier wurde er insbesondere von der katholischen Kirche gefördert, der es schwerfiel, ihre langwierige Verbundenheit mit dem Vorwurf des Ritualmordes aufzugeben. Während des 19. Jahrhunderts, und sogar noch bis ins 20. Jahrhundert hinein, verkündeten an manchen Orten Priester hin und wieder diese Wahrheit. Mittelalterliche Heilige, wie Simon von Trent, den man bis in unsere Tage verehrte, hielten die Legende von den angeblich durch Juden, vor den Augen der Gläubigen brutal gemordeten Kindern aufrecht.[2] (Für den Gebrauch, den die Nazis von dieser Legende machten vgl. Tafel 8.)

Wenn der Vorwurf der Blutschuld die Christen ermutigte, in den Juden die Vorboten des Bösen zu sehen, dann verkörperte die Legende vom ewig wandernden Juden den Fluch, den Christus über diese Rasse ausgesprochen hatte. Die Gestalt des Ahasverus ist in der Legende ein Jude, der Jesus zur Kreuzigung hetzte und der sich weigerte, ihm auf dem Weg Trost oder Schutz zu spenden. Darum ist Ahasverus verdammt zu einem unsteten Leben ohne Heimat, als Wurzelloser und Enterbter verachtet. Der ewig wandernde Jude, der weder leben noch sterben kann, ist auch Vorbote von Schrecken und Verzweiflung.[3] Diese mittelalterliche Geschichte vom »bösen Juden« (wie Ahasverus oft genannt wird) verblaßte im 19. Jh. nicht, sie wurde vielmehr zum Symbol für die Verdammnis des jüdischen Volkes (vgl. Tafel 9). Das ruhelose Zeitalter und der ruhelose Jude wurden zur Verkörperung einer verzweifelten Modernität.

In der Legende wird Ahasverus auch mit Verschwörungen gegen die Rechtschaffenen in Verbindung gebracht. In Frankreich symbolisierte er die Verschwörung der Juden und Freimaurer gegen die Nation. Gelegentlich allerdings konnte der wandernde Jude zum Helden werden, und die Verschwörung konnte auf andere Schultern geladen werden. Die berühmteste Ahasverus-Geschichte des Jahrhunderts, Eugène Sues »Le juif errant« (1844/45), machte ihn zu einem Helden, der eine jesuitische Verschwörung vereitelt. Während des Ersten Weltkrieges dann wieder verspotteten die Engländer Kaiser Wilhelm II. als Ahasverus, der Christus von seiner Tür gewiesen hatte und nun, auf der vergeblichen Suche nach Frieden, durch Europa wanderte.[4] Trotz allem behielt die alte Legende überwiegend ihre ursprüngliche Form bei und blieb Symbol für den Fluch, den das jüdische Volk selbst über sich und alle, die sie berührten,

gebracht hatte. Ob nun Vorwurf der Blutschuld oder des ewig wandernden Juden – in einer Welt der Industrialisierung und der Unbeständigkeit,
in einer Zeit verwirrender gesellschaftlicher Veränderungen –, diese Legenden boten Erklärungen und Zusammenhalt, gerade so, wie man sie
früher dazu benützt hatte, Hungersnöte, Krankheiten und viele Naturka-
tastrophen zu erklären.

Die Legende vom ewig wandernden Juden verstärkte die Vorstellung
vom Juden als dem ewigen Außenseiter, der es niemals lernen sollte, die
Nationalsprache ordentlich zu sprechen oder seßhaft zu werden. Dieser
Mythos wiederum wurde mit der angeblichen orientalischen Herkunft –
wie sie die Bibel berichtet – zusammengebracht. Man nahm an, der Jude
sei für immer darauf festgelegt, als Nomade durch die Wüste Sinai zu
ziehen. In seinem Buch »Das Gesetz des Nomadenthums und die heutige
Judenherrschaft« (1887) machte der Wiener Orientalist Adolf Wahrmund
dieses Bild populär. Er behauptete, die Juden seien in der Vergangenheit
Nomaden gewesen und das seien sie auch heute noch. Dies erkläre ihre
Unzuverlässigkeit im Handel und ihre wurzelose kosmopolitische Denk-
weise, die im Gegensatz zu der verwurzelten arischen Bauernschaft stehe.
Wahrmund setzte die Tradition fort, die arischen bäuerlichen Ursprünge
mittels der Sprachforschung zu beweisen. Als Nomaden wie als Asiaten
waren die Juden in der Tat Ahasverus, und nicht, weil Christus sie ver-
flucht hatte, sondern weil sie immer noch ein Wüstenvolk waren.[5] Auf
diese Weise säkularisierte man ein in der Religion wurzelndes, anti-jüdisches Bild – und eine pseudowissenschaftliche Umwelttheorie verlieh
dazu neue Glaubwürdigkeit.

Solche Legenden kamen dem Hang zur Romantik und zum Ungewöhnlichen entgegen. Das 19. Jh., das Frankenstein und menschliche Vampire
populär machte, war von Schauergeschichten fasziniert, hinter denen
Menschen aus Fleisch und Blut standen. Der 1868 von Hermann Goedsche (unter dem Pseudonym Sir John Redcliffe) geschriebene Roman
»Biarritz« war für diesen Hang zum Ungewöhnlichen nicht nur charakteristisch, er war auch als eine der Hauptquellen der notorisch gefälschten
»Protokolle der Weisen von Zion« von Bedeutung.

Szenarium für »Biarritz« ist der jüdische Friedhof von Prag. Bezeichnenderweise benutzten andere berühmte Schriftsteller, wie Wilhelm Raabe,
die gleiche Szenerie, um Geschichten von jüdischen Geheimlehren und
heimlichem Tun zu erzählen. Der jüdische Friedhof von Prag war ein romantischer Ort. Überdies war er leicht zu erreichen, denn Prag galt, obgleich Teil des Österreichischen Kaiserreiches, als deutsche Stadt. Es war
nicht schwierig, dort hinzureisen, um sich das Ghetto anzuschauen. Die
anderen osteuropäischen Ghettos hingegen lagen in obskuren und schwer
erreichbaren Gegenden. Der aus Deutschland oder Österreich kom-
mende Tourist würde sich wohl fühlen, wenn er in dem großen deutschen

Viertel von Prag wohnte und die malerischen Winkel der Stadt besichtigte. Der jüdische Friedhof in Prag, mit seinen geheimnisvollen Gräbern und kaftan-bekleideten Figuren, konnte, zumindest aus der Sicht eines westlichen Touristen, Symbol für den Aufeinanderprall verschiedener Kulturen sein – denn damals gab es in Osteuropa noch Ghettos. Goedsche faßte diesen Symbolismus zusammen, als er schrieb, daß Prag die einzige deutsche Stadt sei, in der die Juden noch immer in der Isolation lebten.[6]

So bereitete Goedsche die Szene für ein Treffen der dreizehn jüdischen Ältesten auf dem Friedhof vor. Er nannte sie den »Hohen Rat der Kabbala« und bezog sich auf die vielen mit der jüdischen Kabbala verbundenen Legenden. Damit erhielt die Versammlung auf dem Friedhof eine weitere historische Dimension. Für Goedsche bestand das Geheimnis der Kabbala in der »Macht des Goldes«.[7] Über die Kabbala verfestigte er die traditionelle Verbindung von Jude und plattem Materialismus. Einer der Ältesten ist Ahasverus, der wandernde Jude. Seine Anwesenheit unter den 13 zeigt deutlich, wie Goedsche alte antisemitische Traditionen ausbeutete.[8]

Die Ältesten treffen als die Repräsentanten des auserwählten Volkes zusammen, »die Beharrlichkeit der Schlange, die Schlauheit des Fuchses, den Blick des Falken, das Gedächtnis eines Hundes, die Vorsicht einer Ameise und die Geselligkeit eines Bibers haben«.[9] Die Verknüpfung des Juden mit Tierbildern sollte uns nicht überraschen. Sie wurde bereits weiter oben festgestellt, als wir das Aufkommen des Stereotyps im 18. Jh. erörterten.[10] Die Schwarzen, die man hartnäckig mit Affen verglich, erlitten ein ähnliches Schicksal. Der Vergleich der sogenannten minderwertigen Rassen mit Tieren bedeutete, daß man sie tief am unteren Ende der Stufenleiter des Seins einreihte und sie durch Analogie ihres Menschseins entkleidete.

In der unheimlichen Szenerie des Friedhofes verschwören sich die Ältesten, um die Welt zu übernehmen. Sie schmieden einen Komplott, um alles Kapital in ihre Hand zu bringen, um den Besitz an sämtlichen Ländereien, Eisenbahnen, Minen, Häusern sicherzustellen, um Regierungsposten zu erobern, um die Presse an sich zu bringen und die gesamte öffentliche Meinung zu lenken. Später, als dieser Plan als des »Rabbiners Rede« in ganz Rußland und im österreichischen Kaiserreich kursierte, sollte man ihn aus »Biarritz« entnehmen.

Der Mythos von der finsteren jüdischen Verschwörung war nicht auf Osteuropa beschränkt. Nur ein Jahr nach Erscheinen von »Biarritz« beschrieb Gougenot de Mousseaux sie in einer Streitrede gegen die Juden Frankreichs, die er als Anhänger einer geheimen Mysterium-Religion beschrieb, der der Teufel in Person vorstand.[11] So liefen in den letzten Jahrzehnten des 19. Jhs. ein sich rasch verbreitender Glaube an okkulte

Kräfte und eine mit neuem Leben erfüllte mittelalterliche Dämonologie ineinander. Nach Mousseaux war der Teufel sogar der König der Juden. Seine Version der jüdischen Verschwörung sollte Teil der berühmteren »Protokolle« werden – genauso, wie »Biarritz« zu dieser Fälschung beitrug.

Die »Protokolle der Weisen von Zion« wurden sowohl Höhepunkt als auch Synthese dieser Verschwörungstheorien (vgl. Tafel 10). Sie wurden wahrscheinlich zwischen 1894 und 1899 unter Mithilfe der russischen Geheimpolizei während der Dreyfus-Affäre in Frankreich gefälscht. Die französische Rechte suchte nach einem Dokument, um Dreyfus mit der angeblichen Verschwörung seiner Rasse in Verbindung bringen zu können, und die russische Geheimpolizei brauchte es, um die zaristische antijüdische Politik zu rechtfertigen. Diesmal spiegelten die »gelehrten Weisen von Zion« – die sich wiederum auf dem jüdischen Friedhof in Prag trafen – alle Aspekte der modernen Welt wider, die die Reaktionäre in Frankreich und Rußland, aber auch im übrigen Europa, so sehr fürchteten.

Die Waffen, deren sich die Weisen bedienen sollten, um die Weltherrschaft zu gewinnen, reichten vom Gebrauch des Schlagwortes der Französischen Revolution »Freiheit, Gleichheit und Brüderlichkeit« bis zur Verbreitung von Liberalismus und Sozialismus. Man würde den Völkern der Welt allen Glauben an Gott vorenthalten. Ihre Stärke würde man dadurch schwächen, daß man öffentliche Kritik an der Autorität unterstützte. Zur gleichen Zeit würde man eine Finanzkrise auslösen; das Gold in den Händen der Juden sollte manipuliert werden, um die Preise in die Höhe zu treiben. Schließlich »sollte es in allen Staaten der Welt neben uns nur die Massen des Proletariats, einige wenige, unseren Interessen ergebene Millionäre und unsere eigenen Polizei- und Streitkräfte geben«. [12] Danach verlangte man dann blinden Gehorsam gegenüber dem König der Juden, dem Beherrscher der Welt. Kurz, der Verschwörungsmythos paßte in die Ungewißheiten und Ängste des 19. Jahrhunderts und baute eine Brücke über die Kluft zwischen den alten, antisemitischen Legenden und dem modernen Juden in einer Welt dramatischer Veränderungen.

Was aber sollte geschehen, wenn die Nicht-Juden diese Verschwörung entdeckten und die Juden anzugreifen begannen? In diesem Falle würden die Weisen eine wirklich entsetzliche Waffe einsetzen, denn schon bald würden die Hauptstädte der Welt von einem Netz von Tunneln unterminiert sein. Sollte Gefahr für die Juden bestehen, dann würden sie diese Tunnel dazu benutzen, die Städte in die Luft zu sprengen und so deren Einwohner zu töten. Dieser Alptraum trägt die Züge einer Angst vor einer neuen Technologie, aber auch Züge der damals so beliebten phantastischen und Schauergeschichten. Ein anderes Mittel der Ältesten, die Nicht-Juden zu vernichten, war, sie mit Krankheitskeimen zu impfen.

Der Widerstand gegen das Impfen sollte denn auch Teil des rassistischen Denkens werden. 1935 wurde in der nazistischen antijüdischen Zeitschrift »Weltkampf« behauptet, das Impfen sei eine jüdische Erfindung, um das arische Blut zu zerstören. Als Beweis dienten die »Protokolle«.[13] Für den Alptraum der »Protokolle« ist der Rassismus von grundlegender Bedeutung: Hier wurden die Juden als eine böse, verschworene und gut organisierte Rasse angesehen. In der Verschwörung der Weisen von Zion hatten die Rassenmysterien einen ihrer beliebtesten angeblichen Beweise gefunden.

Die Verschwörungstheorien wären wahrscheinlich weniger populär und wirksam gewesen, hätte es nicht in der Vergangenheit und Gegenwart gewisse jüdische Organisationen gegeben, die einigen Nicht-Juden finsteren Zwecken zu dienen schienen. In Rußland lautete die Anschuldigung, daß die 1844 von Zar Nikolaus aufgelösten jüdischen Gemeindeorganisationen immer noch bestanden und als geheime, mit ausländischen Interessen verbundene, jüdische Regierung aktiv seien.[14] Diesen Verschwörungstheorien wurde 1860 eine Spur trügerischer Wirklichkeit verliehen, als französische Juden die »Alliance Israélite Universelle« gründeten. Ziel der Alliance war es, Juden in fremden Ländern zu helfen, in denen ihnen die Bürgerrechte vorenthalten wurden, oder Schulen für die nordafrikanischen Juden zu unterstützen. Diese ehrenwerten Absichten wurden natürlich ignoriert und die »Alliance« als die Spitze des Verschwörungseisbergs gesehen.

Abgesehen von der Realität der »Alliance«, zeigten Antisemiten und Rassisten auf die Freimaurer als einer andern von Juden geleiteten geheimen Verschwörung – die »Protokolle« hatten nämlich jüdische und freimaurerische Verschwörung miteinander verquickt. Der Kampf gegen die Freimaurer wiederum rief die katholische Kirche auf den Plan. Papst Leo XII. unterstützte den Weltkongreß der Freimaurergegner von 1897. Er wurde unter die Schutzherrschaft der Jungfrau Maria gestellt. Im Verlauf des Kongresses brachte man die Juden insbesondere mit der antikatholischen Freimaurerverschwörung in Verbindung, und die damals gegründete »Union Antimaçonnique« wurde von Drumont und anderen französischen Rassisten unterstützt.[15] Auch in Deutschland gab es eine Anti-Freimaurer-Bewegung, und unter den Nazis schließlich wurde ein Anti-Freimaurer-Museum errichtet. Dennoch, im katholischen Frankreich war dieser besondere Mythos am lebendigsten.

So mächtig diese Gruppen auch waren, die zeitweise solche Theorien unterstützten und zu ihrem Beweis auf die »Alliance« oder die Freimaurer verwiesen, sie waren dennoch nur eine Minderheit (mit Ausnahme vielleicht unter dem katholischen Klerus). Solche Mythen und Legenden über die Juden dienten dazu, jene zu mobilisieren, die sowohl das traditionelle Christentum als auch die traditionelle Gesellschaft schützen wollten. Die zukünftige Bedeutung dieser anti-jüdischen Mythen bestand zu einem beträchtlichen Teil in ihrer Verbindung mit einem säkularen Nationalismus, dem der traditionelle christliche Widerstand gegen den Rassismus fehlte. Gewiß war, wie wir noch sehen werden, nur ein schmaler Grat zwischen christlichem Antisemitismus und Rassismus, doch die nationale Mystik konnte diese Mythen zweifelsohne als der jüdischen Rasse angeboren akzeptieren. Der säkulare Nationalismus brauchte sich nicht mit dem Problem zu befassen, wie man Juden durch Taufe zu Christen mache, wenn doch ihre Rasse von Natur aus böse war. Auch mußte sie die Juden des Alten Testaments nicht als Teil des christlichen Heilsgeschehens aus ihrem minderwertigen rassischen Status befreien. Für alle Rassisten war es darum besser, das Christentum möglichst zu ignorieren.

In dieser Hinsicht war ein Journalist wie der Deutsche Wilhelm Marr typisch. In seinem Buch »Der Sieg des Judentums über das Germanentum« (1879) wies er die christliche Anklage gegen die Juden als für die Aufgeklärten unwürdig zurück. Dann aber wiederholte er alle Mythen über die unsteten und verschwörerischen Juden. Für Marr waren die Juden stärker als die Deutschen, denn sie standen im Begriff, den Kampf der Rassen ums Überleben zu gewinnen. Er schlug einen Gegenangriff vor, an dessen Spitze das antisemitische Rußland stehen sollte.

Hermann Ahlwardt, einst Mitglied des deutschen Reichstages, wurde mit der Veröffentlichung seiner Schrift »Der Verzweiflungskampf der arischen Völker mit dem Judentum« (1890) noch berühmter. Zwei Jahre später schrieb dieser Volksschuldirektor ein Buch gleicher Machart: »Neue Enthüllungen: Judenflinten« (1892), in dem er einmal mehr Alarm gegen die jüdische Bedrohung schlug. Er behauptete nämlich, im Rahmen der allgemeinen jüdischen Weltverschwörung zur Vernichtung des Reiches verkaufe die jüdische Waffenfabrik Löwe der deutschen Armee schadhafte Gewehre. Und trotz der Absurdität eines solchen Vorwurfes leitete die Regierung eine Untersuchung ein.[16]

Bis dahin war der Versuch, so zu handeln, als ob es die jüdische Verschwörung wirklich gäbe, am Rande des europäischen Denkens, und sieht man einmal von Rußland ab – war er auch ohne unmittelbare Folgen geblieben. Diese Versuche waren Vorläufer des gemeinsamen Kampfes gegen die Juden, der erst nach 1918, nach dem Trauma des Ersten Weltkrieges, begann. Sie gingen Männern wie Hitler voraus, die nicht nur an die »Protokolle« glaubten, sondern schließlich auch über die Mittel verfügten, so zu handeln, als wären sie wahr. Die in den 90er Jahren von Jules Guérin in Paris gegründete anti-Freimaurer und anti-jüdische Loge wurde als lächerlich empfunden.[17] Auch der in Dresden 1882 stattfindende erste internationale Kongreß der winzigen rivalisierenden antisemitischen Gruppen (in der Hauptsache aus Deutschland, Österreich und Ungarn) war kaum bedeutender, obgleich er sich für den Sammelpunkt gegen die jüdische Weltverschwörung hielt. Er sollte den antijüdischen Kampf vereinigen. Der Kongreß konnte allerdings die Spannungen nicht überwinden, die zwischen den christlichen Antisemiten wie Adolf Stoekker und den Rassisten bestanden, die zur Gewalt neigten und bestritten, daß ein getaufter Jude sich vom Rest seiner Rasse unterscheide. Die zweite Zusammenkunft dieses Kongresses 1883 trug den Titel »Alliance antijuive universelle« und wies eindeutig auf die »Alliance Israélite« als Feindsymbol hin.[18]

Als Teil rassischen Mystizismus drangen die Legenden über die Juden über jene verhältnismäßig kleinen Kreise hinaus, die von der jüdischen Verschwörung besessen waren und die wenig Zeit für andere Dinge hatten. Größere Bedeutung muß man allerdings dem Umstand zumessen, daß diese Legenden sich zu einem Mechanismus wandelten, mit dessen Hilfe rechtsgerichtete Bewegungen versuchten, die Gesellschaft zu verändern. Die von den Juden angeblich ausgehende Bedrohung konnten solche Interessengruppen, wie landwirtschaftliche Vereinigungen und konservative Parteien, in ihrem Kampf gegen Liberale und Sozialisten ausnutzen, um Anhänger zu gewinnen. Aber auch katholische und protestantische Bewegungen konnten sich auf die traditionellen Legenden über die Juden berufen, um den Atheismus wirksamer bekämpfen zu können. Die Juden wurden vor allem aber von jenen als Widerpart benutzt, die die nationale Mystik wieder beleben wollten, indem sie die Gleichheit unter dem Volk hervorhoben. Bezeichnend hierfür ist, daß ein Agitator wie Wilhelm Marr, der als Demokrat an das allgemeine Wahlrecht und die Gedankenfreiheit glaubte, den Juden vorwarf, Liberale zu sein: ein Volk ohne festen Halt, das die Knechtung durch die Monarchie durch die Sklaverei des Finanzkapitals zu ersetzen suchte.[19] Solche National-Sozialisten – wie sie bereits hießen, bevor Adolf Hitler diesen Ausdruck für sich beanspruchte – werden uns weiter unten noch beschäftigen. Der Rassismus war überdies über die Rassenmystik fest mit dem Nationalismus, ja über den Darwinismus sogar mit der Wissenschaft verbunden. In diesem Rahmen wurden die von uns erwähnten Legenden über die Juden lebendig erhalten – nunmehr als Teil des drohend bevorstehenden Rassenkrieges.

Selbst der 1911 in London abgehaltene »Universal Races Congress«, der humanistische und christliche Werte reflektieren sollte, kam zu dem Schluß, es gäbe »reine« Rassen – und das, obwohl Gegner des Rassismus wie John Dewey, Annie Besant und der amerikanische Negerführer E. W. DuBois an ihm teilnahmen.[20] Dieser Kongreß war ein weiteres Zeichen für das gleichbleibende und tiefe Interesse an Rassenfragen.

Und wie war es mit den Juden? Waren sie nicht vom rassischen Denken beeinflußt, das in der europäischen Gesellschaft so weit verbreitet schien? Setzten die Juden dem Mythos vom Juden als einem Prinzip des

Bösen einen Mythos vom Juden als einer reinen und edlen Rasse entgegen? Viele, ja die meisten in Mittel- oder Westeuropa stark assimilierten Juden betrachteten sich als vollgültige Mitglieder der Völker, unter denen sie lebten, und nicht als eigenes Volk, sondern eher als Stamm, wie die Sachsen, Bayern oder Elsässer. Der Erste Weltkrieg förderte solche Tendenzen, und nach 1918 unterstützten jüdische Veteranen-Vereine in vielen europäischen Völkern einen solchen Versuch nationaler Integration entscheidend. Unser besonderes Augenmerk gilt aber jenen Juden, die sich als eigenes Volk betrachteten. Folgte der jüdische Nationalismus dem europäischen, indem auch er ein Bündnis mit dem Rassismus einging?

Die rassischen Vorstellungen Gobineaus wurden 1902 dem Leser der zionistischen »Die Welt« vorgestellt, und zwar nicht nur, um der rassischen Reinheit ein Loblied zu singen, sondern hauptsächlich, um dem Vorwurf entgegenzutreten, die Juden seien ein degeneriertes Volk. Gobineau hatte die Juden eben darum bewundert, daß sie der modernen Degeneration nicht nachgegeben hatten. Jetzt konnte man seine Theorien höchst vorteilhaft für den Beweis verwenden, daß das »Judentum eine ... Zähigkeit dank der Reinheit seines Blutes, ... bewahrt habe«. Rassenmischung sei um jeden Preis zu vermeiden. Die jüdischen und die arischen Rassen konnten sich einander nicht durchdringen – sie konnten nur Seite an Seite in gegenseitigem Verständnis leben.[21] Man hatte hier also eindeutig die Einflüsse des Rassismus übernommen, auch wenn die Idee vom Blut nicht in Begriffen von »Blut und Boden« definiert war, sondern eher als Vehikel der Strebungen und Besonderheiten der Seele. Diese Übernahme Gobineaus (und Houston Stewart Chamberlains – wie wir später sehen werden) war unter den Juden jedoch eher die Ausnahme denn die Regel. Das Interesse einiger Juden scheint wohl überwiegend dem wissenschaftlichen Rassismus gegolten zu haben.

So schrieben Juden zum Beispiel Artikel für das deutsche »Archiv für Rassen und Gesellschaftsbiologie«. Aber wie bei den meisten Autoren dieser Zeitschrift war der Glaube an das Bestehen von Rassen nicht gleich der Vorstellung, daß irgendeine Rasse notgedrungen auch den anderen überlegen sei. So schrieb Elias Auerbach, einer der Pioniere der zionistischen Besiedelung Palästinas, wenn die jüdische Rasse in grauer Vorzeit auch eine Mischrasse gewesen sei, heute sei sie rein, da sie sich Jahrhunderte hindurch für sich gehalten habe. Er beschloß seinen Artikel mit einem Zitat aus Gobineau, solange ein Volk in der Lage sei, seine Reinheit und Einzigartigkeit der Zusammensetzung beizubehalten, könne es nicht sterben.[22] Dennoch trat Auerbach für einen jüdisch-arabischen Zweivölkerstaat ein und sprach sich dagegen aus, daß ein Volk von dem anderen beherrscht werde. An reine Rassen zu denken, ohne Rassist zu sein, war also möglich. Dies war sogar für die meisten Juden, die an eine jüdische Rasse glaubten, wie auch für viele Nicht-Juden typisch.

Auerbach stand mit seinem Glauben an die Rasse nicht allein. Der deutsche Schriftsteller J. M. Judt war in seiner Abhandlung »Die Juden als Rasse« (1903) genauer – denn er schrieb, daß die Juden als Rasse gemeinsame körperliche und physiognomische Züge aufwiesen. Selbst schon früher, 1881, hatte Richard Andree, ein Deutscher, der zwar kein Jude, aber der Begründer der auf die Juden angewandten Disziplinen Ethnographie und Demographie war, behauptet, daß die Juden einen durch die Jahrtausende erhaltenen, bestimmten rassischen Typus darstellten.[23] Für Andree aber besaßen Juden und Arier einen gemeinsamen Ursprung: Beide waren sie Kaukasier. Beide waren sie auch Träger der modernen Kultur – im Gegensatz zu den Schwarzen, die in ihrem primitiven Status verblieben waren.[24] Wie Judt versuchte auch Andree, seine Behauptungen auf Anthropologie und Physiognomik zu gründen.

Der berühmteste Theoretiker, der die Juden als Rasse ansah, wurde allerdings der österreichische Arzt, Anthropologe und Zionist Ignaz Zollschan (1877–1948). In seinem Hauptwerk »Das Rassenproblem unter besonderer Berücksichtigung der theoretischen Grundlagen der jüdischen Rassenfrage« (1910) behauptete er, Rasse werde durch die menschliche Zelle weitergegeben und sei also nicht dem Einfluß von außen unterworfen. In seinem umfangreichen Werk lobt Zollschan Houston Stewart Chamberlains Rassenideale, z. B., daß Rassenreinheit einer Gruppe Adel verleihe, oder daß es notwendig sei, die Rasse zu immer größeren Höhen des Heldentums zu entwickeln. Zollschan war der Ansicht, daß Chamberlain in puncto Rasse recht, in puncto Juden jedoch unrecht habe. Er meinte, kulturelle Weiterentwicklung könne nicht das Verdienst einer einzigen Rasse (wie der Arier) sein, sondern müsse von einer Reihe reiner Rassen, einschließlich der Juden, geschaffen worden sein. Der unerwünschte materialistische Aspekt der zeitgenössischen jüdischen Rasse würde schwinden, wenn sie zur Nation gefunden hätte und dem Ghetto entflohen wäre.[25] Zollschans Ideal – wie er es 1914 wiederholte – war eine reinblütige Nation, unberührt von Ausschweifungen und Unmoral, mit einem hochentwickelten Familiensinn und festverankerten tugendhaften Gewohnheiten.[26] Die Verbindung zwischen rassischem Mystizismus und Mittelstandsmoral hätte kaum deutlicher gezeigt werden können.

Nach dem Ersten Weltkrieg brach Zollschan mit dem Zionismus. Er glaubte, sehr zu Unrecht, daß der Antisemitismus in der Nachkriegszeit zurückgehen und daß die Vorstellungen von nationaler Souveränität ein Ende finden würden.[27] Zugleich gab er seinen Glauben an die Rasse auf – ein Prozeß, der in seinem Buch »Racism Against Civilization« (1942 in London veröffentlicht) seinen Höhepunkt fand. Nunmehr allerdings machte der in Europa größer werdende Schatten der Nazis es auch jedem Juden schwer, Rassenideen weiter zu verfechten, selbst wenn er es zuvor getan hatte.

Vor dem Nationalsozialismus und insbesondere vor dem Ersten Weltkrieg war die Auseinandersetzung unter den Juden, ob die Juden nun eine Rasse seien oder nicht, insbesondere in der deutschen »Zeitschrift für jüdische Demographie und Statistik« sehr lebhaft gewesen. Spiritus rector dieser Zeitung war der Sozialdarwinist Arthur Ruppin. Ruppin war von 1908 bis zu seinem Tode 1942 mit der jüdischen Siedlung in Palästina beauftragt. Wie ambivalent auch immer, glaubte er, wie Auerbach, an die Existenz von Rassen. Dennoch war er während der vielen Jahrzehnte in Palästina ein überzeugter Verfechter des Zweivölkerstaates. Zunächst hielt Ruppin Rasse für einen unveränderbaren Instinkt, obwohl er in seinem Buch »Darwinismus und Sozialwissenschaft« (1903) bezeichnenderweise für Eugenik und nicht für die Lehre von der rassischen Überlegenheit eintrat. Schönheit und Kraft hingen nicht von der Umwelt, sondern von Erbfaktoren ab, und in diesem Zusammenhang sprach Ruppin über rassische Typen. Als er über »Jüdisches Schicksal und die Zukunft« (1940) nachdachte, kritisierte er die Begriffsvermengung von »Volk« und »Rasse« und bezog sich auf Virchows Ergebnisse aus der Untersuchung der deutschen Schulkinder, die die Existenz von reinen Rassen widerlegte.

Die jüdische Anerkennung des Rassenbegriffs war höchst ambivalent. Der Widerpart des Rassismus zu sein, hieß nicht notwendig, auch den Feind nachzuahmen. Was war mit jenen orthodoxen Juden, die an die Wirklichkeit der Vorstellung vom auserwählten Volk glaubten? Für die Mehrheit solcher Juden hieß auserwählt sein, ein lebendiges Beispiel dafür zu geben, wie man zu leben habe. Ansprüche auf Herrschaft waren damit nicht verbunden. Überdies konnten alle Völker – selbst die Nicht-Juden – als rechtschaffen angesehen werden, vorausgesetzt, daß sie die sieben Gesetze Noah einhielten statt der 613 für einen frommen Juden verbindlichen Gebote. So machte der Glaube an den Monotheismus und die Befolgung der Gebote, nicht zu stehlen, zu morden, keine falsche Aussage zu machen und die Ehe nicht zu brechen, sowie sich des Essens von lebenden Teilen von Tieren zu enthalten, jeden zum Auserwählten. Diese Orthodoxie kannte keinen Rassismus.

Allerdings, die chassidischen rabbinischen Dynastien glaubten gelegentlich, daß Führungseigenschaften durch das Blut übertragen würden. An diesem Glauben hielt man jedoch nicht ständig fest, und er war auf keinen Fall rassistischer als die traditionellen Vorstellungen von der königlichen Herkunft. Trotz aller theoretischen Ablehnung des Rassismus überschritten manchmal orthodoxe Juden sowie gläubige Christen heimlich die Grenzen zum Rassismus, von denen man meinte, auch sie würden ihn ablehnen. Im 19. und 20. Jahrhundert bewahrte der wahre Gläubige stets einige weltliche Elemente von Überlegenheit und Herrschaft in seinem Glauben.[28]

Der Zionismus war de facto nicht rassistisch orientiert – trotz der gelegentlichen Vorstellungen von Zollschan und Auerbach, die beide in der Bewegung keinen echten Einfluß besaßen. Dennoch schrieb Theodor Herzl, es sei vor allem notwendig, erst einmal die Rasse zu verbessern, ganz gleich, ob die Juden nun in ihrer Gastnation verblieben oder ob sie auswanderten. Es sei notwendig, sie arbeitsliebend, kriegerisch und gesittet zu machen.[29] In der verschwommenen Verwendung des Wortes »Rasse«, wie in seiner Verdammung der Juden, die sich seinem Führungsanspruch widersetzten, spiegelt Herzl sein Wiener Milieu wider. Dennoch behauptete er, daß »kein Volk die Gleichförmigkeit einer Rasse habe«.[30]

Bezeichnender aber waren jene einflußreichen jungen Zionisten, die zu Beginn dieses Jahrhunderts an eine nationale Mystik, aber nicht an die Rasse glaubten. Sie behaupteten 1913, wann immer die zionistische Bewegung versuche, wissenschaftlich zu sein, würde sie sich in Schädelmessungen und jeglicher Art »rassischen Unsinns« verwickeln.[31] Judaismus war dagegen eine innere kulturelle Einheit, die Offenbarung des Glaubens an die Substanz der jüdischen Nationalität. Wie der junge Zionist Robert Weltsch es 1913 ausdrückte: »Weltgeschichte wird nicht von Zoologen, sondern von Ideen gemacht.« Er verglich jüdische Nationalität mit Bergsons »élan vital«. Die Mystik vom Volk wurde übernommen, der Rassismus jedoch, der in nicht-jüdischen Gesellschaften häufig Teil dieser Mystiken war, wurde abgelehnt.[32]

Selbst als Max Brod in den 30er Jahren behauptete, Rasse sei die Grundlage des jüdischen Andersseins, meinte er dies als Warnung vor der Eugenik. Für Brod aber, wie für Martin Buber, wurde das jüdische Volk nur zur Stufe auf dem Weg zur menschlichen Einheit und Gleichheit, die die Einzigartigkeit Gottes widerspiegelten. Zu einer Zeit, da andere Nationalismen in Europa immer rassistischer wurden, machte sich der jüdische Nationalismus den Rassismus nicht zu eigen.

Jene, die die Existenz jeglicher jüdischer Rasse leugneten – und das war die überwältigende Mehrheit der Juden –, bezogen sich auf die einflußreiche Schrift des jüdischen Arztes Maurice Fishberg »Die Rassenmerkmale der Juden« (1913). Fishberg, ein berühmter Arzt und Anthropologe, der in New York lebte, war der Ansicht, daß den Juden solche Eigenschaften fehlten. Er griff Elias Auerbach an, weil dieser an eine jüdische Rasse glaubte. Als Beweis für seine Behauptung verwies Fishberg auf jene blonden Juden, die man in ganz Europa antreffen konnte: große Juden mit langen Köpfen, griechischen Nasen und blauen Augen. Dieser »arische Typus unter den Juden«, wie er es nannte, mußte aus der Rassenmischung mit nordischen und slawischen Rassen herrühren.[33] Es erhob sich aber noch eine andere, noch einflußreichere, nicht-jüdische Stimme, um zu beweisen, daß Juden weder eine Rasse, ja nicht einmal ein eigenes Volk waren. Felix von Luschan, österreichischer Professor an der Universität Berlin, hatte Auerbach bereits geantwortet, daß es keine jüdische Rasse, sondern nur eine jüdische religiöse Gemeinde gäbe, und daß der Zionismus aller Kultur zuwiderlaufe, wenn er die Juden zurück in den Orient zwinge, in dem die Barbarei herrsche. Dieser hochangesehene nicht-jüdische Anthropologe versicherte, daß das jüdische Volk, wie jedes andere auch, eine Rassenmischung sei. Für von Luschan gab es in der Tat nur eine Rasse, den homo sapiens. Es gab keine minderwertigen Rassen, nur Völker mit anderen Kulturen. Die Eigenschaften, die die Menschen voneinander unterschieden, hatten ihren Ursprung in klimatischen, sozialen und anderen Umweltfaktoren. Männer wie Chamberlain, so schrieb er, seien keine Wissenschaftler, sondern Dichter.[34]

Viele Zionisten, die Worte wie »Blut« oder »Rasse« benutzten, stimmten auch mit von Luschan überein. Trotz der Vorliebe des 19. Jahrhunderts für sie war der Gebrauch von Ausdrücken wie »Blut«, »Rasse«, »Volk« und »Nation« oft ungenau und austauschbar. Blut und Rasse waren manchmal Kürzel für die Übertragung geistiger Faktoren und hatten mit Aussehen oder rassischer Reinheit nichts zu tun. Der Traum vom »neuen Menschen«, dem sowohl die Rassisten als auch die Zionisten nachhingen, war das Gegenstück zum Rationalismus. Nur, für die Zionisten war er »humanitärer Nationalismus«, der sowohl voluntaristisch als auch pluralistisch war.[35]

In Mitteleuropa hielt sich die Rassenmystik am längsten, wenngleich die Legenden über Juden in Frankreich wie in den primitiveren Balkangegenden eine Heimstatt fanden. Als Entwurzelter und als Konspirateur, der Jude wurde zu einem Mythos. Wie Ahasver oder die »Protokolle der Weisen von Zion« enthüllten, war er Gegner, und dies war um so wirksamer, als man nun die mittelalterlichen Mythen auf die moderne Zeit umsetzte. Die Ängste und der Aberglaube einer vergangenen Epoche hatten sich tief ins europäische Bewußtsein eingenistet, und man konnte sie jetzt dazu benutzen, das Volk gegen die Enttäuschungen der Gegenwart zu mobilisieren. Obwohl die Säkularisation immer mehr an Boden gewann, war die europäische Kultur doch eine christliche Kultur. Wenn Rassismus als Wissenschaft und als nationale Überzeugung auftrat – wie standen dann die christlichen Kirchen zur Rasse?

Anmerkungen

1 *The Jews of Czechoslovakia*, The Society for the History of Czechoslovak Jews (Philadelphia–New York, 1968), 152.
2 Vgl. z. B.: Jeannine Verdes-Leroux, *Scandale Financier et Antisémitique: Le Krach de l'Union Générale* (Paris, 1969), 223.

3 George K. Anderson, *The Legend of the Wandering Jew* (Providence, 1965), 21, 22.

4 *Raemaekers Cartoons*, o. D., o. O, Teil 3, 69.

5 Josef Müller, *Die Entwicklung des Rassenantisemitismus in den letzten Jahrzehnten des 19. Jahrhunderts* (Berlin, 1940), 25, 67; Müller analysiert die *Antisemitische Correspondenz* von 1887 bis 1892.

6 Zitiert in: Hermann Bernstein, *The History of a Lie* (New York, 1921), 23.

7 *Ibid.*, 32.

8 *Ibid.*

9 *Ibid.*, 33.

10 Siehe Seite 51.

11 Norman Cohn, *Warrant for Genocide* (New York, 1966), 43. Bei meiner Erörterung der ›Protocols‹ bin ich diesem klassischen Werk gefolgt.

12 Protocols of the learned Elders of Zion (Union N. J., o. D.), 25. Dies ist eine moderne Version der englischen Ausgabe von 1922.

13 *Ibid.* 33; *Arbeiterzeitung* (Wien, 3. Dezember, 1933) (Wiener Library Ausschnittarchiv, London).

14 H. Lutostanski, *The Talmud and the Jew* (o. O., 1876), *passim*.

15 *Actes du Premier Congrès Antimaçonnique Internationale*, 24.–30. September 1894 in Trente (Fournay 1897), 119, 124.

16 Paul W. Massing, *Rehearsal for Destruction* (New York, 1967), 64.

17 Die Pariser Polizei nannte es »anti-jüdisches Konfetti«, *Archives de la Préfecture de Police*, Paris, B. a. 1341.

18 *Schmeitzner's Internationale Monatsschrift*, II (Januar 1883), *passim; ibid.*, II (Mai 1883), *passim*. Schmeitzer war Sekretär des Kongresses.

19 Mosche Zimmermann, »Gabriel Riesser und Wilhelm Marr im Meinungsstreit«, *Zeitschrift des Vereins für Hamburgische Geschichte*, Bd. 61 (1975), 59–84.

20 Michael D. Biddiss, »The Universal Races Congress of 1911«, *Race*, XIII (Juli 1971), 43.

21 Max Jungmann, »Ist das Jüdische Volk degeneriert?«, *Die Welt*, 6. Jahrg., Nr. 24, 13. Juni 1902.

22 Elias Auerbach, »Die Jüdische Rassenfrage«, *Archiv für Rassen- und Gesellschaftsbiologie*, IV (1907), 333.

23 J. M. Judt, *Die Juden als Rasse: Eine Analyse aus dem Gebiet der Anthropologie* (Berlin, 1903), 213. Dies wurde von dem Verlagshaus ›Jüdischer Verlag‹ veröffentlicht.

24 Richard Andree, *Zur Volkskunde der Juden* (Bielefeld und Leipzig, 1881), 3, 10, 25.

25 Ignaz Zollschan, *Das Rassenproblem unter Besonderer Berücksichtigung der Theoretischen Grundlagen der Jüdischen Rassenfrage* (Wien und Leipzig, 1910), 8, 235, 260 ff., 427.

26 Ignaz Zollschan, *The Jewish Question* (New York, 1914), 14.

27 Adolf Böhm, *Die Zionistische Bewegung*, II (Tel Aviv, 1937), 84.

28 Zu dieser Frage gibt es keine Untersuchungen. Ich danke Frau Deborah Hershmann und Herrn Warren Green für die Informationen, auf denen diese Erörterung des orthodoxen Judentums beruht. Vgl. auch den Rückgriff auf Noahs Gesetze als Sittenkodex für Nicht-Juden in Deutschland bei: Sidney M. Bolkosky, *The Distorted Image: German Jewish Perceptions of Germans and Germany, 1918–1935* (New York, 1975), 80.

29 Theodor Herzl, zitiert in: *Die Welt*, XVIII (3. Juli, 1914).

30 Amos Elon, *Herzl* (New York, 1975), 171, 251.

31 Moses Calvary in *Die Welt*, XVII (7. November, 1913), 540.

32 Robert Weltsch in *Die Welt*, XVII (21. März 1913), 366.

33 Maurice Fishberg, *Die Rassenmerkmale der Juden* (München, 1913), 49, 51; vgl. auch Maurice Fishberg, »Zur Frage der Herkunft des blonden Elementes in Judentum«, *Zeitschrift für Demographie und Statistik der Juden* (1907).

34 Felix von Luschan, *Völker, Rassen, Sprachen* (Berlin, 1922), 25, 169.

35 Gustav Krojanker, *Zum Problem des Neuen Deutschen Nationalismus* (Berlin, 1932), 17, 19.

Kapitel 10
Die infizierte Christenheit

Der Rassismus hatte ein Bündnis mit den Hauptströmungen des Jahrhunderts gesucht: Nationalismus, Spiritualismus, Mittelstandsmoral und Wissenschaftsglaube. Trotz seines Anspruchs auf das Monopol der Erlösung streckte er seine Hand auch nach dem Christentum aus. Das Christentum wiederum konnte den Rassismus nicht vereinnahmen, denn dies hätte das Taufsakrament gefährdet, das ohne Ansehen von Herkunft oder Rasse den Menschen zu einem Christen machen sollte. Es gab viele fromme Christen und gute Kirchenmänner, die den Rassismus beharrlich ablehnten, und andere, wie die Quäker, die ebenso beharrlich den Unterdrückten halfen. Dennoch war die Überlieferung der meisten protestantischen und der katholischen Kirche nicht die einer eindeutigen Opposition zur Idee des Rassismus.

Um die Beziehungen zwischen Christentum und Rasse zu verstehen, müssen wir unsere Überlegungen zurückverfolgen. Die Beständigkeit der jüdischen und schwarzen Stereotypen waren von vielen Christen und ihren Kirchen anerkannt, selbst wenn die Taufe sie theoretisch außer Kraft setzen sollte. Und im übrigen liefen die Juden, die an ihrem Glauben festhielten, so lange Gefahr, als Ausländer abgestempelt zu werden, als man europäische Kultur und den Staat als christlichen Ursprungs ansah. An der Wende vom 18. zum 19. Jh. hatten in England Gegner wie Befürworter der jüdischen Emanzipation zeitweilig den christlichen Charakter ihres Staates und ihrer Gesellschaft dadurch zu sichern gesucht, daß sie streng zwischen dem »Gott Moses« und dem »Gott der Christen« unterschieden.[1] Zur selben Zeit beklagte in Deutschland der junge Johann Gottlieb Fichte, die alttestamentarische Religion sei eine Religion, die auf Nationalismus und Haß gründe, und ihr seien die Ideale von Freiheit und Gleichheit fremd. So ging zu Beginn des 19. Jahrhunderts die Abneigung gegen das Alte Testament Hand in Hand mit der jüdischen Emanzipation. Man betrachtete das Alte Testament entweder als allein den Juden zugehörig, als für die Christen uninteressant oder als dem christlichen Heilsgeschehen untergeordnet.[2] Das jüdische Stereotyp wurde in christliche Weltsicht eingebettet. Es ist überraschend zu sehen, wie viele gutwillige und tolerante Menschen die Juden für Außenseiter hielten, die außerstande waren, sich angemessen kultiviert zu verhalten.

Die verschiedenen Versuche, die jüdischen Wurzeln des Christentums zu kappen, machten es dem Rassismus leicht, das Alte Testament als Hindernis aus dem Weg zu räumen, das die Juden als unverzichtbare Teilnehmer am Heilsgeschehen schützte. Der alte Bund bedrohte stets den neuen, und einige christliche Theologen hielten die Zeit für gekommen, ein für allemal die Bande zwischen Eltern und Kind zu zerschneiden. Nicht nur für jene, die mit Hegel an den unvermeidlichen Fortschritt des menschlichen Selbstbewußtseins durch die Geschichte glaubten, war der Judaismus ein Relikt aus uralten Zeiten. Nur, die Nationalisten versuchten, das Christentum mehr an die Geschichte ihres Stammes als an die israelitische zu binden.

Hegels Einstellung veranlaßte seine Schüler, das traditionelle Christentum anzugreifen, um den wahren Weltgeist zu entdecken. Diese »Junghegelianer« bestimmten den Kurs der neuen Bibelkritik. In seinem Buch »Das Leben Jesu« (1835) wandte David Friedrich Strauß das, was er die strengste historische Methode nannte, auf die biblische Geschichte an. Gleichzeitig jedoch versuchte er, den »inneren Kern« christlichen Glaubens unberührt zu lassen. Christi Geburt, seine Wundertätigkeit und die Wiederauferstehung nannte Strauß ewige Wahrheiten, deren Existenz unabhängig von historischen Tatsachen war. Das Leben Christi könne niemals als Geschichte geschrieben werden, da es den nie endenden Kampf um geistige Vollendung symbolisiere. Die biblischen Geschichten habe man entweder als einfache Geschichten oder als Mythen zu behandeln. In jedem Falle seien Juden und Judaismus für die Botschaft Christi irrelevant. Das waren die Hauptpunkte der höheren Bibelkritik und der volkstümlichen Versuche des 19. Jhs., sich mit Christi Leben auseinanderzusetzen.

In seinem einflußreichen Buch »La Vie de Jésus« (1863) hatte Ernest Renan geschrieben, daß Christus nicht die alte Religion (Judaismus) erneuert, sondern statt dessen eine »ewige Religion der Menschlichkeit« verkündet habe, die im Gegensatz zum Dogmatismus und zur Intoleranz des Alten Testaments stünde. Jesus sei frei vom Provinzialismus seiner Rasse. Überdies war Intoleranz für Renan eine jüdische und keine christliche Eigenschaft. Sie entsprach der rigorosen Gesetzanwendung im biblischen Judaismus, die seiner Ansicht nach die Macht der Liebe erstickte. Diese Vorwürfe waren nichts Besonderes. Sie kehrten in der Bibelkritik des 19. Jhs. sogar häufig wieder. Mit der Höherentwicklung der Kultur verlor der biblische Judaismus, zumindest für Renan, selbst für die Juden seine Bedeutung. Die modernen Juden waren daher nicht länger mehr durch ihre Vergangenheit gehindert. Sie waren in der Lage, bedeutende Beiträge zum modernen Fortschritt zu leisten.[3]

In Deutschland hatte der lutherische Theologe und Professor zu Jena, Karl August von Hase, dies bereits viel früher festgestellt. Sein populäres Buch »Das Leben Jesu« (1829) sollte ein Schulbuch werden.[4] Hier stellte er das Christentum, eine Religion für die gesamte Menschheit, dem engen Partikularismus der Juden gegenüber. Judaismus war eingesperrt in die Gesetze und den Glauben eines einzigen Volkes. Die Juden waren das Ergebnis historischer Entwicklung, der Erlöser aber stand außerhalb der Geschichte, wenngleich das Leben Christi auf Erden in einem historischen Kontext stattfand. Er verkörperte den göttlichen Funken in jedem Menschen. Das Christentum war ein Glaube, der für alle Zeiten galt, während die Juden und ihre Religion nur innerhalb einer historischen Periode existierten. Weder Strauß noch Renan oder Hase sprachen sich für die Verfolgung des modernen Juden aus. Sie waren auch keine Rassisten, aber ihre Ansichten über Jesus und das Alte Testament bereiteten den Weg für den germanischen Christen von Houston Stewart Chamberlain.[5]

Mitte des 19. Jhs. hatte Bruno Bauer, ein führender Kopf der Junghegelianer, den Christen vorgeworfen, sie würden den Menschen dem Staat entfremden, der allein dessen integrative Kraft sein solle. Nun hatte der deutsche Nationalismus allerdings schon versucht, sich das Christentum einzuverleiben, indem er dessen jüdische Wurzeln wegschnitt und die alte Stammesgeschichte an ihre Stelle setzte. Vom Beginn des 19. Jahrhunderts an forderten die Protestanten »eine neue Union, neue und bessere Grundsätze für die innere Anbetung Gottes, ohne das mosaische Gesetz, das einzig für den Juden gilt«.[6] Dieser Widerstand gegen das Alte Testament blieb das ganze Jahrhundert hindurch bestehen; verstärkt wurde er zudem durch die Analogie zwischen nationaler und christlicher Erlösung, die in Deutschland ganz besonders seit den Befreiungskriegen gegen Napoleon populär war.

Auf den Kirchentagen der deutschen protestantischen Kirche nach 1848 zum Beispiel gab es viele Predigten, die Christentum und Volk gleichsetzten. Die Vorsehung stellt das Leben von Völkern heraus, um so ein wahrhaft auserwähltes Volk zu schaffen. Christliche Offenbarung mußte daher aus der Geschichte des Volkes erwachsen sein und nicht aus irgendwelchen fremden semitischen Wurzeln.[7] Die 1863 gegründete »Evangelische Vereinigung« versuchte, eine solche nationale christliche Kirche zu fördern.

Der militante deutsche Protestantismus unterstützte auch eine Frankreich wie England feindliche Außenpolitik. Seiner Ansicht nach versklavten die »Papisten« (die den Franzosen gleichgesetzt wurden) den Menschen. Gegen Ende des 19. Jhs. behauptete er dann, daß der »äußerliche Protestantismus Englands das deutsche Volk nicht anzieht, denn sein vorgeblicher Humanitarismus ist scheinheilig. Er kennt nur ein Ziel, Gold und Weltreiche zu erobern.«[8]

Die französischen Nationalisten wiederum warfen Protestanten und Juden als materialistisch und aggressiv in einen Topf. Allerdings schlugen diese nationalen Feindschaften selten in Rassismus um, und zwischen

Deutschland und England zum Beispiel wurde die Tür stets offen gehalten. Es hing davon ab, ob die eine Nation die Ziele der anderen unterstützte.[9] Der Jude hingegen stand außerhalb dieses Gebens und Nehmens zwischen den europäischen Nationen.

In solches christliches Gedankengut wurde der Antisemitismus eingebettet. Ende des 19. Jhs. sollte er zur nationalistischen Religion von Paul de Lagarde oder Julius Langbehn führen. Sie machten das Volk zum Werkzeug Gottes, zur wahren Offenbarung göttlichen Geistes. Die durch Jesus verkörperte religiöse Dynamik, der sich dem Volk offenbart hatte, mußte von dem Gesetz befreit werden, das die Juden dem Christen übergestülpt hatten.[10] Dem heiligen Paulus wurde vorgeworfen, der jüdischen Tradition, aus der er stammte, treu gewesen zu sein und versucht zu haben, das Christentum in die mosaischen Gesetze einzusperren.[11] Engstirnigkeit, Provinzialismus und Legalismus, die viele evangelische Theologen im Alten Testament entdeckten, wurden auf den heiligen Paulus projiziert, der zu einer Art Fünften Kolonne des Christentums wurde. Auf diese Weise konnte man den Bruch zwischen dem alten und neuen Bund vervollständigen und so das Christentum von seiner traditionellen Grundlage befreien.

Der deutsche Protestantismus bekämpfte Rationalismus und rationalistische Religion. Er versuchte, die Mysterien des Christentums zu erneuern: In Wahrheit säkularisierte er, genau wie die neue Bibelkritik, die Religion. Die christliche Inkarnation fand jetzt innerhalb des Volkes statt. Das bedeutete, daß es nicht länger mehr genügte, die Juden zu konvertieren. Sie mußten nicht nur in das heilige Wasser, sie mußten auch in das Volk selbst eintauchen. Wie aber war dies für jene möglich, die nicht schon seit undenkbaren Zeiten Teil des Volkes gewesen waren? Nun erhob sich eindeutig die Frage, ob Juden überhaupt jemals Christen werden könnten. Während man sich weithin vor der Antwort drückte, war es klar, daß Juden, die Juden blieben, im nationalen Leben keinen Platz finden konnten. Wenngleich Katholiken schwer folgen konnten, kamen viele doch zu ähnlichen Ansichten.

Besonders in Deutschland fiel es dem Protestantismus leichter, Teil der nationalen Mystik zu werden, da man in Martin Luther den im Widerstand zum ultramontanen Katholizismus stehenden Patrioten sah. Vom Beginn des 19. Jhs. bis ins 20. Jahrhundert hinein pries man Luther als den großen Befreier des deutschen Geistes von katholischer und römischer Knechtschaft.[12] Ein selbstbewußter deutscher Protestantismus kämpfte gegen das katholische Frankreich. Später ermutigte dann Bismarcks Kulturkampf, geführt, um die ausländischen Bindungen des deutschen Katholizismus zu unterbinden, diese Auseinandersetzung. Ein Teil des deutschen Katholizismus jedoch suchte seinen Patriotismus auch dadurch zu beweisen, daß er die Juden von der »christlichen Nation« ausschloß.

Die Schranken gegen die jüdische Assimilierung waren nicht immer so hoch gewesen. Und man darf völkisches Christentum – katholischer wie evangelischer Provenienz – nicht vor dem Hintergrund des frühen 19. Jahrhunderts interpretieren. Wie wir bereits gesehen haben, beteten in einigen deutschen Dörfern und Städten Juden, Katholiken und Protestanten zusammen in derselben Kirche, um den Sieg über die Franzosen in der Schlacht bei Leipzig zu feiern (1815).[13] Damals mußten die Juden ihren jüdischen Glauben nicht verleugnen, um vollgültige Mitglieder des Volkes zu werden, genausowenig wie die Protestanten oder Katholiken. Mitte des Jahrhunderts jedoch, als man die jüdischen Grundlagen des Christentums angriff und als man die Bedeutung des christlichen Staates hervorhob, hieß Jude sein, Außenseiter sein. Jene aber, die die Juden, weil sie nicht christlich waren, als Gruppe beseitigen wollten, während sie gleichzeitig den einzelnen Juden assimilierten – projizierten ihre eigene Intoleranz auf das jüdische Stereotyp. Jene, die von Freiheit und Gleichheit schwärmten, glaubten, man müsse den Juden, damit er dieser Ideale auch teilhaftig werden könne, seiner Religion berauben. Der Rassismus konnte sich dieser Einschränkung der Werte leicht bedienen.

Solche Männer griffen das Ideal der Aufklärung wieder auf: Dem einzelnen alle Rechte, dem Juden als Angehörigen einer archaischen Religion keines. Dies war eine Methode, den Zusammenstoß zwischen jüdischer und christlicher Kultur in Europa aufzufangen. Zunächst bestand die Tendenz, das jüdische Stereotyp bestehen zu lassen und gleichzeitig die Emanzipation zu befürworten. So sprach sich 1809 der Rektor einer Schule in der kleinen deutschen Stadt Bruchsal in einem an den Stadtrat gerichteten Brief dafür aus, daß man jüdische und deutsche Kinder zusammen in der Volksschule unterrichten solle – trotz der zu bewältigenden Schwierigkeiten. Dazu gehöre nicht nur der eingefleischte Haß der Christen auf die Juden, sondern auch die jüdische Unsauberkeit und ihr widerlicher Geruch. Einige jüdische Kinder würden, so stand es in dem Brief, diese Schwierigkeiten niemals überwinden und müßten darum stets getrennt von den christlichen Kindern sitzen.[14]

Die Unterschiede zwischen Juden und Christen traten besonders stark hervor, weil die Ghettos niemals abgeschafft worden waren. Es war schwierig, den Zusammenstoß zwischen diesen verschiedenartigen Kulturen in Europa zu überwinden. In Rom bestand das Ghetto bis 1863, in Böhmen-Mähren bis 1848, und in Rußland und Polen wurden die Grenzen jüdischer Siedlungen ab 1814 erneut errichtet. Dennoch muß zwischen christlicher und rassischer Verfolgung unterschieden werden. Bis 1918 blieben sowohl in Rußland als auch im Westen antijüdische Aufstände in weitem Umfang traditionelle Aufstände. Ihre Schlagworte, die sie aus der Vergangenheit bezogen, kreisten um die Juden als Jesus-Mörder, Wucherer und Ritual-Mörder.

Die wichtigsten antijüdischen Unruhen in Deutschland (1819, 1830, 1844 und 1848) gingen zum Teil auf wirtschaftliche Ursachen wie Hungersnöte und auf den Niedergang des Handwerks zurück. Hier erhoben sich die unteren Klassen – Männer, Frauen und Kinder – als Opfer der Gesellschaft gegen die Juden. Dennoch kündeten die Symbole, die sie vor sich hertrugen, von alter Tradition: weiße Fahnen mit einem blutigroten Kreuz oder einer Puppe, die den gehängten Judas darstellte. Solche Unruhen wurden von der Kirchenkanzel herab unterstützt, von der aus über den Ritualmord gepredigt wurde.[15]

Auch in Frankreich wurde die Anklage des Ritualmordes in ländlichen Gegenden aufrechterhalten und von der katholischen Kirche gefördert.[16] Für das russische Reich waren solche, manchmal zu Pogromen führende Anklagen alltägliche Regierungspolitik – eine Situation, die sich nirgendwo sonst in Europa wiederholen sollte. Diese Unruhen und Pogrome sollten nicht zur Ausrottung der Juden führen, sondern entweder zur zwangsweisen Konvertierung, wie in Rußland, oder zur Emigration. Rassismus aber sollte letztlich Ausrottung bedeuten, dazu bedurfte es jedoch einer raffinierteren Bürokratie und all der Listen eines entwickelten modernen Staates, und weniger der ziellosen Morde, so brutal sie auch waren.

Die christliche Theologie ist niemals in erster Linie für die Vernichtung der Juden eingetreten, sondern eher für ihren Ausschluß aus der Gesellschaft, weil sie lebende Zeugen des Gottesmordes waren. Die Pogrome spielten bei der Isolierung der Juden in den Ghettos nur eine untergeordnete Rolle. Es war nicht die Kirche, sondern der Staat, der das Ghetto abgeschafft hatte, wie der katholische Bischof Alois Hudal 1937 schrieb, um sich bei den Nazis beliebt zu machen.[17] Das Christentum versuchte, die Juden in Stereotypen von Schuld zu verwandeln, die durch Häßlichkeit, Schmutz und Mangel an Geistigkeit objektiviert wurden. Die überfüllten Ghettos, in denen die Juden an ihrer sonderbaren Kleidung und den religiösen Gesetzen festhielten, vermittelten einer Außenwelt, die so leicht vor dem Ungewöhnlichen und dem Andersartigen erschrak, in der Tat ein solches Bild von den Juden: Zwang man die Juden, in Ghettos zu leben, dann verlieh das den Mythen über die Juden in den Augen der nicht-jüdischen Welt den Schein von Wahrheit.

Man war ständig bemüht, das Stereotyp in die Wirklichkeit umzusetzen. So erfüllten sich die gegen die Juden erhobenen Vorwürfe allmählich von selbst – ein Thema, auf das wir immer wieder zurückkommen werden. Wieder einmal wurde dem Rassismus auf die Sprünge geholfen, auch wenn man ihn offen ablehnte. Wie wir weiter oben gesehen haben, beruhte das Stereotyp auf einer Art klassischer Schönheit, die die überlegene Rasse verkörperte. Das Christentum übernahm diese Stereotypisierung in schön und häßlich. Ja, die christliche Kunst des 19. Jahrhunderts ist voll davon. Christus am Kreuz wird oft als blond, groß und schlank dargestellt.

All diese Entwicklungen brauchten Zeit. Erst in der zweiten Hälfte des 19. Jahrhunderts wurden die Juden anstelle der Neger zum Widerpart des Rassismus. Von da an erst nahmen die christlichen Kirchen den Juden gegenüber eine wachsende feindselige Haltung ein: Juden waren die Verkörperung eines drohenden Atheismus und Wurzellosigkeit. Dies galt besonders für den Katholizismus, der sich von den neuen liberalen und wissenschaftlichen Strömungen des Zeitalters bedroht fühlte. Als gegen 1880 der Antisemitismus in Polen erwachte, war es immerhin doch bezeichnend, daß dies in großem Umfange der katholischen Reaktion auf den wissenschaftlichen Positivismus zuzuschreiben war und natürlich auch einer allgemeineren Angst der Bevölkerung vor einer kapitalistischen Entwicklung. Damals übernahm Jan Jelenski, der einst die jüdische Assimilation befürwortet hatte, das Ruder in der langanhaltenden, katholischen, antisemitischen Bewegung.[18]

In Deutschland mußte die katholische Kirche neben ihrem Kampf gegen das Neue auch noch ihre nationale Loyalität beweisen. Sie sprach sich für eine Rückkehr zu den vorreformatorischen Traditionen der Einheit von Kirche und Staat aus. Der Jude wurde zum Symbol für alles, was in der Geschichte seit diesem goldenen Zeitalter verkehrt gelaufen war. Und die Juden übernahmen auch die Rolle der Dämonen aus alten Zeiten, die den gläubigen Christen so manchen Streich gespielt hatten.[19]

Es sei jedoch vermerkt, daß die katholische Lehre einem Rassismus überwiegend ablehnend gegenüberstand, der die Bibel anzugreifen schien und der behauptete, das Sakrament der Taufe sei für Juden wertlos. Aber so, wie sich der Katholizismus während des 19. Jhs. entwickelte, trennte ihn, wie seinen protestantischen Gegenspieler, nur eine sehr dünne Linie vom Rassismus, die leicht übertreten werden konnte.

Den Sinn der Taufe konnte man nicht leugnen, die alte Hoffnung auf Konvertierung aber wurde in den letzten Jahrzehnten des 19. Jahrhunderts vom Haß auf die Juden überschattet. Ob er nun in Deutschland, Österreich oder Frankreich im Mantel des Atheisten, Liberalen oder Freimaurers auftrat, der Jude verkörperte den Feind eines bedrohten Katholizismus. Viele französische katholische Wochenzeitschriften schätzten Edouard Drumont, den am meisten gefeierten Antisemiten seiner Zeit, obwohl er Rassist war und trotz seiner Verurteilung des rückgratlosen Klerus.[20] Die deutschen Katholiken verdammten die individuelle jüdische Emanzipation, weil sie auf der Philosophie des Rationalismus und der Aufklärung basierte. Sie sahen aber den Juden auch hinter Bismarcks Kampf gegen die Kirche lauern.[21] Gewöhnlich unterschieden Katholiken in den französisch- und deutschsprachigen Ländern zwischen dem einzelnen Juden und dem Judaismus. Der eine könnte erlöst werden, das andere nicht.[22] Ganz gleich aber, welche Einstellung man den einzelnen Juden gegenüber einnahm, das Stereotyp war stets gegenwärtig. »Was ist ein Jude?« fragte 1892 die katholische Wochenzeitschrift in Nantes und antwortete: »Ein Jude ist ein Schwindler, ein Dieb und was sonst nicht alles.«[23]

Diese Tendenzen im Katholizismus wiederholten sich im Protestantismus. Letzterer entwickelte allerdings weniger Verfolgungswahn, da er außerhalb der nationalen Grenzen keine Verpflichtungen besaß und vom Staat kontrolliert wurde. Dennoch, beide fürchteten eine steigende Flut von Atheismus, Liberalismus und Wissenschaft, und beide versuchten, verlorenes Gebiet durch die Betonung ihres nationalistischen und gesellschaftlichen Interesses wiederzugewinnen. Katholizismus und Protestantismus stärkten sich aus ihren ländlichen Wurzeln, aus der »unveränderlichen Landbevölkerung« – die sich in Wahrheit nur allzuschnell änderte. Landwirtschaftliche Interessengruppen sollten den Kirchen, die in urbanen Gebieten an Anziehungskraft verloren, mächtige Unterstützung und Richtlinien geben. So glaubte der »Bund deutscher Landwirte« (1893 gegründet) leidenschaftlich an einen christlichen und protestantischen Staat. Die den Bund beherrschenden deutschen Großgrundbesitzer sahen sowohl im Rassismus als auch im Protestantismus einen integralen Bestandteil ihrer Bemühungen um landwirtschaftlichen Protektionismus.[24]

Die katholischen und konservativen, landwirtschaftlichen Vereinigungen in Frankreich waren nicht rassistisch, sie bewahrten vielmehr den traditionellen katholischen Antisemitismus. Die 1886 von H. de Gailhard-Bancel gegründeten Vereinigungen beruhten auf örtlicher Autonomie. Sie waren Organisationen der von Grundbesitzern geführten Gruppen der Landarbeiter und Bauern. Ihrem Charakter nach waren sie streng religiös, ihre Festlichkeiten fielen mit dem katholischen Ritus zusammen. Schlüssel zu ihrer Politik war die Opposition gegen die Zentralisation der Regierung. Die Provinzen wurden als das wahre Frankreich gepriesen (in der Tradition Gobineaus). Juden und Kapitalismus wurden gleichgesetzt, und beide wurden als Werkzeuge der Zerstörung gefürchtet, die von Paris aus über das Land niederging.[25]

In ganz Europa wurden die Juden in der landwirtschaftlichen Krise der Jahrhundertwende zur Verkörperung für die verhaßte Stadt, für die Entwurzelung und für die Modernität. In vielen ländlichen Gebieten waren die Juden als Viehhändler auch die Bankiers und standen so für Hypotheken und gerichtliche Enteignung. Es war kein Zufall, daß Xavier Vallat, einer von Gailhard-Bancels jungen Freunden und Bewunderern, Kommissar für die jüdische Frage im Vichy-Frankreich werden sollte. Vallat, ein bedeutender Führer des französischen Veteranen-Vereins und eines national-katholischen Bundes, wollte bezeichnenderweise zwar die Juden vom französischen Leben fernhalten, aber er weigerte sich, mit den Nazis bei der Deportation der französischen Juden zu kollaborieren.[26] In der Konfrontation mit den Nazis vertrat er einen traditionellen Antisemitismus – im Gegensatz zu ihrem hemmungslosen Rassismus.

Die landwirtschaftlichen Vereinigungen und die katholische Landbevölkerung teilten einen Antisemitismus, der allen unterentwickelten Gebieten Europas gemein war. Der Jude war Antichrist und Wucherer. Vielleicht vermag eine Abhandlung von 1889 aus Bayonne über das Thema Ritualmord dieses Gefühl zu illustrieren. Ihr Autor behauptete, die Juden seien Kaufleute und Bankiers, die die Nation aussaugten und die durch den Ritualmord buchstäblich zu »Essern christlichen Blutes« wurden.[27] Auch in vielen anderen ländlichen Gebieten Europas blieb unterschwellig diese mittelalterliche Einstellung weiter bestehen. Man schätzte, daß an der Grenze zwischen Serbien und Österreich Zigtausende von Zigarettenpapieren verkauft wurden, auf denen Bilder von der Ermordung eines Christenkindes durch Juden gedruckt waren.[28] Auch andernorts mögen sich moderne Gewohnheiten und alter Aberglaube in derselben Weise verschmolzen haben.

Die zum größten Teil rudimentären Gefühle der Landbevölkerung wurden von jenen Katholiken artikuliert, die gegen Säkularisation und Liberalismus kämpften. Noch nach der Revolution von 1848 in Wien, in der Juden eine hervorragende Rolle gespielt hatten, beschuldigte mancher Priester sie, mit ihrer liberalen Politik und ihrer kapitalistischen Ausbeutung Österreich übernehmen zu wollen. Der Historiker Friedrich Heer hat recht, wenn er die Atmosphäre in einigen Wiener katholischen Kreisen als den Hintergrund für die antijüdischen Vorstellungen des jungen Hitler beschreibt. Papst Pius IX. selbst hatte ein Beispiel für eine solche Feindseligkeit gegen die Juden gegeben, als er sie beschuldigte, den Anarchismus, das Freimaurertum und die allgemeine Feindseligkeit gegen die Kirche zu schüren. Und noch 1870, als die Kirche scheinbar hart von ihren Feinden bedrängt wurde, ließ Papst Pius den antijüdischen Polemiken in Veröffentlichungen des Vatikans freien Lauf.[29]

Dennoch war dieser katholische Antisemitismus nicht wirklich gewaltsam, denn er hielt streng an Recht und Ordnung fest. So war das Verhalten des Begründers des sozialen Katholizismus, des Österreichers Karl von Vogelsang (1818–1890), bezeichnend, als er gegen den offenen Rassismus Front machte und die alldeutschen Antisemiten verurteilte, die einen am Galgen hängenden Juden als eines ihrer Symbole benutzt hatten.[30]

Für Vogelsang waren die Juden ein fremdes Volk – Liberale und Individualisten, die Gerechtigkeit und Gemeinschaft bekämpften. Allerdings weigerte er sich, die jüdische Religion selbst anzugreifen, wiewohl er die Konvertierung von Juden und Protestanten zur wahren katholischen Kirche förderte. Das, so schrieb er, »ist katholischer Antisemitismus«.[31] Die französischen Freunde Vogelsangs, Alfred du Mun und La Tour du Pin, teilten seine Bewunderung für das Mittelalter und sahen in den Juden die Verkünder einer modernen Welt, die eine antikatholische war, weil sie eine auf mittelalterlichem Ständewesen und dem »gerechten Preis« beruhende moralische Gesellschaft zerstört hatten. Der Ton lag stets auf einem gemeinsamen Christentum und nicht auf einer gemeinsamen Rasse. Viel später schrieb Vogelsangs Schüler Ignaz Seipel, Priester und zukünftiger österreichischer Kanzler, es sei falsch, die Idee der Rasse über die der Nation zu stellen, da letztere in sich sowohl den Staat als auch die Kirche vereinige.[32]

Die Tiefe der antijüdischen Tendenz im katholischen Denken kam in den Anklagen gegen den Talmud zum Ausdruck, die August Rohling erhob, Domherr, Professor der katholischen Theologie und später Professor für semitische Sprachen an der deutschen Universität von Prag. Sein Buch »Talmud-Jude« (1871) war eine Aufbereitung von Eisenmengers früher erschienenem Buch »Entdecktes Judentum« (1700), in dem mit Auszügen aus dem Talmud der Nachweis versucht wurde, daß die Juden unmoralisch seien. Die Angriffe auf die traditionelle Religion während des 18. Jhs. hatten solche Anschuldigungen gegen ein Volk noch vertieft, das so offensichtlich im Bann des Aberglaubens stand. Die Christen stimmten in diesen Chor gegen die Juden ein. So schrieb zum Beispiel Magnus Schleyer, ein Benediktinermönch, 1723, der Talmud sei ein Beispiel für die Halsstarrigkeit der Juden, für die sie in der Bibel verdammt wurden. Er behauptete, der Talmud strotze von Aufforderungen zu Betrug, Wucher und Wollust und Haß auf die Christen.[33] (Diese Ansicht wurde von den Anhängern der Säkularisation wie von den Katholiken geteilt, die einander sonst bekämpften.)

Der »Talmud« war vor allem deswegen zum Symbol für die geheime und »pervertierte« Religion der Juden geworden, weil er, im Gegensatz zum Alten Testament, nicht Teil der christlichen Theologie war. Wer das Alte Testament angriff, lief Gefahr, als Gegner des christlichen Glaubens verurteilt zu werden – dabei spielte es keine Rolle, daß dies ja gerade eine Funktion der höheren Bibelkritik war. Der Talmud jedoch stand außerhalb des christlichen Heilsgeschehens. Diese Tatsache erhielt in Deutschland amtliche Bestätigung, als die jüdische Gemeinde von Berlin 1881 versuchte, den Angriffen gegen den Talmud entgegenzutreten. Die jüdische Gemeinde berief sich auf das deutsche Gesetz, das die Verleumdung von religiösen Gemeinschaften verbot. Der Staatsanwalt jedoch weigerte sich, die Zeitung anzuklagen, die den Talmud angegriffen hatte. Erstens, so schrieb er, sei der Talmud kein religiöses Gesetzbuch, sondern lediglich von historischem Interesse. Zweitens, und das war noch verhängnisvoller, war dieser kaiserliche Beamte der Ansicht, die Zeitung habe mit dem

Angriff auf den Talmud nicht die Juden als religiöse Gemeinschaft (was ihnen eine Rechtsgrundlage für den Schutz durch das Gesetz gegeben hätte), sondern als Rasse und Volk angegriffen.[34] Der Talmud wurde also als ein jüdisches, rassisches Traktat angesehen, das keinerlei Beziehungen zur Religion hatte.

August Rohling behandelte den Talmud als ein antichristliches Brevier. Nach ihm betrachtete der Talmud die Christen als Diener Baals und erlaube den Juden, vom Christen jeden Zins zu fordern, Sodomie mit ihnen zu treiben und ihre Frauen zu vergewaltigen. Ja, er erhob sogar den Vorwurf, daß die Christen in diesem »jüdischen Evangelium« Schweine, Hunde und Esel genannt würden. Die Sprache in Tierbildern, so oft gegen minderwertige Rassen angewandt, wurde nun also gegen die Christen gekehrt. Der Talmud, so schloß er, sei ein Programm zur Weltherrschaft durch das auserwählte Volk.

Rohlings »Talmud-Jude« wurde nicht nur von den österreichischen und deutschen Katholiken, sondern auch von einem Teil der katholischen Presse in Frankreich aufgegriffen. Hier hielt man unter Rohlings Einfluß den Talmud nicht länger mehr für ein reines Zauberbrevier, sondern behauptete, daß er »schreiender Unmoral« das Wort rede.[35] Edouard Drumont schrieb ein Vorwort zur französischen Ausgabe von Rohlings Buch, in welchem er behauptete, mit dem Talmud habe sich die Judenschaft für das Neue Testament gerächt. Dieses Vorwort wurde ins Deutsche übersetzt; der »Talmud-Jude« konnte jetzt also im Zusammenhang mit dem Kampf gegen die jüdische Vorherrschaft sowohl in Frankreich als auch in Deutschland gelesen werden. Das Buch enthielt auch Abschnitte über Ritualmord, in denen behauptet wurde, daß jeder, der christliches Blut vergieße, Gott ein Opfer darbringe. Rohling bot sich 1883 dem Staatsanwalt im ungarischen Ritualmord-Prozeß in Tisza-Eszlar auch unaufgefordert als Zeuge dafür an, daß es den Juden befohlen sei, solche Praktiken auszuüben.[36]

Rohlings Lösung der Judenfrage war in sich widersprüchlich. Man solle den Juden nicht die Menschenrechte vorenthalten, sondern ihnen die Bürgerrechte nehmen und sie als »Piraten gegen die Menschlichkeit« aus ihren Gastländern ausweisen.[37] Letztlich sah Rohling in den Juden nicht eine religiöse Gemeinschaft, sondern eine Nation, die Gottesmord begangen hatte. Er sah die Juden von einem konventionellen christlichen Standpunkt aus als lebende Zeugen ihrer eigenen Schuld und hoffte auf ihre Konvertierung.

Rohlings Angriff lähmte die jüdische Gemeinde fast vor Angst – so wie später in den 90er Jahren noch einmal die Affäre Dreyfus. Der wohlhabend und seßhaft gewordenen jüdischen Bourgeoisie in Mittel- und Westeuropa schien es unfaßbar, daß ein doch offensichtlich verantwortlicher Domkapitular und Professor eine solche Anklage gegen sie erheben konnte. Für diese Juden überstieg ein solches Verhalten jedes Verständnis, spielte es sich doch inmitten einer Epoche ab, die sie für liberal und aufgeklärt hielten. Als ihnen die Ungeheuerlichkeit dieser Vorwürfe erst einmal bewußt geworden war, schien Umsicht eine logische Konsequenz der Assimilationspolitik zu sein. Man konnte diese Erniedrigung übersehen, so wie man die Affäre Dreyfus ignorieren konnte, und man konnte weitermachen, als sei nichts geschehen.[38] Leider sollte der jüdische Mittelstand dieselbe Taktik auch gegenüber dem Dritten Reich versuchen, wo sie nicht länger mehr funktionierte. Jetzt ging es allerdings noch gut ab: Rohling und Dreyfus waren für die meisten Juden vorübergehende Stürme. Der Wiener Rabbi Joseph Bloch, ein exzentrischer Außenseiter, brachte Rohling vor Gericht und erhielt (1885) ein Urteil, daß es »im gesamten Talmud keine einzige Textstelle gibt, in der Christen, Heiden oder Götzendiener mit Tiernamen belegt werden«. Doch dies änderte an dem Mythos ebensowenig wie die Entlarvung der »Protokolle der Weisen von Zion« als Fälschung, wie es ein Schweizer Gericht 1934 feststellte.

Rohlings »Talmud-Jude« brachte den Mythos vom Juden als Antichristen auf den neuesten Stand, und Rassisten wie der Franzose Drumont nahmen es allerorten auf. Für Houston Stewart Chamberlain war der Talmud ein typisches Beispiel dafür, daß es den Juden an Geistigkeit fehlte. Alfred Rosenberg sah im Talmud die Wurzeln des Bolschewismus wie des Kapitalismus – aus seiner Sicht beides Mittel für die jüdische Vorherrschaft. Und schließlich sollte der Talmud dann in einer nazistischen antijüdischen Ausstellung, wie in der 1941 in Paris, einen hervorragenden Platz einnehmen.[39] Er wurde als Gesetzbuch dargestellt, das die Übel enthüllte, die Juden angeblich den Nicht-Juden zufügten. Nun besaß also die minderwertige Rasse ihr Brevier der Unmoral.

Da der französische Antisemitismus, abgesehen von Rohlings Werk, wenig Anleihen beim deutschen Antisemitismus machte,[40] erscheinen die Parallelen um so lehrreicher. In Frankreich wie in Deutschland blühten die Verschwörungstheorien. In Frankreich allerdings waren sie weiter verbreitet, einmal wegen der Finanzskandale gegen Ende des Jahrhunderts, in die Juden verwickelt waren, und zum anderen auch wegen des katholischen Hasses auf die »jüdische« Freimaurerei – eine Verschwörung, von der behauptet wurde, sie habe die Dritte Republik unter ihrer Kontrolle. In Deutschland erlangte eine solche Vorstellung erst nach 1918 Bedeutung. Ursprünglich wurde Gobineau in Frankreich abgelehnt – wenngleich, wie wir sahen, die Metageschichte und der Rassismus, die er verkörperte, in den 80er Jahren Frankreich und ganz Europa erreichte. Damals ließ der Katholizismus die Tür einen Spalt weit offen, obwohl er das jüdische Stereotyp und alles, was dazugehörte, anerkannte.

In Österreich und Frankreich drückte sich die katholische Einstellung gegenüber den Juden nicht nur in Predigten oder Polemiken aus. Sie wurde durch politische Bewegungen in die Masse der Bevölkerung getragen. Karl Lueger begründete als Oberbürgermeister von Wien zwischen 1897 und 1910 die erste im Antisemitismus verankerte militant-katholische Regierung auf dem Kontinent. Lueger war Schüler Vogelsangs und sein Antisemitismus und Katholizismus waren mit dem Versprechen auf Sozialreformen gepaart. Er nannte seine Bewegung die Christlich-Soziale Partei. In einer Stadt, die sehr lange von Liberalen schlecht verwaltet worden war und deren Probleme durch ein erschreckendes Wachstum verstärkt wurden, nahm man Luegers Versprechungen begierig auf. Die erhebliche jüdische Einwanderung aus Galizien und dem russischen Zarenreich nach Wien verlieh Luegers Charakterisierung der Juden als mächtige Gegner jeder rechtschaffenen christlichen Gesellschaft eine Spur von Wahrheit. So wurde der Oberbürgermeister von einer großen Mehrheit gewählt – sehr gegen den Willen Kaiser Franz Josephs II., dem sowohl Luegers Antisemitismus als auch seine demagogische Führung der Massen mißfiel.

Lueger setzte Juden mit Atheismus, Liberalismus, Finanzkapitalismus und Sozialdemokratie gleich – Übeln, die die sozialen Katholiken stets gebrandmarkt hatten.[41] Er verfolgte eine Politik, die diesen sogenannten jüdischen Machtinstrumenten entgegenzuwirken suchte. Es gelang ihm, die Wiener Verkehrs- und Versorgungsbetriebe aus dem Würgegriff ausländischer Kapitalkontrolle (meist britisch) zu befreien. Das Ergebnis war, daß er Wien ein gutes Straßenbahnnetz sowie bessere Strom- und Gasversorgung bescherte, die bis heute der Stadt gehören. Lueger reformierte auch das Wohlfahrtssystem, indem er Einrichtungen wie Armenhäuser, städtische Waisenhäuser und ein städtisches Arbeitsamt etablierte. Die liberale Vorstellung der Selbsthilfe wurde aufgegeben, und dem ärmeren Teil der Bevölkerung wurden der Gesundheitsdienst sowie die Schulen geöffnet. Schließlich legte Lueger einen Grüngürtel um die Stadt. Nach dem Ersten Weltkrieg übernahm die sozialdemokratische Verwaltung der Stadt dann einfach das, was Lueger hinterlassen hatte.[42]

Auf diese Weise sollte der »anständigen Arbeit« – was Unabhängigkeit vom Finanzkapitalismus bedeutete – zum Sieg verholfen werden und das christliche Privateigentum erhalten bleiben. Lueger war ein beliebter Bürgermeister und seine auf dem Bekenntnis zum Antisemitismus gegründete erfolgreiche Verwaltung erschreckte viele Juden in Wien. In praxi hat Lueger keine Juden verfolgt, einige blieben sogar seine engsten Freunde. Er scherzte einmal, »wer Jude ist, bestimme ich«, und prägte so jenen bekannten Satz.[43] Anstelle des im Parteiprogramm der Christlich-Sozialen Partei versprochenen Ausschlusses der Juden vom Wiener Leben trat die antijüdische Rhetorik. Lueger achtete sorgsam darauf, sich als praktizierender Katholik, als treuer Sohn der Kirche und des Habsburger Kaiserreiches darzustellen.

Trotz seiner unentschlossenen Judenpolitik fehlte es Lueger unter den Rassisten nicht an Bewunderung. So pries Edouard Drumont Lueger, da er gezeigt habe, daß Antisemitismus nicht nur reine Rhetorik sei, sondern auch zu praktischen Reformen führe. Hitler, der in seiner Jugend Luegers Beerdigung erlebt hatte, an der das Volk in Massen teilnahm, bewunderte in ihm den großen Bürgermeister und – wenn auch scharfsichtiger als Drumont – warf Lueger vor, kein echter Rassist gewesen zu sein und deshalb auch niemals eine konsequente antijüdische Politik gemacht zu haben.[44]

Auch die bedeutendste, rechtsgerichtete Bewegung in Frankreich war sowohl militant katholisch als auch antisemitisch. Regierungsgewalt allerdings erreichte sie auf keiner politischen Ebene. Die Action Française entstand während der Dreyfus-Affäre (1899). Sie sollte die antirepublikanischen Gefühle kanalisieren und eine Rückkehr zum Frankreich des »Ancien régime« verkünden. Die Restauration der Monarchie stand für sie an erster Stelle. War diese erst einmal vollbracht, und waren die Juden – wie während des Ancien régime – wieder durch Gesetze eingeschränkt, dann gab es auch keine Judenfrage mehr.[45] Dennoch war die Einstellung zur Rasse in einer während der Dreyfus-Affäre gegen die atheistische und freimaurerische Republik gegründeten Organisation nicht so einfach. Charles Maurras, der Führer der Action Française, behauptete, daß Rasse als körperliches Faktum nicht existiere, im gleichen Atemzug aber postulierte er, daß es eine gallisch-latinisch-französische Rasse gäbe.[46]

Unter dem Banner der von einem großen Teil der katholischen Hierarchie unterstützten Action Française versammelten sich nicht nur viele Antisemiten. Maurras verbündete sich auch zeitweise mit Drumonts offen rassistischen Unternehmungen. Überdies waren die »Camelots du Roi«, die Jugendbewegung der Action Française, weit radikaler als deren Führer. Die Camelots veranstalteten Straßendemonstrationen und scheuten auch vor Gewalt nicht zurück. Ihr Aktivismus erreichte 1908 seinen Höhepunkt, als sie die Sorbonne aus Protest gegen einen Professor Thalmas besetzten, der Jeanne d'Arc verunglimpft haben sollte. Die katholische und royalistische Jugend nahm sogar zu Anarchisten Verbindung auf, und diese wiederum wurden von deren Gewalt angezogen.[47]

Aber die Allianz, die sie zwischen Royalisten und Arbeitern suchten, kam niemals zustande, denn ihre Mitglieder rekrutierten sich vorwiegend aus Studenten, kaufmännischen Angestellten oder Lehrlingen. In Deutschland hatte sich die Jugend gleicher Herkunft mit Adolf Stoeckers antisemitischer und protestantischer Christlich-Sozialer Bewegung verbunden, die wir hier noch erörtern werden. Die Deutsche Studentenvereinigung (1881 von Stoecker gegründet) und die Vereinigung der kaufmännischen Angestellten (1895) teilten mit den Camelots den Widerstand gegen den Finanzkapitalismus und den ebenfalls von den Juden symbolisierten

Sozialismus. Überdies waren die deutschen Studenten, wie die Camelots, weniger an ihrer Kirche als an einer nationalen Mystik interessiert. Beide radikalen Bewegungen aber waren das Produkt christlicher Bewegungen.

Bei diesen Organisationen gab es auch viele große Gesten. So wurde z. B. das blutbefleckte Taschentuch des ersten, in den Unruhen von 1908 verwundeten Camelot als Ersatzfahne für Märtyrer aufbewahrt.[48] Die französischen Studenten der »Camelots du Roi« waren voller Unternehmungslust, während die Deutsche Studentenvereinigung weniger aktivistisch war und statt dessen debattierte und polemisierte. Während die französische Jugend einen »heiligen Krieg« gegen Juden, Freimaurer und Republikaner ausrief, hatten ihre deutschen Kommilitonen keine Republik zu bekämpfen, sie waren treue Untertanen der Krone. Aus diesem Grunde konzentrierten sie sich auf die Juden und wurden offen rassistisch, während die »Camelots« sich in dieser Frage ambivalent verhielten. Trotz allem kündete das Verhalten dieser Studenten und kaufmännischen Angestellten an, daß die bürgerliche Jugend in der ersten Hälfte des 20. Jhs. radikaler wurde und sich nach rechts wandte. Damals wurden Bewegungen wie der Faschismus in Italien und der Nationalsozialismus in Deutschland von solchen nach Aktivismus, Schwärmerei und Kameraderie suchenden Jugendlichen weitgehend unterstützt. In Rumänien wurden die vom zukünftigen Führer der Eisernen Garde übersetzten »Protokolle der Weisen von Zion« (1922–23) den »rumänischen Studenten« gewidmet, den zukünftigen Stoßtrupps dieser Bewegung.[49]. Zwar nahm die Unterstützung der radikalen Rechten durch Studenten und andere überwiegend mittelständische Jugendliche nach dem Ersten Weltkrieg zu, aber sie existierte bereits in den letzten Jahrzehnten des 19. Jhs.

Einige zur »Action Française« gehörende Intellektuelle bildeten 1911 den »Cercle Proudhon«, der seine Anregungen von Georges Sorel bezog, und dem Charles Maurras vorstand. Zum »Cercle« gehörten Nationalisten und Gewerkschafter, beide durch ihren Widerstand gegen parlamentarische Demokratie und Kapitalismus vereint. Die Berufung auf Proudhon stand für den Willen, diese Instrumente bürgerlicher Macht zu zerschlagen. Aber ging auch Proudhons Haß auf die Juden zu einem guten Teil in den »Cercle« ein?

Der »Cercle Proudhon« verkündete, die »Action Française« wolle dem »jüdischen Gold« die politische Macht nehmen und sie dem »französischen Blut« übertragen. Sie versuchten, Vereinigungen von Kleinfabrikanten zu unterstützen, denn diese seien besonders geeignet, sowohl den Mittelstand als auch die parlamentarische Demokratie zu bekämpfen. Das Bürgertum war »judaisiert«, die Republik eine Schöpfung von Juden und Freimaurern, und dieser Feindliste des katholischen und royalistischen Frankreichs wurden auch noch Protestanten und Deutsche hinzugefügt.[50]

Mitglieder des »Cercle« teilten Charles Maurras' Liebe für die Symmetrie und Ordnung des Ancien régime, die sie mit Vernunft gleichsetzten, wiewohl sie in der Anwendung von Gewalt eine Katharsis für ihre eigenen Frustrationen sahen. Es war bezeichnend, daß der »Cercle« die »Schönheit der Gewalt im Dienste der Vernunft« pries, obwohl sie ebensowenig wie Charles Maurras praktizierten, was sie predigten. Einige Mitglieder des »Cercle« gründeten allerdings eine militantere Vereinigung. Georges Valois, der Begründer der kurzlebigen französischen faschistischen Bewegung »Faisceau« (1925–27), war einer der führenden Geister des »Cercle«. Edouard Berthe, ein anderes bedeutendes Mitglied des »Cercle«, wurde 1920 Kommunist.[51] Ihr Bedürfnis nach Aktivismus erhielt zwischen den Weltkriegen Entfaltungsmöglichkeiten, als er zu einem nicht nur auf Frankreich beschränkten allgemeineren Phänomen wurde. Was vor dem Krieg Gesprächs- und Diskussionsthema war, schien im Chaos der Nachkriegsjahre in Reichweite zu liegen.

Den Übergang zu Aktivismus und zu militanterem Rassismus vollzogen Gruppen, die aus der »Action Française« hervorgingen und nicht die Mutterorganisation, die sich niemals dem neuen Elan der Nachkriegswelt anpaßte. Die »Action Française« brachte radikalere Männer hervor, als es Maurras recht war. Sie verließen die Bewegung und wurden in Frankreich die Faschisten der zwanziger und dreißiger Jahre. Dies kennzeichnet einen wichtigen Unterschied: Je reaktionärer und traditioneller die Rechte war, desto weniger war sie offen rassistisch. Je größer ihr Wunsch nach sozialer Reform und Unterstützung der Massen, desto größer der Drang zum Rassismus als Waffe gegen Finanzkapitalismus und Liberalismus. Gegen Ende des 19. Jhs. brachten die überwältigenden Probleme der Kapitalkonzentration, der Rationalisierung aller Lebensbereiche und der daraus resultierenden Entpersönlichung eine radikale Rechte ins Rampenlicht, die in sozialer Aktion und Rassismus ihr Heil suchte. Katholische Bewegungen folgten einem ähnlichen Kurs. Mit der ihnen üblichen Ambivalenz jedoch machten sie kurz vor einem Rassismus kehrt, der die christliche Wiedergeburt verneinte.

Der Bischof Alois Hudal, der in den dreißiger und vierziger Jahren der deutschen katholischen Gemeinde in Rom vorstand, faßte den katholischen Standpunkt zu Juden und Rasse treffend zusammen. In seiner Abhandlung »Grundlagen des Nationalsozialismus« (1937) plädierte er für einen Bund zwischen dem Katholizismus und dem neu erwachten »Germanischen Mann«.[52] Der Nationalsozialismus sollte das Neu-Heidentum ablehnen und zu einer reinen sozialen und politischen Bewegung werden – ohne Ansprüche auf eine neue, potentiell antichristliche, Weltanschauung zu erheben. Der Bischof lehnte den Rassismus ab und verurteilte Gobineau, Chamberlain und Alfred Rosenberg. Christentum könne keine auf Arier beschränkte Mitgliedschaft billigen, noch könne es Angriffe auf das Alte Testament dulden, schrieb er. Diese Darlegungen waren für die Nazis der Anlaß, das Buch des Bischofs zu verbieten. Dennoch hatte Hudal in eben dieser Abhandlung die Juden des Rassismus bezichtigt, weil sie auf ihre vorgebliche Überlegenheit pochten, und das, so Hudal, bedrohte Deutschlands Kultur und Wirtschaft.[53]

Für Bischof Hudal waren die Juden die Verkörperung des Liberalismus und der Feindseligkeit gegenüber der Kirche. Nostalgisch schaute er auf jene Zeiten zurück, da die Juden vom christlichen Leben ausgeschlossen waren und in Ghettos lebten. Ja, Bischof Hudal rechtfertigte sogar die nazistischen »Nürnberger Gesetze«, die als Akt deutscher Selbstverteidigung die Juden vom deutschen Leben auszuschließen suchten. Nicht nur die Angst vor der neuen Zeit, sondern auch die Notwendigkeit, Verbündete gegen den Bolschewismus zu finden, führten dem Bischof die Feder.[54] Im Kampf gegen die Linke wie gegen Liberalismus und Republikanismus wurde die Kirche in die Arme der Rechten getrieben. Als die Kirche erst einmal Gefangene der Rechten war, wurde sie auch immer näher an den Rassismus gedrängt – eine ständige Versuchung. Die Tatsache, daß der Papst Bischof Hudal 1942 mit der Rettung der Juden Roms beauftragte, entbehrt nicht der Ironie.[55] Sie ist jedoch auch das Ergebnis eines anfälligen Christentums. Es erübrigt sich zu sagen, daß des Bischofs höfliche und zögernde Forderung, die Deutschen mögen von der weiteren Verhaftung von Juden Abstand nehmen, nur mit Verachtung begegnet wurde.[56]

Auch der Protestantismus war, besonders dort, wo er die Mehrheit repräsentierte, vom Antisemitismus und Rassismus infiziert. Adolf Stoeckers politische Tätigkeit war Teil seines missionarischen Eifers. Der Hofprediger Wilhelms II. sah sich zum ersten Mal den Lebensbedingungen der Berliner Arbeiterklasse gegenüber, als er versuchte, sie als aktive Kirchenmitglieder zu werben. 1878 gründete er seine Christlich-Soziale Partei, teils, um den Lebensstandard der Arbeiter zu verbessern, aber auch, um sie besser in den gerade vereinigten deutschen Staat integrieren zu können.

An Luegers Programm gemessen, war Stoeckers Sozialprogramm konservativ. In ihm wurden eine Börsenumsatzsteuer und Gesetze gegen den Wucher gefordert, und, genau wie die sozialkatholische Bewegung, unterstützte es das Gewerkschaftswesen als willkommene Wiederbelebung der mittelalterlichen Gilden. Schließlich forderte Stoecker den Staat auf, die eigene Arbeitskraft gegen ausländische Konkurrenz zu schützen. Die Christlich-Soziale Partei kämpfte gegen den Liberalismus, die Sozialdemokratie und den Finanzkapitalismus. Ihre Feinde waren dieselben wie die der sozialkatholischen Bewegungen.

Nach den katastrophalen Wahlergebnissen von 1878 mit weniger als 1500 Stimmen änderte Stoecker seine Taktik.[57] Nunmehr rückte er den Juden als Hindernis auf dem Weg zur sozialen Gerechtigkeit in den Mittelpunkt. Und wieder einmal erwies sich der Antisemitismus als wirksame Strategie. Es ist bekannt, daß in den Jahren 1880/81 nur wenige Hundert Menschen in der Kirche waren, wenn Stoecker über die Bibel predigte, holte er aber gegen die Juden aus, dann hörten ihm mehrere Tausend zu.[58] Er rief seine Zuhörer nicht zur Gewalt auf, er schlug sogar einen gemäßigten Ton an und unterschied zwischen guten Juden, die ihr Brot durch eigene Arbeit verdienten, und jenen, die die Börse kontrollierten. Überdies war er überzeugt, daß die Taufe alle Juden rein waschen könnte. Stoeckers Erfolg zeigt, wie tief die christliche antisemitische Tradition verwurzelt war, und nicht nur in Deutschland, sondern in jedem Teil Europas leicht zu mobilisieren war.

Es überrascht daher nicht, daß Stoecker sich immer mehr der Deutsch-Konservativen Partei näherte. Diese wurde auf sogenannten christlichen Grundsätzen gegründet (auch wenn dies durch Julius Stahl, einen konvertierten Juden, geschah). Sie verbündete sich gegen Ende des Jahrhunderts zunehmend mit antisemitischen Bewegungen. Die Konservativen nahmen 1882 auf einem Treffen in der Tivoli-Halle in Berlin ein Wahlprogramm an, das sich an Stoeckers Vorstellungen ausrichtete: Christentum, Monarchie und Vaterland wurden gepriesen, Finanzkapitalismus verurteilt und die Parole ausgegeben, in Deutschland müsse der übermäßige jüdische Einfluß eingedämmt werden. In der Halle war die Stimmung gegen die Juden radikaler, als es das »Tivoli-Programm« eigentlich vorsah, und in den Provinzen arbeiteten die Konservativen manchmal mit rassistischen Gruppen zusammen.[59] Als Stoeckers Stern sank, wurden die Konservativen durch das Bündnis mit dem »Bund deutscher Landwirte« sogar noch fester in die Arme des Rassismus getrieben.

Christliche Ideale und die Treue zu Gesetz und Ordnung hielten die konservative Rechte in Deutschland wie in Frankreich und Österreich vom totalen Rassismus ab. In Frankreich war Charles Maurras und in Deutschland waren die Konservativen der Ansicht, daß man die traditionelle Ordnung und Autorität zerstören und unkontrollierte Gewalt riskieren würde, wenn man Christentum offen durch Rassismus ersetzte. Eine solche Einstellung spiegelte sich in der Opposition der Action Française zum Faschismus wider, wie in der Feindseligkeit der preußischen Konservativen gegen den Nationalsozialismus.

Eben diese Einstellung brachte dem von uns erörterten katholischen oder protestantischen Antisemitismus Respekt ein, als eine Möglichkeit, die alte Ordnung zu stützen. Die antijüdische Sache konnte allerdings auch dadurch an Respektabilität gewinnen, daß sie sich mit akademischem Ansehen verband, insbesondere in Deutschland, wo der Professor einen hohen Rang in der gesellschaftlichen Ordnung einnahm. Dies erklärt auch die Wirkung, die der berühmte Artikel über die jüdische Frage von Heinrich von Treitschke (1879), Professor für Geschichte an der Universität Berlin, hatte. Treitschke nannte die jüdische Einwanderung aus Osteuropa nach Deutschland den Stoßtrupp einer ausländischen Invasion mit dem Ziel, das Börsen- und Zeitungswesen zu beherrschen. Diese »Hosen-verkaufenden Jugendlichen« waren Feinde eines Deutschlands, in dem Christentum und Nationalität identisch waren. Der berühmte Professor war kein Rassist. Er setzte sich für die vollständige Assimilation der eingesessenen deutschen Juden in die christliche Nation ein, schloß davon jedoch die Ghetto-Juden aus dem Osten aus. Diese verkörperten ein »semitisches Sein« und wurden als »deutschsprechende Orientalen« verunglimpft. Als solche waren sie germanischen und christlichen Idealen von sozialer Gerechtigkeit abgeneigt, außerdem fehlte es ihnen an der gebührenden Achtung von Kaiser und Vaterland.[60]

Treitschkes versuchte Objektivität ließ, wie das Christentum, die vollständige Assimilation des einzelnen Juden zu. Eine solche Einstellung schrieb lediglich die von der Aufklärung niedergelegten Bedingungen für die Assimilierung fort, fügte aber deren Vorbedingungen – anständige Arbeit und gute Staatsbürgerschaft – als weiteres Hindernis auf dem Weg zur Zugehörigkeit zu den »Auserwählten« noch die christliche Taufe hinzu. Wie während der Aufklärung wurde das Stereotyp vom Juden beibehalten, und vom einzelnen Juden erwartete man, daß er dessen Schatten entfliehe.

Theoretisch stimmte es: er konnte noch entkommen. Aber Rassismus und christlicher Antisemitismus teilten alle übrigen Vorurteile gegen die Juden. Man hatte die traditionellen mittelalterlichen und christlichen Anschuldigungen gegen die Juden nicht fallengelassen. Sie wurden vielmehr mit der Angst vor dem Finanzkapitalismus und den Entbehrungen der modernen Gesellschaft verwoben. Der Erste Weltkrieg machte das Christentum womöglich noch patriotischer, als Geistliche und Priester im Kampf jeweils ihren Staat segneten. Im österreichischen und im russischen Kaiserreich war die jeweilige Kirche für die verschiedenen Nationalitäten überdies zum Symbol für den Kampf der nationalen Befreiung geworden. So verständlich diese Verbindung zwischen den Kirchen und den nationalen Bestrebungen ihrer Gemeinden auch ist, sie sorgte dafür, den Universalismus und die Toleranz, den die meisten christlichen Kirchen schon vor langer Zeit fast aufgegeben hatten, noch weiter auszuhöhlen. Die christlichen Kirchen waren kein wirksames Bollwerk gegen die Rassenpolitik, auch wenn einzelne mutige Kirchenmänner sich gegen die Nazi-Politik der Ausrottung der Juden wenden sollten.

Die Juden wurden so dargestellt, daß man glauben konnte, sie verhinderten die Rückkehr zu einer gerechten, christlichen und hierarchischen Gesellschaft. Als man mit dem alten Bund brach, waren die Juden dem Christentum ausgeliefert. Nun sah man in ihnen nicht lediglich die traditionellen Bösewichter im Heilsgeschehen, sondern die treibende Kraft hinter dem Atheismus und Materialismus der Epoche. Auch die sozialen Anliegen eines modernen Christentums hatten in den Juden ihren Widerpart gefunden, so bescheiden der Antisemitismus eines Vogelsang, Lueger oder Stoecker auch erscheinen mag, wenn man ihn gegen die Pogrome und die Rufe nach Ausrottung hält. Die Grenze zwischen einer solchen augenscheinlichen Respektabilität und einem dynamischen Rassismus war leicht zu übertreten, insbesondere, weil neben diesem infizierten Christentum ein Nationalsozialismus aufkam, der sich als ebenso verführerisch wie kompromißlos erweisen sollte. Zunächst hielten sich die meisten frommen Christen von diesem Nationalsozialismus fern, wenngleich er letztlich einen repräsentativen Querschnitt der Bevölkerung – und auch mehrere Kirchen – mit seinem Enthusiasmus anstecken sollte.

Anmerkungen

1 Ursula Henriques, *Religion Toleration in England, 1787–1833* (London, 1961), 181.
2 Edward I. Schaub, »J. G. Fichte and Antisemitism«, *Philosophical Review*, XLIX (1. Januar 1940), 49. Auch wenn man die Juden als Teil des göttlichen Plans ansah, so hielt man doch ihr bösartiges Verhalten Christus und dem Christentum gegenüber für unentschuldbar. So war es z. B. grundsätzlich eine christliche Tradition, die den Antisemitismus während jener Jahrhunderte am Leben hielt, in denen in England keine Juden lebten. Bernard Glassmann, *Anti-Semitic Stereotypes Without Jews: Images of the Jews in England 1290–1700* (Detroit, 1975), 12, 144, und *passim*.
3 Ernest Renan, *Das Leben Jesu* (Leipzig, o. D.), 24, 29, 244, 293.
4 D. Karl Hase, *Das Leben Jesu* (Leipzig, 1835), 151, 152; Karl von Hase, *Ideale und Irrtümer* (Leipzig, 1917), 170.
5 Vgl. S. 127.
6 Wolfgang Tilgner, *Volksnomostheologie und Schöpfungsglaube* (Göttingen, 1966), 30.
7 *Ibid.*, 67.
8 Pauline Relyea Anderson, *The Background of Anti-English Feeling in Germany, 1890–1902* (Washington, D. C., 1939), 151.
9 *Ibid.*, 360.
10 Vgl. S. 123.
11 Siehe z. B. Hans Liebeschütz, *Das Judentum im deutschen Geschichtsbild von Hegel bis Max Weber* (Tübingen, 1967), 99.
12 S. Karl Kupisch, »The ›Luther Renaissance‹«, *Journal of Contemporary History, II* (Oktober, 1967), 39–49.
13 George L. Mosse, *The Nationalization of the Masses* (New York, 1975), 77, 78.

14 Zitiert bei: Jacob Toury, *Der Eintritt der Juden ins Deutsche Bürgertum. Eine Dokumentation* (Tel Aviv, 1972), 309.

15 Eleanor Sterling, *Judenhaß* (Frankfurt/Main, 1969), 162–163.

16 Jeannine Verdes-Leroux, *Scandale Financier et Antisémitique: Le Krach de l'Union Générale* (Paris, 1969), 214.

17 Bischof Alois Hudal, *Die Grundlagen des Nationalsozialismus* (Leipzig und Wien, 1937), 86.

18 W. Feldman, *Geschichte der politischen Ideen in Polen seit dessen Teilung* (Osnabrück, 1964), 423.

19 Norman Cohn, *Europe's Inner Demons: An Enquiry Inspired by the Great Witch-Hunt* (New York, 1975), 69.

20 Verdes-Leroux, *op. cit.*, 214.

21 Uriel Tal, *Christians and Jews in Germany* (Ithaca, N. Y., 1975), 89.

22 *Ibid.*, 88; Verdes-Leroux, *op. cit.*, 226–227.

23 Verdes-Leroux, *op. cit.*, 227.

24 Jürgen Puhle, *Agrarische Interessenpolitik und Preußischer Konservatismus im Wilhelminischen Reich* (Hannover, 1967), 123.

25 Zur Erörterung dieser Gewerkschaften vgl.: Adrien Toussaint, *L'Union Centrale des Syndicats Agricoles, Ses Idées Directrices* (Paris, 1920), insbesondere aber H. de Gailhard-Bancel, *Quinze Années d'Action Syndicale* (Paris, 1900).

26 Robert O. Paxton, *La France de Vichy* (Paris, 1973), 175–177; Xavier Vallat, *La Croix les Lys et la Peine des Hommes* (Paris, 1960), 184, 295.

27 *Le Sang Chrétien dans les Rites de la Synagogue Moderne*, Archives de L'Alliance Israélite, Allemagne: I. c. 2, Paris.

28 Archives de L'Alliance Israélite, Allemagne: I. c. 2, Paris, Bericht vom 2. November 1885.

29 Friedrich Heer, *Der Glaube des Adolf Hitler* (München, 1968), 66; Werner Jochmann, »Struktur und Funktion des deutschen Antisemitismus«, *Juden im Wilhelminischen Deutschland 1890–1914*, Hrsg.: Werner Mosse und Arnold Paucker (Tübingen, 1976), 398.

30 *Die Socialen Lehren des Freiherrn Karl von Vogelsang*, Hrsg.: Wiard Klopp (St. Pölten, 1894), 184; Wiard Klopp, *Leben und Wirken des Sozialpolitikers Karl Freiherr von Vogelsang* (Wien, 1930), 70; Andrew G. Whiteside, *The Socialism of Fools* (Berkeley, 1975), 87.

31 *Die Socialen Lehren des Freiherrn Karl von Vogelsang*, 194.

32 Ignaz Seipel, *Nation und Staat* (Wien und Leipzig, 1916), 3, 6.

33 *Bathasar Schmids Verfaßte und Ausgeführte Reise-Beschreibung etc.*, herausgegeben und verbessert von: P. Magnus Schleyer (Babenhausen, 1723), 413, 414.

34 Prozeßbericht des Berliner jüdischen Gemeinderates vom 9. September 1881, M/16 (Jüdisches Nationalarchiv, Jerusalem).

35 Pierre Sorin, *La Croix et les Juifs* (Paris, 1967), 141.
Der *Talmud-Jude* hat bis 1922 17 Auflagen erlebt. Eine katholische Gruppe in Westfalen hat allein 38000 Exemplare verteilt. J. A. Hellwing, *Der konfessionelle Antisemitismus im 19. Jahrhundert in Österreich* (Wien, 1967), 90. Dies ist die beste und gründlichste Analyse der Affäre Rohling.

36 Hellwing, *op. cit.*, 107.

37 *Ibid.*, 79–81, 87, 111–112.

38 S. Michael Marrus, *The Politics of Assimilation: A Study of the French Jewish Community at the Time of the Dreyfus Affair* (Oxford, 1971), *passim*.

39 Houston Stewart Chamberlain, *Die Grundlagen des 19. Jahrhunderts, I* (München, 1932), 486; Alfred Rosenberg, *Der Mythos des 20. Jahrhunderts* (München, 1935), 463; Ausstellungskatalog: *Exposition le Juif et la France au Palais Berlitz* (September 1941–Januar 1942), 15.

40 Sorin, *op. cit.*, 7.

41 »Liberal« war synonym mit »Judenliberal«, *Mitteilungen des Vereins zur Abwehr des Antisemitismus* (26. Oktober 1895), 339.

42 Felix Czeike, *Liberale, Christlich-Soziale und Sozialdemokratische Kommunalpolitik* (Wien, 1962), *passim*.

43 Franz Stauracz, *Dr. Karl Lueger, Zehn Jahre Bürgermeister* (Wien und Leipzig, 1907), 151 ff.

44 Stauracz, *op. cit.*, 230; Adolf Hitler, *Mein Kampf* (München, 1954), 131.

45 Eugen Weber, *Action Française* (Stanford, Calif., 1962), 198.

46 Charles Maurras, *Political and Critical Dictionary* (o. O., o. D.), 303–305.

47 Maurice Pujo, *Les Camelots du Roi* (Paris, o. D.), *passim*.

48 *Ibid.*, 25.

49 Theodor I. Armon, »La Guardia de Ferro«, *Storia Contemporanea, VII* (September 1976), 513.

50 *Cahiers du Cercle Proudhon, I* (Januar–Februar 1912), 41; *ibid.* (Mai–August 1912), 158, 160; *ibid.* (o. D.), 248. Zeev Sternhell, »Anatomie d'un Mouvement Fasciste: Le Faisceau de George Valois«, *Revue Française de Science Politique, Nr. I, Bd. 26* (Februar 1976), 7.

51 *Cahiers du Cercle Proudhon, I* (März–April 1912), 80; Sternhell, *op. cit.*, 8.

52 Hudal, *op. cit.*, 244.

53 *Ibid.*, 90.

54 Friedrich Engel-Janosi, *Vom Chaos zur Katastrophe, Vatikanische Gespräche 1918 bis 1938* (Wien und München, 1971), 188.

55 Der Vatikan rückte von Hudals Buch ab. Vgl. *ibid.*, 186.

56 Günter Lewy, *The Catholic Church and Nazi Germany* (New York, 1964), 301.

57 Paul W. Massing, *Rehearsal for Destruction* (New York, 1967), 28; Karl Kupisch, *Adolf Stoecker, Hofprediger und Volkstribun* (Berlin, 1970), 36 ff.

58 Massing, *op. cit.*, 31.

59 *Ibid.*, 64 ff.

60 *Der Berliner Antisemitismusstreit*, Hrsg.: Walter Boehlich (Frankfurt/Main, 1965), 9. Alle wichtigen Dokumente sind hier abgedruckt.

Kapitel 11
Der Aufstieg des Nationalsozialismus

Mitteleuropa scheint bei der Entwicklung des Rassismus während des 19. Jhs. eine wichtige Rolle gespielt zu haben. Die einzelnen Elemente des rassischen Mystizismus schienen vor allem die Sehnsucht nach einer echten nationalen Gemeinschaft und nach einer wesenhaften Einstellung zu Leben und Politik zu erfüllen. Die Bausteine des Rassismus kamen allerdings aus ganz Europa, er war nicht nur auf Deutschland oder Österreich beschränkt. Als in den letzten Jahrzehnten des 19. Jhs. der Rassismus sich überall in den Vordergrund spielte, sah es sogar aus, als ob Frankreich dazu bestimmt wäre, das Land zu werden, in dem der Rassismus die nationale Politik mitbestimmen könnte.

Damals glaubte man, der Rassismus habe sich in Frankreich seit den achtziger Jahren unerwartet und rasch durchgesetzt. Ursache dafür seien die Finanzskandale, die Korruption der Dritten Republik, der Verlust von Elsaß-Lothringen an Deutschland und schließlich auch die Affäre Dreyfus gewesen. Den katholischen Antisemitismus hatte es in Frankreich eigentlich schon immer gegeben, und er hatte den Boden für den Rassismus bereitet. Besonders auf dem Lande war er sehr stark ausgeprägt. Wie wir sahen, verleumdeten hier katholische Priester und Laien oft Juden, Freimaurer und Republikaner. Der Zusammenbruch der »Union Générale«, einer katholischen und royalistischen Bank im Jahre 1882 – der erste der großen Finanzskandale, die Frankreich erschüttern sollten –, wurde vom Klerus den Kräften angelastet, die der Kirche feindlich gesonnen waren, insbesondere aber den Juden.[1] Dennoch spielte der Rassismus als solcher bei diesen Anklagen der Rechten nicht unbedingt eine Rolle, selbst in den Zeiten nicht, da man eine ambivalente Einstellung zu dieser Frage hatte.

Die Hauptrichtung des französischen Antisemitismus versuchte, Nationalismus mit sozialer und politischer Reform zu verbinden. Die Antisemiten waren vor allem an der nationalen Einheit interessiert. Sie lehnten den Klassenkampf ab und befürworteten die Klassenintegration, ohne jedoch die bestehende kapitalistische und bürgerliche Ordnung anzuerkennen. Sie wünschten eine gleichmäßigere Verteilung des Reichtums und forderten, daß alle Klassen der Bevölkerung am politischen Prozeß teilnähmen. Man muß die soziale und politische Einstellung dieses Antisemitismus etwas gründlicher erläutern, da er dem Rassendenken in Frankreich seine Dynamik verlieh. Männer und Frauen, die solche Ansichten vertraten, wurden seit der Mitte des Jahrhunderts stets als Nationalsozialisten bekannt – eine Bezeichnung, die Hitler für seine politische Partei übernahm, als sie bereits längst allgemeingültiger Ausdruck für eine politische Theorie war, die eine soziale wie nationale Regierung anstrebte.

Der Nationalsozialismus erkannte die bestehende kapitalistische Ordnung zwar nicht an, lehnte Privateigentum jedoch nicht ab. Im Gegenteil, die soziale Hierarchie mußte aufrechterhalten werden, selbst dann, wenn man das Recht auf Arbeit garantieren und Versicherungspläne für die Arbeiterklassen einführen mußte. Die Feindschaft des Nationalsozialismus richtete sich einzig gegen den Finanzkapitalismus: gegen die Banken und Börsen. Die Abschaffung der Zinsknechtschaft sollte sowohl soziale Gerechtigkeit als auch nationale Einheit herstellen. Kurz nach 1870 beschrieb Edouard Drumont die Ängste, die die Nationalsozialisten plagten:»Die Enteignung durch den Finanzkapitalismus findet mit einer Regelmäßigkeit statt, die einem Naturgesetz gleicht. Wird innerhalb der kommenden fünfzig bis hundert Jahre nichts unternommen, diesen Prozeß aufzuhalten, dann wird die gesamte europäische Gesellschaft ein paar hundert Bankiers auf Gedeih und Verderb ausgeliefert sein.«[2]

Diese Entwicklung aufzuhalten hieß, die Juden aus dem nationalen Leben auszuschalten, denn sie waren zum Symbol für die Vorherrschaft des Finanzkapitalismus geworden. Der Jude als Wucherer war dagegen eine überkommene Vorstellung, die weit in die Antike zurückreichte. Jetzt, während der Wirtschaftskrisen des letzten Jahrzehnts des 19. Jhs., in die vor allem Juden verwickelt waren, stand der Jude als Finanzkapitalist entlarvt da: ein Vertreter der Macht des unproduktiven Reichtums, gegen seine zu Unrecht in Elend und Armut lebenden Produzenten. Hierbei kommt es auf die Bedeutung an, die man der Produktion beimaß. Zwar hatten die Juden stets den Wucher verkörpert – als Gegensatz zur »anständigen Arbeit« – jetzt wurde diese Metapher, insbesondere in der zweiten Hälfte des 19. Jahrhunderts, auf die Anstrengungen und Belastungen eines sich entwickelnden Kapitalismus projiziert.[3] Die Kritiker des Finanzkapitalismus wandten sich der Vergangenheit zu. Man definierte Produktivität als das durch den eigenen Schweiß verdiente Geld, und die Geldvermehrung ohne eigene Arbeit wurde üblicherweise als unproduktiv gebrandmarkt. In ganz Europa wurden die Juden mit dem Finanzkapitalismus in Verbindung gebracht – so, wie es bei den Bankgeschäften der Familie Rothschild ja tatsächlich der Fall war. In Frankreich war dieser Mythos verbreiteter als in allen anderen Ländern, und von Zeit zu Zeit erhielt er von der Arbeiterklasse beträchtliche Unterstützung.

Alphonse de Toussenel (1803–1885), ehemaliger Schüler des utopischen Sozialisten Charles Fourier, hatte auf die Verbreitung des nationalen Sozialismus Einfluß. Er sollte einen der bedeutendsten Angriffe gegen die angeborenen und unheilbaren Mängel jüdischer Herrschaft verfassen. In seinem Buch »Les juifs, rois de l'époque« (1845) mit dem Untertitel »Die feudale Aristokratie der Finanziers«, verband er das mittelalterliche Bild vom Juden als Wucherer mit dem Populismus einer Gesellschaft, die plötzlich in den Mahlstrom des Frühkapitalismus gestoßen wurde.[4]

Nach Toussenel beherrschten die Juden die Welt, weil sie das Finanzkapital kontrollierten. Diese Behauptung unterstützte Toussenel mit Angriffen auf das Haus Rothschild, und kurz nachdem sein Buch veröffentlicht wurde, ergoß sich dann auch eine Flut von Pamphleten gegen dieses Symbol kapitalistischer und jüdischer Verschwörung (vgl. Tafel 11). Toussenel kam aus ländlichem Milieu, und so waren die Juden für ihn jene, die das Land ausplünderten – eine Ansicht, die von vielen deutschen Autoren geteilt wurde, für die der Jude der Feind des Bauern war. Auch andere antisemitische Sozialisten, wie Fourier und Pierre Joseph Proudhon, kamen aus ländlichem Milieu. Allerdings richtete sich Toussenels landwirtschaftliche Orientierung, anders als die Proudhons, nicht gegen eine Zentralisation. Er pries die Bemühungen des Ancien régime um die Zentralisation und geißelte den Verfall der Autorität, was für ihn hieß, daß man den schwachen und wehrlosen Arbeiter alleine ließ.

Der Patriotismus ließ Toussenel sich nach den Königen der alten Zeiten sehnen, die er nicht als Despoten, sondern als die Stimme ihres Volkes sah. Er gab seinem Haß auf die Engländer und Holländer wie auf die Juden Ausdruck, da diese Protestanten versucht hätten, die Macht Frankreichs einzuengen. Toussenels Vorstellungen Mitte des Jahrhunderts unterschieden sich nicht merklich vom Nationalsozialismus eines Edouard Drumont Ende des 19. Jhs. Toussenels »Sozialismus« bestand darin, daß er sich mit dem Recht auf Arbeit beschäftigte, den Finanzkapitalismus bekämpfte und die Gleichheit aller Franzosen forderte. Seiner Ansicht nach hatte es im Mittelalter, als die Franzosen noch eine Gemeinschaft waren, eine solche Gleichheit gegeben.

Pierre Joseph Proudhon (1809–1865) unterschied sich von Toussenel vor allem in seiner Überzeugung, die freie Verbindung der Menschen untereinander müsse Grundlage der Regierung sein und weiter, daß eine moralische Besserung des einzelnen jede Anwendung von Gewalt unter den Menschen unnötig mache. Allerdings war diese optimistische Einstellung zu den menschlichen Fähigkeiten wieder einmal mit einer eher primitiven Geisteshaltung verbunden, die in den Juden und im Finanzkapitalismus den verhaßten Feind sah. Das soziale Anliegen von Männern wie Toussenel und Proudhon wurzelte in der Ablehnung des Modernen, in der Feindseligkeit gegen die Zivilisation als einer urbanen Errungenschaft. Hierin stimmten sie mit ihrem jüngeren deutschen Zeitgenossen Richard Wagner überein, nach dessen Ansicht ein der Gleichheit und der sozialen Gerechtigkeit verpflichtetes Volk bedeute, daß man die »Macht des Goldes« vernichten müsse. Die Juden waren auch für die französischen Sozialisten das Symbol für diese Macht, und darum beuteten sie das Volk, unter dem sie lebten, aus. Den Juden, der Gold als Waffe benutzte, hielt man für unfähig, ehrliche Arbeit zu tun. Darum konnte Proudhon schreiben, daß der Jude »vom Temperament her ein Anti-Produzent ist, kein Bauer, ja noch nicht einmal ein richtiger Kaufmann«. Kurz, er besaß nur negative Eigenschaften.[5] Wenn er öffentlich auftrat, war Proudhon vorsichtig. Privat jedoch nannte er die Juden die Feinde der menschlichen Rasse, denen man keinerlei Arbeit geben, die man aus Frankreich ausweisen und deren Synagogen man schließen sollte. Wie Toussenel wurde Proudhon durch seine anti-finanzkapitalistische Haltung zu einer rassistischen Einstellung getrieben. »Man muß diese Rasse nach Asien zurückschicken oder sie ausrotten«, erklärte er.[6] Proudhon wollte Gemeinschaften errichten, die auf der Zustimmung jedes einzelnen Mitgliedes beruhten. Die freiwilligen Übereinkünfte zwischen all denen, die jener Gemeinschaft beitraten, sollte sie sogar, gewaltlos und ohne Zwang, zu wahrhaften Gemeinschaften auf Gegenseitigkeit machen. Es ist mehr als nur von oberflächlicher Bedeutung, daß der Ruf nach dem Ausschluß der sogenannten jüdischen Rasse von einem Mann kam, der der sozialen Gemeinschaft verpflichtet war.

Diese Männer und ihre Nachfolger machten den Rassismus zum Bestandteil der gemeinwesentlichen Erfahrung, nach der sich gegen Ende des 19. Jhs. so viele sehnten. Der Rassismus versuchte, das Bindemittel für eine durch Affinität – und nicht durch gesellschaftliche Zwänge – geschaffenen Gesellschaft bereitzustellen. Für eine solche Gemeinschaft traten Nationalisten und einige Sozialisten ein. Für Fourier, Toussenel und Proudhon war das ein Sozialismus, der mit dem Marxismus nichts zu tun hatte. Überdies stimmten sie mit jenen Nationalisten überein, die Gemeinschaft mit gemeinsamer Geschichte, mit Heimatland und mit einer unbestimmten inneren Notwendigkeit definierten. Das Ideal von Toussenel und Proudhon konzentrierte sich auf die Nation. In ihren Theorien spielte der Universalismus keine Rolle, da sie in erster Linie mit dem Schicksal Frankreichs beschäftigt waren. Sie drückten es so aus: Die jüdische Rasse lebte vom Raub, von der Konkurrenz und war ohne Moral, und darum mußte sie von der Teilnahme an einer echten nationalen und sozialistischen Gemeinschaft ausgeschlossen werden. Der Faschismus sollte dieses Erbe später übernehmen. Der Erste Weltkrieg förderte die Einstellung zur Kameradschaft als etwas Besonderes, und dies wiederum vertiefte den Wunsch nach einer solchen Gemeinschaft. Geht man aber von den Überlegungen dieser frühen französischen Nationalsozialisten aus, dann kann man behaupten, daß der Rassismus sich bereits mit diesem Ideal verbunden hatte.

Wenngleich Toussenel und Proudhon keinerlei sozialistische Ideen mit

Karl Marx gemein hatten, teilten sie mit ihm jedoch ähnliche Ansichten über die Juden. In seinen Artikeln zur Judenfrage (1844) behauptete Marx, daß die Juden nicht nur den Finanzkapitalismus, sondern alle Arten von Kapitalismus verkörperten. Dennoch hätte Toussenel in den Ausruf Marx' eingestimmt, daß »Geld der eifrige Gott Israels ist«.[7] Der Wechsel, sagte Marx, sei der jüdische Gott und das jüdische Recht eine Karikatur der Moral. Es verwundert daher nicht sehr, daß antisemitische Sozialisten Marx' Abhandlung immer wieder druckten – besaß sie doch darüber hinaus noch den Wert einer Art jüdischer Selbstanklage, die alle Rassisten für den Beweis der Wahrheit nahmen. Marx hatte seine Abhandlung mit dem Satz beschlossen: »Die gesellschaftliche Emanzipation des Judentums ist die Emanzipation der Gesellschaft vom Judentum« und behauptete, die Abschaffung des »Wuchers und seiner Voraussetzungen« (d. h. des Kapitalismus) würde den Juden abschaffen, da es dann für seine Lebensweise kein Ziel mehr gäbe, und er aus diesem Grund menschlich würde.[8] Diese Behauptung widersprach jeder rassistischen Auffassung, denn sie setzte sich für die vollständige Assimilierung ein und dafür, daß Auseinandersetzungen zwischen den Menschen abzuschaffen seien. Letztendlich unterschied Marx sich in seinen Schlüssen drastisch von denen der französischen Sozialisten, die den Juden austreiben und vernichten wollten.[9]

Zum umstrittenen und gefeierten Nationalsozialisten des fin de siècle aber wurde Edouard Drumont (1844–1917). Von seinem Buch »La France juive« (1886) wurden über eine Million Exemplare verkauft. Darin wurde die Botschaft verbreitet, die geschäftstüchtigen, habgierigen, intriganten und gerissenen Semiten seien für den gegenwärtigen Zustand der nationalen und sozialen Degeneration verantwortlich. Auch Drumonts Zeitung »Libre Parole« und seine übrigen vierzehn Bücher waren weit verbreitet. Überdies gründete Drumont unermüdlich Verbände und ging Bündnisse mit Gleichgesinnten ein. Bei seinem Versuch, einen nationalen und sozialen Staat zu gründen, indem er sich der Juden entledigte, rechnete er bei allen seinen Unternehmungen auf Erfolg vor allem bei den unteren Schichten und den Arbeitern.

Drumont glaubte, die Judenfrage sei der Schlüssel zur französischen Geschichte. Er rief zu einem Aufstand der unterdrückten Massen gegen den Juden als Unterdrücker auf; und die »Libre Parole« gefiel sich darin, sentimentale Beschreibungen vom Elend der Arbeiterklasse groß aufzumachen.[10] Die Austreibung der Juden aus Frankreich müsse zur sozialen Gerechtigkeit führen. Mit der Austreibung sei ihr Eigentum zu konfiszieren und an all jene zu verteilen, die an dem Kampf teilgenommen hatten. Da dieses Vermögen seiner Meinung nach immens war – denn es beherrschte das ganze wirtschaftliche Leben –, würde die Umverteilung beträchtliche wirtschaftliche Veränderungen nach sich ziehen.

Es ist auch bezeichnend, daß Drumont die Juden mit den Freimaurern und Protestanten in einen Topf warf, und sie alle hatten von der französischen Szene zu verschwinden. Obwohl er den Katholizismus als notwendig für den gesellschaftlichen Zusammenhang respektierte, war er selbst jedoch kein eifriger Christ und er verachtete den französischen katholischen Klerus als schwach und vom jüdischen Kapital gekauft.[11] So stand ihm sein Katholizismus nicht im Wege, wenn er die Juden für eine Rasse hielt.

Drumont führte den von Toussenel begonnenen Kampf weiter und er übernahm dessen Antisemitismus. Seine Analyse, nach der Frankreich dekadent war, stützte er mit Verweisen auf Jean-Baptiste Morel und Cesare Lombroso ab. Den bösen Juden konnte man an seiner körperlichen Dekadenz erkennen: der Hakennase, den unsteten Augen, den abstehenden Ohren, dem länglichen Körper, den Plattfüßen und den feuchten Händen.[12] Drumont stand das Bild vom umherschweifenden Juden vor Augen, und dies hing mit der vermeintlichen Abstammung der Juden von Wüsten- und Nomadenvölkern zusammen. Drumont behauptete, der Jude habe »die Seele eines Beduinen, der, um sein Ei zu kochen, eine Stadt niederbrennt«.[13] Rußland hielt er für die einzige Nation, der wegen seiner antijüdischen Politik die Dekadenz erspart geblieben sei.

Drumont leugnete wiederholt jede Absicht, einen heiligen Krieg ausrufen oder den jüdischen Glauben angreifen zu wollen. »Ich habe niemals einen Rabbi beleidigt«, schrieb er.[14] So ging er religiösen Streitfragen geschickt aus dem Wege, und sein Krieg gegen die Juden wurde zu einem Rassenkrieg. Drumonts Vorwort zu Rohlings »Talmud-Jude« machte dieses Buch zu einem Muster für die Darstellung der Gier der Juden nach Macht und für ihre mangelnde Moral. Dies war eine Quelle, die den christlichen Glauben nicht berührte und die darum als Beweis für das Jüdische willkommener war als die aus dem Alten Testament gezogenen Passagen. Und schließlich verbreitete auch Drumont den Vorwurf der Blutschuld gegen die Juden.[15]

Drumont war in erster Linie Publizist. Doch anders als Gobineau oder Chamberlain versuchte er, politische und gesellschaftliche Bewegungen zu gründen, um seine Sache weiterzubringen. So verkündete zum Beispiel die 1890 gegründete »Ligue Anti-Sémite«, es sei notwendig, neue Gewerkschaften zur Enteignung der Finanzmonopole zu gründen; außerdem trat die Liga für eine Kreditvergabe ohne Zinsen ein. Allerdings, diese und verschiedene andere von Drumont ins Leben gerufene Ligen waren winzig und bedeutungslos. Nur auf dem Wege indirekter Kontrolle gelang es ihm, sich mit einer größeren Bewegung zu verbinden.

Zwischen 1903 – als sie unter Drumonts Fittiche geriet – und 1908 – als sie zusammenbrach – hatte die 1900 gegründete und »Les Jaunes« (Die Gelben) genannte Gewerkschaft mehr als 100 000 Mitglieder. Ihr Führer,

Pierre Biètry, übernahm Drumonts antisemitischen Kapitalismus. Die Gewerkschaft, die ihren Namen erhielt, als ihre Streikbrecher versuchten, die eingeworfenen Fenster der Versammlungsräume mit gelbem Papier abzudichten, war damals schon keine reine Betriebsgewerkschaft mehr. Die »Jaunes« unterstützten Streiks – wenn auch erst nach einer Wartezeit, und sie förderten Betriebe auf genossenschaftlicher Basis. Im Mittelpunkt ihrer Zukunftsvisionen aber stand der zum Eigentümer aufgestiegene patriotische Arbeiter, der Juden, Rote und Freimaurer bekämpfte.[16]

Die Gewerkschaft stritt für Arbeitsplatzsicherheit, Versicherungspläne und für jenen »nationalen Sozialismus«, den wir bereits erörtert haben. Ihre Mitglieder waren sehr unterschiedlicher Herkunft: Schlachter aus Paris, Textilarbeiter aus Lille, Weber aus Albi und eine beträchtliche Zahl von Industriearbeitern. Außer Drumont traten den »Gelben« noch andere Angehörige der französischen Rechten bei. Sie erfreuten sich an dieser neuen Gewerkschaft, die patriotisch war, den Arbeiter nicht als Proletarier, sondern als zukünftigen Eigentümer sah, und trotzdem betriebliche Aktionen gegen den kapitalistischen Feind unternahm.

Diese Begeisterung war durchaus berechtigt. Nirgendwo sonst in Mittel- und Westeuropa war die Rechte vor dem Ersten Weltkrieg mit einer Massenorganisation so tief in die Basis der Bevölkerung eingedrungen, außer 1897 bei der Wahl Karl Luegers zum Oberbürgermeister von Wien. Dieser vorübergehende Erfolg der »Jaunes« ging auf die bittere Desillusionierung der Arbeiter zurück, die auf eine, der Gründung der Gewerkschaft vorausgegangene, erfolglose Streikwelle folgte. In dem Augenblick jedoch, da sich die radikalen Gewerkschaften nicht mehr der Konfrontation mit ihren Arbeitgebern verpflichtet fühlten, gingen die Arbeiter zu den älteren Gewerkschaften zurück. Selbst die von Drumont gestellten Agitatoren konnten den Tod der Gelben nicht aufhalten, aber damals, um 1908, war auch Drumont selbst schon zu einer einsamen Gestalt geworden.

Dennoch ließ Georges Bernanos ihn noch 1931 als Vorbild für die französische Jugend wiederauferstehen. Das Loblied, das Bernanos in »La grande peur des bien-pensants« (1931) auf Drumont anstimmte, wird mit jener Anziehungskraft begründet, die sich nicht eigentlich von der unterscheidet, die er auf der Höhe seines Einflusses ausübte: Er ist der eigensinnige Radikale, der sich weigert, mit Konservativen, Liberalen oder Sozialisten einen Kompromiß einzugehen, die, in seinen Augen, ihr Ziel verraten hatten, den Menschen zu befreien. Sie hatten ihren Frieden mit der seelenlosen und raffgierigen Bourgeoisie gemacht. Unter Bernanos' Feder wurde Drumont zum Vorbild für die jüngere Generation, Vorbild für den guten Kampf gegen eine Gesellschaft, die gottlos und darum ohne Sinn war. Drumont verkörperte den heldischen Kampf für ein sinnerfülltes Leben, das der individuellen Erfüllung gegen den – durch den seelenlosen Juden verkörperten – bürgerlichen Feind gewidmet war.[17]

Der Jude spielte 1931 für Bernanos wahrscheinlich eine geringere Rolle als der allgemeine Tenor der Drumontschen Vorstellungen. Allerdings war das Symbol vom Juden nicht so einfach von dem Kampf zu unterscheiden, den Drumont gegen die angebliche Degeneration seiner Zeit führte. In seinem Buch »La grande peur des bien-pensants« macht Bernanos auch keinen Versuch in dieser Hinsicht. Wie weit Bernanos diese Ansichten wenige Jahre später auch von sich wies: Es war Drumont und nicht irgendeiner der anderen möglichen Helden der Rechten oder Linken, der eine ernstzunehmende Opposition gegen die Schwäche der modernen Welt verkörperte und sowohl Heldentum und Mut zeigte, indem er sich der weltweiten jüdischen Verschwörung stellte. 1931 wurde der Rassist Drumont der französischen Jugend als Beispiel eines kompromißlos unabhängigen Helden vorgestellt, der es wagte, seinen Landsleuten unbequeme Wahrheiten zu sagen. Dies war das eindrucksvolle Bild eines Rassisten in einer Epoche, die Helden bitter nötig hatte.

Auch die jungen Rechten, die in den dreißiger Jahren vom Rassismus angezogen wurden, entdeckten Drumont neu – Männer, die damals der »Action Française« und der Zeitung »Je suis partout« nahestanden.[18] Louis-Ferdinand Céline setzte in seinem Buch »Bagatelles pour un massacre« (1937) den Angriff auf die Juden in der Tradition Drumonts fort, wenn möglich noch heftiger und kritikloser.

Als er ins 20. Jh. trat, haftete dem gesamten französischen Rassismus etwas Hysterisches und Gewaltsames an. Jules Guérin glaubte tatsächlich, die Freimaurerlogen wären ein Deckmantel für jüdische Verschwörungen. Um die Juden und Freimaurer mit ihren eigenen Waffen zu schlagen, gründete er das antijüdische und antirepublikanische »Grand Orient«. Hier, in der Rue de Chabrol in Paris, sammelte er Waffen für einen Staatsstreich und widerstand 1899 einige Tage lang einer Belagerung durch die Polizei. Der Zwischenfall des »Fort Chabrol« inmitten der Stadt war für Wochen die Sensation in Paris.

Der reiche und exzentrische Marquis de Morès organisierte 1892 einen Streik der Kutscher und Lebensmittelhändler in Paris und gründete in Arbeitervierteln Bistros, in denen die Gäste gegen Freibier Morès' Plänen für den Arbeiterkredit und den Tiraden gegen die jüdische Rasse lauschen mußten. Guérin und Morès, die beide einmal Drumont nahegestanden hatten, organisierten Banden, deren Kern die Schlächter des Pariser Bezirkes La Valette waren. Sie veranstalteten Demonstrationen, zettelten Straßenkämpfe an. Royalisten, Bonapartisten und einige Industrielle trugen das ihre zu der Sache bei und versetzten sie in die Lage, die Schlachter für ihre Demonstrationen nach festgesetzten Tarifen zu bezahlen.[19]

Für einige junge Menschen waren Guérin und Morès Symbol eines »epischen Lebens«, »glücklich und engagiert«.[20] Dies ähnelte Bernanos' Lob auf Drumont. Die Treffen dieser Gruppen und die vielen, dem Schutz des Vaterlandes und der Verbreitung des Antisemitismus gewidmeten Ligen waren äußerst sangesfreudig (»chansons anti-juives«) und hallten wider vor Entrüstungsschreien und polemischen Reden. Dies waren beglückende Momente der Katharsis in einer Welt voll Apathie. Es wurden fast immer die gleichen Forderungen erhoben: Treibt die Juden aus Frankreich, konfisziert ihr Eigentum und führt auf diese Weise eine gerechtere wirtschaftliche Güterverteilung herbei. Soweit wie die Reaktion der Versammlungen aber schriftlich festgehalten war, klang es häufig gewalttätiger: »Tod den Juden« und »Hängt sie auf«, waren die üblichen Zwischenrufe.[21] Gewalt auf den Straßen fand ihr Ventil in Märschen und Demonstrationen, zu denen Zusammenstöße mit der Polizei gehörten. Aufrufe zur physischen Gewalt gegen die verhaßte Rasse aber blieben im weiten Umfange auf die Rhetorik der Versammlungen beschränkt.

Dies waren nationalsozialistische Bewegungen. Ihre Anhänger forderten oft eine Art Volksdemokratie mit starker Führung, und häufig riefen sie nach einer Regierung durch Volksabstimmungen. Die politischen, wirtschaftlichen und sozialen Programme der Nationalsozialisten zogen Männer und Frauen an, die in der Tradition der Jakobiner standen: Gegen die bestehende Herrschaft, aber glühende Patrioten, die nach einer autoritären, auf die Unterstützung des Volkes begründeten Regierungsform riefen und das Ideal von Gerechtigkeit und Gleichheit verkündeten. Nach Meinung einiger ihrer Mitglieder hatte die Pariser Kommune von 1870 eben dieses Programm verkörpert. Von dem Engagement in dieser Kommune wechselte nach dem Beispiel von Ernest Granger – einem der engsten Freunde des ewigen Putschisten Auguste Blanqui – vor allem eine Mehrheit von Blanqui-Anhängern zum nationalen Sozialismus über.[22]

Diese Blanquisten rückten näher an Drumont und die antisemitischen Bünde, ohne ihr Jakobinertum aufzugeben. Gegen Ende des Jahrhunderts übernahm ihr Führer Ernest Roche Drumonts Ideal und proklamierte gleichzeitig die Solidarität der Arbeiter.[23]

Henri Rochefort, der Herausgeber des »Intransigeant«, und auch die gefeierte Anarchistin Louise Michel gehörten zu diesen Männern und Frauen. Sie alle waren wegen ihrer Rolle in der Pariser Kommune abgeurteilt oder vorübergehend sogar ins Exil geschickt worden. Nun drängte der Nationalismus, der in diesem Aufstand eine Rolle spielte, in den Vordergrund, verquickt mit einer guten Prise Antisemitismus, ja Rassismus, und einer unheilbaren Neigung zur Gewalt.

Der französische Nationalsozialismus wurde über Algerien verstärkt. Algerien war keine eigentliche Kolonie, sondern ein französisches Departement. Die Spannungen zwischen der gemischten Bevölkerung aus Franzosen, Juden und Moslems war dort etwas Alltägliches. Die Juden lebten höchst exponiert als Kaufleute, Bankiers oder als Angehörige der akademischen Berufe und bildeten eine einheimische Mittelklasse, die sowohl den Neid der verarmten Moslems als der um die Existenz kämpfenden französischen Einwohner (colons) erregte. Die algerischen Juden waren, gegen den Willen und gegen den Protest der Moslems und der colons, 1870 durch das Crémieux-Dekret generell naturalisiert worden. Seit dieser Zeit war Algerien stets fruchtbarer Boden, nicht nur für den Antisemitismus, sondern auch für offene rassistische Agitation.[24] Der große Erfolg, den eine algerische nationalsozialistische und rassistische Bewegung bei den Wahlen in den neunziger Jahren errang, scheint die Zukunft klarer vorwegzunehmen als fast jede der einzelnen zeitgenössischen rassistischen Bewegungen in Europa selbst.

Die rassistische Bewegung in Algerien wählte 1896 zunächst die Bürgermeister von Oran und Constantine an die Macht und eroberte dann, 1897, die Regierung der Stadt Algier. Der in seinem Rassismus dynamische und ungehemmte Führer der Bewegung, Max Régis, war erst 25, als er zum Bürgermeister der Stadt Algier gewählt wurde. Er rief die Algerier auf, »den Baum der Freiheit mit jüdischem Blut zu gießen«;[25] und gemeinsam mit einem von seinen Anhängern beherrschten Stadtrat versuchte er, die Juden aus der Stadt zu treiben. Régis stiftete zu einer Pogrom-Woche an, in der mehrere Juden starben, gut hundert verletzt und eine große Anzahl jüdischer Läden geplündert und zerstört wurden.[26] An diesem Punkt griff der französische Generalgouverneur ein und entließ Régis nach nur einem Monat Amtszeit.

Drumont, der mit Régis' Hilfe als algerischer Abgeordneter in die französische Abgeordneten-Kammer gewählt wurde, war ein getreulicher Repräsentant für den gewalttätigen rassistischen Geist vieler seiner Wähler. Zeitgenossen verglichen Régis mit Robespierre und seinen Schüler, den Bürgermeister von Constantine, mit St. Just.[27] Nach seinem Sturz teilte Régis denn auch nicht nur mit Drumont, sondern auch mit jenen ehemaligen, oben bereits erwähnten Kommunarden den politischen Standort. Nach wie vor forderte er jenen Rassenkrieg, den er in Algier nicht hatte führen dürfen.[28]

Zum ersten Mal war eine gewaltsame und konsequente Rassenpolitik gegen die Juden praktiziert worden, die in der Zwickmühle zwischen den französischen colons und den algerischen Moslems saßen, und als Kaufleute und Zwischenhändler der allgemeinen Feindseligkeit ausgesetzt waren. Es ist bezeichnend, daß die Rassenpolitik ihre ersten Erfolge auf lokaler Ebene errang, denn hier konnten die Leute ihre von nationalen Interessen und Politik ungetrübten Vorlieben und Enttäuschungen direkt ausdrücken. Sicher hatte die Nationalregierung den Schwarzen im französischen Reich gegenüber eine rassistische Politik verfolgt. In Algerien aber ging sie gegen die antijüdische Politik vor und diese war folglich auf die Politik an der Basis angewiesen. Der Rassismus wurde mit der Demokratie verknüpft, und gerade diese Verbindung sollte die Zukunft des europäischen Rassismus im wesentlichen bestimmen.

Der nationale Sozialismus blieb nicht lediglich auf Frankreich beschränkt, wenn er auch in dieser Nation zuerst seine tiefsten Wurzeln schlug. Auch Mitteleuropa sah verschiedene Bewegungen und Theoretiker aufkommen, die in ähnlicher Weise für den nationalen und sozialen Staat eintraten.[29] Entscheidend waren letztendlich die besonderen Bedingungen, unter denen solche sozialen und nationalen Interessen proklamiert wurden – und zwar nicht so sehr für den stets vorhandenen Judenhaß oder für das Interesse für die Arbeiter, sondern dafür, wie diese mit anderen, in Frankreich nicht vorhandenen Feinden in Zusammenhang gebracht wurden. So teilten in Österreich Georg von Schönerer und seine Alldeutsche Bewegung in der Zeit von 1881 bis 1907 die nationalen und sozialen Interessen Drumonts. In dem Kampf gegen die Slawen mußten jedoch auch andere Ziele in Erwägung gezogen werden. Als eine der Hauptstützen des Habsburger Vielvölkerstaates, und darum als Feind des den Deutschösterreichern unterstellten Wunsches, sich mit ihren Brüdern innerhalb des Reiches zu vereinigen, mußte die katholische Kirche vernichtet werden. Schönerers Schlagwort: »Los von Rom« spiegelte den Kampf Deutschösterreichs gegen die anderen Nationalitäten des Reiches wider. Er wollte Österreich an Deutschland anschließen, und als Alldeutscher verdammte er die anderen Völker ebenso wie die Habsburger Herrschaft. Dennoch wurden die Juden zu seiner fixen Idee, sie verkörperten alle seine Feinde. Gleichzeitig verband Schönerer Rassenhaß und die Forderung nach Arisierung mit der Verteidigung der bürgerlichen Freiheiten der Arbeiter und mit Forderungen nach demokratischen, politischen und wirtschaftlichen Fortschritten. Schönerer verurteilte die Polizeizensur. Er legte ein typisch nationalsozialistisches Programm vor. Seine Einstellung gleicht der Drumonts, da sie sämtliche sozialen und politischen Fragen zu einem Zentralthema zusammenband: »Die Juden gegen das Volk«.[30]

Schönerer hatte unter den Wiener Studenten einen gewissen Erfolg – so wie Stoecker fast zur gleichen Zeit bei den deutschen Studenten. Österreichische Burschenschaften begannen, Juden auszuschließen und eine Arierklausel in die Satzung aufzunehmen, etwas, was zu tun die deutschen Burschenschaften sich noch weigerten, obgleich viele von ihnen gegen die Aufnahme von Juden stimmten. Aber Schönerer war wesentlich radikaler als Stoecker, der als frommer Protestant kein Rassist gewesen ist. Schönerer wollte vom Beginn seiner politischen Karriere an die Juden bekämpfen, »Auge um Auge und Zahn um Zahn«. Taufe änderte da nichts, denn »in der Rasse liegt die Schweinerei«.

Schönerer forderte das Wahlrecht für den einfachen Mann als demokratische Waffe gegen Habsburger Herrschaft. Dieses Wahlrecht sollte auf die deutsche Bevölkerung beschränkt bleiben, die es dazu nützen sollte, heim ins Deutsche Reich zu kommen.[31] Schönerers Schlagworte drohten Juden, Habsburgern und dem Papst ohne Unterschied den Tod an. Während die erste Forderung eventuell noch Stimmen gebracht hätte, die anderen beiden hinderten diese alldeutschen Bewegungen daran, sich bei den katholischen Massen durchzusetzen.

Einmal bekam Schönerer in Böhmen Kontakt mit gelernten und ungelernten Arbeitern, die durch die tschechische Einwanderung stark in ihrer Existenz bedrängt wurden. Die Spannungen führten in diesem Gebiet zu einem nachhaltigen und dauerhaften Rassismus. Für die deutschen Böhmen waren die Tschechen Ungeziefer; biologisch zwar minderwertig, bedrohten sie mit ihrer Zähigkeit und ihrem Bevölkerungswachstum dennoch die überlegene Rasse. Dieser von Schönerer angeheizte »furor teutonicus« ging eigentlich auf das Badeni-Dekret vom 26. April 1897 zurück, das die deutsche und die tschechische Sprache in Böhmen für gleichberechtigt erklärte. Wieder einmal hielt man die Sprache für den Kern der Nationalität, und alle Teile der deutschen Bevölkerung verteidigten mit den Studenten, die, wie stets, die Führung übernahmen, ihr früheres Monopol. Aber auch die Arbeiter schlossen sich diesem Widerstand an. Die deutschen Arbeiter, aufgrund des tschechischen Drucks zwar Nationalisten, waren dennoch auch militante Gewerkschafter. Schönerer hätte vielleicht zu Anfang seiner Karriere der Führer der Ostmark werden können (wie dieser Teil des österreichischen Kaiserreiches von den Pan-Germanen genannt wurde). Aber um 1904 bemühte er sich mehr um das Wohlergehen von Studenten und Ladenbesitzern als um die Arbeiterschaft.[32]

In eben diesem Jahr wurde in Böhmen die Deutsche Arbeiterpartei gegründet, und 1918, kurz vor ihrem Zusammenbruch, änderte sie ihre Bezeichnung in Deutsche Nationalsozialistische Arbeiterpartei. Diese Bezeichnung war eine korrektere Beschreibung der von den böhmischen Arbeitern verfolgten Ziele.[33] Die deutsche Arbeiterpartei rief zu ihrer Befreiung im Rahmen des deutschen Volkes auf. Dies bedeutete eine starke Gewerkschaftsorganisation, Freiheit der Presse und der Versammlung, wie auch die Umwandlung des kaiserlichen Österreichs in einen völkischen, demokratischen, deutschen Staat. Die Vorstellung von einem solchen Staat war in der Tat wenig mehr als ein gegen den Liberalismus gerichtetes, verwaschenes Schlagwort, und es hatte höchstens die Bedeutung, daß man für eine allgemeine Zustimmung zu einer aggressiven nationalen Politik eintrat. Unter der Ägide einer jungen Führung und von Jugendorganisationen unterstützt, richtete sich der Kampf der Partei in einem gegen die Tschechen, »jüdische« Sozialdemokratie und »jüdisches« Kapital.[34] Innerhalb des Volkes selbst sollte kein Klassenkampf stattfinden, gegen Tschechen und Juden aber war Gewalt erlaubt. Dies war eindeutig eine Ausweitung des nationalen Sozialismus, der auch Arbeiterbewegungen wie »Les Jaunes« in Frankreich beseelte.

Diese verschiedenen nationalen sozialistischen Bewegungen wußten nichts voneinander. Jede war eine Reaktion auf eine besondere Situation. Der Umstand, daß diese Reaktionen sich so ähnlich waren, ist von Bedeutung, weil er Teil jenes in ganz Europa stattfindenden Suchens nach einer egalitären Gemeinschaft im Geiste der Nation war. Die böhmischen Arbeiter diskutierten Ideen, die Hitlers Nationalsozialismus später aufnehmen sollte; allerdings gibt es keine Beweise dafür, daß Hitler von diesen Vorläufern gewußt hat. Überdies gab es die Hitlerpartei noch gar nicht, als die Deutsche Arbeiterpartei ihren Namen änderte. Doch um 1923 waren die meisten Führer der älteren National-Sozialisten den neuen beigetreten, die nach Böhmen und Mähren übergriffen. In Deutschland hatte dieser nationale Sozialismus vor dem Ersten Weltkrieg hier und da einigen Erfolg in der Theorie wie in der Praxis. Die von Eugen Dühring in Berlin ausgearbeitete Theorie bot auch der österreichischen Bewegung einige Anregungen.[35]

Man kann Karl Eugen Dühring (1833–1921) mit Recht den Drumont Deutschlands nennen. Er und Drumont wußten voneinander, Dühring jedoch nahm seine wirtschaftlichen und sozialen Überlegungen ernster.[36] Er brachte es nie zu der organisierten Gefolgschaft, die Drumont auf die Beine stellen konnte, und dennoch sah Friedrich Engels in ihm zu einem bestimmten Zeitpunkt eine Bedrohung für den Sozialismus. Er schrieb seinen »Anti-Dühring« (1876), der seinen Titelhelden lange an Ruhm überlebte. Dennoch war Dühring keine Randerscheinung, und seine Anziehungskraft glich in gewisser Hinsicht der Drumonts. Er war ein Mann, der den Kompromiß verachtete, der seine Unabhängigkeit und seine vorgebliche Integrität in einer Zeit des Kompromisses und der Korruption aufrechterhielt. Viele Deutsche sahen Dühring in diesem Licht, auch wenn es nicht ganz leichtfiel, diesen Mann zu bewundern. Nach der Jahrhundertwende entwickelte er – blind und von seinem Lehrstuhl an der Universität Berlin entbunden – einen Verfolgungswahn, der ans Krankhafte grenzte. Er glaubte, jeder habe ihm seine Ideen gestohlen und seine Werke plagiiert.[37]

Der junge Dühring allerdings, den der Sozialistenführer August Bebel 1874 pries, und der Eduard Bernstein beeindruckte, war ein vielversprechender Radikaler, der überraschenderweise an die antisozialistische Fakultät der Berliner Universität berufen wurde und der in seinen Vorlesungen für das Recht des Arbeiters, Vereinigungen zu gründen und für sein Recht auf Streik eintrat. Im Gegensatz zu Marx allerdings übertrug Dühring dem Staat die Mittlerrolle zwischen Arbeitern und Arbeitgebern, während er gleichzeitig bestritt, daß die Wirtschaft unveränderlichen Gesetzen unterworfen sei. Friedrich Engels schlug Alarm gegen Dührings Abweichungen von der marxistischen Orthodoxie. Und als Karl Liebknecht Briefe von Arbeitern veröffentlichte, die eher Dührings als Marx' Theorien stützten, schien auch erwiesen, daß er für den Sozialismus gefährlich war.[38] Engels hätte sich jedoch nicht zu grämen brauchen, denn Dührings Karriere sollte sich 1877 abrupt ändern, als er von der Berliner Universität relegiert wurde, weil er seine Kollegen beleidigt hatte. Nun schlug Dühring um sich, gegen die Sozialdemokraten, die ihn unterstützt hatten, wie gegen Richard Wagner, der seine Freundschaft gesucht hatte.

Jetzt kam Dührings Rassismus zum Vorschein, und er änderte auch seine Volkswirtschaftslehre. Er begann, den Staat abzulehnen (der ihn als Arbeitgeber aus der Universität verwiesen hatte). Er setzte sich für Selbsthilfe innerhalb unabhängiger Gemeinschaften ein. Um 1900 schrieb er von dem Übermenschen, der nötig sei, die Dinge wieder ins Lot zu bringen. Zugleich verurteilte er Streiks und Gewerkschaften. Die Arbeiter mußten in die Mittelklasse befördert werden.[39] Diese drastische Revision seiner Ansichten ging Hand in Hand damit, daß er den Volksgeist als Voraussetzung für eine gesunde Gesellschaft und Wirtschaft in den Mittelpunkt stellte.

1880 veröffentlichte Dühring sein Buch »Die Judenfrage als Frage des Racencharakters und seiner Schädlichkeiten für Völkerexistenz, Sitte und Cultur«, und 1901 erlebte dieses Buch seine 5. Auflage. Der Buchtitel beschreibt den Inhalt angemessen. Es gibt keine Sünde, kein Versagen, für das die jüdische Rasse nicht verantwortlich gemacht würde. Anders als Drumont verdammte Dühring auch das Christentum als eine von den Juden ausgedachte Erfindung zur Versklavung der Welt. Dührings umfassende, wenn auch Schein-Gelehrsamkeit war genauso eindrucksvoll wie sein Ruf als Vorkämpfer der Arbeiter, seine Sorge für alle Völker – nicht nur für das deutsche. Wenn er auch die deutschen Tugenden: Treue, Zuverlässigkeit und Arbeit hervorhob, so sah er die jüdische Rasse im großen und ganzen als Unheil für die gesamte Menschheit.

Für Dühring war Rasse lebendige Wirklichkeit, wie für Wilhelm Marr in seinem Buch »Der Sieg des Judentums über das Germanentum« (1867) und später für Houston Stewart Chamberlain in seinem berühmten Werk »Die Grundlagen des 19. Jahrhunderts«. Dührings wirrer nationaler Sozialismus jedoch verschaffte ihm in gewissen linksgerichteten Kreisen Einfluß, noch lange nachdem er von der Bühne abgetreten war.

Weder Dühring noch andere antisemitische Agitatoren in Berlin konnten ihre politische Isolierung durchbrechen. Während in Frankreich einige Arbeiter Pariser antisemitischen und rassistischen Bewegungen beitraten, bereitete im 19. Jahrhundert in Deutschland die Landbevölkerung den Boden für einen erfolgreichen Durchbruch national-sozialistischen Rassismus. Weiter westlich hatte der Bauernbund von Hessen (1885–1894) unter der Führung von Otto Böckel nichts Gleichwertiges, hier blieben die französischen landwirtschaftlichen Vereinigungen z. B. unter katholischer und konservativer Führung. In Deutschland sollten die Konservativen sogar Böckels schärfste Feinde werden, denn er schien ihr Bündnis mit landwirtschaftlichen Gruppierungen zu gefährden. Otto Böckel war der Typ der Gelehrten, der sich aus Liebhaberei mit der Volksdichtung befaßte und als Bibliothekar ausgebildet war. Aber im Gegensatz zu Dühring hatte er Gespür für Organisation und Propaganda.

Böckel war ein nationaler Sozialist, dessen anti-jüdisches Programm mit Forderungen nach sozialen Reformen und allgemeiner Erziehung einherging.[40] Seiner Ansicht nach waren die Juden eine Rasse von Parasiten und Ausbeutern – eine Ansicht, die in Hessen viel Anklang fand, wo es in den Kleinstädten eine starke jüdische Einwohnerschaft gab, und wo die Juden Viehhändler sowie auch Bankiers waren. Böckel plagierte Toussenel, als er sein Buch »Die Juden, Könige unserer Zeit« (1866) nannte; und die erste Amtshandlung seines Bauernverbandes war denn auch eine Grußbotschaft an Eugen Dühring.[41] In dem Buch folgte er dem Vorbild Toussenels und Dührings und behauptete, die Judenfrage sei eine Sache der Rasse und nicht der Religion. Wenn Böckel auch keine eigenen Gedanken produzierte, so setzte er seine Überzeugungen zumindest aber in die Praxis um.

Böckel und der Hessische Bauernbund wollten jeglichem Mißbrauch des Kapitals ein Ende bereiten, ohne allerdings das Privateigentum abzuschaffen. Böckel stellte Selbsthilfe durch Kooperativen in den Vordergrund. Die wurden von den Bauern verwaltet und sollten nicht nur landwirtschaftliche Erzeugnisse, sondern am Ende auch die meisten anderen lebensnotwendigen Güter ein- und verkaufen. Die Fabriken wurden vertraglich verpflichtet, billige Waren für die Kooperativen des Bauernbundes herzustellen und die Zwischenhändler wurden abgeschafft. Ebenso wichtig war die Gründung von Banken, die Geld ohne Zinsen verliehen. Böckel schreckte auch nicht vor der Forderung zurück, lebenswichtige Rohstoffe wie Kohle zu nationalisieren.[42]

Der Rassismus war in diese kooperative Bewegung eingebettet: Der Bund versuchte, »judenfreie« Viehmärkte zu unterhalten und die Juden als Geldverleiher auszuschalten. Mit Hilfe von Zeitungen, aber auch mit rund 20 Rednern, die mahnend, erklärend und Juden und Kapital verdammend von Dorf zu Dorf und von Stadt zu Stadt zogen, entfaltete er einen aktiven Propagandafeldzug. Böckel liebte es, seinen Bauernbund mit der Sozialdemokratischen Partei zu vergleichen, dennoch wurde praktizierter Radikalismus in der Theorie gemäßigt. Er rief zur Treue gegenüber Kirche und Monarchie, gegen alle Revolutionsversuche auf und bezeichnete seinen Bund als Partei von Recht und Ordnung.[43] So übernahm er in seinen nationalen Sozialismus einen Teil des den ländlichen Gebieten angemessenen konservativen Programmes. Auf der Höhe seiner Macht, im Jahre 1893, kontrollierte Böckel 11 Reichstagsabgeordnete.[44] Diese Zahl zeigt, daß er in Hessen erhebliche Unterstützung erhielt. Einige Jahre hindurch beherrschte die Böckel-Bewegung sogar die Politik dieses Landes. Sie war zweifelsohne der bedeutendste frühe Durchbruch des Nationalsozialismus in Mitteleuropa, wenn er auch durch Böckels Protestantismus und Königstreue einige konservative Züge aufwies. Einige Nazis erkannten später, was sie Böckel verdankten und errichteten zu seinem Gedenken in Marburg ein Museum – ein Wahlbezirk, den er sogar noch nach dem Verlust der Führung im Bund halten konnte.

Böckel zog sich 1894 von seinem Bund zurück, als deutlich wurde, daß die Kooperativen vor dem finanziellen Zusammenbruch standen. Es war ihm nie gelungen, für seine weitverbreiteten Kooperativen eine angemessene finanzielle Grundlage zu finden, noch konnte er die verschiedenen Kredit- und Leihinstitute vereinigen. Böckel interessierte sich nicht für Verwaltungsfragen und dies erwies sich in Organisationen, die so eng mit seiner Person und Führung verknüpft waren, als verhängnisvoll.[45] Obgleich er bis 1903 Mitglied des Deutschen Reichstages blieb, wurde Böckel rasch vergessen – das übliche Schicksal all dieser Vorkämpfer des Nationalsozialismus. Auch Drumont und Schönerer traten mit dem ersten Jahrzehnt des 20. Jhs von der Bühne ab. Die Bewegungen, die sie führten, waren zu eng an ihre kantigen und unflexiblen Persönlichkeiten gebunden und zu stark mit ihrer falschen Einschätzung der politischen und wirtschaftlichen Lage verknüpft gewesen. In den ersten fünfzehn Jahren des 20. Jahrhunderts wurden sie zwischen konservativen, liberalen und sozialistischen Kräften zerrieben. Die Wirtschaftskrisen des späten 19. Jhs. schienen sich um 1900 gelegt zu haben; nunmehr begann, was man den Spätsommer der bürgerlichen Welt genannt hat. Für den endgültigen Durchbruch des Nationalsozialismus bedurfte es einer Katastrophe von den Ausmaßen des Ersten Weltkrieges. Böckels Bund wandelte sich rasch zu einer landwirtschaftlichen pressure group, ohne national-sozialistische Vorwände, wenn ihr auch der Antisemitismus erhalten blieb und die überlebenden Führer der Nazi-Partei der Nachkriegszeit beitraten. Dennoch wurde Hessen in den zwanziger Jahren nicht eher und in keinem größeren Umfang nationalsozialistischer als andere Gebiete mit ähnlicher sozialer und wirtschaftlicher Struktur.[46]

Ironischerweise sah es vor dem Ersten Weltkrieg so aus, als ob eher Frankreich als Deutschland oder Österreich Heimstatt einer erfolgreichen rassistischen und nationalsozialistischen Bewegung werden würde. Deutschland hatte keine Dreyfus-Affäre, keinen Panamaskandal und keine Dritte Republik. Antisemitismus ohne Rassismus war weit genug verbreitet. Man konnte meinen, der Rassismus sei hauptsächlich in akademischen Diskussionen eines Kulturklüngels (Wagnerkreis), in eugenischen Bewegungen oder in einigen populärwissenschaftlichen Darstellungen des Darwinismus zu Haus.

Der Erste Weltkrieg und seine Folgen ließen den Rassismus wieder aufleben – sei er nun nationalsozialistischer, konservativer oder schlicht nationalistischer Provenienz oder als Wissenschaft oder als Rassenmythos. Dies konnte man 1914 noch nicht voraussehen, als der Mittelstand durch relative Sicherheit und Wohlstand gekennzeichnet war, und als die Auseinandersetzungen, die Nationen wie Frankreich zerrissen, in einem Kompromiß geendet zu haben schienen. Um 1914 sah es so aus, als ob der Rassismus sich im großen und ganzen auf die europäischen Kolonien beschränke. In Europa selbst schien es, als habe er seine stürmische Periode hinter sich. Dennoch sollte der Rassismus einige Jahrzehnte später in einem nie dagewesenen Umfang in die Tat umgesetzt werden. Krieg und Revolutionen katapultierten den Rassismus in eine grauenhafte Praxis, die sich als dauerhafter erweisen sollte als alles, was es jemals zuvor gegeben hatte.

Anmerkungen

1 Jeannine Verdez-Leroux, *Scandale Financier et Antisémitique: Le Krach de l'Union Générale* (Paris, 1969), 12.
2 *Edouard Drumont ou L'Anticapitalisme Nationale*, Hrsg.: E. Beau de Loménie (Paris, 1968), 80.
3 Für diese Ideen Mitte des Jhs. siehe: George Lichtheim, »Socialism and the Jews«, *Dissent* (Juli–August 1968).
4 Alphonse Toussenel, *Les Juifs, Rois de l'Epoque, Histoire de la Féodalité Financière, I* (Paris, 1947), 320.
5 Zitiert bei: Lichtheim, *op. cit.*, 322.
6 *Ibid.*, 322.
7 Karl Marx, *A World Without Jews*, Hrsg.: Dagobert D. Runes (New York, 1959), 41.
8 *Ibid.*, 37.
9 Für die Folgen, die Marx' Ansichten über die Juden hatten vgl.: George L. Mosse, »German Socialists and the Jewish Question in the Weimar Republic«, *Year Book of the Leo Baeck Institute, XVI* (London, 1971), 123–151.
10 *Edouard Drumont ou L'Anticapitalisme Nationale*, Hrsg.: de Loménie, 108.
11 *Ibid.*, 357.
12 Léon Furiette, *Drumont* (Puteaux, 1902), 61.
13 *Ibid.*, XXI. Dies stammt aus der Einleitung, die Drumont für dieses Buch schrieb und die 1862 zuerst veröffentlicht wurde.
14 *Ibid.*, iii.

15 Edouard Drumont, »Preface«, Henri Desportes, *Le Mystère du Sang* (Paris, 1889).

16 Die Behauptung stammt aus George L. Mosse, »The French Right and the Working Classes: Les Jaunes«, *Journal of Contemporary History*, VII (Juli–Oktober 1972), 185–208.

17 Georges Bernanos, *La Grande Peur des Bien-Pensants* (Paris, 1931), 16, 405. Bernanos wiederholte dieses Lob 1939 in: *Scandale de la Vérité*; vgl. auch: Frank Field, *Three French Writers and the Great War* (Cambridge, Eng., 1975), 168 ff.

18 Pierre-Marie Dioudonnat, *Je Suis Partout, 1930–1944* (Paris, 1973), 224.

19 Mosse, »Les Jaunes«, 191.

20 Henri de Bruchard, »Un Héros de l'Antisémitisme: le Marquis de Morès«, *Revue Critique des Idées et des Livres, XIII* (April–Juni 1911), 274.

21 Polizeireport, Archives de la Préfecture de Police, Paris, B. a/1107.

22 Charles de Costa, *Les Blanquistes* (Paris, 1912), 59 ff.

23 Mosse, »Les Jaunes«, 192.

24 Die für das Folgende nützliche Quelle ist: Michel Ansky, *Les Juifs d'Algérie, du Décret Crémieux à la Libération* (Paris, 1950).

25 Louis Durieu, *Les Juifs Algériennes (1870–1901)* (Paris, 1902), 87.

26 Ansky, *op. cit.*, 59.

27 Gustave Rouanet, *Discours Prononcé à la Chambre des Députés, Les 19. et 24. Mai 1899* (Paris, o. D.), 82–83.

28 Vgl. Polizeireport, Archives de la Préfecture de Police, Paris, B. a/1107.

29 Siehe S. 175 ff. über eine weitere antisemitische, von Karl Lueger geführte Bewegung in Wien.

30 Peter G. J. Pulzer, *The Rise of Political Anti-Semitism in Germany and Austria* (New York, 1964), 207–209.

31 Viktor Bibl, *Georg von Schönerer, ein Vorkämpfer des Großdeutschen Reichs* (Leipzig, 1942), 23; Erwin Mayer-Löwenschwerdt, *Schönerer der Vorkämpfer* (Wien und Leipzig, 1939), 87, 240. Das beste Buch über Schönerer ist Andrew G. Whiteside, *The Socialism of Fools* (Berkeley, 1975), dem ich sehr viel verdanke.

32 Andrew G. Whiteside, *Austrian National Socialism Before 1913* (Den Haag, 1962), 91.

33 *Ibid.*, 105.

34 *Ibid.*, 96, 100.

35 *Ibid.*, 102; Pulzer, *op. cit.*, 207.

36 Dühring verdammte Drumont, so wie alle seiner potentiellen Rivalen: E. Dühring, *Die Judenfrage als Frage der Rassenschädlichkeit* (Berlin, 1892), 110–111.

37 Gerhard Albrecht, *Eugen Dühring. Ein Beitrag zur Geschichte der Sozialwissenschaft* (Jena, 1927), 247.

38 Gustav Mayer, *Friedrich Engels* (New York, 1969), 238.

39 Albrecht, *op. cit.*, 258, 265.

40 Rüdiger Mack, »Antisemitische Bauernbewegung in Hessen (1887–1894)«, *Wetterauer Geschichtsbücher, XVI* (1967), 19.

41 *Ibid.*, 17. n. 49.

42 Eugen Schmahl, *Die Antisemitische Bauernbewegung in Hessen von der Bökkelzeit bis zum Nationalsozialismus*; Wilhelm Seipel, *Entwicklung der Nationalsozialistischen Bauernbewegung in Hessen* (Gießen, 1933), 99–100.

43 *Mitteilungen des Vereins zur Abwehr des Antisemitismus*, Bd. II, Nr. 26 (26. Juni 1891), 221; Schmahl, *op. cit.*, 106.
44 Richard S. Levy, *The Downfall of the Anti-Semitic Political Parties in Imperial Germany* (New Haven, Conn., 1977), 90, 105, 106.
45 Schmahl, *op. cit.*, 98.
46 Mack, *op. cit.*, 35.

Teil III
Die Durchführung

Kapitel 12
Krieg und Revolution

Der Erste Weltkrieg, dessen Ausbruch von den europäischen Juden mit derselben Begeisterung begrüßt wurde wie von den Nicht-Juden, war das Vorspiel zu einer grauenvollen Erfüllung rassistischer Politik in Europa. Die Theorie des Rassismus hatte bereits Zugang zu wichtigen Gruppen der Bevölkerung gefunden und das öffentliche Bewußtsein beeinflußt. Als bedeutende Minderheit waren die Juden in Europa bereits zur Zielscheibe rassistischen Denkens geworden. Durch den nun beginnenden Krieg und durch die nachfolgenden Revolutionen rückten sie noch stärker ins Rampenlicht – sie wurden isoliert und konnten so leicht geopfert werden. Und eben die Gewalt, die sich vom Krieg in die Nachkriegswelt fortpflanzte, lieferte eine weitere Voraussetzung für den Sieg des Rassismus. Die Geschichte, die wir bis hierher entwickelt haben, nähert sich jetzt ihrem Höhepunkt.

Krieg, Nachkriegschaos und die Revolutionen von 1918–1920 bereiteten die Bühne für die Zukunft. Im allgemeinen förderte der Krieg Wünsche nach Kameradschaft, Aktivismus und Heldentum innerhalb der nationalistischen Mystik. Ungeachtet seiner Traditionen oder Ziele wurde der Nationalismus gestärkt, sei es, um den Feind zu besiegen, sei es, um die nationale Freiheit zu gewinnen. Allerdings wurde die bei Ausbruch des Krieges von allen Nationen beschworene nationale Einheit noch im Krieg selbst aufgehoben, als man den Juden Feigheit vorwarf; oder sie zerbrach durch die Spannungen zwischen Gruppen, die um die nationale Befreiung in Osteuropa kämpften. Und überdies brutalisierte das Massensterben das europäische Bewußtsein in gewisser Weise – ein Umstand, der auch in die Zukunft wies. Keine dieser Kriegsfolgen war notwendigerweise rassistisch. Alle aber sollten, als die Zeit dazu reif war, vom Rassismus erfaßt werden.

In Deutschland kündigte man die durch den Ausbruch des Ersten Weltkrieges beschworene innere Einheit auf. Die vom Oberkommando des Heeres am 11. Oktober 1916 aufgestellte Statistik über die Beteiligung der Juden am Kriegsdienst erschreckte das deutsche Judentum zutiefst. Es hatte den Krieg als die Vollendung seines Assimilierungsprozesses betrachtet. Das Oberkommando behauptete, es hätte Beschwerden darüber gegeben, daß Juden entweder vom Dienst mit der Waffe befreit würden oder ihn umgingen, um sichere Posten hinter der Front zu finden.[1] Vielleicht war diese statistische Aufstellung Teil von General Erich Ludendorffs Vorschlag für eine allgemeine Mobilmachung. Im Oberkommando waren jedoch auch antiliberale und antisemitische Kräfte am Werk, die, wie Ludendorffs engster Berater Max Bauer, an eine geheime internationale Verschwörung glaubten.[2] Während die Armee sich weigerte, Antisemiten in die Statistiken einsehen zu lassen, begrüßten die jüdischen Organisationen dann doch diese Zählung, weil sie die unbegründeten Anschuldigungen gegen ihre Mitglieder widerlegen könne. Mitten im Krieg standen die Juden also im Rampenlicht – abgesondert von der übrigen Bevölkerung. Man stellte ihren Patriotismus in Frage und das fügte sich, ungeachtet des dahinterstehenden Motivs, ausgezeichnet in das bestehende Stereotyp. In anderen kriegführenden Nationen fand nichts der »Juden-Zählung« Ähnliches statt. Schon schob Deutschland sich auf dem Gebiet der sogenannten »Judenfrage« in den Vordergrund.

Langfristig betrachtet waren jene einfachen Ideale wie Tatendrang, Heldentum und Kameradschaft wichtiger, und sie wurden durch den Krieg noch bestärkt. So harmlos auch jedes für sich sein mochte, im Rahmen des Krieges und der Nachkriegswelt konnte der Rassismus sie sich leicht zu eigen machen. Der Stellungskrieg gab solchen Einstellungen neue Anstöße durch eine Kampfart, die keine Vorläufer besaß. Für die an der Front war der Krieg eine totale Erfahrung: Ständig standen sie dem Feind gegenüber und stets lagen sie unter Beschuß.

Solch eine Kriegführung stärkte das Gefühl für Kameradschaft unter jenen, die Tage und Nächte zusammen in den feuchten Gräben verbrachten. Es verherrlichte auch die Elite der Soldaten, die den Angriff auf den Feind führten, denn die Sturmtruppen (wie sie genannt wurden) sprangen über ihre Gräben geradewegs in das mörderische feindliche Feuer. Der Ruf nach Kameradschaft – diese »Selbstüberwindung«, wie der spätere Führer der französischen Veteranen François de La Rocque es nannte – sollte noch lange nach dem Krieg nachklingen. Er sollte überall Widerstand gegen die selbstgefällige und keine Begeisterung erweckende liberale Demokratie heraufbeschwören. Verknüpft mit diesem Aufruf war die Verherrlichung des »élan« der Schlachtfelder. Auch in Italien pries Gabriele d'Annunzio das Symbol der »schwarzen Flamme« als Wahrzeichen der italienischen Sturmtruppen.[3] Diese Flamme symbolisierte individuelle und nationale Regeneration und die heldische Leidenschaft, die von den Sturmtruppen – im Gegensatz zur modernen Degeneration – verkörpert wurde.

Dies spiegelte sich auch im Äußeren jener Kameradschaft und Heldentum verkörpernden Helden wider. Der Erste Weltkrieg verstärkte das Stereotyp, dessen Entstehen wir in diesem Buch seit dem 18. Jh. kontinuierlich analysiert haben und dessen innerer Wert durch seine äußere Erscheinung ausgedrückt wurde. Der im Krieg gefallene Otto Braun, dessen Briefe von der deutschen Front »Aus nachgelassenen Schriften eines Frühvollendeten« (1921) viele Auflagen erlebten, pries die »männliche Schönheit«, die dieses »stählerne Zeitalter« hervorgebracht hatte. Mit männlicher Schönheit meinte er eine streng klassische Form. Und solche Vorstellungen blieben nicht auf Deutschland beschränkt. In einem großen Teil der englischen Kriegsliteratur war die männliche Schönheit der Soldaten blond und von klassischem Schnitt, so wie in der volkstümlichen Legende, die den Dichter Rupert Brooke (der auch Anfang des Krieges gestorben war) als »einen jungen Apollo mit goldenem Haar« verewigte – um aus Frances Cornfords Epigramm zu zitieren. Die »allgemeine Sonnigkeit« des Stereotyps wurde während des Krieges von Autoren bevorzugt, von denen die meisten keine Rassisten waren. Sie suchten in der männlichen Gesellschaft der Schützengräben vielmehr ein lebendiges Symbol für eine echte Gemeinschaft, für menschliche Schönheit und Opferbereitschaft.[4] Die Notwendigkeit, Kriegserfahrungen zu bewältigen, führte in ganz Europa dazu, dieses Stereotyp zu verstärken, auch in Frankreich, wo es kaum Blonde gab, oder in Italien, wo man eher den Geist des Krieges und weniger das Aussehen der Helden besang. Selbst der Rassismus der Nachkriegszeit profitierte von dieser erneuten Hervorhebung des menschlichen Idealtypus, insbesondere in den Nationen, in denen viele sich, in ihrem Kampf für soziale Veränderung und in ihrem Ringen gegen nationale Erniedrigung, nach wie vor im Kriegszustand wähnten.

Deutschland war darum nicht das einzige Land, in dem die Mythen durch den Krieg vertieft wurden und durch ihn, zur Verwirrung der Liberalen und Parlamentarier, in die Nachkriegswelt geschwemmt wurden. Der Deutsche Ernst Jünger aber wurde ihr angesehenster Theoretiker. Er erhob die Schlacht zum innersten Erlebnis des Mannes, imstande, eine neue Rasse von Helden zu zeugen. »Dies war eine völlig neue Rasse, Energie an sich – und voll élan. Geschmeidige magere und muskulöse Körper, bemerkenswerte Gesichter, mit Augen, die tausendfaches Grauen schauten. Dies waren Männer, die überlebten, Männer aus Stahl...«[5] Hier wurde der Ausdruck »Rasse« als literarische Metapher verwendet. Dennoch, eine solche neue »Rasse« hielt man – in Deutschland, Frankreich, England und andernorts – für den großartigsten Ausdruck des nationalen Willens. Die vermeintlichen Feinde dieser Völker waren eine niederere Spezies: Revolutionäre, Freimaurer und Juden zumeist.

Die Erhöhung von Kameradschaft, Heldentum und einer neuen Rasse von Männern fand in der Zeit eines Massensterbens von unvorstellbaren Ausmaßen statt, und dieser Tatsache mußte man sich stellen. Das Ergebnis war eine gewisse Brutalisierung des Bewußtseins, die nicht nur daher rührte, daß man sich ins Unvermeidliche schickte, sondern auch daher, daß man versuchte, sich mit diesem Gemetzel zu arrangieren, indem man es verherrlichte. Man sagte, der Tod im Kriege gebe dem Leben einen neuen Sinn: die Bande der Kameradschaft weiter zu festigen zwischen jenen, die die Schalheit des täglichen Lebens verschmäht hatten, um die Erfahrung dieses letzten Opfers zu durchleben. Christi Leidensweg wurde beschworen, um den Tod im Kriege als eine »imitatio Christi« zu beschreiben – dem Tod auf dem Schlachtfeld sollte eine Wiederaufstehung folgen.

Die Niederlage vor Augen, betonte man in Deutschland in ganz besonderer Weise, daß Soldaten niemals sterben, sondern wiederauferstehen – nicht nur in Walhalla, sondern im Herzen eines jeden Patrioten weiterkämpfen. Die Patrioten wurden ermuntert, sich nicht in die Niederlage zu schicken, sondern so lange weiterzukämpfen, bis die Nation selbst wiederauferstanden sein würde. Dieses Thema wurde am besten in der Einführung zu einem Buch zusammengefaßt, das die siebenhundert Ehrenmale für die Kriegsgefallenen beschrieb, die während der Weimarer Republik errichtet wurden. In dem Buch wurde behauptet, daß die Kriegsgefallenen nicht wirklich tot seien, sondern in Träumen wiederkehrten, um ein deutsches Wunder zu bezeugen. Dieses Wunder war der Glaube, daß Deutschland nicht besiegt worden war, und daß die Zeit gekommen sei, das Reich wieder aufzurichten und seine Ehre zu verteidigen.[6] Tod und Leben waren in dieser neuen ›Martyriologie‹ ein und dasselbe und sie stellten ein Wunder dar, das die Hitlerjugend Jahre später in einem Sprechchor zum Heldengedenktag so zusammenfaßte: »Die Besten unseres Volkes sind nicht gefallen, damit die Lebenden untergehen, sondern damit die Toten erwachen.«[7] Auch in Italien verkündete d'Annunzio, der Tod sei nicht nur abgeschafft, er liege vielmehr unter dem Fortbestand der Geschlechter begraben, in deren Verlauf die Jugend von selbst den Platz ihrer Vorfahren einnimmt und in der die Fahne von einem zum anderen weitergegeben werde – jeder mit dem Schwert in der Hand.[8]

Solche Vorstellungen vom Tod brachten für jene, die ihre Pflicht getan hatten, eine ständige Wiedergeburt innerhalb der nationalen Mystik mit sich – und in diesem Licht wurde der Tod weniger schreckenerregend. Der Feind war allerdings von solcher Erleichterung ausgeschlossen: Er mußte getötet werden und er würde niemals zurückkehren. Dem Manne, der für das Volk kämpfte, war der eine, dem Feinde ein anderer Tod vorbehalten. Weiter unten werden wir sehen, welche Bedeutung solche Vorstellungen vom Tode für den Ablauf der Ausrottung der Juden hatten.

Für viele wurden die verstümmelten Körper und die verzerrten Gesichter der Schlachtfelder durch Bildbände lebendig, die damals en vogue waren. Sie schreckten nicht ab, im Gegenteil, sie erfüllten manch jungen Mann, der zu spät geboren wurde, um an die Front zu gehen, mit Trauer darüber, diese Probe seiner Männlichkeit verpaßt zu haben. Jene jungen Männer hätten wohl dem deutschen Geistlichen zugestimmt, der während des Krieges erklärte, Gott segne jeden einzelnen, der einen Feind töte.[9] Diese Einstellungen wurden durch die Auswirkung der ausländischen Besetzung in Deutschland von 1919 bis 1920 noch verschlimmert. In der französischen Rheinarmee waren marokkanische und senegalesische Soldaten, und als schwarze Truppen 1920 Frankfurt am Main besetzten, war eine koordinierte und massive deutsche Reaktion unvermeidlich. Zum ersten Mal standen Deutsche einer großen Anzahl Schwarzer gegenüber – die zudem noch die Besatzer waren. Rassische Ängste, die stets nahe unter der Oberfläche schlummerten, wurden aktiviert und von der jungen Regierung der neuen Republik sogar noch gefördert. Die »schwarze Schändung Deutschlands« konnte der besiegten Nation vielleicht die bitter benötigte Sympathie im Ausland bringen. Selbst der im Grunde gemäßigte Führer der Sozialdemokraten, Hermann Müller, rief voller Abscheu, die »senegalesischen Neger« würden die Universität Frankfurt und das Goethehaus entweihen.[10] Der unheilvolle Vorwurf der »Kulturschande« wurde nach dem Krieg zum ersten Mal gegen Schwarze, nicht gegen Juden, erhoben.

Die rassischen Ängste wurden sofort mit sexuellen Ängsten gekoppelt, eine recht übliche Verbindung, die nunmehr zusehends in den Mittelpunkt trat, da man die Schwarzen traditionell für potenter als die Weißen hielt. 1921 schrieb der Journalist Alfred Brie einen Artikel über vergewaltigte deutsche Frauen, den er reichlich ausschmückte, um zu beschreiben, wie die farbigen Franzosen sich im besetzten Gebiet austobten. Zum Thema erschienen Romane, unter anderem »Die schwarze Schmach, der Roman des geschändeten Deutschland«, 1922 veröffentlicht und mit einem Vorwort von Graf Ernst von Reventlow versehen, einem der ersten Nazianhänger. Die Erinnerung an diese Besetzung sollte bleiben, denn 1940 blickte der Verfasser eines Nazi-Traktates zurück, als er sich dagegen wandte, Schwarze zur europäischen Kultur zuzulassen. Die Juden wurden nicht ausgelassen. Sie wurden, zusammen mit den Franzosen, beschuldigt, für die Besatzung verantwortlich zu sein und einen »schwarz-jüdischen Krieg« gegen die Deutschen zu führen.[11] Schwarze Soldaten tauchten nie wieder in Deutschland auf, denn bei der Besetzung des Ruhrgebietes, 1923–1924, achteten die Franzosen darauf, sie nicht einzusetzen. Die Aufregung war zu stark gewesen und hatte allzu wirksam dazu beigetragen, Deutschland in Ländern wie den Vereinigten Staaten Sympathien zu gewinnen.

Dennoch war der Rassismus in Wirklichkeit mehr gegen die Juden als gegen die schwarzen Soldaten gerichtet. Die französische und belgische Besetzung schürte zwar das Feuer, doch seine Glut wurde nur allzu leicht von diesen Truppen auf den traditionellen Widerpart europäischen Rassismus übertragen. Wenn auch in Pamphleten und Romanen aus der Besatzungszeit Schwarze deutsche Frauen vergewaltigten, so verkündete doch Arthur Dinters »Die Sünde wider das Blut« (1918) eine weitaus typischere Botschaft – und sie verkaufte sich zu Hunderttausenden. In dem Roman wird von der Schändung der rassischen Reinheit einer deutschen Frau durch einen reichen Juden (vgl. Tafel 7) erzählt, und selbst als sie ihn verließ, um einen Arier zu heiraten, sahen ihre Kinder doch stets dem jüdischen Stereotyp ähnlich. Noch unheilvoller war, daß die jüdische Gemeinde Hamburgs 1919 gegen Polizeiplakate protestieren mußte, die einen Verbrecher als einen »fetten Juden« mit einer »jüdischen Nase« charakterisierten.[12] Im selben Jahr bedauerte die Polizei von Nordbayern den Anstieg des Antisemitismus, schrieb aber, daß dagegen kein Kraut gewachsen sei, da er »seine Wurzeln in den Rassenunterschieden habe, die den Stamm Israels von unserem Volk unterscheiden«.[13] Die Polizei äußerte ihre Ansichten unter dem Druck von Niederlage und Revolution. Sie spiegelten einen Rassismus wider, der die Brutalität des Krieges und die daraus folgende innere Unordnung zu erklären suchte: Der Jude war schuld.

Die Revolutionen nach dem Krieg stellten die Juden stärker heraus als je zuvor, und es überrascht nicht, daß in den Jahren 1918 bis 1920 der Rassismus überall dort anstieg, wo Revolutionen stattfanden oder drohten. Überdies war die inländische Revolution für viele mittelständische Europäer Teil der erfolgreichen bolschewistischen Revolution, in der wieder einmal die Juden in der Führung vorzuherrschen schienen. Das Volk war imstande, brutale Kommunistenführer wie Belá Kûn in Ungarn (vgl. Bild 12) mit Männern wie Kurt Eisner aus Bayern in einen Topf zu werfen, obwohl Eisner die Gewalt verabscheute. Tatsache ist auch, daß 1918 das erste Jahr war, in dem sehr viele Juden in die Regierungen der Staaten des europäischen Festlandes eintraten. Es waren linksgerichtete, aus der Revolution in Mittel- und Osteuropa hervorgegangene Regierungen.

Die Juden spielten in diesen Revolutionen eine so hervorragende Rolle, weil sie ihnen, zum ersten Mal in Mittel- und Osteuropa wie in Rußland, wahre Gleichberechtigung und das Ende der Diskriminierung versprachen. Einige, wie Belá Kûn in Ungarn, waren schon lange vor dem Krieg kommunistischen Untergrundparteien beigetreten, und sie gehörten bereits zur Führung, als die alte Ordnung zusammenbrach. Während die Beteiligung der Juden an diesen Revolutionen verständlich ist, und sie sich sowieso nur auf einen kleinen Teil von ihnen innerhalb ihrer jeweiligen Nationen beschränkte, fand das alte Stereotyp neue Nahrung. Jeder erfolgreiche Mythos muß den Anschein von Wahrheit besitzen. Hier wurden Juden, die dazu beitrugen, die alte Ordnung zu stürzen, mit der bolschewistischen Revolution in Zusammenhang gebracht. Das war nach Ansicht einiger Leute der Beweis dafür, daß sie als Gruppe »anti-national« waren. Typisch für diese Zeit waren die Gespräche, die der junge

Heinrich Himmler 1922 mit seinem Vater in einer Münchner Bierhalle führte: »Die Vergangenheit, der Krieg, die Revolution, die Juden, die Belästigung der Offiziere, die Roten, die Befreiung.«[14] In Heinrich Himmlers Tagebuch wird eine Verbindung von Vorstellungen festgehalten, die einer neu erstarkten Rechten dienten. Männer wie der junge Heinrich Himmler schlossen sich militanten Gruppen an, die für die Freiheit kämpften, wie sie sie verstanden – gegen Rote und Juden – für das Vaterland.

Im Fahrwasser des Krieges und der Revolution erstand eine radikalisierte Rechte. Ihre Heimat war Mittel- und Osteuropa, denn Westeuropa hatte nicht denselben Kreislauf von Niederlage und Aufstand erlebt. Erst jetzt wurde diese Gegend Europas dem Rassismus gegenüber empfänglicher als der Westen. Wie wir sahen, hätte – wenn man die Situation von 1914 nimmt – auch Frankreich die rassistische Theorie in die Praxis umsetzen können. Nach 1918 aber sollte Deutschland am empfänglichsten für den Rassismus sein, und auch Österreich und Osteuropa sollten ihren Part dabei spielen. Die Juden rückten in diesen Ländern so stark in den Mittelpunkt der Aufmerksamkeit, wie es in Frankreich und England während der ersten Nachkriegsjahre nicht der Fall gewesen war.

Man warf den Juden nicht nur vor, Revolutionäre zu sein, auch ihr altes Image als kapitalistische Ausbeuter war noch nicht verblaßt. Man sah die Juden als Revolutionäre und als Ausbeuter zugleich – ein Mythos, der ihnen seit ihrer Emanzipierung anhing. Er wurde dann, nach dem Krieg, in die Metapher von der jüdisch-kapitalistisch-bolschewistischen Verschwörung verwandelt, in der alle jene Kräfte zusammentraten, die die nationale Befreiung zu verhindern suchten. An diesem Punkt wurde die Verschwörung in die »Protokolle der Weisen von Zion« integriert, die die reaktionären »Schwarzen Hundert« auf ihrer Flucht aus Rußland bei sich trugen.[15] Der Moskauer Korrespondent der Londoner »Times« zweifelt nicht daran, daß die Schrecken der bolschewistischen Revolution ein jüdischer Racheakt waren.[16]

Der Glaube an eine Rußland beherrschende jüdisch-bolschewistische Verschwörung, die auf dem Sprung sei, das übrige Europa zu übernehmen, tauchte in jeder Nation auf. In England ließen sich Schriftsteller wie G. K. Chesterton und John Buchan von solchen Verschwörungen faszinieren.[17] Selbst der junge Winston Churchill sprach über die »dunkle Macht Moskaus«, in der sich kosmopolitische Verschwörer aus der Unterwelt der großen Städte versammelt hätten (wenn er später auch einer der ersten Staatsmänner war, die erkannten, daß man die deutsche Frage nicht von der jüdischen trennen könne, da Hitlers grauenvoller Rassismus fester Bestandteil des Nazi-Regimes war).[18] Dennoch hatten solche Phantasien auf eine Nation, die den Krieg gewonnen und ihr Gleichgewicht nicht verloren hatte, nur unwesentliche Ausstrahlung. Eine französische, rechtsgerichtete Zeitung besprach 1920 die »Protokolle« unter der schlichten, aber aufschlußreichen Überschrift »Die Ursprünge des Bolschewismus«.[19] Trotzdem beflügelten solche Ideen den Rassismus in Frankreich nicht, denn auch hier hatte es keine nationale Niederlage und keine Revolution gegeben. Aber in Deutschland mußte man es ernster nehmen, wenn z. B. Fritz Halbach 1921 »Kamerad Levi« veröffentlichte. Es ist die Geschichte eines jungen kommunistischen Agitators, der sich mit seinem reichen Bankiersvater bestens versteht. Beide wollen sie die Weltherrschaft, und um sie zu erreichen, arbeiten sie, jeder auf seiner Seite, zusammen. Die Vorstellung einer jüdisch-bolschewistischen Verschwörung beschäftigte außer Adolf Hitler noch die Phantasie vieler anderer. Sein Glaube an die »Protokolle« allerdings sollte verhängnisvolle Folgen haben. So befahl er zum Beispiel während des Rußlandfeldzuges, alle gefangenen bolschewistischen Politkommissare zu erschießen, da er sie für die Speerspitze der jüdisch-bolschewistischen Verschwörung hielt.[20]

Diese neu gewonnene jüdische Exponiertheit zeigte sofort Wirkung. In Mitteleuropa gab es zwar keine Pogrome, statt dessen jedoch eine Welle anti-jüdischer Maßnahmen – nicht von den Regierungen, sondern von bedeutenden sozialen und kulturellen Organisationen. Jetzt führten deutsche Burschenschaften für ihre Mitglieder den Ariernachweis ein, und in Osteuropa setzten sich die nationalen Studentenorganisationen für einen Numerus clausus für Juden ein.[21] Konservative Parteien nahmen den Antisemitismus gern in ihre Wahlkampfpolitik auf, da sich dies als nützlich erwiesen hatte. Gleichzeitig wurden die Juden aus den Kriegsveteranenvereinen ausgeschlossen. In Ländern wie Deutschland und Österreich gab es bis dahin nur wenig offene Gewalt gegen Juden. Nur sporadisch brach der Judenhaß, meist an Universitäten, aus. Im übrigen stauten sich Haß und Furcht an, um sich dann, nach 1933, zu entladen: Jedem der neuen, von den Nazis verkündeten, antijüdischen Gesetze ging ein solcher allgemeiner Ausbruch voraus, der vom Regime zwar gelenkt, aber nicht notwendigerweise auch gezündet wurde.[22]

Im Gegensatz dazu blieb in Osteuropa die Gewalt nach dem Ersten Weltkrieg allgemein an der Tagesordnung. Für diese Unruhe in der jüdischen Frage waren mehrere Faktoren verantwortlich: In diesen Völkern waren die Juden *die* Mittelklasse. Hier waren sie auch bekannte Revolutionäre gewesen, und die große Nähe zur Sowjetunion verstärkte obendrein noch die Angst vor einer Revolution. Die Lunte lag bereit, sie mußte nur noch gezündet werden, denn das österreichische wie das russische Kaiserreich hatten in ihrem Kielwasser die Frage hinterlassen, wie man das Problem einer Überbevölkerung auf dem Lande löst, wenn nicht genügend Industrie vorhanden ist, sie aufzufangen. Einige Leute glaubten, daß die sozialen Bedingungen, zusammen mit dem sowjetischen Einfluß zu einer von

Juden geführten Revolution führen würden, während andere in den Juden diejenigen sahen, die in ihrem eigenen Interesse Armut und Arbeitslosigkeit verewigten. Das Bild vom Juden als Revolutionär und kapitalistischem Ausbeuter existierte in Ost- wie in Mitteleuropa.

Zur gleichen Zeit verloren die Juden in Osteuropa jeglichen Einfluß, den sie vielleicht einmal besessen hatten.[23] Hier hatte der Jude einstmals eine wirtschaftliche Funktion gehabt, die ihn unentbehrlich machte. Das war nach dem Krieg anders geworden. Als Mittelstand waren die Juden früher oft mit den Großgrundbesitzern liiert, die zwar die politische Macht in Händen hielten, aber dennoch deren wirtschaftliche Dienste benötigten.[24] Aber in großen Teilen Osteuropas brachte der Krieg einen einheimischen Mittelstand hervor. Jetzt konnten die Juden als Revolutionäre, kapitalistische Unterdrücker und als Konkurrenten des Mittelstandes ohne weiteres zur Zielscheibe der Massen werden. In Mittel- und Westeuropa waren die Juden niemals so unentbehrlich gewesen. Sie waren vielmehr von einem zunächst liberalen und pluralistisch eingestellten Mittelstand umgeben. Und selbst als diese Einstellung schwand, verboten Mäßigung und Recht und Ordnung Pogrome, wenngleich die Schranken gegen eine gewaltsame Verfolgung nach dem Krieg immer schwächer wurden.

In Osteuropa gab es solche Schranken nicht, und der Volkszorn schlug gegen die äußerst exponierten und entbehrlichen Juden los. Die Pogrome von 1918 gehören wohl zu den brutalsten der Geschichte.

Insbesondere in Polen mit seinen 3 Millionen Juden erwachte 1920, mit dem Krieg gegen die Sowjetunion, die Vorstellung von einer jüdisch-bolschewistischen Verschwörung. Während die polnische Armee nach Rußland vorzudringen versuchte, verbot man den jüdischen Soldaten und Offizieren, am Kampf teilzunehmen, ja man sperrte sie sogar in Internierungslager. Armee und Kirche bekannten sich offen zu dem Antisemitismus, der während dieser Auseinandersetzung aufbrach. Ungeachtet all seiner Minderheiten, war der wiedergegründete Staat polnisch und katholisch. Zwischen den beiden Kriegen flackerte Gewalt gegen die Juden immer wieder auf, wenngleich sich die 1926 von Marschall Josef Pilsudski gegründete Diktatur als wohlwollend, ja als freundlich erwies. Aber 1935, nach Pilsudskis Tod, als die Konservative Partei und die rechtsgerichteten Nationaldemokraten sich mit dem Militär verbündeten, das eigentlich die Macht hatte, verschlechterte sich die Lage. Es wurden anti-jüdische Maßnahmen eingeleitet: Sie gingen von der Einrichtung von Ghetto-Bänken über einen Numerus clausus an den Universitäten bis zu einem von Kirche und Staat unterstützten Boykott.[25] Als 1938 die Nazis rund 15 000 polnische Juden aus dem Reich auswiesen, weigerte Polen sich, seine Staatsbürger aufzunehmen.[26] Das Leben und Sterben dieser Menschen im Niemandsland der deutsch-polnischen Grenze sollte für die Masse der polnischen Juden ein düsteres Omen sein.

Die polnische Regierung nach Pilsudski widersetzte sich der Assimilierung der Juden. Sie war der Ansicht, daß die Juden ein anderes Volk seien. Das Regime der Obersten versicherte, daß es den Rassismus ablehne, und dennoch forcierte es die Emigration der Juden. Trotz aller Ablehnung des Rassismus verbreitete sich das Stereotyp vom Juden: Die Juden wurden vom Staat und von der katholischen Kirche als schmutzig, liederlich, als Wucherer, ja selbst als weiße Sklavenhalter dargestellt. Die Regierungspolitik war stets ambivalent: Sie legte der Rechten dringend nahe, ihre Antisemiten zurückzuhalten, während sie sich zugleich des Antisemitismus bediente, um die nationale Einheit zu festigen.[27] Im Nachkriegs-Polen trat Gewalt sporadisch auf, und der bis dahin ambivalente Rassismus wurde mit dem traditionellen katholischen Antisemitismus verwoben.

Als der weiße Terror den roten ablöste, tauchten im Kielwasser von Revolution und Gegenrevolution in ganz Europa rechtsradikale Parteien auf. Dennoch kamen Regierungen an die Macht, die eher reaktionär als radikal rechts waren. Aber selbst sie machten den Rassismus gelegentlich zum Inhalt ihrer Regierungspolitik. Die Machtübernahme von Nikolaus Horthy in Ungarn und die Militärdiktatur in Polen nach 1935 sind Beispiele für diese Entwicklung. Dennoch wurden solche von Reaktionären regierten Nationen erst in den dreißiger Jahren von radikalen Rechtsparteien beeinflußt, die eine Endlösung der Judenfrage forderten. Aus Furcht vor jeglicher Unruhe verhinderten die an der Macht befindlichen Reaktionäre antisemitische Gewalttaten der radikalen Rechten tatsächlich weit wirksamer als die schwächeren parlamentarischen Demokratien. Sie fürchteten nämlich, daß der radikale Antisemitismus zum Zusammenbruch von Recht und Ordnung führen könnte. Schließlich sollte das Oberhaupt der repräsentativen Versammlung der deutschen Juden, Leo Baeck, nach der Machtübernahme durch die Nazis von einer Militärdiktatur in Deutschland als der letzten Hoffnung für die Juden träumen.[28]

Weder Horthy in Ungarn, noch der König von Rumänien, noch Ignaz Seipel in Österreich oder Pilsudski in Polen waren Rassisten. Ihr Antisemitismus blieb christlich und traditionell: Man mußte die Juden von der Regierung fern- und sie sich vom Leibe halten – aber in Ruhe lassen.

Schließlich wurde diese Einstellung in Ungarn vom Eisernen Kreuz, in Rumänien von der Eisernen Garde, in Österreich von Nazis und anderen ähnlichen Bewegungen in Frage gestellt. Auch in Westeuropa war der traditionelle konservative Nationalismus zunächst bedeutender als die radikale Rechte. Frankreich hatte seine »Action Française«, aber auch eine Anzahl Faschisten und einige rassistische Gruppen, wenn diese auch bis in die dreißiger Jahre unbedeutend und schwach blieben. In England gab es überhaupt keine bedeutende radikale Rechte, bis Sir Oswald Mosley 1932 seine »British Union of Fascists« gründete. Anfänglich waren diese

Gruppen klein, aber damals war weder England noch Frankreich von einer Revolution bedroht, noch hatte es unter einem ernsten Nationalitätenkonflikt gelitten, überdies waren beide als Sieger aus dem Krieg hervorgegangen. Verglichen mit der konservativen politischen Partei oder mit anderen Gruppen aus dem Zentrum und von links, war selbst in Deutschland die radikale Rechte in den zwanziger Jahren eine Minderheit. Die radikale Rechte, sei es der Deutschvölkische Schutz- und Trutz-Bund oder die unbedeutende Deutsche Arbeiterpartei, entstand als direkte Reaktion auf die Revolution. Die kleine Deutsche Arbeiter Partei – die sich bald die Nationalsozialistische Arbeiterpartei nennen sollte – entstand aus einer rechtsgerichteten Gesellschaft (dem Thule Bund), der sich während der bayrischen Revolution von 1918 organisiert hatte.

Der Deutschvölkische Schutz- und Trutz-Bund, 1919 von rechten Splittergruppen gegründet, war zu Anfang der Weimarer Republik die bedeutendste dieser Organisationen. Auf ihrem Höhepunkt, 1922, zählte die Organisation 200000 Mitglieder, und dies kann sehr wohl noch untertrieben gewesen sein.[29] Er frischte den Vorwurf des Ritualmordes wieder auf und brachte eine Neuauflage von Rohlings »Talmud-Jude« heraus. Der Bund verteilte die »Protokolle«, wenngleich sie von der kurzlebigen »Gesellschaft gegen die jüdische Arroganz« ins Deutsche übersetzt worden waren.[30] Durch die revolutionäre Situation ermuntert, nahm dieser völkische Bund den kurzen Weg von der Theorie in die Praxis. Mit anderen rechten Gruppen zusammen verbreitete er Gewalt. Solche Gruppen wurden oft von sogenannten Freikorpssoldaten und deren Offizieren geleitet, die sich weigerten, zu demobilisieren. Einige von diesen Gruppen nahmen das Gesetz in die Hand, und eine Woge von Meuchelmorden erschütterte das Land.[31] Man hat die politischen Morde zwischen 1919 und 1922 in Deutschland auf gut 376 geschätzt; die Rechten begingen 354 und die Linken 22 dieser Morde. Doch trotz dieses Ungleichgewichts betrugen die gegen die Rechte ausgeworfenen Gefängnisstrafen insgesamt 90 Jahre und 2 Monate und die gegen die Linke 248 Jahre, 9 Monate und 10 Hinrichtungen. Die Richter der neuen Republik bevorzugten ganz eindeutig die Rechten, ein weiterer unheilverkündender Umstand. Es muß hier allerdings hinzugefügt werden, daß die Gerichte der Weimarer Zeit im großen und ganzen die Juden vor ihren Verleumdern schützten. Die sogenannten Fememorde wurden in der Regel von rechten Hochschulstudenten begangen, von denen viele kaum älter als 17 Jahre waren.[32] Es waren von Anfang an junge und engagierte Menschen, die von den völkischen Bewegungen angezogen wurden. Im Gegensatz dazu stand die viel höhere Alterszusammensetzung der anderen Parteien. Auch das war ein unheilverkündendes Zeichen für die Zukunft.

Der Deutschvölkische Schutz- und Trutz-Bund hatte bei dieser Lynchjustiz seine Hand mit im Spiel, so zum Beispiel bei den versuchten Morden an Philipp Scheidemann, dem Sozialdemokraten, der den Versailler Vertrag unterschrieben hatte, und an Maximilian Harden, dem jüdischen Publizisten, sowie bei dem Mord an Matthias Erzberger, dem Führer der Zentrumspartei, dem der Bund die Kapitulation Deutschlands anlastete. Ganz besonders die Kampagne gegen den jüdischen Außenminister Walther Rathenau war mit Mordaufrufen gespickt,[33] und als er 1922 ermordet wurde, nahm die Republik das schließlich zum Anlaß, den Bund zu verbieten. Jetzt übernahm die »Nationalsozialistische Deutsche Arbeiterpartei« in München in der Hauptsache sein Erbe und seine Nachfolge.

Die Gewalt der rechten Gruppen während der Nachkriegszeit sollte für viele, die später die Juden ausrotteten, eine Schule des Mordes sein. Martin Bormann, während des Krieges der gefürchtete Kanzleichef Hitlers und Rudolf Höss, der Kommandant vom Todeslager Auschwitz, waren beide Fememörder. 1923 richteten sie einen Jugendlichen hin, der verdächtigt wurde, der Polizei ein Versteck für illegale Waffen verraten zu haben.[34]

Nach dem Krieg lebte die Gewalt in großen Teilen von Mittel- und Osteuropa weiter. Im besiegten und desorganisierten Deutschland aber sollte die radikale Rechte von Anfang an ihre mächtigsten Verbündeten finden. Der Bund der Landwirte und die Gewerkschaft der kaufmännischen Angestellten stellten sich dem Deutschvölkischen Schutz- und Trutz-Bund zur Verfügung.[35] Der Kapp-Putsch vom März 1922, mit dem die rechten Elemente die Republik zu stürzen versuchten, spielte eine wichtige Rolle, weil er die Beziehungen der Konservativen und der Freikorps zum völkischen Rassismus aufdeckte. Wolfgang Kapp war ein alldeutsch gesonnenes Mitglied des preußischen Adels. Seine persönlichen Beziehungen reichten bis zu dem Bühnendichter Dietrich Eckart, der als politischer Mentor Hitlers der neugegründeten Deutschen Arbeiterpartei beigetreten war. Mitglieder von Ehrhardts Freikorps, die Kapps Unternehmen die militärische Unterstützung gaben, wollten ein Pogrom gegen die Juden beginnen, doch Kapp hielt sie, trotz seines eigenen Antisemitismus, davon ab.[36] Der traditionelle Konservatismus, der Recht und Ordnung schätzte, gewann die Oberhand. Der Kapp-Putsch war in fünf Tagen zu Ende und in dieser Zeit blieb die Armee der neuen Republik treu.

Trotz ihrer vorübergehenden Loyalität war auch die Armee vom Antisemitismus infiziert. So forderte 1920 ein Regiment in einem an den bayrischen Ministerpräsidenten gerichteten Memorandum zu einem Juden-Massaker auf, für den Fall, daß die Alliierten noch einmal eine Blockade über Deutschland verhängen sollten.[37] Die Enttäuschung der Armee über die Republik machte sie schließlich für die Ideen des Deutschvölkischen Schutz- und Trutz-Bundes anfällig, dessen Literatur 1920 von einem General öffentlich verteilt wurde. Die Ansicht der Armee wurde von einem Leutnant zusammengefaßt, der 1924, als die frühen Krisen der

Republik überwunden schienen, schrieb: »Ebert (der Präsident der Republik), Pazifisten, Juden, Demokraten, Schwarz-Rot-Gold (die neue Fahne) und die Franzosen, das alles sind Kräfte, die Deutschland zerstören wollen.«[38] Die höheren Chargen unter den Offizieren versuchten wirklich, zwischen Juden im allgemeinen und jenen zu unterscheiden, die sich im Krieg ausgezeichnet hatten, und die so behandelt werden sollten, als seien sie gute Deutsche. Dennoch muß man den größten Teil der Armee (ebenso wie die noch radikalere Marine) den Großgrundbesitzern und Konservativen hinzurechnen, die mit Rassismus infiziert waren.

Nach 1918 sollte der Nationalismus überall erstarken, denn der Krieg hatte nicht das Ende des nationalen Staates gebracht, sondern seine Apotheose. Selbst die Linke zeigte nationalistischen und patriotischen Geist.[39] Die stärker als je zuvor exponierten und isolierten Juden wurden als fremdes Volk, wenn nicht gar als fremde Nation angesehen. Sie liefen darum doppelt Gefahr, preisgegeben zu werden – als Volk ohne Nation und als eine Sondergruppe ohne Machtbasis in der Nation. Der Rassismus schien leichte Beute zu haben. Bis weit in die Nazizeit hinein wäre eine solche Ansicht über die Judenfrage den meisten europäischen Juden als absurd erschienen. Im Augenblick besaßen sie ja Verbündete: west- und mitteleuropäische Regierungen, die der Toleranz verpflichtet waren und die die Diskriminierung ablehnten; außerdem politische Parteien auf der Linken und im Zentrum, die dafür eintraten, den Assimilierungsprozeß der Juden zu fördern. Wie sie auch hießen, in England und Frankreich waren die Parteien der Mitte stark. In England z. B. waren sowohl Torys als auch Labour einer auf Mäßigung und Toleranz beruhenden pluralistischen Gesellschaft verpflichtet. Dasselbe galt für die Parteien der Mitte und für die Sozialdemokraten in Deutschland, die in ihrem Kampf gegen den Antisemitismus zu Verbündeten der Juden wurden.[40] Grundsätzlich hielt sich die liberale Tradition noch, obschon die liberalen Parteien verfielen. In England wurde das liberale Erbe von allen großen Parteien übernommen, in Frankreich von den Sozialisten und Radikalsozialisten und in Deutschland von den Sozialdemokraten. Selbst dort in Osteuropa, wo es liberale Parteien gab, wie in Rumänien, erwiesen sie sich als judenfreundlich.

Was aber war mit der radikalen Linken, die eine Minderheit von stark exponierten Juden unterstützt und, zeitweise, sogar geführt hatte? Sicher glaubten kommunistische und linke Splitterparteien an eine vollständige Assimilierung der Juden. Karl Kautsky – der »Papst« des Vorkriegssozialismus – gab in der Erörterung der Judenfrage vor dem Krieg den Ton an. Er hatte Karl Marx' Ansicht über die Juden auf den neuesten Stand gebracht, ohne sie grundlegend zu verändern. Kautsky erkannte in seinem Buch »Rasse und Judentum« (1914) das negative jüdische Stereotyp an, indem er den Juden eine fetischistische Beziehung zu Waren, Liebe zum Geld und einen unerschütterlichen Hang zum Handel zuschrieb. Wenn der Kapitalismus zusammenbräche, und darauf beharrte er, würden auch die Juden verschwinden. Bis dahin müßten sie versuchen, ihre Religion aufzugeben, sich dem proletarischen Kampf für die Befreiung der Menschheit anzuschließen, der zu allgemeinem Frieden und Brüderschaft führen werde.

Während die deutschen Sozialdemokraten, als Erben des pluralistischen Liberalismus, diese Einstellung nach dem Krieg niemals übernahmen, weil es ihnen, angesichts der Drohung einer militant-antisemitischen Rechten, als zu gefährlich erschien,[41] übernahmen die nach dem Krieg in Europa wie in der Sowjetunion gegründeten kommunistischen Parteien Kautskys Argumentation. Die Juden waren keine andere Nationalität, sondern ein durch ihr Milieu zu Opfern gestempeltes Volk. Jüdisches Kapital mußte zusammen mit dem arischen Kapital verurteilt werden. Kautskys Ansichten über die Juden beschäftigten den Kommunismus, insbesondere in Deutschland, wo die Partei mit der radikalen Rechten um Anhängerschaft zu kämpfen hatte. Der von der Komintern 1923 entsandte Karl Radek pries den Freikorpskämpfer Albert Leo Schlageter, der gegen die französische Besetzung des Ruhrgebietes gekämpft hatte; im gleichen Atemzug rief er dazu auf, sowohl mit dem »beschnittenen« wie mit dem »unbeschnittenen Kapital« aufzuräumen.[42]

Die Botschaft war eindeutig genug. Sie wurde 1930 wiederholt, als der Kommunistenführer Heinz Neumann die Nazi-Massen aufforderte, mit den Kommunisten einen gemeinsamen Kampf zu führen und den »brudermörderischen Krieg« zu beenden. Zur selben Zeit wurden fast alle Juden aus dem Zentralkomitee der Kommunistischen Partei und aus den meisten ihrer Presseorgane ausgeschlossen.[43] Hier, wie in allen anderen Fragen, lieferte die sowjetische Regierung der deutschen Kommunistischen Partei Unterstützung und Führung. Stalin siegte über Trotzki und wieder einmal war Antisemitismus in Rußland Mode geworden. Hier spielte Rassismus keine Rolle. Im Gegenteil, Ziel war das »Verschwinden des Judaismus«, das Karl Marx gefordert hatte, und das den einzelnen Juden zum vollintegrierten Mitglied des Proletariats machen sollte. Tragisch aber war, daß eine radikale Ablehnung des Rassismus mit der Beschuldigung einherging, die Juden selbst seien Rassisten. In Deutschland wie in Rußland spielten wieder Verschwörungsvorstellungen eine Rolle – diesmal nicht als jüdisch-bolschewistische, sondern als »jüdisch-zionistische« oder »jüdisch-kosmopolitische« Verschwörung, die sich angeblich gegen die kommunistischen Vorstellungen von Gleichheit und gegen die deutsche und russische Nation richtete.

Nach außen hin verewigte der kommunistische Standpunkt lediglich die älteren, im 18. Jh. vorherrschenden Einstellungen, als man die Emanzipation der Juden befürwortete: dem einzelnen Juden alle Rechte, den

Juden als Gruppe keine. In praxi aber neigte man dazu, den einzelnen Juden in der Partei als potentielle Fünfte Kolonne zu verdächtigen. Nach 1918 konnte selbst die strikteste Ablehnung des Rassismus noch mit dem Glauben an das Stereotyp vom Juden und an eine jüdische Verschwörung einhergehen. Die Stärke des Rassismus beruhte im Nachkriegseuropa nicht allein auf der radikalen Rechten, sie verbreitete sich offen und verdeckt in Gesellschaft und Politik.

1930 hüteten selbst die deutschen Sozialdemokraten sich, jüdische Kandidaten für öffentliche Ämter in Deutschland aufzustellen, und das nicht nur, weil man Juden für unbequeme Intellektuelle hielt, sondern auch, weil die radikale Rechte die Debatte über die nationale Zukunft vereinnahmt hatte.[44] Die Linken und die Mitte mußten auf einem von der rassistischen Rechten beanspruchten Terrain argumentieren – dies ist wohl einer der grundlegenden Siege der Nazis vor ihrer Machtergreifung. Die Rechte erlangte diesen Vorteil in Deutschland; zwar hatten Österreich und Ungarn nach dem Krieg ähnliche gesellschaftliche und politische Erfahrungen gemacht, aber ihre reaktionären Regierungen hatten, zumindest vorübergehend, Stabilität herbeigeführt. Die Weimarer Republik dagegen kam nicht zur Ruhe, denn dem politischen Tumult folgte eine der schlimmsten Inflationen, die irgendeine europäische Nation jemals erlebt hatte. Um 1930 wiesen selbst einige deutsche Sozialdemokraten eher auf die Bedeutung des »arischen Engels« als auf die des »jüdischen Marx« hin.

Dieser Zustand der Linken war nicht auf Deutschland beschränkt, obwohl er hier seine entscheidendsten Folgen haben sollte. In Mittelosteuropa wurde die Linke gemeinhin von der Rechten als »jüdisch« charakterisiert. In Wirklichkeit aber war sie den Juden nirgends bedingungslos gewogen. So war es z. B. von erschütternder Ironie, daß 1919, während der von Juden geführten ungarischen Revolution, Teile der Arbeiterklasse antijüdische Unruhen und Pogrome anzettelten. Antijüdische Gefühle kamen aus der Parteibasis – nicht nur in Ungarn, sondern auch in Rumänien, wo die sozialistischen Führer gelegentlich gemeinsame Sache mit den Antisemiten machten.[45]

In Polen war die Sozialdemokratische Partei – wie ihr deutsches Gegenstück – den Juden behilflich. Ihre Beziehungen zum sozialistischen jüdischen Bund waren gut, besonders in Zeiten wachsender Judenverfolgungen. Die Diktatur Pilsudski zwang die Sozialisten jedoch, sich mit anderen polnischen Parteien zu verbinden, und so wurde der Bund isoliert.[46]

Auch wenn man das Eindringen des Rassismus in die Linke nicht überbewerten sollte – es hat die Juden dennoch weiter isoliert und ihnen aktive Verbündete genommen. Die meisten europäischen Juden führten ein normales und seßhaftes Leben – sie bedauerten den Rassismus, glaubten jedoch, daß auch dies vorübergehen würde. Die tiefergehenden rassistischen Tendenzen der Nachkriegszeit machten auf sie und auf die meisten ihrer Zeitgenossen keinen Eindruck. Höchst exponiert und dennoch isoliert und starker, kompromißloser Verbündeter beraubt, waren die Juden reif für die Ernte einer rassistischen Politik, deren Zeit ganz offensichtlich gekommen war. Die Stellung der assimilierten Juden war trotz ihres relativen Wohlstandes und trotz ihrer relativen Sicherheit, der ihrer oft verachteten osteuropäischen Brüder nicht unähnlich; wie Leo Pinsker bereits 1882 schrieb: »Für den Lebenden ist der Jude ein toter Mann, für die Einheimischen ein Fremder und ein Landstreicher, für Vermögende ein Bettler, für die Armen und Ausgebeuteten ein Millionär, für Patrioten ein Mann ohne Land und für sämtliche Klassen ein verhaßter Konkurrent.«[47] Die europäische Geschichte des Rassismus hatte diesen Zustand gefördert, obwohl sie allein kaum für ihn verantwortlich war. Der Rassismus hatte stets jede sich bietende Gelegenheit ergriffen, und seine größte lag gerade in Reichweite.

Krieg und Revolution waren das Vorspiel zur Umsetzung der rassistischen Theorie in die Praxis. Die Theorie selbst hatte sich, seit ihrer Formulierung in den Vorkriegsjahren, niemals geändert. Durch die eugenische Bewegung hatte sich die Wissenschaft von der Rasse weiterentwikkelt, war aber als Folge des Krieges von dem Mythos der Rasse überflügelt worden. Deutschland und Österreich, in denen solche Mystik stets eine Heimstatt fand, waren auch jene Nationen, die von den Kriegsfolgen am unmittelbarsten betroffen waren. Wie wir sahen, entstand die Deutsche Arbeiterpartei während der Münchner Revolution, und zwar als Teil des Thule-Bundes, dessen Name an den arischen Norden erinnern sollte. In ihm erläuterte Hitlers politischer Mentor, Dietrich Eckart, seinen rassistischen Antisemitismus, in dem alles Übel den Juden angelastet wurde. In München schrieb auch Alfred Rosenberg, in enger Verbindung mit den exilierten russischen »Schwarzen Hundert« sein Buch »Der Mythus des 20. Jahrhunderts« (1930). Er sah im Weltkrieg den Anfang einer Weltrevolution, aber kaum jene, von der Lenin geträumt hatte. Aus dem Blut der Kriegsopfer stieg die Rassenseele empor und schwang sich zum Sieg auf. Rassismus, das war die eine wahre »Volkskirche«, die das Christentum ersetzen würde.

Die Situation nach dem Krieg förderte die Schaffung und Ausbreitung rassistischer Theorien. Auch Deutschland, das wegen des Krieges und der Revolution zum Mittelpunkt rassistischer Aktivitäten wurde, stellte viel gelesene Handbücher zum Rassismus her. So meinte zum Beispiel L. Clauss in seinem Buch »Die Nordische Seele« (1930), daß die vom nordischen Blut erschaffene Seele, ungeachtet der äußeren Erscheinung der Arier, der Quell aller Kreativität sei.[48] Diese »idealistische Häresie« wurde von Hans F. K. Günther, dem profiliertesten Autor populärer Bücher über Rasse im Nachkriegsdeutschland, in seinem Buch »Rassenkunde des deutschen Volkes« (1922) angegriffen. Er definierte und illustrierte hier einmal mehr das rassische Stereotyp vom schönen Arier und vom häßlichen Juden. Dennoch, mit der Behauptung, es gäbe keine reinrassigen, sondern nur weniger vollkommene, weniger reine Typen,[49] versuchte Günther einige Verbindungen zu wissenschaftlicher Beobachtung aufrechtzuerhalten. Gleichwohl besaßen alle Arier in irgendeiner Weise einen ihnen gemeinsamen »Ideal-Typus« und die Juden die vorherrschenden Züge ihrer Rasse.

Diese Bücher bereicherten das rassische Denken um keine neue Erkenntnis. Sie waren lediglich populärwissenschaftliche Zusammenfassungen der vorausgegangenen Theorien. Es sei hier jedoch festgehalten, daß solche Schriften vorwiegend in Deutschland und weniger in anderen europäischen Ländern erschienen, und daß sie ein Symptom dafür waren, daß Deutschland sich an die Spitze rassistischen Denkens schob, wenngleich es bis dahin nicht das einzige Land war, das sich zum »Krieg gegen die Juden« gürtete, wie Lucy Dawidowicz es genannt hat.

Anmerkungen

1 Egmont Zechlin, *Die deutsche Politik und die Juden im Ersten Weltkrieg* (Göttingen, 1969), 527.
2 *Ibid.*, 531, n. 74.
3 Philippe Rudaux, *Les Croix de Feu et le P. S. F.* (Paris, 1967) 31; *History*, I (1966), 14–27; George L. Mosse, »The Poet and the Exercise of Political Power: Gabriele d'Annunzio«, *Yearbook of Comparative and General Literature* (Bloomington, Ind., 1973), 24.
4 Frances Cornford, zitiert bei Bernard Bergonzi, *Heroes' Twilight, A Study of the Literature of the Great War* (London, 1965), 36; Otto Braun, *Aus nachgelassenen Schriften eines Frühvollendeten*, Hrsg.: Julie Vogelstein (Berlin, 1921), 120; Paul Fussell, *The Great War and Modern Memory* (New York und London, 1975), 275 ff.
5 Ernst Jünger, *Der Kampf als inneres Erlebnis* (Berlin, 1922), 33.
6 George L. Mosse, »Tod, Zeit und Geschichte. Die völkische Utopie der Überwindung«, *Deutsches utopisches Denken im 20. Jahrhundert*, Hrsg.: Reinhold Grimm und Jost Hermand (Stuttgart, 1974), 55.
7 *Ibid.*, 56.
8 Michael Ledeen, *The First Duce, D'Annunzio at Fiume* (Baltimore, 1977), ist heute die beste Arbeit über seine Herrschaft über Fiume.
9 Karl Hammer, *Deutsche Kriegstheologie 1870–1918* (München, 1974), 157.
10 Ich habe mich bezogen auf: Keith L. Nelson, »The ›Black Horror on the Rhine‹: Race as a Factor in Post-War I Diplomacy«, *Journal of Modern History* (Dezember, 1970), 606–628; vgl. auch Alfred Brie, *Geschändete deutsche Frauen. Wie die farbigen Franzosen in den besetzten Gebieten wüten* (Leipzig, 1921), o. O.
11 Manfred Sell, *Die Schwarze Völkerwanderung; Der Einbruch des Negers in die Kulturwelt* (Wien, 1940), 301.

12 Brief von Dr. Engel, Hamburg (22. Januar, 1914), N. 223, Akte 1889 (Hamburg), Jüdisches Nationalarchiv, Jerusalem; N. 310, Akte 1889 (Hamburg), Jüdisches Nationalarchiv.

13 George L. Mosse, »Die deutschen Rechte und die Juden«, *Entscheidungsjahr 1932*, Hrsg.: Werner Mosse (Tübingen, 1966), 184.

14 Bradley F. Smith, *Heinrich Himmler: A Nazi in the Making, 1900–1926* (Stanford, Calif., 1971), 123.

15 Walter Laqueur, *Russia and Germany* (London, 1965), 50ff.

16 Norman Cohn, *Warrant for Genocide* (London, 1966), 151.

17 Norman Davies, »Great Britain and the Polish Jews 1918–1920«, *Journal of Contemporary History*, VIII (April 1973), 126; Gina M. Mitchell, »John Buchan's Popular Fiction, A Hierarchie of Race«, *Patterns of Prejudice*, VII (November–Dezember 1973), 24–30.

18 Louis Fischer, *The Soviets in World Affairs* (New York, 1960), 427; Interview mit Churchills Biographen Martin Gilbert, *The Times* (10. Januar 1977), 9.

19 Cohn, *op. cit.*, 165.

20 Alan Bullock, *Hitler, A Study in Tyranny* (New York, o. D.), 589; *Hitler's Secret Conversations, 1941–1944*, Hrsg.: H. R. Trevor-Roper (New York, 1953), 65.

21 George L. Mosse, *The Crisis of German Ideology* (New York, 1964), 190ff.; *Native Facism in the Successor States 1918–1945*, Hrsg.: Peter F. Sugar (Santa Barbara, Calif., 1971), 97.

22 Uwe Dietrich Adam, *Judenpolitik im Dritten Reich* (Düsseldorf, 1972), 68.

23 S. Ettinger, »Jews and Non-Jews in Eastern and Central Europe between the Wars: An Outline«, *Jews and Non-Jews in Eastern Europe, 1918–1945*, Hrsg.: Bela Vago und George L. Mosse (Jerusalem und New York, 1974), 10ff.

24 George Barany, »Magyar Jew or Jewish Magyar? Reflections on the Question of Assimilation«, *ibid.*, 56ff.

25 Harry M. Rabinowicz, *The Legacy of Polish Jewry* (New York und London, 1965), *passim*.

26 Adam, *op. cit.*, 200.

27 Edward D. Wynot, Jr., »»A Necessary Cruelty‹: The Emergence of Official Anti-Semitism in Poland, 1936–1939«, *American Historical Review*, LXXVI (Oktober 1971), 1042, 1047, 1051; Rabinowicz, *op. cit.*, 58.

28 Lucy S. Dawidowicz, *The War Against the Jews, 1933–1945* (New York, 1975), 189.

29 Werner Jochmann, »Die Ausbreitung des Antisemitismus«, *Deutsches Judentum in Krieg und Revolution 1916–1923*, Hrsg.: Werner E. Mosse und Arnold Paucker (Tübingen, 1971), 457.

30 Zu dieser Gesellschaft vgl.: *Mitteilungen des Vereins zur Abwehr des Antisemitismus* (12. Januar, 1922), 4.

31 Ernst von Salomon, *Die Geächteten* (Gütersloh, 1930), 71.

32 E. J. Gumbel, *Vier Jahre Politischer Mord* (Berlin, 1922), *passim*; Donald L. Niewyk, »Jews and the Courts in Weimar Germany«, *Jewish Social Studies*, XXXVII (Frühjahr 1975), 111.

33 Jochmann, *op. cit.*, 464, 465.

34 E. J. Gumbel, *Vom Fememord zur Reichskanzlei* (Heidelberg, 1962), 50.

35 Jochmann, *op. cit.*, 467.

36 Mosse, *Crisis of German Ideology*, 239–241.

37 Jochmann, *op. cit.*, 471.

38 Francis L. Carsten, *Reichswehr und Politik 1918–1933* (Köln, 1964), 223.
39 Eine ausgezeichnete Erörterung dieser Entwicklungen bei Francis L. Carsten, *Revolution in Central Europe: 1918–1919* (Berkeley und Los Angeles, 1967), Kapitel 10.
40 Arnold Paucker, *Der jüdische Abwehrkampf* (Hamburg, 1968), 96, 97.
41 George L. Mosse, »German Socialists and the Jewish Question in the Weimar Republic«, *Year Book XVI of the Leo Baeck Institute* (London, 1971), 123–134.
42 *Ibid.*, 136.
43 *Ibid.*, 134–143.
44 *Ibid.*, 131–132.
45 Bela Vago, »The Attitude Toward the Jews as a Criterion of the Left-Right Concept«, *Jews and Non-Jews in Eastern Europe*, 33.
46 Bernard K. Johnpol, *The Politics of Futility, the General Jewish Workers Bund of Poland, 1917–1943* (Ithaca, N. Y., 1967), 193.
47 Leo Pinsker, *Auto-Emancipation: An Appeal to His People by a Russian Jew* (1882), zitiert bei: Walter Laqueur, *A History of Zionism* (New York, 1972), 72.
48 Mosse, *Crisis of German Ideology*, 303, 304; L. F. Clauss, *Rasse und Seele, Eine Einführung in den Sinn der Leiblichen Gestalt* (Berlin, 1933), *passim*.
49 Mosse, *Crisis of German Ideology*, 302, 303.

Kapitel 13
Von der Theorie zur Praxis

I

Der Wirbelsturm, der nach dem Ersten Weltkrieg über Europa hinweg-
fegte, hatte manchen Deich niedergerissen, der die Juden gegen Terror,
Diffamierung und Rassismus geschützt hatte. Die Regierungen erwiesen
sich als zu schwach, oder sie waren nicht gerade gewillt, dem über-
schwenglichen Nationalismus, der den gescheiterten Revolutionen
folgte, Einhalt zu gebieten. Die repräsentativen, eine pluralistische Politik praktizierenden Regierungen in Mittel- und Westeuropa wurden zur
selben Zeit hart bedrängt und Osteuropa Beute diktatorischer Regierungen. Überall leitete das Ende des Krieges eine Ära der Massenpolitik und
Massenbewegungen ein, deren Demokratieverständnis sich grundlegend
von der parlamentarischen Regierungsform unterschied. Politische Parti-
zipation wurde definiert als das Ausagieren einer politischen Liturgie in
Massenbewegungen oder auf den Straßen und als Streben nach Sicherheit
durch nationale Mythen und Symbole, die für diejenigen, die anders waren, wenig oder gar keinen Platz ließen.[1] Der Krieg hatte die Politik in ein
auf gemeinsamen Emotionen gründendes Schauspiel verwandelt. So, wie
es auf der europäischen Bühne aufgeführt wurde, brachte der Rassismus
allzu leicht Einheit in dieses Drama.

Der Durchbruch zur rassistischen Praxis war zunächst sozialen und politischen Organisationen vorbehalten, die nicht notwendig der Regierungspolitik entsprachen. So sahen wir, daß in Deutschland nach 1918 z. B.
Studentenverbände, Veteranenorganisationen und bestimmte politische
Parteien den Juden die Aufnahme in ihre Organisationen verwehrten. Es
hatte immer Gruppen gegeben, die Juden aus rassischen Gründen aus-
schlossen, nun aber bewegten sie sich vom Rande zum Zentrum bürgerlichen Lebens und beriefen sich für ihre Mitgliedschaft auf »Arier-Klau-
seln«. Die konservativen Parteien in Mittel- und Osteuropa schlossen sich
an, genauso wie zahlreiche nationalsozialistische Bewegungen, die im
Krieg neuen Auftrieb erhielten. Die Weltwirtschaftskrise vollendete, was
durch Krieg und Revolution begonnen wurde.

Man könnte sehr wohl sagen, daß der Krieg gegen die Juden[2] nach dem
Ersten Weltkrieg als Scharmützel begann und in den dreißiger Jahren zu
einer Offensive wurde. Mit ihr müssen wir uns jetzt befassen und untersuchen, bis zu welchem Grad die verschiedenen europäischen Nationen an

ihr teilhatten. Der Rassismus lieferte die Dynamik für diesen Angriff – manchmal offen, manchmal versteckt. In den dreißiger Jahren verlief der Kampf gegen die Juden in Westeuropa am schlechtesten, am besten in Mitteleuropa und nicht so schlecht in Osteuropa. Überall jedoch bestimmte die Vergangenheit, mit welchem Erfolg der Rassismus die Nation zu durchdringen vermochte.

England hatte zur Entwicklung des Rassismus beigetragen; sein Rassismus richtete sich jedoch eher gegen die Schwarzen als die Juden. Innerhalb Englands hatte man sich stets mehr auf die Eugenik als auf die Erschaffung einer arischen Nation konzentriert. So war England für einen gegen Juden geführten Rassenkrieg unempfänglich. Sir Oswald Mosley sollte erleben, daß es unmöglich war, die Flamme, die in Deutschland so hell brannte, hier zu entzünden. Zunächst widmete die britische »Union of Fascists« den Juden sogar wenig Aufmerksamkeit. Erst 1934, als die Schwarzhemden ins Straucheln gerieten, rückte der Antisemitismus als Mittel, ihrem politischen Glück aufzuhelfen, in den Vordergrund. Der Erfolg der Nazis mag bei der Übernahme dieser Politik eine Rolle gespielt haben.[3] Das Stereotyp vom Juden wurde nun verbreitet, und Gewalt gegen Juden kam häufiger vor. Dennoch war die Union außerstande, dies weiter zu schüren.[4]

Als 1931 die parlamentarische Regierung in eine Krise trieb, löste man das Problem dadurch, daß man eine Nationalregierung berief, die die traditionellen britischen repräsentativen Einrichtungen funktionsfähig erhielt. Anders als in Deutschland vor der Machtübernahme Hitlers, waren hier Privatarmeen verboten. Die Public Order Act vom 1. Januar 1937, die das Tragen von Uniformen und politische Demonstrationen verbot, wurde sogar von den Schwarzhemden befolgt. Sicher, es gab kleine Splittergruppen, wie die von Arnold Leese, die bereits 1935 vorschlugen, die Juden zu vergasen.[5] Doch sie spielten in der britischen Politik keinerlei Rolle, ebensowenig wie die British Union of Fascists eine Rolle spielte, als die deutsche Rassenpolitik sich ihrem Höhepunkt näherte. Der Krieg gegen die Juden hatte in England niemals eine Chance.

Spanien war eine weitere europäische Nation, die sich als relativ immun gegen rassistische Durchdringung erwies. Die faschistische Falange bediente sich manchmal antijüdischer Rhetorik; im allgemeinen jedoch lehnte sie den Rassismus ab, wenngleich einige führende Mitglieder des Franco-Regimes in den dreißiger Jahren von der Action Française beeinflußt waren.[6] Der Antisemitismus hatte in Spanien keinerlei Bedeutung, und das angrenzende Portugal bot einigen verfolgten deutschen Juden sogar Asyl. Reinheit des Blutes mag – wie verschwommen auch immer – im Kampf des 16. Jhs. gegen die Marranos ein Konzept gewesen sein. Im 20. Jh. war sie jedoch kein wichtiges Thema mehr.

Obwohl Frankreich viel näher am Wind segelte als andere westliche Nationen, gab es auch in Frankreich keinen Durchbruch zum Rassismus. Die Vorkriegstraditionen von Rassismus und Antisemitismus lebten zwar noch, und sie inspirierten auch noch verschiedene politische Bewegungen zwischen den Kriegen. Trotz allem erlebte Frankreich niemals den Kreislauf von Niederlagen, Revolution, Gegenrevolution und Inflation, der in Deutschland die Umsetzung der Rassentheorie in die Praxis förderte.

Die französische politische Rechte war von der Action Française beherrscht worden. Bereits vor dem Ersten Weltkrieg aber hatten Mitglieder die Organisation von Charles Maurras verlassen, um einen radikaleren Kurs zu verfolgen. Nach dem Krieg wurden faschistische Organisationen gegründet, die sich als Konkurrenten der Action Française verstanden. Zwischen 1925, als Charles Valois, der von der Action Française kam, sein »Faisceau« gründete, und 1936, als Jacques Doriot, der ehemalige Kommunistenführer, die »Parti Populaire Française« gründete, tauchten einige faschistische Bünde auf, von denen keiner große politische Bedeutung erreichte. 1929 holte ein solcher Bund, die »Francistes«, den Titel von Drumonts »Libre Parole« für ihre eigene Zeitung wieder hervor und denunzierte Juden, Freimaurer und Schwarze (obwohl 1943 ein kolonialer Ableger der Francistes schwarze Mitglieder hatte).[7] Die Francisten standen nicht allein da bei dem Versuch, sich auf das Vorkriegserbe des Antisemitismus zu berufen und es auf das Frankreich zwischen den Kriegen zu projizieren.

Nun verlängerte der Bolschewismus die Liste »der jüdischen Verschwörungen«, so wie anderswo auch. So konzentrierte sich die 1933 von dem Parfüm-Magnaten François Coty gegründete Liga »Solidarité Française« – wenngleich den Juden feindlich gesonnen – auf den Krieg gegen den Bolschewismus. Es ist typisch, daß Coty auch der Action Française Millionenbeträge gab.[8] Formell standen die Bünde gegen Charles Maurras, in Wirklichkeit aber waren sie von seinen Ideen nicht weit entfernt, und insgeheim bewunderten sie den alten Anti-Dreyfusianer.[9] Allerdings galt dies nicht für die einzige breite französische faschistische Bewegung, denn ihr Führer kam aus der Kommunistischen Partei und nicht von der Action Française.

Jacques Doriots »Parti Populaire Française« (1936) war die einzige, recht mitgliederstarke faschistische Bewegung in Frankreich; dennoch zog sie nur rund 250 000 Sympathisanten an.[10] Zwei Katalysatoren wirkten bei der Gründung dieser Partei mit, und sie scheinen dem Faschismus in Frankreich allgemein eine neue Lebenschance verschafft zu haben. Am 6. Februar 1934 marschierten eine Reihe rechtsgerichteter Veteranen-Gruppen, denen sich die Action Française und andere konservative Bewegungen angeschlossen hatten, vor das Gebäude der Abgeordnetenkammer. Diese massive und gewaltsame Straßenaktion führte nicht dazu, die Republik zu stürzen, aber es veranlaßte Doriot und andere, der nationalen Einheit erhöhte Aufmerksamkeit zu widmen und Opposition zur Republik zu beziehen. Die Bildung einer Volksfrontregierung unter Léon Blum im Juni 1936 verstärkte die Opposition der Bünde gegen die Republik, die hysterisch zu werden neigten und in dieser Regierung die Verwirklichung ihrer ärgsten Ängste sahen: »Frankreich ist den Juden ausgeliefert.«[11] Zur gleichen Zeit trat Jacques Doriot für Freundschaft mit Deutschland ein[12] und wurde zum Bewunderer dieser Nationalsozialisten.[13]

Bis 1937 erwähnte die »Emancipation National«, die Zeitung der »Parti Populaire«, die Juden kaum, sie sah nur überall kommunistische Verschwörungen. Die Juden Algeriens waren die Ausnahme. Sie wurden für ihre angebliche Untreue zu Frankreich gegeißelt, und der hier angeschlagene antijüdische Ton könnte Ausgangspunkt für einen allgemeineren Antisemitismus gewesen sein.[14] Auch die wachsende Bewunderung für die Nazis mag die Bewegung in diese Richtung getrieben haben. Der Redakteur der Parteizeitung, Maurice-Ivan Sicard, bestritt zuerst jegliche antisemitischen oder rassistischen Ideen.[15] Dies sollte sich mit dem Sieg der Deutschen während des Zweiten Weltkrieges jedoch ändern. 1944 erhielt er den von der »Parti Populaire« gestifteten »Prix de la France Aryenne«, und nunmehr verkündete er seine Verbundenheit zu »Rasse und Boden«. Im gleichen Atemzug forderte er die Ausweisung der Juden aus Frankreich, was angesichts des Zeitpunktes der Forderung darauf hinauslief, die Endlösung der Nazis zu unterstützen.[16]

Dennoch ist es für die französische Situation bezeichnend, daß sowohl Sicard als auch Doriot erst mit dem deutschen Sieg und der Besetzung von Paris (wo Doriots Partei ihr Hauptquartier hatte) rassistisch wurden. Als Sicard erst einmal mit den Nazis zu kollaborieren begann, blieb er konsequent; selbst nach Deutschlands Niederlage: Unter dem Pseudonym Saint-Paulien erinnerte er sich voller Nostalgie an die heroischen Zeiten der Nazieroberung.[17]

Die Bewegung Doriot war in Frankreich niemals eine vitale politische Kraft. Französischer Faschismus und Rassismus wurden statt dessen das Feld der Intellektuellen. In ganz Europa gab es in den dreißiger Jahren einige Intellektuelle, die mit den Ideen von Rasse, Blut und Boden sympathisierten, in Frankreich jedoch wurden sie zu den Haupthütern solcher Ideen. Hier allein wurde der Rassismus zu einer literarischen Mode, anstatt zu einer ernsthaften politischen Bewegung.

Die Gruppe der jungen Schriftsteller, die die 1930 gegründete Zeitung »Je suis partout« herausgaben, verband die Bewunderung für Drumont und Maurras mit der für den Krieg, in dem, wie sie zu schwärmen pflegten, die bestehende Wirklichkeit jeden Augenblick zerstört werden könne. Obschon selbst Rassisten, verlangten ihre Selbsteinschätzung und ihr Patriotismus, daß sie zwischen dem Rassismus der Nazis und dem eigener Provenienz unterschieden. Dies versuchten sie, indem sie betonten, ihr antijüdischer Rassismus sei gemäßigter und weniger irrational. So kritisierte einer ihrer Führer, Robert Brasillach, die Nazis, sie hätten die Rasse zu einer metaphysischen Lehre erhoben (was immer das auch heißen mochte); wohingegen er alle Juden für ein fremdes Volk mit unerwünschten Eigenschaften hielt.[18] 1938 verkündete Lucien Rebatet, ein anderer bedeutender junger faschistischer Schriftsteller, daß »wir keine Rassisten sind«; war aber zugleich stolz darauf, daß Frankreich beachtliche antisemitische Traditionen aufwies, und deshalb forderte er eine saubere Trennung zwischen Franzosen und Juden.[19]

Scheinbare Mäßigung wurde mit dem Glauben an die »jüdisch-bolschewistische Herrschaft« über Rußland verbunden und an die jüdischen Stereotypen, die in den Karikaturen von »Je suis partout« erschienen.[20] Die Bewunderung für die Nazi-Gewalt führte jedoch zu einer konsequenteren Haltung, die diese jungen Autoren mit dem »élan« Nietzsches verwechselten.

So versicherte Lucien Rebatet in seinem gefeierten Buch »Les Décombres« (1942) in einer Art Ekstase, daß man Tausende von Juden töten und den Rest deportieren solle. Man könne in Rußland oder im britischen Empire jüdische Kolonien errichten.[21] Für diese jungen Autoren war Rassismus letztendlich das Ergebnis der Sehnsucht, der Nietzschesche Übermensch zu werden, des Sehnens nach Ruhm, der der Gewalt entsproß. Auch Brasillach verglich Georges Sorel mit Alfred Rosenberg (der »französische Meister der Gewalt« und der »deutsche Meister der Gewalt«).[22] Es war eine unglaubliche Fehleinschätzung, den Verfasser vom »Mythos des 20. Jahrhunderts« in dieser Weise zu charakterisieren und Sorels Mythos der Gewalt mit Rosenbergs Rassenmythos zu verwechseln. Aber es war eine Illusion, die diese jungen Schriftsteller mit vielen älteren Männern, wie Sicard, teilten, die der französischen SS-Brigade »Charlemagne« freiwillig beitraten.

Berühmter als Brasillach und Rebatet, rief Louis-Ferdinand Céline, nach der Beschäftigung mit der menschlichen Degeneration in »Voyage au bout de la nuit« (1932), 1937 in seinem Buch »Bagatelles pour un massacre« zum Judenmassaker auf.[23] In den dreißiger Jahren wurden in anderen Teilen Europas bedeutende Literaten gewöhnlich mit Unterstützung starker lokaler faschistischer oder nazistischer Bewegungen zu Faschisten. So fand Gottfried Benn, einer der bedeutendsten Dichter Deutschlands, vorübergehende Erfüllung im Nationalsozialismus. Seine Dichtung war erfüllt von der Vision einer dekadenten und von Krankheiten gezeichneten Zivilisation, ähnlich dem, was Céline in seinem »Voyage au bout de la nuit« beschrieben hatte. Der Faschismus bot diesen Männern absolute Werte, an denen es ihnen zuvor gemangelt hatte, und er verschaffte ihnen die Sensation, sich mit einer männlichen Massenbewegung zu verbünden. Ezra Pound, der einen solchen Faschismus zu Hause nicht vorfand, ging nach Italien, wo es ihn gab. Die jungen und politisch isolierten französischen Faschisten mußten über die Grenze schauen, um sich zu inspirieren (obgleich viele in die Bewegung Doriot eintraten oder aus ihr hervorgingen).

Weil aber Frankreich unterhalb der scheinbaren Unruhe und den Regierungswechseln relativ stabil war, konnten weder Faschismus noch Rassismus sich in dieser Nation durchsetzen. Überdies, trotz aller französischer antisemitischer und rassistischer Tradition war die katholische und überwiegend ländliche Nation zu konservativ, um eine rassistische Dynamik so ohne weiteres zu übernehmen. Und schließlich saßen die Faschisten zwischen ihrem Chauvinismus und ihrer Bewunderung für die Nazis in der Klemme. Begeisterung bei den Nürnberger Parteitreffen, an denen viele von ihnen teilnahmen, und die Sorge um Frankreichs Macht und Herrschaft waren an sich unvereinbar. Kurz, in Frankreich wurde der Rassismus eine literarische Bewegung, die weder mit politischer Verantwortung noch vom Zwang belastet war, eine Massengefolgschaft zu erreichen.[24]

Auch in Osteuropa bekannte man sich selten offen zum Rassismus, wie sehr die Juden auch verfolgt wurden. Hier profitierten die Juden in den dreißiger Jahren davon, daß es eine radikale rechtsgerichtete antisemitische Bewegung gab, die die etablierten Nachkriegsdiktaturen bedrohten. Die Juden fanden daher in den Regierungen Verbündete, die entschlossen waren, solche rechtsgerichteten Parteien zu unterdrücken, die Recht und Ordnung und die bestehenden politischen und sozialen Machtstrukturen bedrohten. Die Diktaturen von Nationen wie Ungarn und Rumänien waren auf dem Bündnis mit den traditionellen sozialen und politischen Hierarchien gegründet und mußten aus diesem Grund die ererbte Ordnung gegen jene schützen, die sie zu stürzen wünschten. Überdies kam in Nationen, in denen die marxistischen Parteien verboten waren und sowjetische Subversion als ständige Bedrohung gesehen wurde, die Gefahr einer Revolution von der radikalen Rechten und nicht von der radikalen Linken.

Als König Carol sich 1938 zum Diktator von Rumänien ausrief, tat er es, um dem steigenden Druck der »Legion vom Erzengel Michael« zu begegnen.[25] Diese Bewegung wurde 1927 gegründet, und ihr Ziel war es, Rumänien in eine von Bauern und Arbeitern gestützte Diktatur zu verwandeln. Die »Eiserne Garde« – die 1930 geschaffene Massenorganisation der Legion – haßte die Juden fanatisch. Sie sah in ihnen ein Symbol des rumänischen Mittelstandes, der das Volk ausbeutete.[26] Die Juden stellten in der Tat einen großen Teil des rumänischen Mittelstandes dar, während die »Eiserne Garde« überwiegend aus Bauern zusammengesetzt war und von dem jungen Corneliu Zelea-Codreanu, einem ehemaligen Studenten, geführt wurde. Codreanu war ein Nationalsozialist, der gegen Finanzkapitalismus und Korruption kämpfte.

Er sprach sich für eine nationale Wiedergeburt aus, die er in Begriffen wie Blut, Boden und Christentum definierte. Codreanu bediente sich nicht des üblichen Rassenvokabulars, und nach Aussagen eines seiner Bewunderer nach dem Zweiten Weltkrieg wurde seine Ehe von einem Priester geschlossen, der ein konvertierter Jude war.[27] Trotzdem glaubte er letztlich daran, die Juden wollten einen beträchtlichen Teil Rumäniens übernehmen, um ein neues Palästina zu gründen.[28] Genauer: die Juden hätten den Bolschewismus erfunden. Sie seien sowohl die Ausbeuter als auch die Unterwanderer Rumäniens. Codreanu war ein christlicher Mystiker und Asket, der ständig über Christi Opfer sprach und der zwischen der Wiederauferstehung Christi und der der Nation Parallelen zog. Dennoch waren seine Ansichten über die Juden nicht leicht vom Rassismus zu unterscheiden, gerade so, wie seine Bewunderung für Adolf Hitler ernst gemeint war. Die Juden waren das absolute Übel. Codreanu war ein charismatischer Führer, und seit seiner von König Carol 1938 angeordneten Ermordung war die Eiserne Garde niemals wieder imstande, eine effektive Führung aufzubauen. Horia Sima, der neue Chef, verließ sich auf die Siege Hitlers im Zweiten Weltkrieg, um den Weg der Garde zur Macht zu ebnen.

Die Nazis erzwangen König Carols Abdankung 1940, und General Ion Antonescu, der neue Diktator, versuchte in Verbindung mit der Eisernen Garde zu regieren. Als zwischen ihnen jedoch ein Machtkampf entbrannte, vernichtete er, mit Hitlers Unterstützung, die »Eiserne Garde« – ihre Führer wurden ins Exil geschickt. Während der fünf Monate aber im Jahre 1941, als die Eiserne Garde General Antonescus Partner in der rumänischen Diktatur war, wurden während einiger der brutalsten Pogrome der Geschichte allein in Bukarest mehr als tausend Juden ermordet.[29]

Auch in Ungarn stand die konservative Diktatur von Nikolaus Horthy einer radikalen, rechtsgerichteten Bewegung gegenüber. Diese erreichte jedoch nie die Stärke und die Dynamik der Eisernen Garde. Auch die »Pfeilkreuzler« wollten das Horthy-Regime stürzen und die halbfeudalen Klassen, auf denen es ruhte. Doch ihr Führer, Ferenc Szálasi, war eher ein Träumer als ein Aktivist, und sein mystisches Ideal vom »Ungarntum« bot wenig konkrete Anhaltspunkte dafür, in Ungarn eine neue Ordnung herbeizuführen. Er sprach davon, einen industrialisierten und hochentwickelten Bauernstaat aufzubauen, letztlich aber war es nur die Forderung nach ungarischer Vorherrschaft, sowohl im Lande über alle Minderheiten, als auch nach außen, im Donaubecken, die der Bewegung ihre Dymik und ihre Anziehungskraft verliehen. Dennoch war das »Pfeilkreuz« wie die »Eiserne Garde« imstande, Massen von Arbeitern und

Bauern unter ihren Fahnen zu versammeln.[30] Die radikale Rechte erhielt in Rumänien und Ungarn eine so starke Unterstützung, weil sie die ersten Bewegungen waren, die die Massen in die Politik einbezogen, und sie taten dies in Nationen, in denen es keine marxistischen Parteien gab, die diese Funktion erfüllen konnten.

Szálasis nebulöses »Ungarntum« umfaßte die Verdammung der jüdischen Rasse, auch wenn sie keinen so prominenten Platz in den Überlegungen des Pfeilkreuzes einnahm wie in der Ideologie der ›Eisernen Garde‹. Szálasi weigerte sich denn auch, die Deportation der Juden aus Ungarn zu unterstützen.[31] Im Endeffekt jedoch spielte Szálasi keine sehr große Rolle, denn er war nur von Oktober 1944 bis Februar 1945 der Führer von Ungarn, zu einer Zeit, als die sowjetischen Armeen bereits das Land besetzten.

Während des Krieges war die radikale Rechte mit ihrem fanatischen Judenhaß weder in Ungarn noch in Rumänien imstande, die konservativen Diktaturen zu stürzen. Daher gab es, wiewohl die Juden in diesen Völkern einiger Beunruhigung ausgesetzt waren, keine systematische anti-jüdische Politik – bis der deutsche Druck die zögernden Diktatoren zu handeln zwang. Rassismus war nicht Teil der von den traditionellen Regimen verfolgten Politik, die zudem jede Veränderung fürchteten.

Von diesem osteuropäischen Muster war Polen die Ausnahme. Hier verfolgte – wie wir im vorhergehenden Kapitel sahen – die Diktatur nach Pilsudski von Zeit zu Zeit eine rassistische Politik. Manchmal wurde Gewalt gegen Juden sogar gefördert, und das veranlaßte eine französische Zeitung, die Herrschaft der Obersten mit Hitlers Drittem Reich zu vergleichen.[32] Ein gutes Beispiel für die Einstellung der polnischen Regierung zu den Juden bietet der Umstand, daß jedes Mal, wenn die Frage der deutsch-jüdischen Flüchtlinge in internationalen Gremien angeschnitten wurde, die polnische Regierung darauf bestand, daß man ihre »Überschuß-Juden« auch berücksichtigen solle – womit sie die 3 Millionen Juden in Polen meinte. Dies gab allen Nationen eine willkommene Entschuldigung dafür, die Auswanderung der deutschen Juden zu verhindern, denn hinter ihr standen Millionen Juden aus Polen in der Schlange.[33] Aber ungeachtet seiner rassischen Einstellungen versuchte Polen als katholische Nation den Gebrauch des Begriffes »Rasse« zu vermeiden.[34]

Die unter dem Einfluß der italienischen Faschisten stehenden Balkangebiete verfolgten einen gemäßigteren Kurs. So stiftete die »Ustascha«-Bewegung, die unter Ante Pavelic Kroatien übernahm, zwar Pogrome an. Während sie einige Juden in Lager sperrten, ließen sie die meisten von ihnen jedoch unter italienischem Druck am Leben und verweigerten den Nazis die Erlaubnis, sie zu deportieren. Überdies versuchte Pavelic nach italienischem Vorbild, eine nicht unbeträchtliche Anzahl von Juden von jenen Maßnahmen auszunehmen.[35]

Italien schützte seine eigenen Juden, wann immer es konnte. Im Oktober 1938 hatte Mussolini seine Rassengesetze verkündet: Nach ihnen waren Mischehen verboten, die Juden vom Militärdienst und großem Landbesitz ausgeschlossen. Aber Mussolini nahm von diesem Gesetz sofort alle Juden aus, die am Ersten Weltkrieg teilgenommen oder in der faschistischen Bewegung mitgemacht hatten. Überdies prägte er das Schlagwort: »Diskriminierung und keine Verfolgung.«[36] Die Rassengesetze waren bestimmt, einem in der Machtausübung altgewordenen Faschismus eine neue Dynamik zu verleihen – eine Aufgabe, an der sie scheitern mußten, da Italien keine anti-jüdische rassistische Tradition besaß. Sie waren, genauso wichtig, eine Freundschaftsgeste gegenüber Hitler, aber auch die war nicht sehr wirkungsvoll. Die Nazis wunderten sich darüber, daß die Gesetze nicht durchgesetzt wurden. Mussolini war kein Rassist. Wie Adolf Hitler war auch er ein Vollblutpolitiker, allerdings unterschied er sich von Hitler dadurch, daß er nicht vom Gewicht großen ideologischen Gepäcks und apokalyptischer Visionen behindert war. Hitler betrachtete jedes wichtige Problem unter dem Aspekt seiner Eschatologie, und für ihn mußten Lösungen absolut und »final« sein. Für Mussolini war die Zukunft offen, das verschwommene Ideal des neuen faschistischen Menschen würde ein positives Ende sicherstellen. So konnte er einmal, als es in seine anti-englische Politik paßte, den Zionismus unterstützen und den italienischen Juden mit scharfen Konsequenzen drohen für den Fall, daß sie eine doppelte Untertanentreue halten sollten.

Mitte der dreißiger Jahre hatte der Argwohn gegen jede Art von Internationalismus, einschließlich des Zionismus, im italienischen Faschismus bereits die Oberhand gewonnen. Dieser Umstand, zusammen mit einigen vagen Vorstellungen über eine internationale jüdische Verschwörung, machten es dem Duce zweifelsohne leichter, auf der Verkündigung der Rassengesetze zu bestehen. Auch die Tatsache, daß die Juden unter den italienischen Antifaschisten so stark vertreten waren, erleichterte ihm sicher seinen Entschluß. Wägt man jedoch ab, dann waren solche antijüdischen Gefühle wahrscheinlich nicht so entscheidend wie die Notwendigkeit, neuen Elan zu schaffen, und dem Nationalsozialismus gegenüber eine Geste zu tun. Mussolini entschied sich dafür, die Juden als Bauern in seinem politischen Spiel einzusetzen. Soweit es ihn betraf, war es nur zum Guten, daß er sie auf diese Weise in die Loyalität zum faschistischen Staat scheuchen konnte, obgleich die meisten italienischen Juden sowieso schon Faschisten waren.

Der abessinische Krieg von 1935 ebnete seinem prinzipienlosen Rassismus den Weg. Hier wurde das Rassenkonzept auf die Beziehungen zwischen Italienern und Äthiopiern angewandt. Fraternisation mit den Eingeborenen zeige einen Mangel an »rassischer Würde«. Dieser Krieg hatte das Rassenkonzept ins italienische Bewußtsein gebracht, aber gegen die Schwarzen, nicht gegen die Juden. Zunächst hoffte Mussolini, die Zionisten würden ihn unterstützen, um die weltweiten Sanktionen gegen Italien zu brechen. Als sich die Zionisten nun, trotz einiger Bemühungen, die Briten von ihrem Boykott abzubringen, als unfähig erwiesen, glaubte Mussolini, die internationalen jüdischen Organisationen hätten sich gegen ihn verschworen. Die Folge war, daß der Duce meinte, man müsse die jüdische Weltverschwörung gegen den Faschismus vernichten.[37]

Einige hohe faschistische Beamte, wie Roberto Farinacci, waren mit den Rassengesetzen zufrieden, weil sie, verstärkt durch ihre Bewunderung für die Nazis, bereits seit den 30er Jahren Antisemiten gewesen waren. Aber die faschistisch-nazistische Front gegen die Juden, von der sie träumten, wurde nie wahr, da Generäle und Staatsbeamte zusammenarbeiteten, um so viele Juden wie möglich vor den Nazis zu retten. Die wenigen italienischen Rassisten waren isoliert – zumindest bis zur Republik von Saló – jenem Teil Norditaliens, den Mussolini nach der italienischen Kapitulation und seiner Flucht aus alliierter Gefangenschaft regierte.

Giovanni Preziosi wurde 1944 Leiter eines neu eingerichteten Rassenamtes. Er hatte aus seiner Zeitschrift »La Vita Italiana« ein Sprachrohr des italienischen Antisemitismus gemacht. Preziosi hatte auch 1921 die »Protokolle« ins Italienische übersetzt und glaubte fest an die jüdische Weltverschwörung. Doch dieses Rassenamt hatte keinen spürbaren Einfluß, denn in der Republik Saló gaben die Nazis den Ton an, und Preziosi war nur ihr Kollaborateur.[38] Julius Evola, der andere bedeutende Rassentheoretiker, strich die Mysterien der Rasse heraus, die »Rassenseele«, und schenkte den biologischen und anthropologischen Aspekten nur wenig Aufmerksamkeit. Er glaubte an eine reine italienische Rasse. Da er sie aber erfinden mußte, übertrug er einfach die Eigenschaften der germanischen Arier auf eine mythische »mediterrane arische Rasse«.[39] Evolas Traum war es, eine gemeinsame europäisch-arische Front zu schaffen. Es verwundert kaum, daß er die SS als eine biologische und heldische Elite pries und sie mit dem mittelalterlichen ghibellinischen Rittertum verglich.[40] Aber anders als seine Kollegen anderswo nahmen ihn nur wenige Italiener ernst.

Nach dem Zweiten Weltkrieg, als er der ›elder statesman‹ des neo-faschistischen Italien wurde, versuchte Evola, seinen Rassismus zu rechtfertigen. Er sei, so behauptete er, eine Geisteshaltung, höchstens aber Eugenik gewesen. Trotz allem glaubte Evola immer noch, daß die Juden Verschwörer seien, die mit Hilfe von Hochfinanz und bolschewistischen Revolutionen einen geheimen Krieg gegen Italien führten.[41]

III

Die Zukunft des Rassismus in Europa hing in weitem Umfang vom Erfolg oder Mißerfolg Nazi-Deutschlands ab. Da es so aussah, als sei diese Nation drauf und dran, Europa zu beherrschen, wurde sämtliche rassistische Politik zuletzt in diesem Zusammenhang praktiziert.

Rassismus wurde am 30. Januar 1933 offizielle deutsche Regierungspolitik, als Hitler Reichskanzler wurde. Er kam in einer Koalition mit der konservativen Deutschen Volkspartei (DNVP) an die Macht. Wie groß auch immer die Hoffnung gewesen sein mag, die Konservativen könnten eine rassistische Politik verhindern, die Hoffnung war unbegründet. Sie waren in weniger als einem Jahr aus der Regierung ausgeschieden und hatten sich überdies selbst stark des Rassismus bedient, um die Massen zu mobilisieren.[42] Hätten sie und nicht Hitler gesiegt, dann wären die deutschen Juden, und das steht fest, vom deutschen Leben ausgeschlossen, aber nicht ganz aus Deutschland vertrieben oder ermordet worden. So wie die Dinge lagen, begann Hitler unmittelbar nach der Machtübernahme mit der Juden-Politik. Die Politik wies einen Rhythmus sich steigernder, harter Maßnahmen gegen die Juden auf. Schritte, denen stets der Versuch vorausging, die Massen gegen sie zu mobilisieren, damit es eher so aussäh, als gäben sie der öffentlichen Meinung nach, als daß sie als Anstifter dastanden.[43]

Noch war Massenmord kein Teil des Naziprogramms, das die Ausbürgerung der Juden forderte – soviel auch die SA von den vor Judenblut triefenden Messern singen mochte. In einem Nazi-Katechismus (1931) bewegte Joseph Goebbels sich auf dem respektableren Niveau der Tieranalogien. Gewiß, so schrieb er, seien Juden auch Menschen, das sei niemals bezweifelt worden, aber auch der Floh sei ein Tier, wenn auch ein unangenehmes. Darum schütze und füttere der Mensch den Floh auch nicht, darum versuche er vielmehr, ihn unschädlich zu machen.[44] Wir sahen bereits, welch wichtige und schicksalsträchtige Rolle Tieranalogien im Rassismus gespielt haben. Mäßigung in der offiziellen Politik und Extremismus auf den Straßen sollten Juden und Deutsche gleichermaßen verwirren. Zuerst schien es, als würde Hitler einfach das offizielle Naziprogramm durchführen und die Juden vom deutschen Leben ausschließen.

Während der ersten Phase seiner Judenpolitik – zu der Ausschluß und Emigration gehörten – fand Hitler leicht willige Mitarbeiter. Dies sollte sich während der »Endlösung« als nicht ganz so leicht erweisen. So protestierten Baldur von Schirach, der Führer der Hitlerjugend, und seine Frau gegen die Deportation der Juden, nachdem Frau von Schirach zufällig in Holland Zeugin einer Razzia gegen Juden geworden war. Hitler reagierte auf einen solchen Eingriff in seine Pläne nicht positiv.[45] Dennoch können für das, was später geschah, jene nicht freigesprochen werden, die sich in den Anfangsstadien an der anti-jüdischen Politik beteiligten. Als der Rassismus erst einmal offizielle Politik einer mächtigen und dynamischen Regierung geworden war, waren auch die Weichen für ihren logischen Abschluß gestellt. Rassismus war, nach allem, ein totales Engagement. Für die meisten Menschen aber, einschließlich vieler Nazis, wäre eine Politik des Massenmordes im aufgeklärten 20. Jahrhundert undenkbar gewesen. Man konnte mit der Nazipropaganda übereinstimmen, daß die Juden Fremde in Deutschland waren, und, vorausgesetzt, daß dies alles war, dessen es bedurfte, konnte man seine Augen auch noch vor jeder Maßnahme schließen, die weiter reichte, als sie aus dem Volk auszustoßen. Man darf nie vergessen, daß Hitlers Politik sich vor dem Hintergrund spektakulärer Erfolge in Innen-, Wirtschafts- und Außenpolitik abspielte. Überdies entfaltete sich die nazistische anti-jüdische Politik nur sehr langsam. Noch 1935 wanderten Juden wieder nach Deutschland ein, die man zusammen mit vielen anderen Juden, die geblieben waren, in Sicherheit gewiegt hatte.[46]

Adolf Hitler handelte niemals direkt. Einerseits war er von einem anti-jüdischen Verfolgungswahn besessen, andererseits ging er langsam vor und hielt zu eifrige Mitarbeiter manchmal zurück. So wählte er zum Beispiel, wie wir noch sehen werden, von allen ihm vorgelegten Versionen der berüchtigten Nürnberger Gesetze von 1935 die mildeste aus.[47] Hitlers Gespür für politisches Timing, das sich in der Außenpolitik als so ausgezeichnet erweisen sollte, entfaltete sich auch bei der Entwicklung der jüdischen Frage. Es sah stets so aus, als handle er unter Druck oder gebe Provokationen nach – so wie 1938 bei der Ermordung des deutschen Diplomaten Ernst von Rath durch einen jungen Juden in Paris. In Wirklichkeit aber war in seiner eigenen Sicht alles so angelegt, daß es zur Endlösung führte.

Hitler verband den »Lebensraum«, den das deutsche Volk seiner Meinung nach im Osten benötigte, mit der Vernichtung der Juden. In seiner Vorstellung bildeten beide ein einziges großes Ziel: denn die weiten Räume und eine versklavte, eingeborene Bevölkerung würden ihn in die Lage versetzen, den jüdischen »Feind« ohne jenes große Aufsehen auszulöschen, das dies eventuell in Deutschland erregen könnte. Das Euthanasieprogramm, das mitten im Reich stattfand, mußte (zumindest offiziell) aufgegeben werden, als man gewahr wurde, was da vor sich ging.[48] Diese Erfahrung muß Hitlers Entschluß bestärkt haben, die Eroberung Polens mit seiner Endlösung zu kombinieren. In der Rückschau scheinen Hitlers Ziele und Politik klar. Zu ihrer Zeit allerdings waren sie nicht so offensichtlich. Der Führer sorgte dafür, seine wahren Gefühle und Absichten für sich zu behalten, auch wenn er sie einigen seiner engsten Mitarbeiter andeutete.

So wird Adolf Hitler als der wahre Prophet der Rasse selbst zum Schlüssel der nazistischen Rassenpolitik, der die Theorie zu ihrem logischen Ende führte. Wie wurde Hitler ein Anhänger der Rassentheorie, und welche Art Rassismus führte zu seinem leidenschaftlichen Engagement und zu seinem blinden Glauben? Hier müssen wir einhalten und die intellektuelle Entwicklung des wichtigsten Politikers in der Geschichte des europäischen Rassismus schildern.

Der junge Hitler lernte Rassismus in Wien kennen, wo er sehr intensiv ausgeprägt war, und festigte ihn durch entsprechenden Umgang in den Jahren unmittelbar nach dem Ersten Weltkrieg. Vielleicht war er bereits in Wien zu einem radikalen Antisemiten geworden (das werden wir nie genau wissen), nach 1918 jedenfalls wuchs er zu einem besessenen Rassisten heran.

In Wien muß Hitler sehr vielen antisemitischen Einflüssen ausgesetzt gewesen sein: Der Bewegung Lueger, deren letzte Phase er erlebte, dem gewalttätigen All-Deutschen von Schönerer und zuletzt den rassistischen Sekten, die das »Mysterium der Rasse« einbrachten. Es scheint, als ob die Sekten von Lanz von Liebenfels und Guido von List den stärksten Einfluß auf ihn ausgeübt haben, die beide eine Mischung aus Rassismus und Theosophie propagierten. Ihre Literatur hat er wahrscheinlich gelesen, da es sich bei seinen Unterhaltungen, viele Jahrzehnte später, ständig um Spiritualismus, Geheimwissenschaften und um die Juden als »Prinzip des Bösen« und nicht als menschliche Kreaturen aus Fleisch und Blut drehte.[49] Hitler übernahm jedoch nichts von Luegers Zynismus, auch seinen Katholizismus nicht, und ganz gewiß ignorierte er die Theorien der Wissenschaft von der Rasse.

Nach dem Ersten Weltkrieg machten sich ähnliche Einflüsse bemerkbar. Wir besitzen eine Liste von Büchern, die Hitler bei dem Nationalsozialistischen Institut geliehen haben soll, eine Leihbücherei in der Nähe Münchens, die eins der ersten Parteimitglieder zwischen 1919 und 1921 gründete und unterstützte. Sie umfaßt sämtliche wichtigen Autoren des Rassismus: Houston Stewart Chamberlain, Richard Wagner, Langbehn und nicht weniger als drei Bücher von Max Maurenbrecher, der ein völkischer Rassist war, der sowohl gegen die Juden als auch gegen die christliche Kirche schrieb. Überdies gehören noch mehrere Bücher dazu wie: Luther und die Juden, Goethe und die Juden, die auf einen angeblichen Judenhaß dieser deutschen Kulturheroen hindeuten. Auch eine verwässerte Version von Rohlings »Talmud-Jude« steht zusammen mit Büchern über die Sozialdemokratie als einer jüdischen Bewegung auf den Listen sowie Nicostenskis »Der Blutrausch des Bolschewismus«. Und auch das ist interessant: Hitler blickte flüchtig in Zolas Roman »Das Geld«, der das Stereotyp vom jüdischen Kapitalisten enthält. Auch was Treitschke über die Juden schrieb, steht auf dieser Liste. Hitler muß also mit der üblichen rassistischen Literatur – außer der mit wissenschaftlichem Anspruch – vertraut gewesen sein. Es sollte hinzugefügt werden, daß etwas weniger als die Hälfte der von Hitler entliehenen Bücher nichts mit Juden zu tun hatte, sondern sich mit mittelalterlicher, österreichischer und deutscher Geschichte sowie mit der Erörterung zeitgenössischer Affären aus rechter Sicht befaßte.[50] Hitler war kein starker Leser. Er glaubte offensichtlich, es genüge, wenn man das Ende eines Buches zuerst lese, und behauptete, er könne den Sinn erfassen, indem er seine Seiten überfliege.[51] Für die rassistische Literatur wäre dies nicht weiter wichtig gewesen, da man deren polemischen Inhalt ohne systematisches Lesen erfassen konnte.

Wichtiger als jede Lektüre aber war Hitlers Begegnung mit dem Stückeschreiber und Journalisten Dietrich Eckart in München. Für Eckart war der Jude schlicht das Prinzip des Bösen. Der Jude war für Deutschlands Niederlage, für den Bolschewismus und für die Zensur gegen Eckarts Stücke verantwortlich, denen, seiner Ansicht nach, die Anerkennung fehlte, die sie verdienten. Diese Vorstellungen und ein solcher Verfolgungswahn füllten Eckarts Nachrichtenblätter: »Auf gut Deutsch« (vgl. Bild 12). Durch seinen Freund Alfred Rosenberg hatte Eckart die »Protokolle der Weisen von Zion« kennengelernt. Er muß sie danach an Hitler weitergegeben haben. Alle drei hielten die Protokolle für das Verständnis der Juden und ihrer bolschewistischen, sozialistischen oder liberalen Mitläufer für grundlegend. Dennoch wünschte Eckart keine gewaltsame Lösung der jüdischen Frage, und soweit er über praktische Maßnahmen gegen die Juden nachdachte, umfaßten sie die Wiedereinführung von Ghettos und den totalen Ausschluß der Juden vom deutschen Leben.[52] Überdies waren die Juden als Widerpart für die Deutschen stets lebenswichtig: sie lieferten den nötigen Antrieb für den arischen »Lichtmenschen«.[53]

Das Ausrottungsprogramm, um zunächst Deutschland und dann Europa »judenrein« zu machen, scheint ein Schluß gewesen zu sein, den Adolf Hitler selbst aus seinem eigenen Kampf gegen die Juden zog. Zu der Zeit, da er seine rassischen Überlegungen formulierte, war Hitler ein Außenseiter. Was ihn aber von den Propheten, Privatgelehrten und Dichtern unterschied, die das Rassenmysterium ausmalten, war eine größere praktische Begabung und ein ausgezeichneter politischer Instinkt. Wie er in »Mein Kampf« schrieb, muß eine Weltanschauung, soll sie ernst genommen werden, politische Realität werden.[54] Und zu diesem Zweck war er gewillt, Kompromisse einzugehen, Politik und Taktik einzusetzen, bis die Zeit reif war. Männer wie Chamberlain, Langbehn oder Eckart, um nur einige zu nennen, verachteten jeden Kompromiß und wähnten sich als über dem Wirrwarr der Politik stehend. Von seinem Standpunkt aus zu Recht, schimpfte Hitler auf solche völkischen »Wandergelehrten«, wie er sie nannte, denen jeglicher politischer Verstand abging.[55]

Als Hitler am 30. Januar 1933 Kanzler wurde, war der Weg für die Durchführung des Naziprogramms vorbereitet. Er übernahm die Macht zu einem Zeitpunkt, als in Deutschland ein Bürgerkrieg drohte – und der Rassismus, der sich bereits vor langer Zeit schon mit Mittelstandsmoral und den Kräften von Recht und Ordnung verbunden hatte, konnte in eine bessere Zukunft weisen. Die Nazis und die Konservativen versprachen, die Ordnung wiederherzustellen und wieder Moral und Anstand im öffentlichen wie im privaten Leben zu betonen. Dies hieß für ziemlich viele Leute nunmehr, den Rassismus als Bollwerk von Moral, Recht und Ordnung dieser Art gegen die negativen Prinzipien Bolschewismus, Kommunismus und Juden zu übernehmen.

Das Bündnis zwischen Rassismus und Mittelstand, das wir ständig hervorgehoben haben, hatte zur Folge, daß selbst jene, die keine überzeugten Antisemiten waren, die anfänglich gemäßigten Aktionen gegen die Juden dulden und neuen Stolz und Ansehen darin finden konnten, Deutsche zu sein. Wie uns ein Zeuge erzählte, haben wohl viele die Nazipartei gewählt, weil es gut war, saubere junge Männer durch die Straßen marschieren zu sehen, ein Anblick, der mitten im Chaos Ordnung versprach, und mitten in der absoluten Hoffnungslosigkeit Energie verkörperte.[56]

Nach dem Januar 1933 drückte die offizielle Politik zunächst längst bestehende Gefühle aus, von denen, wie wir weiter oben zeigten, nicht einmal die Linke ganz frei war. Bei dem berühmten Berliner Transportarbeiterstreik hatten Kommunisten und Nazis zusammengearbeitet und, was wichtiger ist, die Kommunistische Partei hatte sogar noch früher versucht, den Zuwachs der Nazis dadurch aufzuhalten, daß sie ihr etwas von ihrer nationalen Anziehungskraft nahm. Die Sozialdemokraten zögerten in diesen letzten Jahren der Republik, Juden für öffentliche Ämter aufzustellen, und die Kommunisten eliminierten sie fast alle aus dem Zentralkomitee.[57] Nazi-Rassismus wurde zum Mittelpunkt der Diskussionen, und alle anderen mußten mit seinem Standpunkt ins reine kommen.

Vorsicht kennzeichnete die Politik gegen die Juden unmittelbar nach der Machtübernahme. Die Stellung der Juden mußte auf rechtlichem Wege oder mittels Verwaltungsmaßnahmen unterminiert werden.[58] Gleichwohl provozierte die SA (Sturmabteilung) anti-jüdische Unruhen in Städten wie Breslau, die nicht nur materiellen Schaden anrichteten, sondern auch eine Atmosphäre des Terrors schufen. Hitler wünschte diese Art individueller Aktionen nur, wenn sie von oben kontrolliert wurden, denn sonst bestand die Gefahr, daß die schwierige SA unangemessen viel Macht erhielt; überdies lief es dem rational aufgebauten System des Ausschlusses der Juden zuwider, das der Führer im Sinn hatte.[59]

Um sich des Terrors für seine eigenen Ziele bedienen zu können und um die Meilensteine für seine Judenpolitik zu setzen, billigte Hitler den Boykott gegen die jüdischen Geschäfte vom 1. April 1933. Während viele einflußreiche jüdische Gesellschaften und Zeitungen von dieser Aktion ausgenommen waren, nahm Hitler die Gelegenheit wahr, auf einer mit ihm offensichtlich nicht in Zusammenhang stehenden Front vorzugehen: Die jüdischen Rechtsanwälte und Richter wurden aus den deutschen Gerichten entfernt.[60] Wie immer, wurde auch hier eine Aktion gegen einen bestimmten Ausschnitt der jüdischen Gemeinschaft als Deckung dafür benutzt, gegen die gesamte jüdische Gemeinde parallel laufende Aktionen zu unternehmen. Weitaus weiterreichende Folgen sollte es haben, daß man ein Gesetz vorbereitete und in Kraft setzte, das jüdische Beamte auf allen Regierungsebenen ausschloß. Dennoch bestand in Angelegenheiten, die die Behandlung der Juden betrafen, beinahe ein Chaos. Jedes einzelne deutsche Land, wie Sachsen, Preußen oder Bayern, nützte seine regionalen Privilegien, um seine eigenen Wege zu gehen, und entweder einen harten oder einen gemäßigten Kurs einzuschlagen.

Trotz dieser Verwirrung aber war selbst jenen Beamten des Innenministeriums, die gegen den Rassismus waren, klar, daß sie nichts für die Juden selbst tun konnten, und daß sie allerhöchstens jene schützen konnten, die in Mischehen lebten oder gemischt-rassig waren.[61] Am 15. September 1935, am Vorabend des »Parteitages der Freiheit«, als die »Gesetze zum Schutze des deutschen Blutes« (die als »Nürnberger Gesetze« bekannt wurden) verkündet werden sollten, stand fest, daß Hitler dagegen war, die einzelnen Juden zu terrorisieren,[62] daß er aber entschlossen war, die Juden vom deutschen Leben auszuschließen. Es war überhaupt nicht klar, wie er den Juden definieren wollte, auch nicht, ob er bei der Handhabung der Judenfrage über das Nazi-Parteiprogramm hinausgehen wollte.

Aus den verschiedenen, ihm vorgelegten Entwürfen zu diesen Nürnberger Gesetzen wählte Hitler den mildesten aus. Es wurde den Juden verboten, Arier zu heiraten oder außereheliche Beziehungen zu ihnen zu haben; es wurde ihnen verboten, arische Bedienstete zu halten oder die Nazifahne zu hissen.[63] Später erklärte Hitler dann, dieses Gesetz sei sein letztes Wort zur Judenfrage.[64] Dies war genau die gleiche Versicherung, die er nach jedem seiner Züge in der Außenpolitik machen sollte – nur, um dann später sein Wort zu brechen. Diese Methode, die ausländische Staatsmänner verunsicherte, verwirrte auch deutsche Juden, die mit einem solchen Gesetz leben konnten und viele andere Deutsche. Es wurde keine Definition des Juden gegeben, und dies ließ die Hoffnung keimen, daß eine endgültige Definition großzügig und das Konzept der Mischrassen auf zweifelhafte Fälle ausgedehnt würde, die dann als Ausnahme zum Gesetz gelten würden. Hitler beabsichtigte, wie wir heute wissen, genau das Gegenteil. Aber unterdessen sonnte er sich im Glanz eines Gemäßigten, und gewann dabei noch an Bewegungsfreiheit, die er nicht für, sondern gegen die Juden einsetzen sollte.

Die Frage, wer Jude war, wurde von der Bürokratie beantwortet: Ein Jude mußte mindestens drei jüdische Großeltern haben. Der Jude, der zwei jüdische Großeltern hatte, war nur dann Jude, wenn er zur religiösen

Gemeinschaft gehörte und eine Jüdin geheiratet hatte. Alle anderen mit Mischblut waren volle Staatsbürger des Reiches. Selbst wenn ein Deutscher zum Judaismus konvertiert war, blieb er Staatsbürger.[65] Die augenscheinliche, durch diese Definition gewährte Großzügigkeit schien die Hoffnungen jener zu bestätigen, die glaubten, die Judenpolitik habe nunmehr ihren Abschluß gefunden.

Überdies wurde, außer bei den akademischen Berufen, wenig getan, den wirtschaftlichen Status der meisten deutschen Juden zu untergraben. Gewiß, zwischen 1933 und Herbst 1937 wurden einige höchst exponierte und mächtige jüdische Unternehmen enteignet, meist Zeitungen und Kaufhäuser, aber trotz des Boykotts vom 1. April 1933 verdienten die jüdischen Kaufleute einen annehmbaren Lebensunterhalt. Dennoch waren die schlimmen Zeichen der Zukunft bereits vorhanden, selbst wenn sie allgemein übersehen wurden. So wurde zum Beispiel im September 1935 eine vollständige Liste aller Juden in Deutschland aufgestellt, ob sie nun Staatsbürger waren oder nicht – eine Aktion, ohne die die Endlösung niemals funktioniert haben würde. Daß Himmler und die Gestapo angeordnet hatten, solche Listen anzufertigen, war auch noch in anderer Hinsicht schicksalsträchtig. Die Judenpolitik wechselte von den schwachen Händen des Innen- und Justizministeriums in die Hände der Geheimpolizei, der SS und Heinrich Himmlers über. Das am 14. Juli 1933 verkündete Gesetz zur Verhütung erbkranken Nachwuchses war schließlich nicht einfach nur das erhoffte Ergebnis der Propagierung der Eugenik, es sollte letztlich zur Euthanasie führen. Hitler erwähnte die Euthanasie zuerst inoffiziell auf dem Parteitag, an dem die Nürnberger Gesetze verkündet wurden.[66]

Ende 1937, Anfang 1938 nahm die Judenpolitik eine scharfe Wende, die mit einer allgemeinen Konsolidierung des Regimes zusammenfiel. Die restlichen Konservativen verließen die Regierung und das Oberkommando der Wehrmacht. Hitler bereitete sich auf die Kraftprobe in der Außen- und in der Judenpolitik vor. Im November 1937 offenbarte er der Leitung in Regierung und Armee seine geheimen Kriegspläne (Hossbach-Protokoll). Zur selben Zeit beschloß er, die Austreibung der Juden aus Deutschland zu beschleunigen. Gegen die ausländischen Nationen, die die getäuschten Opfer der Juden waren, mußte Krieg geführt werden, innerhalb Deutschlands jedoch unterhielt die »jüdisch-bolschewistische Verschwörung« eine fünfte Kolonne, die gleichfalls vernichtet werden mußte.

Zu einer Zeit, als die Wende in der Judenpolitik noch nicht vollzogen war, aber sich bereits andeutete, wies Hitler selbst auf das Unternehmen hin und gab den Kurs preis, den er einzuschlagen gedachte. In der Rede am 29. April 1937 sagte er: »Ich will ja nicht gleich einen Gegner mit Gewalt zum Kampf fordern... sondern ich sage: Ich will dich vernichten!... Und jetzt hilft mir meine Klugheit, dich so in die Ecke hineinzumanövrieren, daß du zu keinem Stoß kommst und dann kriegst du den Stoß ins Herz hinein.«[67] Diese Aussage zur Judenfrage, die am Ende der einen und am Beginn einer anderen Judenpolitik steht, bedarf keines Kommentars. Sie erklärt die allmähliche Entwaffnung des Gegners und die dann folgenden Handlungen, die ihn zu einem Geächteten machten. Die von Hitler gefürchtete jüdische Verschwörung wurde unter Kontrolle gebracht. Vom Spätherbst 1937 an waren Zögern und Zweideutigkeiten in der Judenpolitik nicht länger erlaubt. Aus den Ministerien ergoß sich nunmehr eine wahre Flut von Gesetzen, und vorher ungelöste Probleme wurden in schneller Folge gelöst. Die Juden wurden von allen Steuervorteilen ausgenommen, ihnen wurde die staatliche Unterstützung entzogen (die sie zuvor bekommen hatten, wenn sie sich in finanzieller Notlage befanden), und schließlich wurde ihnen die Ausübung aller Berufe verboten.

Der wirklich entscheidende erste Schritt aber war die neue Politik der »Arisierung« der Wirtschaft, die nunmehr von Hermann Göring energisch angepackt wurde. Der konzentrierte Angriff auf das jüdische Wirtschaftsleben, der im Winter 1937 begann, traf jeden Bereich, vom Bankgewerbe bis zum Einzelhandel. Er wurde von lokalen Boykotts begleitet, so zum Beispiel in Julius Streichers Nürnberg. Die Habgier des Nazistaates war nicht der einzige Grund für diese Arisierung. Es war auch eine Warnung an die Juden, daß sie nicht länger in Deutschland leben konnten, ein Umstand, der vor diesem Zeitpunkt nicht so offensichtlich war. Über die wirtschaftlichen Maßnahmen wurde nicht so viel verbreitet wie über ein Gesetz, das am 28. März 1938 verabschiedet wurde: Dadurch verloren die jüdischen religiösen Kongregationen den Rechtsschutz; ein deutlicher Hinweis für die Juden auf das, was ihnen noch bevorstand – sie waren nicht länger »legale Personen«; auch sollten sie ihre Sicherheit niemals wieder zurückgewinnen. Nunmehr nahm man ihnen offiziell alle Rechte und stieß sie außerhalb des Gesetzes. Was bis dahin eine, wie auch immer verschleierte Tatsache gewesen war, wurde nun zur öffentlichen Handlung.[68]

Diese Maßnahmen wären vielleicht nicht notwendig gewesen, wäre die offizielle Politik, die die jüdische Emigration förderte, nicht fehlgeschlagen. 1937 war sie jedoch gescheitert, einmal, weil die Juden zögerten zu gehen, und zum anderen, weil es schwierig war, ein Asyl zu finden. Dennoch hatten die Nazis versucht, die Emigration durch wirtschaftliche Transferabkommen mit Palästina und bestimmten lateinamerikanischen Ländern, wie Argentinien und Chile, zu erleichtern. Jetzt aber, da man den Juden ihren Lebensunterhalt verweigerte, versuchte man eine Zwangsemigration. Die Juden durften keinerlei Besitz mitnehmen; 10 RM pro Person waren erlaubt und man ließ es zu, daß die Transferabkommen verfielen.

Die ersten, die mit Gewalt aus Deutschland vertrieben wurden, waren jene Juden, die staatenlos waren, weil sie sich niemals die Mühe gemacht hatten, sich um die deutsche Staatsbürgerschaft zu bewerben. Die nächsten waren polnische, in Deutschland lebende Juden. Sie waren viel zahlreicher, und zu ihnen gehörten viele, die lange in Deutschland gelebt hatten, ohne Staatsbürger zu werden. Am 28. und 29. Oktober 1938 verhaftete die Gestapo 15000 polnische Juden und zwang sie über die Grenze. Aber auch die Polen wollten jene nicht, die sie als »Überfluß-Juden« bezeichneten, und so lebten diese Männer, Frauen und Kinder eine Zeitlang im Niemandsland und wurden hin- und hergeschoben.[69] Schließlich nahm Polen sie auf – aber die Lage dieser elenden Gruppe war ein Omen für das, was nun folgen sollte. Der Jude war nirgendwo erwünscht. Er war in der Tat staatenlos in einer Zeit, in der keinem Volk zuzugehören bedeutete, daß man ein Ausgestoßener war.

Polnische jüdische Immigranten wurden niemals richtig akzeptiert; und schon 1919, und dann wieder 1923, hatte die deutsche republikanische Regierung versucht, viele von ihnen zu verfolgen und auszuweisen.[70] Für die Nazis verkörperten solche Juden das wahre Gesicht des Weltjudentums, während die assimilierteren Juden einfach die fünfte Kolonne waren. Diese Behauptung hatte Hitler in »Mein Kampf« aufgestellt.[71] Am 5. Januar 1938 goß er sie in rechtliche Form, als er befahl, daß jeder Jude die Vornamen Israel bzw. Sarah anzunehmen habe.[72] Alle Juden waren gleich, ob es arme osteuropäische Emigranten oder alte deutsche jüdische Familien waren. So brachte man sie dazu, das Stereotyp vorzuleben. Nun wohnten alle Juden in einem Niemandsland, nicht nur die, die polnisch oder staatenlos waren.

Zwei Ereignisse beschleunigten die anti-jüdischen Maßnahmen: Der Anschluß Österreichs, im März 1938, brachte 200000 Juden mehr ins Dritte Reich. So schwierig es war, konnte sich die Emigration kaum eines Feindes annehmen, der so an Zahl zugenommen hatte. Zweitens erschoß am 7. November 1938 Hershel Grynszpan den Kanzler der deutschen Botschaft in Paris, Ernst von Rath. Grynszpan war ein junger Jude, dessen Eltern zu jenen polnischen Juden gehörten, die ins Niemandsland ausgewiesen worden waren. Nunmehr hatte Hitler Gelegenheit, eine Welle des Terrors gegen die Juden in Gang zu setzen, die während seiner Herrschaft nicht mehr verebben sollte.

In Österreich verschärfte Hitler persönlich die anti-jüdischen Maßnahmen. Es wurde nicht nur die gesamte Gesetzgebung des Reiches auf einmal eingeführt, er beseitigte auch persönlich den besonderen Status der Mischlinge, denen man jetzt in Österreich die Staatsbürgerschaft entzog, die sie nach der Verkündung der Nürnberger Gesetze behalten hatten. Selbst jene Juden, die im Ersten Weltkrieg mitgekämpft hatten, wurden nicht mehr bevorzugt.[73]

Österreich war eine weitere Probe für die Zukunft. Von dem Augenblick an, da Österreich sich dem Reich anschloß, wurden alle Schlupflöcher geschlossen. Selbst Menschen, die keine Rassisten waren, ließen sich durch die Gelegenheit blenden, einer größeren deutschen Gemeinschaft anzugehören, und sie waren blind für die Folgen. Typisch war die Haltung des Kardinalerzbischofes von Wien, Theodor Innitzer: 1933 genoß er es, daß die »Stimme des Blutes des deutschen Volkes« wieder gehört wurde, wiewohl er drei Jahre später den Rassismus öffentlich verdammte. Dennoch begrüßte er den Anschluß enthusiastisch, und erst als die Kirche angegriffen wurde und es zu spät zum Handeln war, begann er nachzudenken.[74]

Joseph Goebbels, den man von der Formulierung der Judenpolitik ausgeschlossen hatte, nahm die durch die Ermordung von Raths sich bietende Gelegenheit wahr, antijüdische Unruhen in Gang zu setzen. Er wählte die Nacht vom 9. auf den 10. November (den Jahrestag des gescheiterten Putsches durch Hitler im Jahre 1923). Diese offiziell inszenierten Unruhen wurden als »Kristallnacht« bekannt, weil die Fenster von beinahe allen Synagogen Deutschlands eingeworfen, ihre Innenausstattung zerstört und die meisten bis auf die Grundmauern niedergebrannt wurden. Nach dieser Zerstörungsorgie wurden 30000 Juden in die Konzentrationslager Dachau und Sachsenhausen gebracht.[75]

Man muß die »Kristallnacht« im Zusammenhang mit der ersten großen Verhaftungswelle von Juden und deren Einweisung in die Lager sehen. Die meisten festgenommenen Juden gehörten der wohlhabenderen Schicht an, und wenn sie Auswanderungspapiere vorweisen konnten, wurden sie entlassen. So wurde, wenn auch diesmal wieder der größte Teil die Lager verließ, ein Präzedenzfall geschaffen, als ein Schritt in den offenen Krieg gegen die Juden.[76] Hitler unterstützte diese Aktion natürlich, und er befahl Goebbels' Rivalen Himmler, nicht einzugreifen.

Göring und Himmler waren von Goebbels' Aktion beunruhigt. Göring sah Millionen verwendbare Reichsmarkwerte zerstört, Himmler sah seinen Plan für eine ordentliche Lösung der Judenfrage in Gefahr, und überdies hatte sein Feind in dem ewigen Machtkampf um die Führung einen Punkt gewonnen. Tatsächlich aber waren ihre Sorgen unnötig. Göring wurde entschädigt, als man den Juden eine hohe Steuer für die angerichteten Schäden auferlegte, und die unsystematische Arisierung wurde mittels einer langen Liste, ohne Ausnahmen, in eine feste Form gebracht. Sie enthielt sämtliche den Juden für alle Zeiten verbotenen wirtschaftlichen Aktivitäten. Jüdische Bankkonten und Investierungen wurden beschlagnahmt. Auch Himmler ging nicht leer aus: Die Juden wurden endgültig der SS überantwortet. Reinhard Heydrich wurde mit der Durchführung der Judenpolitik betraut.[77]

Die SS wollte alle Juden auf einmal ausweisen, und Göring, der als nomineller Chef der Geheimpolizei den Oberbefehl über die Judenpolitik hatte, wollte während des Jahres 1939 die Juden in Ghettos konzentrieren. Hitler jedoch, der nach den bis dahin gelaufenen Maßnahmen wieder einmal eine Unterbrechung brauchte, hielt Himmler, Göring und Heydrich zurück.[78] Nicht etwa, weil sie unrecht hätten, sondern eher, weil sie zu voreilig waren. Zu diesem Zeitpunkt enthüllte Hitler noch mehr von dem, was er mit den Juden vorhatte – ja er gab sein Endziel preis. Wenn er am 29. April 1937 (nach seinen eigenen Worten) dabei war, die Juden in die Ecke zu drängen, um sie zu erledigen, so verkündete er jetzt, in seiner Rede vom 30. Januar 1939, praktisch ihre Ausrottung. Die Juden hatten Deutschland im Ersten Weltkrieg besiegt, und deshalb seien Ideale von Mitleid und Menschlichkeit, soweit es sie anginge, unangebracht.

»Ich will heute wieder ein Prophet sein: Wenn es dem internationalen Finanzjudentum in- und außerhalb Europas gelingen sollte, die Völker noch einmal in einen Krieg zu stürzen, dann wird das Ergebnis nicht die Bolschewisierung der Erde und damit der Sieg des Judentums sein, sondern die Vernichtung der jüdischen Rasse in Europa.«[79]

Wieder einmal verkündete Hitler eine sich selbst erfüllende Prophezeiung. Er sollte Europa in einen Krieg stürzen und dabei Juden auslöschen. Der Mythos von Ahasverus, dem ewig wandernden Juden, der Deutschland mit Hilfe des Bolschewismus vernichten will, und der darauf wartet, die Verzweiflung Europas zu genießen, wurde beschworen und als Wirklichkeit dargeboten.[80] Der Krieg, den Hitler begann, sollte den Juden angelastet werden, die man dann vernichtete. Wie Joseph Goebbels am 6. November 1941 schrieb, die Juden wollten den Krieg und nun hätten sie ihn.[81] Von Hitlers Standpunkt aus war der Feind lediglich in die eigene Falle getappt. Daher mußten die Juden vor Ausbruch eines solchen Krieges auf die Vernichtung vorbereitet, jedoch noch nicht vernichtet werden. Erst wenn Polen erobert worden war, konnte das Werk der Vernichtung beginnen.

Anmerkungen

1 Vgl. George L. Mosse, *The Nationalization of the Masses* (New York, 1975), *passim*.

2 Lucy Dawidowicz, *The War Against the Jews, 1933–1945* (New York, 1975).

3 W. F. Mandle, *Anti-Semitism and the British Union of Fascists* (London, 1968), 23.

4 *Ibid.*, 37, n. 6.

5 *Ibid.*, 44, n. 4.

6 Stanley G. Payne, *Falange. A History of Spanish Fascism* (Stanford, Calif., 1961), 126; Juan J. Linz, *An Authoritarian Regime: Spain* (o. O., Mikrofilm, 1963), 25.

7 Cf. *X. Congrès Francisme, Paris 1, 2, 3, 4 Juillet 1943* (Paris, 1943), *passim*.

8 Eugen Weber, *Action Française* (Stanford, Calif., 1962), 190.

9 Robert J. Soucy, »The Nature of Fascism in France«, *Journal of Contemporary History*, I (1966), 33–34.

10 Dieter Wolf, *Die Doriot-Bewegung* (Stuttgart, 1967), 158–159, 162.

11 Marcel Bucard, *L'Emprise Juive* (Paris, 1938), 12.

12 Gilbert D. Allardyce, »The Political Transition of Jacques Doriot«, *Journal of Contemporary History*, I (1966), 69–70.

13 *Ibid.*, 72.

14 *L'Emancipation Nationale* (November 14, 1936), 11.

15 Adolf Hitler, Dr. Goebbels, A. Rosenberg, J. von Ribbentrop, *L'Avenir de l'Allemagne, précédé d'une Etude par Y.-M. Sicard* (Paris, 1937), 18.

16 *L'Emancipation Nationale* (11. März, 1944), 2; *ibid.* (29. Januar, 1944), 2. Sicard behauptet, er habe bereits 1936 die Ausweisung der Juden gefordert. Ich finde jedoch für diese Behauptung keinen Beweis.

17 Saint-Paulien, *Les Maudits* (Paris, 1958), 12, 14.

18 »Les Juifs«, special issue of *Je Suis Partout* (April 18, 1938), 2.

19 *Ibid.*, 9.

20 *Ibid.*, 3.

21 Lucien Rebatet, *Les Décombres* (Paris, 1942), 32, 566.

22 *Je Suis Partout* (11. Dezember, 1942), 6.

23 George L. Mosse, »Fascism and the Intellectuals«, *The Nature of Fascism*, ed. S. J. Woolf (London, 1968), 212 ff.

24 *Ibid., passim*.

25 Stephen Fischer-Galati, »Fascism, Communism and the Jewish Question in Romania«, *Jews and Non-Jews in Eastern Europe, 1918–1945*, Hrsg.: Bela Vago und George L. Mosse (New York und Jerusalem, 1974), 167–168.

26 Nicholas M. Nagy-Talavera, *The Green Shirts and the Others. A History of Fascism in Hungary and Rumania* (Stanford, Calif., 1970), 260.

27 Carlo Sburlati, *Codreanu Il Capitano* (Rom, 1970), 200.

28 Nagy-Talavera, *op. cit.*, 261, 254; Theodor I. Armon, »La Guardia di Ferro«, *Storia Contemporanea*, VII (September 1976), 507.

29 Raul Hilberg, *The Destruction of the European Jews* (Chicago, 1961), 489.

30 Nagy-Talavera, *op. cit.*, 114, 118.

31 *Ibid.*, 184.

32 *Paix et Droit* (Januar 1937), 4.

33 Vgl. z. B. A. J. Sherman, *Island Refuge: Britain and Refugees from the Third Reich* (Berkeley und Los Angeles, 1973).

34 *Paix et Droit* (Juli 1938), 7.

35 Ladislaus Hory und Martin Broszat, *Der Kroatische Ustascha-Staat 1941–1945* (Stuttgart, 1964), 92.

36 Renzo de Felice, *Storia degli ebrei Italiani sotto il fascismo* (Mailand, 1961), 347–350, 296.

37 Luigi Preti, *Impero fascista e ebrei* (Mailand, 1968), 87; Michael Ledeen, »The Evolution of Italian Fascist Antisemitism«, *Jewish Social Studies*, XXXVII (Januar, 1975), 3–17.

38 De Felice, *op. cit.*, 510.

39 Julius Evola, *Grundrisse der faschistischen Rassenlehre* (Berlin, o. D.), Vgl. z. B. S. 67.

40 *Ibid.*, 219; *La Vita Italiana* (August 1938), 172.

41 J. Evola, *Il Cammino del Cinabro* (Mailand, 1963), 172–174. Dennoch beschuldigte er Mussolini später, die Idee der Rasse mit seinem Nationalismus verwechselt zu haben. Julius Evola, *Il Fascismo* (Rom, 1964), 89.

42 George L. Mosse, *The Crisis of German Ideology* (New York, 1964), 237 ff.

43 Vgl. z. B.: Uwe Dietrich Adam, *Judenpolitik im Dritten Reich* (Düsseldorf, 1972), 61, 115.

44 Joseph Goebbels, *Der Nazi-Sozi, Fragen und Antworten für den Nationalsozialisten* (München, 1931), 12.

45 Von diesem Zwischenfall berichtet: Albert Speer, *Spandauer Tagebücher* (Frankfurt/Main, 1975), 463.

46 Adam, *op. cit.*, 114, n. 2.

47 *Ibid.*, 128.

48 Vgl. S. 250.

49 Meine Ansichten über Hitlers Ziele habe ich dargelegt in ›*The Crisis of German Ideology*‹. Zum Sektierertum in seinem Rassismus vgl. 74 ff., 294 ff. und Kapitel 8 in meinem Buch ›*The Nationalization of the Masses*‹ (New York, 1975).

50 Memorandum von Friedrich Krohn, Zs. Nr. 69 (Archiv des Instituts für Zeitgeschichte, München), 5–11. Diesen Hinweis verdanke ich Rudolph Binion, dem ich hiermit meinen Dank ausspreche. Krohn war der Herausgeber des *Starnberger Seeboten*, der Artikel schrieb, die den Nationalsozialismus und den Antisemitismus predigten. George Franz-Willing, *Krisen-Jahr der Hitlerbewegung, 1923* (Preussisch Oldendorf, 1975), 132.

51 Speer, *Spandauer Tagebücher*, 174.

52 Margarete Plewnia, *Auf dem Weg zu Hitler, der Völkische Publizist Dietrich Eckart* (Bremen, 1970), 56.

53 *Ibid.*, 47.

54 Adolf Hitler, *Mein Kampf* (München, 1934), 418.

55 *Ibid.*, 395.

56 Albert Speer, *Erinnerungen* (Frankfurt/Main, 1969), 34. Zeugin war Speers Mutter.

57 George L. Mosse, »German Socialists and the Jewish Question in the Weimar Republic«, *Year Book XVI of the Leo Baeck Institute* (London, 1971), 123–150.

58 Karl A. Schleunes, *The Twisted Road to Auschwitz, 1933–1939* (Urbana, Ill., 1970), 70.

59 Adam, *op. cit.*, 125.

60 *Ibid.*, 50.

61 »Das Reichsministerium des Inneren und die Judengesetzgebung. Aufzeichnungen von Dr. Bernhard Lösner«, *Vierteljahreshefte für Zeitgeschichte*, IX (1961), 266, 268.

62 Adam, *op. cit.*, 125.

63 Bei der Erörterung der Nürnberger Gesetze bin ich Adam, *op. cit.*, 114 ff. gefolgt.

64 *Ibid.*, 130.

65 *Ibid.*, 143.

66 *Ibid.*, 130, 155.

67 Zitiert bei: *ibid.*, 125, n. 63.

68 Schleunes, *op. cit.*, 226.

69 Adam, *op. cit.*, 200.

70 S. Adler-Rudel, *Ostjuden in Deutschland 1880–1940* (Tübingen, 1959), 112 ff.

71 Hitler, *op. cit.*, 54–61.

72 Adam, *op. cit.*, 170–171.

73 *Ibid.*, 196–197.

74 Viktor Reimann, *Innitzer, Kardinal zwischen Hitler und Rom* (Wien und München, 1967), 59, 236.

75 Lionel Kochan, *Pogrom 10. November 1938* (London, 1957), 11, 76.

76 Helmut Krausnick, Hans Buchheim, Martin Broszat und Hans-Adolf Jacobsen, *Anatomy of the SS State* (New York, 1968), 458.

77 Adam, *op. cit.*, 207 ff.

78 *Ibid.*, 210, 219.

79 *Ibid.*, 235.

80 Das wurde in Hitlers Rede vom 30. Januar 1944 gesagt. Zu einer Zeit, da die europäischen Juden gerade vernichtet wurden, behauptete er, die Juden seien bereit, die Verzweiflung Europas mit einem zweiten Purimfest zu feiern. *Purimfest, Ursachen und Folgen vom deutschen Zusammenbruch 1918 und 1945*, XIX, Hrsg.: Herbert Michaelis, Ernst Schraepler und Günter Scheel (Berlin, o. D.), 275.

81 *Ibid.*, 417.

Kapitel 14
Rassismus und Massenmord

I

Der Übergang von der Theorie zur Praxis in der nazistischen Judenpolitik lieferte den unentbehrlichen Hintergrund für die »Endlösung der Judenfrage«. Selbst nach der scharfen Wende vom Winter 1937 konnten die Beteiligten – Opfer wie Verfolger – keine Vorstellung von jenem beispiellosen Massenmord gehabt haben, bei dem diese Politik endete. Als Hitler, irgendwann im Frühjahr 1941, die Anordnung zur praktischen Durchführung der Endlösung zunächst als mündlichen Geheimbefehl gab und die SS mit dieser Aufgabe betraute,[1] gab es unter der SS-Führung einiges Erstaunen. Dennoch hätte es eigentlich keinen Zweifel daran geben können, daß Hitler den Rassismus ernst nahm, auch wenn der Wille, ihn bis zu seinem logischen Ende durchzuführen, so lange nur implizit zum Ausdruck kam, wie der Führer die Zeit noch nicht für reif hielt.

Das Gesetz vom 14. Juli 1933 »zur Verhütung erbkranken Nachwuchses« war eine eugenische Maßnahme. Nach dem Gesetz war die Sterilisation – von sehr genau umschriebenen Ausnahmefällen abgesehen – freiwillig. Noch bevor das Gesetz ein Jahr in Kraft war, wurde Sterilisation zum Zwang, und es bedurfte dazu auch nicht länger mehr des Einverständnisses der Opfer.[2] Bei welchen Erbkrankheiten die Sterilisation vorgenommen werden mußte, richtete sich danach, ob und inwieweit das Opfer den Anforderungen des täglichen Lebens gewachsen war, und mit welcher Wahrscheinlichkeit es die Gefahren des Krieges meistern würde. Beide Überlegungen hatten nichts mit der üblichen Definition von Krankheit zu tun, sie zielten vielmehr darauf ab, festzustellen, wie nützlich der Kranke für die Gesellschaft war.[3]

Die von Geburt an Kranken hielt man für unproduktiv,[4] und, wie wir weiter oben sahen, spielte Produktivität im rassistischen Denken eine große Rolle. Die überlegene Rasse galt stets als produktiv, während die minderwertige Rasse nichts Greifbares als Arbeitsprodukt vorzuweisen hatte. Das Buch, das die nazistischen Eugeniker am meisten beeindruckte, konzentrierte sich auf eben diese Frage. Die Erbkranken und jene, die ihren Willen zu arbeiten verloren hatten, mußten getötet werden, um die Gemeinschaft von der Last zu befreien, für ihre nutzlosen Mitglieder sorgen zu müssen. Der Rechtsanwalt Karl Binding und der Arzt Alfred Hoch schrieben ihr Buch »Die Freigabe der Vernichtung lebensunwerten Lebens« (1920) während der Wirtschaftskrisen der Nachkriegszeit. Diejenigen am Leben zu erhalten, die ihren Nutzen für sich und die Gesellschaft verloren hatten, hieß, den Willen zur Arbeit und die Güter der gesunden und produktiven Leute zu verschwenden. Die Autoren verglichen das Opfer der Jugend im Krieg mit der Verschwendung, solche nutzlosen Existenzen zu ernähren. Euthanasie, so schlossen sie, beruhe auf dem Respekt für »jedermanns Willen zu leben«.[5]

Binding und Hoch waren keine Rassisten, und in ihrem Buch kann man keine Behauptung finden, die auf rassischer Eugenik beruht. Dennoch wurde die Idee von der Nützlichkeit für die Gesellschaft, von der Arbeitsfähigkeit und schließlich der Gedanke, daß man einige wenige töten muß, damit andere richtig leben können, ohne weiteres in die rassische Argumentation eingebaut. Die Eigenschaften, die Binding und Hoch lobten, waren eben jene, die die »Herrenrasse« charakterisierten. Euthanasie wurde so zur notwendigen Konsequenz der Versuche, die Rasse zu verbessern, indem man sich ihrer Parasiten entledigte.

Als Adolf Hitler am 1. September 1939 die Kompetenzen der für die Durchführung dieses Naziprogrammes ausgewählten Ärzte und Laien erweiterte, waren die Kranken mit geistigen Defekten und physischen Abnormitäten bereits umgebracht worden. Hitler hatte das Dekret über die Euthanasie auf den Ausbruch des Zweiten Weltkrieges vordatiert, eine Geste, die mehr Bedeutung hatte als das Verwaltungsdekret selbst. Im Sieg der Arier sah Hitler den alles überragenden Sinn der Auseinandersetzung. Es war nicht nur notwendig, minderwertige Rassen zu unterdrücken, man mußte die Arier auch von jeglicher möglichen Schwäche befreien. Euthanasie und Krieg waren ebenso eng miteinander verbunden wie Krieg und Endlösung. Im Dezember 1939 wurde jedes Heim in Deutschland verpflichtet, Fragebogen über jeden Patienten auszufüllen und darüber Auskunft zu geben, wie lange dieser bereits im Heim war. Jeder, der fünf Jahre und länger im Heim lebte, wurde genau überprüft: Waren er oder sie kriminell, geisteskrank, schizophren oder senil, dann mußten sie in Einrichtungen wie Grafeneck oder Hadamar überführt werden, die angeblich geheim waren, von denen aber tatsächlich jeder wußte, daß hier Euthanasie betrieben wurde. Die Liste der Gebrechen, die zur Überführung führten, wurde ständig revidiert. Es handelte sich aber stets um Krankheiten, die nur schwer genau zu definieren waren. Nur eine »Krankheit« wurde präzise benannt: Alle jüdischen Patienten mußten, ungeachtet des medizinischen Befundes, getötet werden. Die jüdischen, psychisch und neurologisch kranken Patienten waren die Vorhut der sechs Millionen, die noch sterben sollten. 1940 wurde ein neuer Fragebogen entworfen, der nun offen danach fragte, ob der Patient arbeitsfähig war oder nicht. Gleichzeitig gestattete man Ärzten ohne psychiatrische Ausbildung, an der Selektion teilzunehmen.[6]

Es gab Widerstand. Einige der berühmtesten Krankenanstalten für Geisteskranke weigerten sich, die Fragebogen auszufüllen und kamen damit durch. Es gab aber auch einige wenige Eltern, die darum baten, daß man ihre kranken Kinder töte.[7] Man konnte die Euthanasie nicht geheimhalten. Sie fand in Einrichtungen statt, die nahe an Wohngebieten lagen, und überdies wurden Eltern und Verwandte des Patienten über dessen allzuplötzlichen Tod sehr schnell mißtrauisch. Im Protest gegen die Euthanasie übernahmen die Kirchen die Führung. Unter den ersten, die protestierten, waren der evangelische Bischof Theophil Wurm, wie der Bischof von Berlin, Konrad von Preysing. Allerding erregte der Bischof von Münster, Clemens August Graf von Galen, die meiste Beachtung, als er das Programm am 31. August 1941 öffentlich bekanntmachte. Wenn man sogenannte unproduktive Menschen wie Tiere töten könne, dann »weh uns allen, wenn wir alt und schwach werden«, rief er aus. Solch eine Enthüllung war nur der Höhepunkt eines Gefühles der Unsicherheit, das die Euthanasie in der gesamten Bevölkerung verbreitet hatte.[8]

Die Nazis versuchten, die Euthanasie als Wohltat für den Geopferten darzustellen. Um diese Botschaft zu verbreiten, bedienten sie sich des Films. In dem Film »Ich klage an« (1941) versuchten sie, einen Arzt zu exkulpieren, der seine unheilbar kranke Frau getötet hatte. Sie spielten auf die heldischen römischen Zeiten an, als solche Tötungen erlaubt waren, und auf die alten Germanen, die den Gnadentod zuließen. Nur an einer Stelle des Filmes wurde die Tötung von Geisteskranken indirekt erwähnt, um dann mit Hoch und Binding auf die angebliche Absurdität hinzuweisen, so viel Personal und so viele Gebäude zu unterhalten, um »einige armselige Kreaturen« am Leben zu erhalten.[9] Dieser Film hatte keinen starken Einfluß. Aber in ihrem Streben nach Totalität bedienten sich die Nazis, wann immer es möglich war, des Filmes, um ihre Politik mittels visueller Aussagen zu propagieren, die für sie stets wichtiger waren als das geschriebene Wort. An jedem Ort, an dem man die Juden zur Deportation zusammentrieb, führte man den antisemitischen Film »Jud Süß« (1940) auf. Er hatte sehr viel Erfolg. Süß Oppenheimer war ein Hofjude aus dem 17. Jh., der hingerichtet wurde, weil er den deutschen Staat Württemberg ausgebeutet und korrumpiert haben sollte. Dieses Thema war weitaus populärer als »Ich klage an«, vielleicht, weil dessen Thema das tägliche Leben des Durchschnittsdeutschen nicht berührte und weil das rassische Stereotyp gut vorbereitet worden war.

Kurz nach Bischof Galens Predigt gab Hitler, aller Propaganda für die Euthanasie zum Trotz, Anweisung, das Programm anzuhalten. Das Zusammentreffen kirchlichen Protestes mit der feindseligen öffentlichen Einstellung brachten ihn zu der Überzeugung, daß die Zeit für solche Maßnahmen noch nicht reif sei. Dennoch wurde die Euthanasie im Geheimen sporadisch weiterbetrieben.

Die Opposition, die zur offiziellen Absage dieses Programmes führte, erhob sich nirgends, als man zur Endlösung der Judenfrage schritt. Auch hier überschritten die Nazis die »Gesetze Gottes und der Natur«, indem sie das Sakrament mißachteten und konvertierte Juden töteten. Aber das betraf ja nur einige Gemeindemitglieder: keine Tante, kein Onkel wurden plötzlich durch den Tod hinweggerafft, und darum breitete sich in der deutschen Bevölkerung auch kein Gefühl der Unsicherheit aus. Euthanasie betraf alle Deutschen, die Deportation und der Tod der Juden aber traf nur eine Minderheit, die, wie Hitler es ausdrückte, bereits »in die Ecke gedrängt« und von der Bevölkerung als Ganzes getrennt worden war.[10]

Im Laufe des Euthanasieprogrammes wurden rund 70 000 Menschen umgebracht, darunter ein hoher Prozentsatz Säuglinge und Kinder. Zunächst hatte man die Opfer erschossen, bald aber wurden sie in als Duschräume verkleideten Gaskammern getötet.[11] Hier liegt die Verbindung zwischen der Euthanasie und der endgültigen Methode des Massenmordes an den Juden offen zutage. Aber die Verbindung zwischen der Euthanasie und der Vernichtung der Juden war noch enger. Wenn die Nazis die Euthanasie in die Praxis umsetzten, so zeigte das, daß sie die Idee vom »unwerten« Leben ernst nahmen. Ein so definiertes Leben war gekennzeichnet durch den Mangel an Produktivität und degenerierter äußerer Erscheinung. Einem großen Teil des Selektionsprozesses der Euthanasie lag Lombrosos Psychologie zugrunde: körperliche Deformation wurde als Zeichen geistiger Krankheit gewertet. Die Vorstellung von der Unproduktivität und der körperlichen Erscheinung wurde ständig auf die Juden angewandt, und durch die Euthanasie wurde nun zum ersten Mal der Beweis erbracht, daß Hitler auch entschlossen war, ein solches unwertes Leben zu vernichten. Es war unheilverkündend, daß man auf Geisteskranke und Juden die gleiche Definition anwendete.

Gleichzeitig glaubte das Regime, man müsse die arische Rasse ständig verbessern. Selbst als man das »unwerte Leben« ausgelöscht hatte, versuchte Heinrich Himmler noch, Programme in die Tat umzusetzen, die Utopien von der Rassenzucht zu verwirklichen, von denen die Rassentheoretiker seit Beginn des 20. Jahrhunderts stets fasziniert waren. Nunmehr wurde die rassische Überprüfung gründlich. Man verlangte nicht nur den Nachweis eines Stammbaumes, sondern auch Photographien des Bewerbers. Der »Lebensborn« wurde 1936 gegründet. Er sollte dazu beitragen, daß Mütter, die rassenreine Kinder trugen, die beste medizinische Behandlung erhielten, selbst dann, wenn sie unverheiratet waren. Zwischen rassisch wertvollen SS-Männern und rassisch reinen Frauen wurde jegliche Liaison gefördert. Aber Himmlers bürgerliche Werte bremsten solche Versuche zur selektiven Zucht.[12] Für ihn war Heirat die Lösung, und unverheiratete SS-Männer durften niemals befördert werden, wohingegen jene mit vielen Kindern auf seinen guten Willen zählen konnten. Schließlich sollten die geplanten Siedlungen deutscher Bauern in den slawischen Ländern als arische Aufzuchtfarmen dienen neben ihrer anderen Aufgabe als Außenposten der Verteidigung. Sie sollten jenes abgeschiedene arische Paradies sein, von dem Männer wie Willibald Hentschel geträumt hatten.[13]

Euthanasie war Teil einer Wechselbeziehung zwischen unwertem Leben und dem für die Fortpflanzung besonders wertvollen Leben. Sie baute auf jener Vorstellung von minderwertigen und überlegenen Rassen auf, wie sie in diesem Buch bisher beschrieben wurde. Man sonderte die Juden aber nicht nur ab, weil sie sogenannte Anzeichen körperlicher Degeneration aufwiesen oder weil es ihnen an Produktivität mangelte, sondern auch wegen ihrer angeblichen Kriminalität. Das Kriminalitätskonzept der Nazis beruhte auf den Theorien von Cesare Lombroso, für den der Gewohnheitsverbrecher »ein atavistisches Wesen war, das in seiner Person die grausamen Instinkte primitiven Menschseins und niederer Tiere reproduzierte«.[14] Diese Degeneration (wie Lombroso es nannte) wurde durch Deformationen am Schädel bestätigt, wenngleich auch der gesamte Körper verbildet sein konnte. Von der Phrenologie kam nicht nur die von Gall übernommene Behauptung hinzu, daß »die Köpfe aller Diebe einander alle mehr oder weniger in der Form ähneln«, sondern auch, daß Kriminelle, da »unbeherrscht«, auch entwurzelt sind und »ins Nomadentum zurückfallen«.[15] Lombroso nahm an, man könne Gewohnheitskriminelle nicht resozialisieren, und er glaubte, ihre körperliche Erscheinung habe etwas mit ihren Taten zu tun, und deswegen mußten sie zum Tode verurteilt werden.[16] Für die Nazis waren die Juden wegen ihrer Rasse Gewohnheitsverbrecher und aus diesem Grunde zu Recht zur Vernichtung verdammt.

Dieses Kriminalitätskonzept ist von den Historikern des Massenmordes ignoriert worden, wenngleich die nazistische Literatur und die Nazi-Filme von ihm erfüllt waren. Gerade weil er so tief in das öffentliche Bewußtsein gedrungen war, machte der Glaube an diese Kriminalitätstheorie es einigen Menschen leichter, den Mord an den Juden hinzunehmen. Diese Theorie war nicht nur Teil des völkischen und nazistischen Schrifttums, sondern auch der Populärliteratur, die so entschieden zwischen Gut und Böse trennte, und deren Kriminelle schon in ihrem Äußeren die Ablehnung des Gesetzes widerspiegelten. Man kann es auch so ausdrücken: Solche Geschichten verewigten die schlechten geistigen und körperlichen Eigenschaften, die Schriftsteller wie Balzac und Eugène Sue als für die Unterwelt typisch angesehen hatten.[17] Für einige zumindest waren die Juden ähnlich degenerierte Charaktere. Wenn sie auch nicht den Gossen von Paris entsprangen, so wurden sie dennoch mit Ratten verglichen. Genauso wurden die Juden in dem höchst erfolgreichen Film

»Jud Süß« dargestellt, wie sie da in die Stadt Stuttgart hasteten, nachdem der Herzog von Württemberg den Staat durch seinen Minister Süß Oppenheimer in ihre Hände geliefert hatte. Noch während der Film allerorts vorgeführt wurde, trieb man Juden aus Fleisch und Blut zusammen, um sie in den Osten zu deportieren.

Zur Vernichtung wurden allein die Juden ausgesondert. Für sie wurde die Frage der Nützlichkeit nicht einmal erwogen. Es gab keinen Fragebogen, auch nur einige Juden zu erlösen und andere zu verdammen. Selbst der Mord an den Zigeunern, der dem Massenmord an den Juden am nächsten kam, war selektiv. Die Zigeuner waren »primitive Nomaden« und liebten das »süße Nichtstun«, sagte Eva Justin, die Nazi-Expertin für die Zigeunerfrage.[18] Wieder einmal kam die Arbeitsmoral zum Zuge, das Ideal von der Produktivität als Teil jener Mittelstandswerte, gegen das Zigeuner, Erbkranke und Juden allesamt verstoßen hatten. Himmler aber wollte einige der Zigeuner, die er für Nachkommen der ursprünglichen arischen Rasse hielt, auf dem Lande ansiedeln. Jene Zigeuner, die sich durch fremdes Blut zu Bastarden gemacht hatten, sollten getötet werden.[19] Darum rettete Himmler einige, die Mehrheit jedoch ging in den Tod. Dies war entsetzlich genug, aber um zu überleben, konnte sich kein Jude darauf berufen, arische Bindungen zu haben. Man erzählt, daß Himmler, der Juden bei ihrem Gang in die Gaskammern beobachtete, einen blonden, blauäugigen Jungen herausnahm und ihn fragte, ob er und ob seine Eltern denn Juden seien. Als der Junge das bejahte, antwortete Himmler: »Wie schade, dann kann ich dich nicht retten.«[20] Die planmäßige Ausrottung der Homosexuellen lief parallel zur Endlösung der Judenfrage, auch, um die arische Rasse vor der »Unterwanderung durch Minderwertige« zu schützen. Aber selbst hier wurden Homosexuelle am Leben gelassen, die in den Lagern durch Beischlaf mit Frauen gezeigt hatten, daß sie »geheilt« werden könnten. Auch konnte man Homosexuelle nicht gründlich, sondern nur gelegentlich erfassen, da es keine verläßlichen Listen von Homosexuellen gab.

Selbst die Behandlung der Polen unter der Nazi-Herrschaft zielte nicht auf deren totale Vernichtung ab. Sie sollten vielmehr ein Sklavenvolk werden, und die Massaker, die 1939 während der Eroberung Polens durch die Nazis stattfanden, waren in der Hauptsache gegen die polnische Intelligenzia gerichtet. Die ihrer Intellektuellen, Priester und Erzieher beraubten Polen würden, so glaubten die Nazis, willig zu Sklaven der überlegenen Rasse werden. Man nahm an, der Rassismus würde nicht nur in den überseeischen Reichen, sondern in Europa selbst die Sklaverei wiederaufleben lassen. Für einige Polen, aber auch für viele Juden, die man den nazistischen Konzentrationslagerleitern und deren Familien »gab« – die sie nach Gutdünken arbeiten lassen konnten –, war Sklaverei schon Wirklichkeit. Es ließe sich mit einigem Recht auch behaupten, daß die vielen hunderttausend Juden, die in den Ghettos in Waffen- und Textilfabriken arbeiteten, Sklavenarbeit leisteten, denn man bezahlte sie nicht, man gab ihnen nur etwas mehr zu essen als den anderen. Solche Arbeit in Fabriken oder zum privaten Vorteil von SS-Oberen vermittelte zumindest eine geringe Hoffnung auf Überleben. Für die Juden (nicht aber für die Polen) erwies sich diese Hoffnung als illusorisch. Dennoch darf man das Wiederaufleben der Sklaverei nicht auf derselben Ebene sehen wie die Vernichtung eines ganzen Volkes. Sklaverei war traditioneller Verbündeter und Objekt des Rassismus. Die Endlösung in der Judenfrage war etwas Neues und noch nie Dagewesenes.

Ein Massenmord, der die Endlösung am genauesten vorwegzunehmen schien, war der türkische Versuch, 1915 und 1916, die Armenier in die syrische Wüste zu deportieren und so viele wie möglich umkommen zu lassen. Dies geschah während des Ausnahmezustandes des Krieges (genauso wie später die Massenmorde an den Juden). Es sollte die Türkei ein für allemal von einer lästigen und die Einheit zersetzenden Minderheit befreien. Die Statistiken darüber, wie viele Armenier ihr Leben verloren, sind unterschiedlich, aber 750 000 scheint eine recht präzise Zahl. Dieser Massenmord war nicht rassisch motiviert, denn Konvertierung zum Islam war ein Weg zum Überleben. Die in Dörfern und Städten zusammenlebenden Armenier (nicht verstreut, wie viele Juden) leisteten von Anfang an Widerstand und kämpften von Zeit zu Zeit gegen die Türken. Überdies waren die bürokratischen Methoden und die modernen Techniken noch nicht so vollkommen, wie in jener nazistischen Mordmaschinerie, wenn auch schon ein zentral planendes Komitee die Morde ausführte.[21]

Dieses Massaker trug dazu bei, Europa an solche Ereignisse zu gewöhnen und die Stimme des Gewissens zu betäuben – ein Vorgang, der nach dem japanischen Einmarsch in die Mongolei beschleunigt wurde. Von 1932 an stürmten auf die Europäer täglich Nachrichten über unvorstellbar hohe Zahlen von Toten ein. Aber auch dies war wiederum ein Massenmord, der weit entfernt stattfand, unter Völkern, von denen die Europäer wenig wußten, und um die sie sich noch weniger kümmerten. Die entscheidenden Ereignisse, die die Menschen an Massensterben wie an Massengewalt gewöhnten, waren der Erste Weltkrieg und seine Folgen. Insbesondere in Deutschland förderte der Krieg, wie wir weiter oben sahen, das Bild des rücksichtslosen Helden, der sich der Gewalt verschrieben hatte, um die Rasse zu retten.[22]

Ende Frühjahr und im Sommer 1941, als der Befehl für die Endlösung der Judenfrage zunächst nur mündlich und dann am 31. Juli 1941 von Göring und Heydrich schriftlich ausgegeben wurde, trat der Rassismus in eine neue Phase ein.

Die antijüdische Gesetzgebung war bereits in die Praxis umgesetzt worden. Die Juden waren mit Erfolg von der Bevölkerung als Ganzem isoliert und in »die Ecke gedrängt« worden.[23] Der Ausbruch des Krieges war als erster Schritt zu ihrer Vernichtung angelegt. Falls das internationale Finanzjudentum Europa noch einmal in einen Krieg stürzen sollte, dann – so verkündete Hitler – wäre das Ergebnis die Vernichtung der Juden, nicht Europas. Die Behauptung, man müsse die Juden jetzt ausrotten, weil sie den Krieg begonnen hätten, war eine der wichtigsten Rechtfertigungen, die Himmler für seine Massenmorde gab.[24] Nach der Kristallnacht vom 9. auf den 10. November 1938 waren einige Juden vorübergehend in die Lager gesperrt worden. Jetzt kamen die Juden für längere Zeit in die Lager. Dies war der letzte Schritt zu ihrer Isolierung und der erste zu ihrer Vernichtung. Überdies versuchte man in den Lagern nun, die Mythen vom jüdischen Stereotyp in die Wirklichkeit umzusetzen. Genauso, wie Hitler den Krieg auslöste und dann sagte: »Seht her, was der Jude tat, um uns zu zerstören«, genauso wurden in den Lagern die Bedingungen auch auf einen Kampf ums nackte Überleben reduziert. So konnten die Nazis dann behaupten: »Seht den Juden. Wir haben die ganze Zeit über recht gehabt, daß es ihm an menschlicher Moral mangelt.«

Analysen über die Bedingungen in den verschiedenen Lagern haben gezeigt, daß die SS durch Günstlingswirtschaft, durch die Manipulation der knappen Essensrationen und durch ein System ständigen Terrors die Korruption förderte. Männer und Frauen wurden in Wesen verwandelt, die alles tun mußten, um nur überleben zu können. Die SS wurde Meister darin, die Insassen gegeneinander auszuspielen. Man erwartete von jenen Gefangenen, die einen Aufsichtsposten innehatten, daß sie bestimmte, von den Wachen täglich diktierte Arbeiten ausführten, und dazu mußten sie andere hart antreiben, damit das Ziel erreicht werden konnte. Dem »Kapo«, wie ein solcher Gefangener genannt wurde, war es erlaubt, seine Mitinsassen nach Belieben zu schlagen.[25] Die von der Außenwelt abgeschirmten Lager wurden kleine, durch Terror und Korruption und nach dem Prinzip »Divide et Impera« regierte Königreiche. Es war daher leicht, sie mit einer relativ kleinen Zahl von Männern zu bewachen. Es war aber auch ein psychologischer Faktor am Werk. Es wurde versucht, die Juden vorsätzlich ihrer Menschlichkeit zu berauben und sie wurden in den Augen der SS zu Wesen, die stahlen, raubten, schleimten und andere betrogen. Diese Verwandlung eines Mythos in die Wirklichkeit hat keinen besseren Zeugen als Rudolf Höss, den Kommandanten von Auschwitz.

Höss stellte sein eigenes moralisches Verhalten im Gefängnis, in dem er Anfang der 20er Jahre wegen eines Fememordes (d. i. Mord als politischer Racheakt) eingesessen hatte, dem Verhalten der Juden unter seiner Herrschaft entgegen. Er warf den Juden vor, sie hätten »typisch jüdisch« gehandelt: sich, wann immer möglich, vor der Arbeit gedrückt, andere bestochen, ihre Arbeit zu machen und einander in einem wilden Wettstreit um Privilegien und Güter zerfleischt, die ihnen ein bequemes, parasitäres Leben ermöglichten.[26] Wieder einmal wurde hier den Juden Mangel an Produktivität, Angst vor ehrlicher Arbeit und Korrumpierung der Gesellschaft vorgeworfen. Selbst angesichts des Galgens, der ihn erwartete, als er nach dem Krieg in Polen seine Memoiren schrieb, konnte Höss sich nicht dazu durchringen, daß er es war, der für das Verhalten seiner Opfer verantwortlich war, und daß die in den Lagern vorsätzlich geschaffenen Bedingungen darauf abzielten, das Stereotyp in eine sich selbst erfüllende Prophezeiung zu verwandeln. Es überrascht nicht, daß Höss glaubte, die Juden seien als Feinde des Reiches für ihre eigene Vernichtung verantwortlich.[27] Für Männer wie Höss, die bei der Endlösung mitwirkten, wurde der Mythos über die Juden – wegen der Macht, die die Deutschen damals besaßen – tatsächlich wahr. Höss konnte nicht zugeben – vielleicht war ihm auch die Tatsache nicht bekannt –, daß Zehntausende von Juden dem von der SS geschaffenen System widerstanden und daß Hunderttausende unter den unglaublichsten Bedingungen ihre Würde wahrten.[28]

Die Art, wie nach 1941 die Deportation in den Osten durchgeführt wurde, war ganz vorsätzlich darauf ausgerichtet, jede den Juden noch verbliebene Würde auszulöschen, nicht nur in den überfüllten Viehwaggons, in denen so viele starben, sondern auch bei dem, was bei ihrer Ankunft in den Lagern geschah: Die Opfer wurden nackt ausgezogen, inspiziert und nach vermutlicher Arbeitsfähigkeit aussortiert. Jene, die zur Arbeit taugten, wurden in Arbeitslager, die anderen wurden unter die »Duschen« geschickt, um vergast zu werden. Für viele dieser noch nicht lange aus ihrer mittelständischen Respektabilität und Etabliertheit gerissenen Männer und Frauen muß eine solche Erniedrigung vernichtend gewesen sein.[29]

Nach 1941 wurden die Juden aus ganz Europa in den Osten deportiert und dort wurden anfangs viele sich selbst überlassen. Aber man ließ ein solches Chaos nicht lange gewähren. So wurden sie in Arbeitslager überstellt, wie Bergen-Belsen oder in die Ghettos, die man gerade einrichtete. Zuerst war Heydrich gegen die Schaffung von jüdischen Ghettos gewesen, aus Angst, sie könnten zu Widerstandszentren werden (eine Angst, die sich später teilweise als berechtigt erweisen sollte).[30] Eine solche Konzentration aber war wichtig, wenn die Endlösung durchgeführt werden sollte. Zwischen Winter 1939 und Frühjahr 1940 mußten die polnischen Juden bereits »Judenräte« bilden. Sie waren die örtliche Verwaltung und der SS für die Durchführung der Befehle verantwortlich. Die Judenräte hatten diktatorische Macht – aber nur als Verwaltungsagenten der Deutschen. Als solche kontrollierten sie alle Lebensnotwendigkeiten: von der Nahrungsmittel- bis zur Wohnungs- und Arbeitsverteilung. Hier wurde jene repräsentative Körperschaft des deutschen Judentums, dessen Schaffung 1933 erzwungen wurde, in großem Maßstab eingesetzt.

Zur gleichen Zeit, als man die Judenräte in Polen einsetzte, zwang man auch die Juden in die Ghettos. Das Warschauer Ghetto wurde im November 1939 geschaffen, die anderen Ghettos in Lodz, Wilna, Lvov und vielen kleineren Städten folgten im Laufe des Jahres 1941.[31] Während die Ghettos im Mittelalter nur nachts durch Tore oder Ketten geschlossen waren, isolierten nunmehr in den meisten Fällen Mauern die Ghettos vollständig von der umgebenden Bevölkerung. Im Winter 1941, als fast alle polnischen Juden in Ghettos eingesperrt worden waren, bemerkte einer korrekt: »Wir sind isoliert... aus der Gemeinschaft der menschlichen Rasse vertrieben.«[32] Auch hier spielte eine sich selbst erfüllende Prophezeiung eine Rolle. Als im Warschauer Ghetto der Typhus wütete, verbreiteten die Deutschen unter der dafür nicht unempfänglichen polnischen Bevölkerung das Schlagwort vom »jüdischen Läuse-Typhus«.[33] Bald sollten die Ghettos Schauplätze des Hungers und des Todes werden – und dennoch leisteten die Juden auch hier die Sklavenarbeit für die deutsche Kriegsindustrie, die mitten in den Ghettos aufgebaut worden war. Bis zum Ende des Krieges bestand diese Sklavenarbeit in den Ghettofabriken oder in besonderen Arbeitslagern Seite an Seite mit dem Massenmord. Innerhalb der SS selbst wütete eine Auseinandersetzung darüber, daß die Deportation dieser Industriearbeiter ständig aufgeschoben wurde.[34] Der Streit wurde nie gelöst.

Die Tötungstechnik in den Todeslagern kennzeichnet einmal mehr den Trend, Mord so wirksam und unpersönlich wie möglich zu machen. Ab 1941 arbeiteten Einsatzgruppen, die Massenerschießungen vornahmen, hinter der deutschen Front. Aber die nervliche Belastung war in diesen Kommandos groß, und ein hoher SS-Offizier fürchtete, daß diese Männer entweder neurotisch oder verrohen würden.[35] Dann erfanden die Techniker des Reichssicherheitshauptamtes den Gastransportwagen, der zuerst im November 1941 bei der Ermordung von Juden erprobt wurde. Aber auch dies war noch zu viel Arbeit bei zu geringem Erfolg, denn ein Lieferwagen konnte nur wenige Leute fassen und so widrige Zwischenfälle wie Widerstand nicht ausgeschlossen werden. Überdies war die Funktion der Lieferwagen nicht ohne weiteres zu verbergen. Schließlich griff man auf die Erfahrung aus dem Euthanasieprogramm zurück. Im Herbst 1941 wurden, zuerst in verlassenen Bauernhäusern, Behelfsgaskammern eingerichtet, und im Sommer 1942 waren dann die als Duschbäder getarnten Gaskammern voll in Funktion. Nun war ein Kontakt mit den Opfern nicht mehr nötig: Sie betraten die Kammer allein, und die Kommandanten der Todeslager mußten den Tod nur noch durch ein Guckloch bezeugen. Das Gas wurde von angesehenen deutschen Privatfirmen geliefert. So starben auf verschiedene Art schätzungsweise 5933900 Juden als Opfer des Rassismus in Europa.[36]

Die starke technologische Seite der Endlösung – die Gaslieferwagen, die Geschicklichkeit im Massentransport, die bürokratische Effizienz, deren es bedurfte, um über eine solche riesige Operation Buch zu führen – dies alles griff bei dem Prozeß ineinander, die Opfer zu entmenschlichen. Männer, die bei dem entsetzlichen Vorgang der geplanten Vernichtung von Menschen dabei waren, konnten sich als gelernte Handwerker betrachten, die eine im nationalen Interesse lebenswichtige Aufgabe erfüllten. Rudolf Höss sah sich als Kommandant von Auschwitz als fähigen Techniker, der einen perfiden Feind liquidierte, der den Krieg vom Zaun gebrochen hatte, und Höss sah sich zugleich auch als ein echtes Vorbild bürgerlicher Wohlanständigkeit. Ohne Scham erzählte Höss uns, wie er von seiner Familie, seinem Hund und wunderschönen Kirschbäumen träumte, während er lange Reihen von Männern, Frauen und Kindern beobachtete, die in ihren Tod gingen. Für ihn waren diese nackten Menschen eine einförmige abstrakte Masse von Feinden, von degenerierten menschlichen Wesen, und so konnte er seine bürgerlichen Träume inmitten des Massensterbens spinnen.[37] Nichts illustriert die Korrumpierung der mittelständischen Werte besser, die der Rassismus so erfolgreich annektiert hatte. Höss hielt sich für einen netten, moralischen und anständigen Menschen, für einen guten Vater und Ehemann. Alle Architekten der Endlösung sahen sich im Spiegel bürgerlicher Wohlanständigkeit und ihnen gefiel, was sie da sahen.

Der Rassismus hatte jene Vorstellungen über den Menschen und seine Welt übernommen, die wir in diesem Buch zu analysieren versuchten, und er hat sie auf die Endlösung ausgerichtet. Konzepte wie mittelständische Tugenden, heldenhafte Moral, Anstand, Ehrlichkeit und Vaterlandsliebe wurden gegen die Juden ausgelegt. Die Verwaltungsorgane dieses tüchtigen Staates halfen mit, die Endlösung herbeizuführen. Und die Wissenschaft selbst ließ sich weiterhin vom Rassismus korrumpieren. Vor allem die Anthropologie, die so maßgeblich am Aufstieg des Rassismus beteiligt war, benutzte jetzt die Endlösung für ihre eigenen Zwecke. Hilflose Lagerinsassen wurden anthropologisch untersucht. Diese Experimente wurden von Himmlers persönlichem Assistenten, Rudolf Brandt, vorbereitet und von August Hirt, Professor der Anatomie in Straßburg, geleitet. Sie begannen 1942, als 79 Juden, 50 Jüdinnen, 2 Polen und 4 »Asiaten« (d. s. russisch-mongolische Gefangene) anthropologischen Messungen unterzogen wurden (einschließlich des Gesichtswinkels). Dann wurden sie getötet und ihre Köpfe und Skelette wurden Teil der anatomischen Sammlung der Universität. Gleichzeitig führte Bruno Berger, der für die SS versucht hatte, arische Ursprünge zu erforschen, ethnographische Studien durch. Berger suchte unter den Gefangenen die heraus, die seiner Meinung nach interessante Schädelformen aufwiesen. Als seine Objekte noch lebten, beschrieb und vermaß er die Schädel, dann wurden diese Menschen vergast und die Schädel für weitere Untersuchungen in den Laboratorien vorbereitet. Berger hatte sich beschwert, daß es für jede Rasse gute Schädelkollektionen gäbe, nur für die Juden nicht: »Der Krieg im Osten bietet uns Gelegenheit, diese Sachlage zu berichtigen«, kommentierte er.[38] So war die Beschäftigung der Wissenschaftler des 18. Jahrhunderts, die mit ihren anthropologischen Messungen und ihrer Faszination für menschliche Schädel am Anfang des Rassismus standen, vom Interesse an Stereotypen zum »Mord im Namen des Fortschritts der Wissenschaft« gediehen. Die meisten Anthropologen allerdings standen voller Grauen vor diesen Menschenexperimenten abseits. Aber gerade so, wie ehedem nicht rassistische Wissenschaftler wie Alfred Ploetz und Eugen Fischer der Versuchung erlagen und den Nazis bei ihrer Eugenik-Politik halfen und gleichzeitig zum Nazismus übertraten[39] (ohne an der Endlösung beteiligt zu sein), konnten andere der Versuchung nicht widerstehen, ihre Macht über Leben und Tod dazu zu benutzen, ihren anthropologischen oder ethnographischen Ehrgeiz zu befriedigen.

Den Experimenten der Praktiker der Rassentheorie schlossen sich die Ärzte an. Man benutzte Juden, um herauszufinden, wie lange ein abgeschossener Pilot ohne Essen oder ohne Wasser leben konnte, wieviel Kälte der Körper verträgt und welche Auswirkungen neue Medikamente auf die Blutgerinnung hatten. Der Tod war stets das Ende für die Objekte dieser Menschen-Vivisektion, die in der Geschichte nicht ihresgleichen aufzuweisen hat. Die Juden in den Ghettos und in den Lagern waren Objekte für Himmlers fanatisches Interesse an Rassentheorie und Quacksalberei geworden.[40] Aber Ärzte leisteten einen noch viel größeren Beitrag zur »Endlösung«. Mediziner nahmen die »Selektion« an den Rampen der Vernichtungslager vor und bestimmten, wer als arbeitsfähig am Leben zu erhalten war und wer getötet werden sollte. Auch in den Lagern selbst hatten sie große Macht über Leben und Tod. Wie schon davor in der »Euthanasie« erfüllten diese meist angesehenen Ärzte das Diktat des Rassismus. Der Arzt, dazu bestimmt, Menschen zu heilen, wurde so zum Diener des Todes.

II

Hitler beabsichtigte, alle europäischen Juden zu vernichten, was er während des Krieges wiederholt verkündete. Dieses Ziel wurde überwiegend bei den Juden erreicht, die direkt unter der Nazi-Besatzung standen. In anderen Gebieten sollte sich dieses Ziel nicht so leicht erreichen lassen.

Der Krieg führte zu einer grundlegenden Auseinandersetzung in der Judenpolitik. Wie wir bereits sahen, zog Hitler für seine Satelliten-Völker konservative Diktatoren den faschistischen Führern als Staatsoberhäupter vor.[41] Solche Diktatoren, die mit Unterstützung der Armee und der traditionellen sozialen und klerikalen Hierarchie regierten, garantierten hinter der Front Recht und Ordnung, während einheimische faschistische Regime Unruhe auslösen konnten. In diesem Fall war Hitler der Sieg wichtiger; die Eiserne Garde und die Pfeilkreuzler wollten sofort die Macht ergreifen und ihre Feinde vernichten. So zettelte die Eiserne Garde z. B. während der kurzen Zeit, da sie zur Regierung Antonescu gehörte, in Rumänien ein chaotisches und fast außer Kontrolle geratendes Pogrom gegen die Juden an. Männer wie Antonescu, Horthy oder Zar Boris vereitelten Hitlers Anordnungen zur Judenfrage. Dennoch kollaborierten sie soweit, daß ein offener Skandal vermieden wurde. Für Hitler selbst konnte die Judenfrage in Ländern wie Rumänien oder Bulgarien, wenn der Krieg erst einmal gewonnen war, rasch gelöst werden: und dann konnten junge Faschisten an die Macht kommen, die bereits unter der Fuchtel der Berliner Oligarchen gedient hatten.

Diktatoren wie Antonescu, Horthy, Boris oder Pétain in Frankreich waren keine Rassisten. Sie mochten zwar die Juden nicht, verspürten aber nicht das Verlangen, das Recht durch Gewalt zu gefährden oder die traditionelle Ordnung der Dinge durch die Vernichtung der Juden aufs Spiel zu setzen. So arbeitete Horthy erst an der Teildeportation der Juden mit, als die Deutschen das Land besetzt und ihn eingeschüchtert und erpreßt hatten. Antonescu und Pétain suchten einen anderen Ausweg: Sie beschützten einheimische Juden und warfen ausländische, in ihrem Machtbereich lebende Juden in die Todesmaschinerie der Nazis. Pétain gestattete die Deportation von staatenlosen Juden aus Vichy-Frankreich, und Antonescu weigerte sich, die rumänischen Juden herauszugeben, sandte aber Hunderttausende von Juden aus seinem neuerworbenen Territorium Bessarabien in den Tod.[42] In Bulgarien war das Muster ähnlich: Die bulgarische orthodoxe Kirche beschützte die Juden in Bulgarien, wo es auf jeden Fall niemals eine antisemitische Tradition gegeben hatte. In den neu gewonnenen Gebieten Mazedonien, Thrakien und einem kleinen Teil von Serbien aber wurden die Juden deportiert und getötet. Dies geschah trotz des mutigen Widerstandes der orthodoxen Patriarchen und des päpstlichen Gesandten Angelo Giuseppe Roncalli, dem späteren Papst Johannes XXIII. Rom tadelte Roncalli sogar für seinen starken Widerstand zugunsten der Juden.[43]

In der Slowakei, dem ersten Satelliten des Reiches, in dem ein katholischer Priester, Josef Tiso, im Oktober 1939 Präsident wurde, lagen die Dinge anders als in Bulgarien oder im übrigen Osteuropa. Hier wurden 1941 strenge Rassen-Gesetze erlassen, und zunächst unterstützte die Regierung die Deportation von Juden. Aber in der Slowakei intervenierte die Kirche, vorwiegend um Juden zu retten, die zum Christentum konvertiert waren. Der Druck der Kirche führte dazu, daß nur ein Teil der Juden deportiert wurde und daß dies 1943 eingestellt wurde. Dann, nach der deutschen Besetzung des Landes im Jahre 1944, führte die Regierung die von der SS diktierten Deportationen durch. Zuerst hatte Tiso auch die Radikalen in der Slowakei bekämpft, und die Juden hatten von dieser Auseinandersetzung profitiert. Aber nach 1944 behandelte Tiso die Juden wieder ohne Gnade, trotz der Versuche seines eigenen Premierministers, der Raserei der Nazis Einhalt zu gebieten.[44] Gewiß waren die Bedingungen in jedem Land, das nicht unter direkter deutscher Besatzung stand, anders. In diesem Buch aber wurde das Geschehen nur in groben Umrissen wiedergegeben, damit sich das Bild von dem Versuch, den Rassismus in Europa durchzusetzen, vervollständigt.

In den Gebieten, die er kontrollierte, sabotierte der Hauptverbündete Deutschlands, das faschistische Italien, die Judenpolitik der Nazis. Die Rassengesetze, die Mussolini 1938 nach dem Vorbild der Nürnberger Gesetze einführte, verboten den Juden die Ausübung vieler Berufe; überdies wurde der Versuch gemacht, Juden in Zwangsarbeitsbataillonen zusammenzufassen. Aber während Hitler den Kreis derer, die dem Gesetz entkommen konnten, verengte, geschah in Italien das Gegenteil. Es gab unzählige Ausnahmen. Mussolini selbst brachte, wie wir weiter oben sahen, das Schlagwort in Umlauf: »Diskriminierung ja, aber keine Verfolgung.«[45]

Die italienische Armee jedoch ging, zweifelsohne mit Mussolinis stillschweigendem Einverständnis, noch weiter, als die italienisch besetzte Zone in Frankreich zum Refugium für gejagte Juden wurde. Überall in dem von den Nazis besetzten Europa schützten italienische Botschaften Juden, die eine italienische Staatsangehörigkeit nachweisen konnten. Die Deportation der Juden begann erst, als die Deutschen nach Mussolinis Sturz Italien besetzten. Zu dieser Zeit wurde die aktive Verfolgung von Juden auch in der Mussolini gebliebenen Schattenrepublik Salò verstärkt. Hier bekam der schwache italienische antisemitische Flügel der faschistischen Partei die Oberhand. Die Deutschen waren auf jeden Fall die wahren Herrscher dieser Republik und zwangen ihnen ihre Judenpolitik auf.[46]

Trotz der Schwierigkeiten, auf welche die SS bei dem Versuch stieß, alle Juden Europas zu deportieren und umzubringen, fand sie doch in jeder Nation willige Helfer. Die heftig antisemitischen faschistischen Parteien in den Balkanländern waren natürliche Verbündete. In Frankreich erhielten die Nazis zuerst jedoch nur spärliche Unterstützung für die Endlösung. Xavier Vallat, der erste Kommissar für die Judenfrage in Vichy-Frankreich, war ein Führer der Kriegsveteranen, der die Deutschen mehr haßte als die Juden. Als Reaktionär teilte er die Ansichten von Männern wie Pétain oder Antonescu, auch wenn er verkündete, daß die Juden eine fremde Rasse seien.[47] 1942 jedoch wurde Louis Darquier de Pellepoix sein Nachfolger. Man kann Darquier gut mit Dietrich Eckart vergleichen, der in den frühen Zwanzigern einen so großen Einfluß auf Hitler hatte. Sein »L'anti-juif«, das er herausgab, war Eckarts »Auf gut Deutsch« ähnlich. In beiden wurden die Juden für alle Übel der Welt verantwortlich gemacht. Darquier hatte eine Einführung zu den »Protokollen der Weisen von Zion« geschrieben, in der er behauptete, daß es nicht darauf ankomme, ob sie wahr seien oder nicht. Was zähle, sei die Vision.[48] Er konnte die Vichy-Regierung nicht dazu bringen, die einheimischen Juden zu deportieren, aber er drängte energisch darauf, daß Juden, die keine französische Staatsangehörigkeit besaßen, ausgewiesen wurden – so gingen ungefähr 60–65000 Juden in den Tod.[49]

Es fehlte auch nicht an französischen Stimmen aus dem deutsch-besetzten Paris, die Vichy drängten, es möge stärkere anti-jüdische Maßnahmen ergreifen.[50] Letztlich jedoch zählten solche Stimmen weniger als jene Männer und Frauen aus fast jeder europäischen Nation, die sich aktiv an der Endlösung beteiligten, die halfen, die Juden zusammenzutreiben oder die als Wachen in den Lagern arbeiteten. An solchen Kollaborateuren hat es nie gefehlt. Nicht alle waren Rassisten, sondern viele waren Christen, die niemals ausgestorbenen mittelalterlichen Vorstellungen anhingen und in dem Juden den Antichristen sahen. Zeitweilig waren christliche, mittelalterliche und rassistische Ideale so miteinander verwoben, daß man sie überhaupt nicht mehr voneinander unterscheiden konnte. Denn es stellte sich heraus, daß selbst die flehentlichsten Bitten des Vatikans nominell katholische Nationen nicht dazu bewegen konnten, getauften Juden Zuflucht zu gewähren. So pflegten lateinamerikanische Staaten wie Argentinien oder Brasilien dem päpstlichen Staatssekretär, Kardinal Luigi Maglione, Versprechen zu geben, um sie fast sofort wieder zu brechen. Charakteristisch für die vielen Antworten, die der Kardinal auf seine Bemühungen hin erhielt, Asyl für konvertierte Juden zu finden, war ein Brief vom 5. Juni 1939, den der Chargé d'affaires des Vatikans in Bolivien schrieb. Die öffentliche Verbitterung gegen die Juden sei so groß, daß man nur wenig tun könne. Den Juden wurde Betrug, illegale Konkurrenz, Unmoral und Mißachtung der Religion vorgeworfen.[51] Ganz offensichtlich spielte es keine Rolle, daß die Einwanderungswilligen tatsächlich Katholiken waren. Es ist bezeichnend, daß in Chile die Gemeindepfarrer an der Spitze der Opposition gegen die Einwanderung ihrer katholischen Mitbrüder standen. Nur daß sie »rassisch« Juden waren, zählte; und in Chile warf man den Juden vor, durch Wucher die Landwirtschaft zu ruinieren.[52]

Die »Endlösung« des Judenproblems war nicht nur der Triumph des Rassismus in der Praxis, sondern auch der Sieg der am weitesten verbreiteten Ideologie der Zeit. Die europäischen Juden waren zu Parias geworden. Die Menschen mögen ableugnen, daß sie Rassisten waren. In Wirklichkeit aber benutzten sie rassistische Rhetorik und oft charakterisierten sie ihre Feinde in rassischen Begriffen. Die Nazis haben den Rassismus nicht erfunden. Sie haben ihn lediglich aktiviert. Dennoch sollte der Rassismus mit Adolf Hitler nicht enden. Die Einführung der Rassenpolitik durch die Nazis war im wesentlichen der Höhepunkt einer langen Entwicklung, die wir von ihrem Ursprung im 18. Jahrhundert bis heute analysiert haben. Der Strom fließt weiter in die Zukunft.

Anmerkungen

1 Lucy Dawidowicz, *The War Against the Jews, 1933–1945* (New York, 1975), 129.

2 *Gesetz zur Verhütung erbkranken Nachwuchses vom 14. Juli 1933, nebst Ausführungsverordnungen*, Hrsg.: Arthur Gutt, Ernst Rudin und Falk Tuttke (München, 1936), iii, 176.

3 Gerhard Schmidt, *Selektion in der Heilanstalt 1939–1945* (Stuttgart, 1965), 42–43.

4 W. V. Bayer, »Die Bestätigung der NS-Ideologie in der Medizin unter besonderer Berücksichtigung der Euthanasie«, *Nationalsozialismus und Universität* (Berlin, 1966), 64.

5 Karl Binding und Alfred Hoch, *Die Freigabe der Vernichtung lebensunwerten Lebens; ihr Maß und ihre Form* (Leipzig, 1920), 29.

6 Schmidt, *op. cit.*, 42–43.

7 *Ibid.*, 124–125.

8 Zitiert in: *Ursachen und Folgen vom deutschen Zusammenbruch 1918 und 1945*, XIX, Hrsg.: Herbert Michaelis, Ernst Schraepler und Günter Scheel (Berlin, o. D.), 518, 520.

9 Erwin Leiser, *Nazi Cinema* (New York, 1974), 91 ff., 145.

10 Vgl. z. B.: Uwe Dietrich Adam, *Judenpolitik im Dritten Reich* (Düsseldorf, 1972), 125.

11 Dawidowicz, *op. cit.*, 133.

12 Larry V. Thompson, »Lebensborn and the Eugenics Policy of the Reichsführer SS«, *Central European History, IV* (1971), 57–71.

13 Robert L. Koehl, *RKFDV: German Resettlement and Population Policy, 1939–1945* (Cambridge, Mass., 1957), *passim.*

14 Cesare Lombroso, Einführung zu Gina Lombroso Ferrero, *Criminal Man According to the Classification of Cesare Lombroso* (New York und London, 1911), xvi.

15 *Illustrations of Phrenology, Being a Selection of Articles from the Edinburgh Phrenological Journal and the Transactions of the Edinburgh Phrenological Society* (Baltimore, 1832), 179; Moritz Benedict, »The Psychology of Crime and Criminals«, *The Phrenological Review*, Bd. I, Nr. 3 (Oktober, 1905), 38.

16 Vgl. S. 83 ff.

17 Louis Chevalier, *Laboring Classes and Dangerous Classes* (New York, 1973), 411.

18 Eva Justin, *Lebensschicksale artfremd erzogener Zigeunerkinder und ihrer Nachkommen* (Berlin, 1944), 3, 7.

19 Michael H. Kater, *Das »Ahnenerbe« der SS 1935–1945* (Stuttgart, 1974), 206, 207.

20 Raul Hilberg, *The Destruction of the European Jews* (Chicago, 1961), 218.

21 Dickran H. Boyajian, *Armenia, the Case for a Forgotten Genocide* (Westwood, N. J., 1972), 127; Yves Ternon, *Les Arméniens, Histoire d'un Genocide* (Paris, 1977), 201 ff.

22 Adolf Hitler, *Mein Kampf* (München, 1934), 197; Karl Prümm, *Die Literatur des Soldatischen Nationalismus der 20er Jahre*, I (Kronberg, 1974), 38 ff.

23 Zitiert bei: Dawidowicz, *op. cit.*, 106.

24 Heinrich Himmler, *Geheimreden 1933 bis 1945*, Hrsg.: Bradley F. Smith und Agnes F. Petersen (Frankfurt/Main, 1974), 202.

25 Eberhard Kolb, *Bergen-Belsen* (Hannover, 1962), 273.

26 Rudolf Höss, *Kommandant in Auschwitz*, Hrsg.: Martin Broszat (München, 1963), 111–112.

27 *Ibid.*, 133.

28 Vgl. z. B. Yehuda Bauer, *Flight and Rescue: Bricha* (New York, 1970).

29 Verhör von Rudolf Höss, in *Ursachen und Folgen vom deutschen Zusammenbruch . . .*, XIX, 504.

30 Adam, *op. cit.*, 310 ff.; Dawidowicz, *op. cit.*, 117.

31 Maßgebliches Werk zu diesem Thema ist heute: Isaiah Trunk, *Judenrat* (New York, 1972).

32 Dawidowicz, *op. cit.*, 206.

33 Hilberg, *op. cit.*, 151.

34 Adam, *op. cit.*, 291–292.

35 Hilberg, *op. cit.*, 218.

36 Dawidowicz, *op. cit.*, 403.

37 Höss, *op. cit.*, 18.

38 Kater, *op. cit.*, 245, 246 ff.

39 Vgl. S. 82.

40 *Ursachen und Folgen vom deutschen Zusammenbruch . . .*, XIX, 538–544.

41 Vgl. S. 198.

42 Vgl. z. B.: Bela Vago und George L. Mosse, eds., *Jews and Non-Jews in Eastern Europe, 1918–1945* (Jerusalem und New York, 1974), 171.

43 Frederic B. Chary, *The Bulgarian Jews and the Final Solution* (Pittsburgh, 1972), 141, 189.

44 Y. Jelinek, »The Vatican, the Catholic Church, the Catholics and the Persecution of the Jews During World War II: The Case of Slovakia«, in: *Jews and Non-Jews in Eastern Europe*, 221–257.

45 Vgl. S. 234 ff.

46 Vgl. S. 235.

47 Xavier Vallat, *Le Problème Juif* (Paris, o. D.), 8; aber zum Rassenkonzept drückt er sich unklar aus – er verwechselt es mit der Idee des Nationalismus. Vgl. z. B. S. 11.

48 *Le Complot Juif, les Protocols des Sages de Sion*, Vorwort von: Darquier de Pellepoix (Paris, 1939), *passim*.

49 Robert O. Paxton, *La France de Vichy* (Paris, 1973), 180. Dazu gehörten einige wenige franz. Juden.

50 Vgl. S. 193 ff.

51 *Le Saint Siège et les Victimes de la Guerre, Mars 1939– Décembre 1940; Actes et Documents de Saint Siège Relatifs à la Seconde Guerre Mondiale*, herausgegeben von Pierre Blet et al., VI (Rom, 1972), 94.

52 *Ibid.*, 222.

Kapitel 15
Offener Schluß

Der Massenmord setzte die Rassentheorie in die Praxis um. Der Rassismus, den Hitler so erfolgreich in die Tat umsetzte, verkörperte das »Mysterium von der Rasse« in seiner extremsten Form – erfüllt von geheimen Lebenskräften und kosmischen Kämpfen zwischen Ariern und Juden. Die Juden waren seine Feinde, die einzigen Menschen, die er gänzlich auslöschen wollte. Hier gab es keinen Glauben an Kompromiß, Mitleid oder Anstand. Dies war der totale Rassenkrieg, den Männer wie Houston Stewart Chamberlain vorausgesagt hatten und der von den kleinen Sekten in Wien und München propagiert worden war, in denen Hitler seine Lehrzeit absolviert hatte. Bei den Vorbereitungen für den Zweiten Weltkrieg waren die Ziele, Lebensraum für Deutschland zu gewinnen und die »Endlösung« zu vollenden, in Hitlers Vorstellung eng miteinander verknüpft. Allerdings hatte die Auslöschung der Juden Vorrang, denn in ihnen sah Hitler den wahren Feind Deutschlands.[1]

Der Massenmord hätte nicht durchgeführt werden können ohne die Anwendung moderner Technologie, ohne den modernen zentralisierten Staat mit seinen Karteien und seinen Kommunikationssystemen und ohne die Brutalisierung des menschlichen Gewissens durch die Erfahrung des Ersten Weltkrieges – in dem, um nur ein Beispiel zu nennen, »der Glaube an Deutschland« oft mit nackter Gewalt gleichgesetzt wurde.[2] Der Zweite Weltkrieg schirmte die Massenmorde ab, die von Himmlers und Hitlers wiederholter Litanei untermalt wurden, daß die Juden mit allem angefangen hätten und daß sie nun ernteten, was sie gesät hatten. Im Mittelpunkt von Hitlers und Himmlers Rechtfertigung für die Endlösung stand eine sich selbst erfüllende Prophezeiung: Der Krieg, den die Nazis begonnen hatten, wurde den Juden angelastet, denen Hitler mit dem Tod gedroht hatte, für den Fall, daß ein solcher Krieg stattfinden sollte. Dennoch stand hinter allen Rechtfertigungsversuchen der fanatische Glaube an rassistische Ideen. Dies war ein Rassismus, der von dem äußeren Rand der Bewegung stammte – mit Spiritualismus, Geheimwissenschaften und kosmischen Kämpfen verbrämt. Solche Vorstellungen aber beherrschten allmählich Adolf Hitlers Denken, der zugleich ein fanatischer und ein fähiger Politiker war. Er war stets der Ansicht, daß die Vernichtung der Juden das Endziel seiner Regierung sein müsse; dennoch war er stets bereit, seinen politischen Zeitplan den Notwendigkeiten des Augenblicks anzupassen und aus seinen eigenen Fehlern zu lernen.

Rassismus als Weltanschauung war allerdings nicht nur auf Hitlers Denken und Handeln allein beschränkt. Das »Rassenmysterium«, das Hitlers Geist umwölkte, hat niemals die verschiedenen anderen Formen des Rassismus verdrängt, die wir in diesem Buch erörtert haben. Hitler kam ein Vorteil zugute, der allen Praktikern des Rassismus gemeinsam war, ob sie nun die geistigen Kräfte betonten oder ob sie versuchten, sich der Wissenschaft zu bemächtigen: Rassistische Mythen erklärten nicht nur die Vergangenheit und ließen auf die Zukunft hoffen, sondern machten auch das Abstrakte zum Konkreten, indem sie die Stereotypen herausbildeten. Rassistische Stereotypen hauchten der Theorie in einer einfachen und direkten Art Leben ein. Wir haben die in der Geschichte des europäischen Rassismus ganz zu Anfang ausgebildeten Stereotypen von Schönheit und Häßlichkeit kennengelernt. Sie bemächtigten sich der Ästhetik ihrer Zeit und machten die äußere Erscheinung des Menschen zur Verkörperung für den Ausdruck seines Innenlebens. Dieses Stereotyp hat sich seit dem 18. Jahrhundert niemals geändert, bis es durch die Nazis für den Massenmord verwendet wurde.

Der männliche, hellenistische Typ neben dem dunklen und mißratenen Bösewicht, der Arier mit griechischen Proportionen neben dem unproportionierten Juden, das machte den Rassismus zu einer visuell ausgerichteten Ideologie. Und weil das Visuelle im Mittelpunkt stand, fiel es den Leuten leicht, die Stoßrichtung der Ideologie zu verstehen. So kommen wir auf Johan Huizingas Bemerkung über das 15. Jahrhundert zurück: Wenn man einer Idee erst einmal eine Existenz zugeordnet hat, dann will der Verstand sie leben sehen, und das kann er nur dadurch erreichen, daß er sie personalisiert.[3]

Das Stereotyp hat sich nie verändert – ganz gleich, ob der Rassismus nun versuchte, über Anthropologie oder Eugenik eine Verbindung zur Wissenschaft zu knüpfen, wissenschaftlichem Experimentieren und Beobachten nachzugehen oder Theorien von rassischen »Lebenssubstanzen« aufzustellen, die nichts mit moderner Wissenschaft zu tun hatten. (Hitler glaubte, daß die gesamte Wissenschaft wieder geheim und mystisch werden müsse.)[4] Rassismus war nie um Beweise verlegen, die seine Stereotypen hieb- und stichfest machen sollten, ob er sie nun aus der Anthropologie, Phrenologie oder dem Darwinismus zog oder ob er »Lebenssubstanzen« oder das »Leuchten des Blutes« zitierte. Die dem Stereotyp von Anfang an zugeschriebenen verschiedenen Eigenschaften ließen erahnen, wie die Nazis den Mythos in die Wirklichkeit umsetzen würden. Das Stereotyp verband sich mit guten oder schlechten Eigenschaften, das hing davon ab, ob man über eine minderwertige oder eine überlegene Rasse schrieb.

Rassismus hatte keinen Gründervater, und das war eine seiner Stärken. Er verband sich mit allen jenen Tugenden, die das moderne Zeitalter so sehr pries. Rassismus wählte sich Eigenschaften wie Sauberkeit, Anstand, moralischen Ernst, harte Arbeit, Familienleben – Eigenschaften, die während des 19. Jahrhunderts die Ideale des Mittelstandes verkörperten.[5] Von dieser Schicht aus verbreiteten sie sich in der gesamten europäischen Gesellschaft, in den oberen wie in den unteren Schichten und verdrängten den frivolen, unehrbaren und faulen Lebensstil, den respektable Männer und Frauen des 19. Jahrhunderts in ihren unmittelbaren Vorfahren verkörpert sahen.

Der Rassismus war eher mit diesen Tugenden verbunden als mit irgendeinem einzelnen Philosophen oder Sozialtheoretiker von Bedeutung. Dort, wo der Rassismus mit Gestalten wie Gobineau, de Lapouge, Weininger oder Wagner verknüpft war, handelte es sich um zweitklassige Denker, Publizisten und Eklektiker. Die enge Verbindung, die oft zu Darwin hergestellt wird, beruht auf einem Irrtum, denn wie wir aufzeigten, war Rassismus nicht einfach eine Form des Sozialdarwinismus, sondern eine Sammelbecken-Ideologie, die die Tugenden, die Moralvorstellungen und die Wohlanständigkeit der Epoche als ihre Stereotypen übernahm und sie den ererbten Eigenschaften einer überlegenen Rasse zurechnete. Wenn der Rassismus sich der Tugenden der Epoche bemächtigte, so verurteilte er gleichzeitig alles, was einer solchen Wohlanständigkeit widersprach, als degeneriert. Zeichen einer minderwertigen Rasse war es, nicht der Idealtyp des »anständigen Deutschen« zu sein oder des »rechtschaffenen Engländers«. Wenn der Rassismus auch oft verschwommen war, so enthielt er doch eindeutig alle Werte der mittelständischen Wohlanständigkeit und behauptete, ihr Beschützer zu sein. Natürlich kamen zunächst nur wenige Leute mit solchem Anspruch daher. Der großen Mehrheit der Europäer genügte es, ein christlicher Gentleman zu sein. Aber sogar hier infizierte der Rassismus das Christentum so stark, daß am Ende eine wirkliche Auseinandersetzung zwischen Rassismus und Christentum niemals stattfand. Beide förderten sie dieselben mittelständischen Tugenden, und beide sahen sie den Feind in denselben Nonkonformisten, seien dies Bohémiens, Freimaurer oder Juden. Der Unterstützung, die der Rassismus den Idealen gewährte, die einer angedrohten Degeneration entgegenstanden, kommt in der Praxis weitaus größere Bedeutung zu als irgendeinem anderen Unterschied zwischen Rassismus und Christentum.

Rassismus war weit verbreitet und hatte viele Strömungen annektiert. Er erwies sich als sehr anziehend Leuten gegenüber, die überhaupt keine Rassisten waren oder deren Rassismus höchst ambivalent war. Dennoch fanden ihre Vorstellungen in seinem Sammelbecken eine Entsprechung. Der Rassismus mußte seine Stereotypen und seine Erblehre von irgendwo hernehmen. Zeitweise war nur das Beste gut genug, was der Ideologie wiederum neues Ansehen verlieh. Darwin, Gall, Lavater, Lombroso und Galton standen dem Rassismus als Weltanschauung fern. Bei ihnen entschuldige ich mich dafür, sie in so schlechte Gesellschaft gebracht zu haben. Aber ihre Vorstellungen waren für den Rassismus so wichtig, daß sie in unsere Geschichte dieser Bewegung eingebracht werden mußten. Ebenso trugen einige der gelehrten Herren der französischen anthropologischen Gesellschaft oder die mit dem »Archiv für Rassen- und Gesellschaftsbiologie« verbundenen Deutschen zum Rassismus bei, wenngleich sie der Übernahme von rassistischer Weltanschauung ambivalent gegenüberstanden. Die äußeren Grenzen des rassistischen Denkes sind schwer faßbar und schlüpfrig wie die Ideologie als Ganzes. Aber trotz alledem wurde der Mythos in die Realität umgesetzt, nicht nur während des Massenmordes und auch nicht nur in den Lagern, sondern immer dann, wenn ganz gewöhnliche Leute über andere ein Urteil fällten, das auf den stillschweigenden Folgerungen des rassischen Stereotyps beruhte.

Das Massenmorden ist vorüber. Die Geschichte des Rassismus, die wir erzählt haben, hat dazu beigetragen, die Endlösung zu erklären. Aber der Rassismus selbst hat überlebt. In rassischen Kategorien denken vielleicht noch ebenso viele Leute wie zuvor. An der dauerhaften Welt der Stereotypen ist nichts Provisorisches. Das ist überall das Vermächtnis des Rassismus. Auch wenn die Nachkriegswelt unter dem Schock des Massenmordes einen vorübergehenden Waffenstillstand mit dem Antisemitismus schloß, so blieb doch der Schwarze allgemein rassischen Vorurteilen unterworfen, die sich vom 18. Jahrhundert bis heute nicht viel verändert haben. Alle Schwarzen waren praktisch außer Hitlers Reichweite gewesen. Folglich gab es hier kein rohes Erwachen aus dem rassischen Traum. Überdies, die Nationen, die gegen den Nationalsozialismus gekämpft hatten, waren noch viele Jahre nach Kriegsende von der rassischen Minderwertigkeit der Schwarzen überzeugt, und sie schienen nicht zu erkennen, daß jeglicher Rassismus – ob er nun auf Schwarze oder Juden zielte – aus demselben Stoff war (vgl. Bild 13).

Leider muß in diesem Buch ein Schluß gezogen werden, der nicht schlüssig ist. Können wir durch das Studium der Geschichte die Welt, die der Mensch sich geschaffen hat, am besten verstehen, dann wird uns die Geschichte des Rassismus lehren, warum diese Lebensanschauung sich so lange hielt, warum sie jahrhundertelang dazu diente, der Angst des Menschen zu begegnen und warum sie ihm Hoffnung auf die Zukunft gab. Liest man die Geschichte des Rassismus richtig, dann bedeutet das auch, daß man über die Geschichte Europas nachdenken muß, mit der sie so eng verknüpft ist. Allzu oft wurde der Rassismus als einer ernsthaften Untersuchung unwürdig beiseite gewischt – als eine einfache und naive Weltanschauung, die man vergessen könne, als mißverstandener Glaube – und die Historiker wandten sich kniffligeren und faszinierenderen Themen zu. Dennoch, will man dieses Übel ausrotten, bedarf man keiner okkulten Kräfte, dann muß man lediglich versuchen, die Untersuchung über den Rassismus in die allgemeine Studie der modernen Geschichte Europas zu integrieren. Wir dürfen niemals müde werden, die äußeren Umstände des Übeltäters zu erhellen, bis wir ihm seine Maske abgenommen und ihn selbst gefunden haben – sogar dort, wo es nur Tugend, Güte und Wahrheit zu geben schien.

Selbst wenn praktisch alle politischen und kulturellen Systeme, die Europa in den letzten zwei Jahrhunderten hervorgebracht hat, mehr intellektuelle Substanz als der Rassismus besitzen, sollte uns dies nicht von der Aufgabe abhalten, den Rassismus mit der gleichen Aufmerksamkeit zu untersuchen, die wir auf den Sozialismus, Liberalismus oder Konservativismus verwandten. Vielleicht war der Rassismus, langfristig gesehen, so wirksam, eben weil er so banal und eklektisch war, weil er erfolgreicher als jedes andere System des 19. Jahrhunderts das Visuelle und das Ideologische miteinander verschmolz. Es war, als wären die Gemeinplätze eines moralischen und tugendhaften Lebens an sich lebendig geworden, wenn man sie nur auf Rassismus gründete und ihn sie schützen ließ, um dann neue und schauerliche Dimensionen anzunehmen.

Jedes Buch, das die Geschichte einer Bewegung über eine so lange Zeitspanne hin analysiert, kann eine Perspektive aus den Augen verlieren. Gewiß herrschte der Rassismus schließlich über Europa, er traf aber auch auf Widerstand.

Man sollte den liberalen, sozialistischen und selbst den christlichen Anti-Rassismus nicht unterschätzen. Es gab Organisationen, die den Rassismus bekämpften, und sie waren nicht immer zur Ohnmacht verurteilt. Dies ist wert, in die Erinnerung gerufen zu werden. Denn dieses Buch befaßt sich zwar mit dem Rassismus, nicht aber mit der anti-rassistischen Tradition in Europa. Doch es hat sie gegeben, die Truppen für einen Sieg über den Rassismus, so sehr sie auch, insbesondere zwischen den beiden Kriegen, bedrängt und geschlagen wurden. Und selbst jetzt, da sie sehr viel stärker geworden sind, geht der Kampf weiter, aber mit größerer Hoffnung als je zuvor. Der erste Schritt zum Sieg über diese Geißel der Menschheit ist der, zu verstehen, welche Ursachen ihr zugrunde lagen, welche Sehnsüchte und Hoffnungen sie in der Vergangenheit erweckte. Dieses Buch soll zur Diagnose des Rassismus in unseren Völkern, ja in uns selbst, beitragen.

Anmerkungen

1 Für diese Behauptung siehe: Rudolph Binion, *Hitler Among the Germans* (New York, 1976).
2 Hans Zöberlein, zitiert bei: Karl Prümm, »Das Erbe der Front«, *Die Deutsche*

Literatur im Dritten Reich, ed. Horst Denkler und Karl Prümm (Stuttgart, 1976), 149.

3 J. Huizinga, *The Warning of the Middle Ages* (London, 1924), 186.

4 Hermann Rauschning, *Gespräche mit Hitler* (New York, 1940), 40.

5 W. E. Mosse, *Liberal Europe* (London, 1974), 54; George L. Mosse, *The Culture of Western Europe* (Chicago, 1974), 94 ff.

Sachregister

Namenregister

Ahlwardt, Hermann 154
Andree, Richard 157
Annunzio, Gabriele d' 208
Antonescu, Jon 232, 262f.
Aristoteles 30
Arminius 90
Auerbach, Elias 156–160

Baeck, Leo 216
Balzac, Honoré de 12, 14f., 254
Barrès, Maurice 81, 131
Bauer, Bruno 165
Bauer, Max 208
Baum, Otto 208
Bebel, August 197
Bechstein, Hélène 122
Beethoven, Ludwig van 107, 129
Benn, Gottfried 230
Bettelheim, Bruno 25
Berger, Bruno 260
Bergson, Henri 159
Bernanos, Georges 191f.
Bernstein, Eduard 197
Berthe, Edouard 178
Besant, Annie 155
Biètry, Pierre 191
Binding, Karl 250ff.
Bismarck, Otto v. 166, 169
Blanqui, Auguste 193
Blavatsky, Helen Petrovna 119, 121, 133
Bloch, Ivan 13, 133
Bloch, Joseph 174
Blumenbach, Johann Friedrich 37, 39, 41, 46f., 56, 69
Böckel, Otto 199f.
Böhme, Jakob 120
Bötticher, Paul Anton 123
Borgia, Cesare 79
Boris (Zar) 262
Bormann, Martin 218
Brandt, Rudolf 260

Brasillach, Robert 230
Brie, Alfred 211
Broca, Paul 57, 111f.
Brod, Max 159
Brooke, Rupert 209
Bry, Theodor de 35
Buber, Martin 70, 127, 159
Buchan, John 213
Buffon, Georges Louis Leclerc de 30f., 40f., 44f., 61

Camper, Peter 40, 47–51, 57, 91, 109, 112
Candolle, Alphonse de 82
Carol, König von Rumänien 216, 231f.
Carus, Carl Gustav 52f., 57
Chamberlain, Houston Stewart 111, 124, 127–132, 140, 156f., 160, 165, 174, 179, 190, 198, 238f., 267
Charcot, Jean Martin 14
Chesterton, G. K. 213
Churchill, Sir Winston 213
Céline, Louis-Ferdinand 192, 230
Clauss, Ludwig 222
Cornford, Frances 209
Costeau, Pierre-Antoine 81
Coty, François 178
Cruiskshank, George 53
Curry, Walter Clyde 55

Darquier de Pellepoix 264
Darwin, Charles 55, 57, 82f., 86, 93ff., 102, 109, 133, 269
Dawidowicz, Lucy 223
Defoe, Daniel 34
Deniker, Joseph 112
Dewey, John 155
Dickens, Charles 93
Dinter, Arthur 212
Disraeli, Benjamin 93
Dodel, Arnold 104

Der Mord an den Juden
im Zweiten Weltkrieg

Herausgegeben von Eberhard Jäckel
und Jürgen Rohwer

Fischer Taschenbuch Band 4380

Wann wurde im NS-Regime der organisierte Massenmord an den Juden beschlossen? Ist überhaupt
eine solche Entscheidung getroffen worden? Oder
hat es vielmehr eine schleichende Eskalation der
Gewalt gegeben, an deren Ende, fast wie von selbst,
die Vernichtungslager standen? Die Frage nach der
Entschlußbildung und dem Befehl zur Judenvernichtung hat eine leidenschaftliche Debatte ausgelöst, die die Zeithistoriker seit einigen Jahren in
zwei Lager spaltet.
Auf einem wissenschaftlichen Kongreß in Stuttgart
sollten diese Fragen vor einem Forum international
anerkannter Historiker geklärt werden. Was dabei
herausgekommen ist und welche Positionen vertreten wurden, ist jetzt anhand dieses Tagungsberichtes
zu verfolgen, der die überarbeiteten Referate und
Diskussionsbeiträge der Konferenz enthält.

Fischer Taschenbuch Verlag

Raul Hilberg
Die Vernichtung der europäischen Juden

3 Bände in Kassette: 4417

Wenn das Wort »Standardwerk«
überhaupt noch einen Sinn hat,
dann muß man Hilbergs be-
rühmte Gesamtgeschichte des
Holocaust als solches bezeichnen.
Das Buch ist 1961 in den USA herausgekommen und wurde erst
1982 in deutscher Sprache
vorgelegt – von einem kleinen
Berliner Verlag. Erneut auf den
aktuellen Stand gebracht und wiederum erweitert, liegt es nun in
dieser dreibändigen Taschenbuch-
ausgabe vor.
Das Thema dieses Werkes sind
die Täter, der Plan, das Tat-
schema, die Tat selbst, ihre Vor-

bereitung und Durchführung.
Mit »Kühle und Präzision, die
den großen Chronisten aus-
zeichnen« (SZ), weist Hilberg
die Verwicklung und Beteiligung
der Führungseliten in Staatsver-
waltung, Industrie und Wehrmacht bei der Judenvernichtung
nach. Nachgewiesen wird auch
die funktionale Hingabe des
durchschnittlichen Bürokraten,
Reichsbahners, Polizisten und
Soldaten an das Ausrottungs-
werk. Und es kommt ein Täter-
typus zum Vorschein (der auch
namentlich genannt wird), der
nach 1945 nie einem Richter
begegnet ist: der preußische
General, der national konservative Ministerialbeamte, der
Diplomat, Jurist, Industrielle,
Chemiker und Arzt.
Hilberg hat das Material für sein
Buch sein Leben lang gesam-
melt und ergänzt. Er gilt wohl
als der beste Kenner der Quellen, die zum größten Teil von
den Tätern stammen. Sie haben
– gründlich, wie sie waren – die
Beweise ihres Mordhandwerks
hunderttausendfach abgeheftet –
mit Briefkopf und Dienstsiegel.

Die vorliegende Gesamtge-
schichte des Holocaust ist
»…Quelle für den Spezialisten,
Analyse für den Theoretiker
und Geschichtsbuch ohneglei-
chen für das allgemeine Publikum« (Sunday Times).

Fischer Taschenbuch Verlag

fi 1010 / 1

Wolfgang Benz
Herrschaft und Gesellschaft
im nationalsozialistischen Staat
Studien zur Struktur-
und Mentalitätsgeschichte

Band 4435

Absicht des Autors ist es, mit
den hier zusammengefaßten
Studien wesentliche Aspekte
nationalsozialistischer Herrschaft zu verdeutlichen. Diese
Studien sind in den letzten
Jahren entstanden und basie-
ren auf neuesten Erkenntnissen zur modernen Struktur-
und Mentalitätsgeschichte des
Nationalsozialismus, die der
Autor als langjähriger wissenschaftlicher Mitarbeiter des
Münchner Instituts für Zeitgeschichte zum Teil selbst
erforscht, zum Teil aus der
übergroßen Literatur der letzten Zeit herausdestilliert hat.
So gesehen, ist dieses Buch ein
gelungenes Beispiel dafür, wie
wissenschaftliche Ergebnisse
einem (über die eigentliche
historische »Zunft« hinausge-
henden) breiten interessierten
Publikum nahegebracht werden können – ein Beitrag zur
historisch-politischen Aufklärung.
Die Mehrzahl der Beiträge
wurden für diese Buchfassung
überarbeitet, einige wurden
stark erweitert, zwei eigens für
diesen Band geschrieben.
Allen ist die Art des Zugangs
zu den Themenstellungen und
zu den Darbietungen gemeinsam.

Fischer Taschenbuch Verlag

fi 1240 / 1

»Euthanasie« im Nationalsozialismus

Ernst Klee
»Euthanasie«
im NS-Staat
Die »Vernichtung
unwerten Lebens«
Band 4326

Dokumente zur
»Euthanasie«
Herausgegeben
von Ernst Klee
Band 4327

Ernst Klee
Was sie taten –
Was sie wurden
Ärzte, Juristen und
andere Beteiligte am
Kranken- oder Juden-
mord. Band 4364

Ernst Klee beschreibt
erstmals umfassend und
detailliert die als Geheime Reichssache bis
1945 durchgeführte
Massentötung von al-
ten, kranken oder sonst
für »lebensunwert«
erklärten Bürgern.
Als Grundlage dienten
dem Autor u.a. bisher
unbekannte Text- und
Bilddokumente aus Ar-
chiven der Bundes-
republik, der DDR,
aus Österreich, Polen
sowie der UdSSR.

Die meisten Materia-
lien werden hier in die-
ser Form zum ersten-
mal veröffentlicht oder
– sofern sie vor Jahr-
zehnten schon einmal
gedruckt erschienen
sind – der Vergessen-
heit entrissen.
Erschreckend ist
nicht allein, was und
wie dies geschah. Er-
schreckend ist, wie
viele Menschen frei-
willig mitmachten.

Mit diesem Band wird
das dreibändige Projekt
»›Euthanasie‹ im Drit-
ten Reich« abgeschlos-
sen. Ernst Klee geht der
Frage nach, was mit den
damaligen Beteiligten/
Aktivisten nach dem
Kriege in der Bundesre-
publik geschehen ist. Er
kommt zu überraschen-
den Ergebnissen. Die
Untersuchung zeigt,
daß Ärzte, Juristen,
Verwaltungsfachleute
zum großen Teil unge-
straft eine neue Exi-
stenz nach 1945 aufbau-
en konnten. Nicht we-
nige arbeiteten in ihrem
alten Berufsfeld weiter
– als Biedermänner
getarnt.

Fischer Taschenbuch Verlag

Der Frankfurter Börneplatz
Zur Archäologie eines
politischen Konflikts
Herausgegeben von
Michael Best

Band 4418

Mit Beiträgen von
Eva Demski, Walter Boehlich,
Dieter Bartetzko, Detlev Claussen,
Micha Brumlik, Salomon Korn,
Dan Diner, Georg Heuberger u. a.
und mit literarischen Texten über
die Frankfurter Judengasse aus
vier Jahrhunderten, ausgewählt
von Bettina Mähler und
Hans Sarkowicz

„Der Boden am Börneplatz hat
sich geöffnet und gibt jeden Tag
mehr preis, mehr von den Bildern
des zusammengedrängten, beeng-
ten Lebens der Frankfurter
Judenheit, einer Gemeinschaft,
der diese Stadt unschätzbar viel
zu verdanken hat. Vollkommen
verächtlich wäre es, diese Steine
und Spuren nach den Nutzungs-
bedürfnissen irgendeiner Behörde
zurechtzustutzen, wegzuräumen,
zu verkleinern, oder der
Museumsfülle dieser Stadt hin-
zuzufügen. Es geht nicht an, den
Platz, der gerade begonnen hat zu
sprechen, wieder zum Schweigen
zu bringen." *Eva Demski*

Dieser Band enthält alle wichtigen Artikel und Aufsätze,
Appelle und Reden, Briefe und
Stellungnahmen zum Börneplatz-
Konflikt. Er ist zugleich ein histo-
risches Lesebuch mit literarischen Quellen aus vier Jahrhunderten. Er informiert über den
ideologischen Versuch, die
deutsche Geschichte von der Last
des Nationalsozialismus zu
befreien; über das jüdische Leben
in Frankfurt seit dem Mittelalter;
über die Zusammenhänge
zwischen christlichem Antijuda-
ismus und neuzeitlichem Antisemitismus; und über das Selbstverständnis von Juden, die heute
in Frankfurt leben.

Fischer Taschenbuch Verlag

Dan Diner (Hg.)

Zivilisationsbruch

Denken nach Auschwitz

Fischer Taschenbuch Band 4398

Mit Beiträgen über

Theodor W. Adorno, Günther Anders, Hannah Arendt,
Ernst Bloch, Max Horkheimer, Siegfried Kracauer,
Leo Löwenthal, Herbert Marcuse, Franz Neumann und
Walter Benjamin

Der Nationalsozialismus und sein Kernereignis:
die administrativ und industriell durchgeführte Massenvernichtung von Menschen – das Ereignis »Auschwitz« –
werfen einen langen Schatten. Mit größer werdender
Distanz wird die gesamte historische Bedeutsamkeit
dieses Geschehens zunehmend klarer:
»Auschwitz« war nicht bloß ein entsetzliches Ereignis,
sondern ist so etwas wie eine Epochengrenze unserer
gesellschaftlichen Kultur – ein Zivilisationsbruch. Dieses
Buch enthält eine Zusammenstellung von Beiträgen
über bedeutsame kritische Denker, die sowohl existen-
tiell als auch von ihrem theoretischen Denk-Entwurf her
Auschwitz ausgesetzt waren. Welche Folgerungen
zogen sie aus jenem Ereignis? Wie schlägt sich
»Auschwitz« in ihrem Denken nieder? Wie haben sie es
reflektiert – oder negativ: von ihren Entwürfen her
umgangen?

Fischer Taschenbuch Verlag

fi 916 / 1

Der historische Ort
des Nationalsozialismus
Annäherungen

Herausgegeben von Walter H. Pehle

Band 4445

Mit Beiträgen von
Dirk Blasius, Dan Diner,
Saul Friedländer, Raul
Hilberg, Hans Mommsen,
Lutz Niethammer,
Wolfgang Schieder und
Heinrich August Winkler

Der sogenannte Historikerstreit über die Frage nach der »Einmaligkeit« und »Vergleichbarkeit« der Massenverbrechen, die in der Zeit des Nationalsozialismus verübt worden sind, ist nach einer turbulenten Phase im Sande verlaufen. Die Experten haben sich zurückgezogen, die Öffentlichkeit ist zur Tagesordnung übergegangen. Der Historikerstreit war nicht nur inhaltlich mit seinen komplexen Argumentationsketten über die Köpfe des breiten Publikums hinweggegangen, sondern hatte sich im innenpolitischen Machtkampf um politische Positionen zum Teil auch vom eigentlichen Thema entfernt.

Mit den vorliegenden Texten versuchen acht renommierte Historiker aus dem In- und Ausland, die unterbrochene Debatte wieder ingangzusetzen und gleichzeitig zu versachlichen. Es erweist sich, daß die Suche nach den Zusammenhängen, nach dem historischen Ort des Nationalsozialismus mit seinem Kernereignis Auschwitz keineswegs abgeschlossen ist. Vielmehr bedarf es weiterhin einer Fortsetzung der Auseinandersetzungen *nach* dem Historikerstreit.

Fischer Taschenbuch Verlag